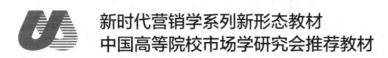

新时代营销学系列新形态教材

中国高等院校市场学研究会推荐教材

U0368390

服务营销

"ABCDE"时代的理论与实践

工水贞◎主 编

孔庆民　姚 琦　陈国平　邵继红◎副主编

中国高等院校市场学研究会组织编写

清華大學出版社

北 京

内 容 简 介

作为中国高等院校市场学研究会与清华大学出版社合作出版的优秀系列教材之一，本书尽可能囊括了服务营销理论和实践中的核心主题。本书将"ABCDE"时代背景下服务营销领域的重大变革与创新纳入其中，并特别关注新技术在服务营销中的应用与实践。本书适合作为高校经济管理类各专业相关课程的教材，也适合相关行业人士阅读。

图书在版编目（CIP）数据

服务营销："ABCDE"时代的理论与实践/王永贵主编 —北京：清华大学出版社，2023.1（2024.7重印）
新时代营销学系列新形态教材
ISBN 978-7-302-62038-9

Ⅰ. ①服… Ⅱ. ①王… Ⅲ. ①服务营销–教材 Ⅳ. ①F719.0

中国版本图书馆 CIP 数据核字(2022)第 191959 号

责任编辑：朱晓瑞
封面设计：汉风唐韵
责任校对：王荣静
责任印制：宋 林
出版发行：清华大学出版社
　　　　网　　　址：https://www.tup.com.cn，https://www.wqxuetang.com
　　　　地　　　址：北京清华大学学研大厦 A 座　　　　邮　　编：100084
　　　　社 总 机：010-83470000　　　　　　　　　　　邮　　购：010-62786544
　　　　投稿与读者服务：010-62776969，c-service@tup.tsinghua.edu.cn
　　　　质 量 反 馈：010-62772015，zhiliang@tup.tsinghua.edu.cn
　　　　课 件 下 载：https://www.tup.com.cn，010-83470332
印 装 者：三河市龙大印装有限公司
经　　　销：全国新华书店
开　　　本：185mm×260mm　　　　印 张：21　　　　字　　数：481 千字
版　　　次：2023 年 1 月第 1 版　　　　　　　　　印　　次：2024 年 7 月第 3 次印刷
定　　　价：59.00 元

产品编号：098800-01

本书编委会

丛 书 序

早在 20 世纪 30 年代，市场营销作为一门课程被引进我国，但受制于当时商品经济不发达，以及后来我国长期处于"短缺经济"状态，作为市场经济产物的市场营销并没有在中国"开枝散叶"。改革开放以后，伴随着我国社会主义市场经济的发展，经济学和管理学逐渐成为"显学"，作为管理学科重要组成部分的市场营销，不仅作为一门课程，还作为一个专业被众多大学开设。据不完全统计，目前我国有 700 余所高校开设了市场营销本科专业，每年招收的本科学生数以万计。不仅如此，作为商科知识的重要部分，几乎所有经济与管理类专业的学生都需要了解和学习市场营销知识，因此，社会对市场营销相关的教材和书籍有着巨大的需求。

有需求，就会有供给。早期的市场营销教材几乎是原封不动地对美国同类教材的翻译和"引进"，以至菲利普·科特勒的教材长时期成为我国学生接触、了解市场营销的启蒙读物。时至今日，我国绝大部分营销专业相关教材，都是以西方尤其是美国教材为基础加以改编或删减，真正立足于本土营销实践和具有中国理论特色的教材可谓凤毛麟角。这固然与中国营销学术总体上仍处于追赶阶段有关，也与我国一段时间营销学术界过于追求发表学术论文，对编写教材不甚重视有莫大关系。可喜的是，最近几年伴随国家对高校考核政策的调整，教材编写工作日益受到重视，一些优秀学者开始把更多的精力投入到教材建设中。

鉴于目前营销专业教材良莠不齐，众多高校教师在选用教材时面临难以抉择的窘境，中国高等院校市场学研究会（以下简称"学会"）决定组织全国营销领域知名学者编写一套具有本土特色、适应市场营销本科专业教学的高水平教材，以此推动营销学科建设和营销人才培养。本套教材力图博采众长，汇聚营销领域的最新研究成果及中国企业最新营销实践，以体现当前我国营销学术界在教材编写上的最高水准。为此，学会成立了专门的领导机构和编委会，负责每本教材主编、副主编遴选，同时要求主要撰稿者具有重要的学术影响和长期的一线教学经验。为确保教材内容的深度、广度和系统性，编委会还组织专家对教材编写大纲做了深入、细致的讨论与审核，并给出建设性修改意见。可以说，本套教材的编撰、出版，凝聚了我国市场营销学术界的集体智慧。

目前规划出版的教材共计 33 本，不仅涵盖营销专业核心课程教材，而且包括很多特色教材如《网络营销》《大数据营销》《营销工程》等，行业性教材如《旅游市场营销》《农产品市场营销》《医药市场营销学》《体育市场营销学》《珠宝营销管理》等。由于各高校在专业选修课甚至一些专业核心课程的开设上存在差异，本套教材为不同类型高校的教材选用提供了广泛的选择。随着社会、科技和教育的发展，学会还会对丛书书目进行动态更新和调整。

我们鼓励主编们在教材编写中博采众长，突出中国特色。本套教材在撰写之初，就提出尽量采用中国案例，尽可能多地选用本土材料和中国学者的研究成果。然而，我们也深知，市场营销这门学科毕竟发端于美国，总体上我国尚处于追赶者的地位。市场营销是一门实践性和情境性很强的学科，也是一门仍在不断发展、成长的学科，远未达到"成熟"的地步。更何况，发展中国本土营销学，既需要中国学者长期的研究积淀，也需要以开放的心态，吸收国外一切有益的优秀成果。在教材编写过程中，一味地排斥外来材料和成果，牵强附会地引用所谓"本土"材料，不仅是狭隘的，也是应当予以摈弃的。当然，在选用外来成果和材料时，需要有所甄别，有所批判和借鉴，而不是囫囵吞枣式地对所谓"权威材料"予以全盘接受。

本套教材的编写，在学会的发展史上也是一个里程碑式的事件。为了保证教材的编写质量，除了邀请在各领域的资深学者担任编委会成员和各教材的主编，还要求尽量吸收各领域的知名学者参与撰稿。此外，为方便教材的使用，每本教材配备了丰富的教辅材料，包括课程讲义、案例、题库和延伸阅读材料等。本套教材出版方清华大学出版社具有多年新形态教材建设经验，协助编者们制作了大量内容丰富的线上融媒体资源，包括文本、音视频、动漫、在线习题、实训平台等，使丛书更好地适应新时代线上线下结合的教学模式。

教材编写组织和出版过程中，众多学者做出了努力，由于篇幅所限，在此不一一致谢。特别要感谢学会副会长、华东理工大学景奉杰教授，从本套教材的策划、组织出版到后期推广规划，他尽心尽力，做出了非凡的贡献。清华大学出版社经管事业部刘志彬主任也是本套教材的主要策划者和推动者。从 2019 年 9 月清华社和学会达成初步合作意向，到 2020 年 12 月学会教学年会期间双方正式签署战略合作协议，再到 2021 年 4 月在北京召开第一次编委会，整个沟通过程愉快而顺畅，双方展现出充分的专业性和诚意，这是我们长期合作的坚实保障。在此，我代表学会，向所有参与本系列教材撰写、评审和出版的专家学者及编辑表示感谢！

教材建设是一项长期的工作，是一项需要付出智慧和汗水的工作，教材质量高低最终需要接受读者和市场的检验。虽然本套教材的撰写团队中名师云集，各位主编、副主编和编者在接受编写任务后，精心组织、竭忠尽智，但是由于营销专业各领域在研究积累上并不平衡，要使每本教材达到某种公认的"高水准"并非易事。好在教材编写是一个不断改进、不断完善的过程，相信在各位作者的共同努力下，经过精心打磨，本套教材一定会在众多同类教材中脱颖而出，成为公认的精品教材！

北京大学光华管理学院教授、博士生导师
中国高等院校市场学研究会会长

前 言

伴随着"ABCDE"——即 AI（人工智能）、block chain（区块链）、cloud computing（云计算）、big data（大数据）、emerging technology（新兴技术）时代的来临，整个世界正在从传统经济时代向数字经济时代和智能经济时代阔步前进，中国也在向高质量发展方式转变，其经济和产业结构不断升级优化、消费者行为在持续发生重大变化。一方面，服务业在越来越多国家和地区国民生产总值中所占比重超过了 50%，甚至高达 70%以上，并在解决就业和服务民生中扮演着越来越重要的角色；另一方面，越来越多的制造业也在进行着服务化转型，旨在与顾客共同创造价值并提供问题解决方案的浪潮正席卷全球。与此相应，国内外有关服务营销的研究与实践变革也如火如荼地展开。

作为中国高等院校市场学研究会与清华大学出版社合作出版的优秀系列教材之一，本书尽可能囊括了服务营销研究和实践中的核心主题，包括六篇共十七个章节。六篇为定义服务营销、识别服务价值、设计服务价值、交付服务价值、维护服务价值和创新服务价值。其中，第一篇定义服务营销包括"ABCDE"时代的服务变革与服务营销、服务营销相关理论两章，第二篇识别服务价值包括服务营销调研、服务消费行为、服务营销战略三章，第三篇设计服务价值包括服务产品策略、服务场景策略、服务定价策略、服务促销策略四章，第四篇交付服务价值包括服务流程策略、服务渠道策略、服务员工管理三章，第五篇维护服务价值包括服务关系管理、服务失败与服务补救、服务体验管理三章，第六篇创新服务价值包括数字服务营销、服务营销道德两章。

与其他服务营销相关书籍相比，本书的最大特色和优势在于：第一，具有强大的"数智"基因。本书将"ABCDE"时代背景下服务营销领域的重大变革与创新纳入其中，并特别关注了新技术在服务营销与管理中的应用与实践。例如，除了每一章都尽可能关注"ABCDE"等"数智"因素及其影响之外，本书还特别在第 16 章重点阐述了"数字服务营销"问题。第二，具有优秀的"学术基因"。本书的编著者大都具有多年从事服务营销研究和教学的经验，非常熟悉国内外服务营销研究流派、前沿理论和企业最佳实践，并在写作中尽可能将其精华融入其中。例如，本书第 15 章"服务体验营销"就结合了2021 年 *Journal of Marketing* 关于"黏性顾客旅程体验模型"（sticky journey model）的最新研究发现。第三，具有富有启发性的"实践基因"。本书各章开篇引导案例都聚焦中国本土最新的服务营销实践，这些案例都尽可能地包括了当前的市场热点现象和营销实践趋势。

从格式编排的角度看，本书除了在每章开头概要地阐述学习目标之外，还分别在每章正文之前添加了引导案例，在每章都设计了扩展阅读、本章小结、核心概念、复习思考题、本章案例和即测即练，既有利于读者把握每章学习的主要内容和复习，也有利于激发读者的兴趣，更便于教师的备课、讲授和测评授课效果。同时，本书还特别突出了语言的精练，力求通俗易懂。需要强调的是，本教材特别重视教材和教学思政，精心挑选了契合服务营销管理学科知识和理论的思政元素。此外，本书也引用了一些业内的优秀文章，并力尽所能地与作者进行了联系。一些未取得联系的作者，请与我们联系，以便我们支付相应的报酬。对这些优秀的作者，我们再次表示诚挚的谢意！

在当前的价值共创时代，本书也是集体创作和团队智慧的成果，体现了来自国内近20所双一流大学（涵盖了原"985"和"211"高校）和地方高校长期战斗在教学一线的老师们多年积累的专长和心得。同时，他们大多也都是中国高等院校市场学研究会服务营销专业委员会的核心成员。本书的具体分工如下：河北经贸大学杨志勇副教授（第 1 章）、武汉科技大学陈国平教授（第 2 章、第 10 章）、中国石油大学（北京）赵少琼博士（第 3 章）、湖北工业大学邵继红教授（第 4 章、第 5 章）、安徽工程大学纵翠丽副教授与安徽大学孙国正教授（第 6 章）、西安欧亚学院孙晶副教授（第 7 章、第 17 章）、河南理工大学范应仁副教授与刘战豫副教授（第 8 章）、武汉工程大学乔辉副教授（第 9 章）、南京财经大学王丽副教授（第 11 章）、黑龙江八一农垦大学李莉副教授（第 12 章）、广西大学孔庆民副教授（第 13 章、第 14 章）、重庆交通大学姚琦教授（第 15 章、第 16 章）。此外，湖南大学的涂阳军教授，中国科学院大学的张莎副教授，对外经济贸易大学的马双副教授、张欣女士以及博士生焦冠哲，首都经济贸易大学的李霞老师等也为本书做了重要的编写工作。

鉴于时间和作者水平有限，书中不当之处在所难免，在此诚恳地希望读者和同行指正，以便再版时不断修正。

王永贵

2022 年 11 月

目　录

第一篇　定义服务营销

第二篇　识别服务价值

第三篇　设计服务价值

第四篇 交付服务价值

第五篇 维护服务价值

第六篇　创新服务价值

第一篇

定义服务营销

第 1 章

"ABCDE"时代的服务变革与服务营销

本章学习目标

1. 了解"ABCDE"时代新技术带来的机遇和挑战;
2. 熟悉和了解服务价值理念及其重要作用;
3. 理解和掌握服务及服务营销的基本概念和特征;
4. 理解和掌握基于价值驱动的服务营销理论体系。

开篇案例

IBM 推出智慧酒店解决方案

长期以来,IBM 致力于将最新科技(物联网、大数据、区块链、人工智能等)运用到各行各业,以提升效率、降低成本。在旅游酒店业,目前顾客入住多会经历线上预约、酒店登记、进入房间、结束退房四大场景。在顾客体验上存在效率低、同质化严重、供求不平衡等特点,为此,IBM 针对市场需求,结合人工智能,推出智能化酒店解决方案。用户仅需使用微信就能解决入住酒店的所有问题。如用户仅通过微信操作,经过 AI 的身份验证和人脸识别,就能轻松入住或退房,免去顾客预订酒店和排队入住登记的烦琐流程。同时,顾客只需通过与房间内置 AI 的语音交流即可满足生活所需,如家电控制、点餐、订票、叫车等服务。无形中,顾客就拥有了一个贴心的酒店私人管家。

在安保防护方面,AI 技术大幅提高了酒店和住户的安全系数。这类技术包括房客险情通知、顾客异常情况报备、酒店险情预警和访客人脸识别等。一旦遇到异常,AI 会马上进行判断并通知酒店或住户,以便他们可以第一时间采取正确措施,让酒店安全不再是住户顾忌的隐患。在用户健康方面,特制的"健康魔镜"可以通过酒店中准备的各种智能健康设备,汇总用户健康数据,方便顾客实时查看自身健康状况。而酒店方可以通过这方面数据,进行数据监测,判断客人的健康状况,如数据出现异常时,AI 就会及时通知酒店人员进行处理。

在用户特征数据收集方面,针对生活场景,IBM 联合百芝龙智慧科技,研发了世界上拥有最先进认知功能的人工智能,通过布置在酒店房间的各种传感设备,可获取酒店客人的身份、状态、需求、行为等特征数据。酒店即可利用这些特征数据为客人提供更好的服务。

资料来源：根据"张泽坤，IBM 推出智慧酒店解决方案，http://hotels263.com/magazine/zhiku/sizhe/2017/1009/147.html"等资料整理

1.1 "ABCDE"时代的崛起、机遇与挑战

习近平总书记指出，要加强人工智能同保障和改善民生的结合，从保障和改善民生、为人民创造美好生活的需要出发，推动人工智能在人们日常工作、学习、生活中的深度运用，创造更加智能的工作方式和生活方式。[①]实际上，伴随中国发展方式转变、经济结构优化以及增长动力转换的深入推进，ABCDE——即 AI（人工智能）、block chain（区块链）、cloud computing（云计算）、data tech（大数据）、emerging technology（新兴技术）时代已经来临，并且推动着中国乃至世界从传统经济时代向数字经济时代和智能经济时代迈进。在"ABCDE"时代，服务营销理论和实践面临多重机遇和挑战，构建基于价值驱动、多方共创的服务营销理论体系迫在眉睫。

1.1.1 "ABCDE"新技术发展、机遇和挑战

1. 人工智能技术

人工智能是对人的意识和思维过程的模拟，利用机器学习和数据分析方法赋予机器类人的能力。全球范围内越来越多的政府和企业组织逐渐认识到人工智能的经济和战略重要性，开始涉足人工智能。据前瞻产业研究院预测，到 2030 年全球人工智能市场规模将达到 15.7 万亿美元。我国人工智能市场规模在 2016—2020 年持续增长，市场规模从 2016 年的 154 亿元增长至 2020 年的 1 280 亿元，年复合增长率达到 69.79%。预计 2021 年将达到 1 963 亿元（如图 1-1 所示）。作为新一轮科技革命和产业变革的重要驱动力量，人工智能将对经济发展、社会进步、国际政治经济格局等诸方面产生重大而深远的影响。[②]人工智能技术在推动人类文明等方面带来巨大机遇的同时，在社会、企业和个人维度上也蕴含着风险和挑战。

（1）社会维度：冲击就业格局，加剧财富分化

智能算法及机器人对传统人工的替代，在解放人类劳动的同时，直接带来了

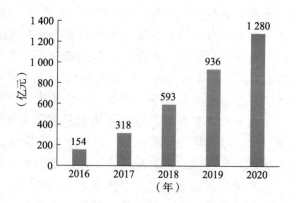

图 1-1　2016—2020 年中国人工智能市场规模

数据来源：前瞻数据库

---

① 新华社. 习近平主持中共中央政治局第九次集体学习并讲话[EB/OL]. 中国政府网. 2018-10-31.

② 数据来自《中国人工智能行业市场前瞻与投资战略规划分析报告》，由前瞻产业研究院整理。

对就业的冲击。从事重复性、机械性等工作的劳动者更容易被人工智能替代。据麦肯锡报告推测，到2030年机器人将取代8亿人的工作。另外，与历史上的技术革命类似，人工智能的发展同样会导致利益的分化与重构，新创造的社会财富将会不成比例地向资本一方倾斜，低收入与受教育程度较低的人群将在新一轮的社会资源分配中处于严重不利地位。

（2）企业维度：不良信息频现，企业审核能力不足

如果向人工智能系统输入不完整、不正确、质量不高的数据，则会产生不良或者歧视性信息，即所谓的"垃圾进，垃圾出"。例如，微软公司的人工智能聊天机器人Tay上线之后被网民"教坏"，发布诽谤性、歧视性的推文。此外，人工智能技术极大地促进了数字内容产业的繁荣。企业试图依靠传统审核模式实现内容的准确判断并及时应对信息爆炸引发的各类问题，越发捉襟见肘。

（3）个人维度：信息收集多样，侵犯个人隐私

随着人脸识别、虹膜识别等技术应用的普及，人工智能正在大规模、不间断地收集、使用敏感个人信息，个人隐私泄露风险加大。例如，变脸应用"ZAO"因用户协议过度攫取用户授权、存在数据泄露问题而被监管机构约谈，被要求自查整改。杭州一动物园因启用人脸识别技术，强制收集游客敏感个人信息而被诉至法院，成为我国"人脸识别第一案"。

2. 区块链技术

区块链技术是分布式网络数据管理技术，利用密码学技术和分布式共识协议保证网络传输与访问安全，实现数据多方维护、交叉验证、全网一致、不易篡改。从总体发展阶段判断，全球新增区块链企业数量持续减缓。虽然全球不断有新增的区块链企业，但增长速度自2018年起逐年放缓。截至2020年12月，全球共有区块链企业3 709家。受到区块链技术尚未规模应用、风险投资减少、前期高速增长自然回落等因素影响，2019年起全球新增区块链企业数量大幅度回落。我国区块链产业发展与全球其他国家基本保持同步水平。2018年，我国新增区块链企业数量迎来高峰。2019年起，受到风险资本热情减弱、投资自然回落等因素影响，新增区块链企业数量大幅下降。[①]

作为新一代信息通信技术，区块链由于具有数据不可篡改、透明可追溯等特征，正慢慢成为解决产业链参与方互相信任的基础设施，必将在全球经济复苏和数字经济发展中扮演越来越重要的角色。与此同时，区块链产业在政策扶持、生态构建、平台服务、应用落地、融合创新等方面呈现积极向好的发展态势。

（1）产业扶持政策向好，生态逐步完备

疫情后世界政策环境和经济贸易趋势为区块链带来发展先机。疫情带来的物理隔离体现了经济数字化中信任的重要性，区块链恰好提供了解决方案，降低交易风险和增强了贸易流通安全性。尤其在中国，区块链在内的"新基建"成为2020年后稳增长的重要抓手，高德纳咨询公司发布的2020年中国ICT技术成熟度曲线中，中国区块链技术已从泡沫破裂谷底期触底反弹。

---

① 中国信息通信研究院.区块链白皮书(2020)[R]. 中国信息通信研究院，2020.

（2）平台服务导向，基础设施呼声渐起

2020 年 4 月，蚂蚁金服、腾讯云相继发布"蚂蚁开放联盟链"和"腾讯产业加速器——区块链"，传递出产业发展新方向，即以科技龙头为代表的区块链企业关注的已不仅是区块链技术和产品，它们逐步向平台服务升级转变。

（3）新型技术融合，应用创新得以拓展，并多向落地

作为 5G 时代最佳信任承载体系，伴随"ABCDE 等"新技术新应用交叉融合，万物互联迭代创新，区块链服务将降低行业应用门槛和成本，积极扩展灵活多样的接入和增值服务，为行业企业提供基础性产品，提升区块链服务企业的产品力和创新力。继区块链上升为国家新兴技术战略之后，已经实现了区块链技术多向落地。一方面，以数字金融、供应链管理等领域为切入点，结合行业自身，积极打造一批行业示范应用，形成较为成熟的商业模式，探索形成行业应用范式。另一方面，对于政府治理、民生保障、智能制造、新型智慧城市等领域全面布局，利用区块链技术优势，促进行业数字化改造升级，推动行业全方位探索实践，促进区块链技术在更多行业应用落地。

但现阶段，区块链技术仍旧处于开发成长阶段，要想真正发挥其潜在价值，需直面在技术自主创新、应用路径、联盟治理、监管体系等方面存在的问题。技术上，作为多种技术的集成系统，区块链解决方案在应用过程中既要实现数据分享，又要注意隐私保护。此外，虽然我国专利申请量排名靠前，但是开源社区话语权弱，核心技术研发和基础算法方面投入不足。应用路径方面，由于技术不成熟、龙头企业带动效应弱以及中小企业应用动力不足等问题，导致区块链技术仍处在起步探索阶段，在实际落地推广中难度尚存。联盟治理方面，相对于公有链利用激励机制吸引人气的简单直接，联盟链则依靠联盟共同利益来撮合各方参与者。联盟链在促进数据充分共享、可信共享的同时，也弱化了链主体和链上数据的权责归属，权责不明也严重阻碍着联盟的有效治理。最后，在监管体系方面，区块链技术尚在快速发展阶段，目前大部分国家对区块链的监管还未形成体系，监管措施多是在新落地应用出现后进行相应法规调整。

3. 大数据

以大数据为核心的新一代信息技术革命，加速推动我国各领域的数字化转型升级。大数据技术的广泛应用，加速了数据资源的汇集整合与开放共享，形成了以数据流为牵引的社会分工协作新体系，促进了传统产业的转型升级，催生了一批新业态和新模式。2018 年以来，大数据技术的快速发展，以及大数据与人工智能、VR、5G、区块链等一批新技术的交汇融合，持续加速技术创新。赛迪顾问统计显示，2020 年中国大数据产业规模达 6 388 亿元，同比增长 18.6%，预计未来三年增速保持 15%以上，到 2023 年产业规模将超过 10 000 亿元。[①]

在具体行业应用方面，互联网、政府、金融和电信引领大数据融合产业发展，合计规模占比为 77.6%。互联网、金融和电信三个行业由于信息化水平高，研发力量雄厚，在业务数字化转型方面处于领先地位；政府大数据成为近年来政府信息化建设的关键环节，与政府数据整合与开放共享、民生服务、社会治理、市场监管相关的应用需求持续

---

① 赛迪顾问. 2021 中国大数据产业发展地图暨中国大数据产业发展白皮书[R]. 2021.

火热。此外，工业大数据和健康医疗大数据作为新兴领域，数据量大、产业链延展性高，未来市场增长潜力大（如图1-2）。

但目前中国只能说是数据大国，要实现从"数据大国"向"数据强国"转变，还面临较多挑战。其中，一是对数据资源及其价值认识不足。对大数据缺乏客观、科学的认识，对数据资源及其在人类生产、生活和社会管理方面的价值利用认识不足。二是技术创新与支撑能力不够。新型计算平台、分布式计算架构、大数据处理分析和呈现等方面与国外存在较大差距，总体上难以满足各行各业大数据应用需求。三是信息安全和数据管理体系仍须发展。

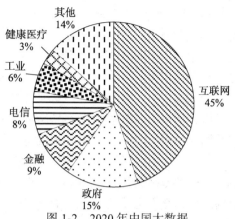

图 1-2　2020 年中国大数据
产业行业应用结构

数据来源：赛迪顾问，《2021中国大数据产业发展地图暨中国大数据产业发展白皮书》，2021.07

数据所有权、隐私等相关法律法规和信息安全、开放共享等标准规范存在不足，技术安全防范和管理能力不够，兼顾安全与发展的数据开放、管理和信息安全保障体系仍须完善。四是人才队伍建设还需加强，就目前而言，我国的综合掌握统计学、计算机等相关学科及应用领域知识的综合性数据科学人才缺乏，还不能满足发展需要，尤其是缺乏既熟悉行业业务需求，又掌握大数据技术与管理的综合型人才。

4. 云计算

云计算（cloud computing）是一种通过网络统一组织和灵活调用各种 ICT 信息资源以实现大规模计算的信息处理方式。过去几年，全球云计算市场保持稳定增长态势。2020 年，全球经济出现大幅萎缩，全球云计算市场增速放缓至 13.1%，市场规模为 2 083 亿美元。而我国云计算市场呈爆炸式增长，2020 年，我国云计算整体市场规模达 2 091 亿元，增速 56.6%。其中公有云市场规模达 1 277 亿元，相比 2019 年增长 85.2%；私有云市场规模达 814 亿元，较 2019 年增长 26.1%。[①]

云计算模型与万物互联固有特征之间的矛盾导致单纯依靠云计算这种集中式计算方式将不足以支持以物联网感知为背景的应用程序运行和海量数据处理，而且云计算模型已经无法有效解决云中心负载、传输宽带、数据隐私保护等问题，因此，边缘计算应运而生，并与现有的云计算集中式处理模型相结合。然而，面对万物互联的多样化服务，数据时代边缘计算模式对高效隐私保护有着新要求。网络边缘设备产生的海量级数据均涉及个人隐私，使隐私安全问题显得尤为突出。除了需要设计有效的数据、位置和身份隐私保护方案之外，如何将传统的隐私保护方案与边缘计算环境中的边缘数据处理特征相结合，使其在多样化的服务环境中实现用户隐私保护也是未来的研究趋势。

5. 新兴技术

新兴技术是技术更新和技术创新的动力之源，新兴技术不仅要求在时间或空间上较

---

① 中国信息通信研究院. 区块链白皮书(2021)[R]. 中国信息通信研究院，2021.

"新",而且要求"兴起"和"发展",是企业竞争力的重要来源。新兴技术的本质特征有根本创新性、相对增长性、影响性和不确定性。根本创新性是指当某领域的核心技术发生根本性改变时,技术思维方式相应改变,技术创新过程导致该领域研究的兴起。相对增长性可以使用函数拟合方法,得到文献数量的增长曲线,确定相对增长性的大小。影响性是指新兴技术对行业、社会或者经济会产生影响。由于技术发展初期数据匮乏、保密等原因,新兴技术的影响性不易衡量,但可通过技术在新闻、科技评论、社交网络、技术路线图上的热度上有所体现。不确定性则体现在产出的不确定性和使用领域的不确定性。

如图 1-3 所示,高德纳咨询公司最新研究报告"Hype Cycle for Emerging Technologies, 2021"中的新兴技术成熟度曲线,介绍了 30 项应重点关注的技术,这些技术有望重拾社会对于技术的信任并改变人脑的状态。

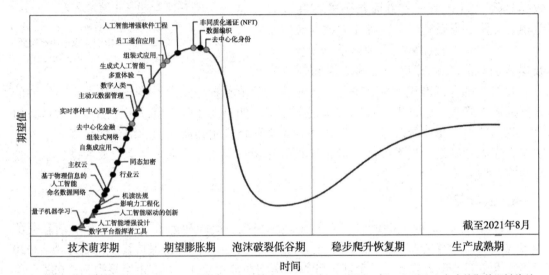

图 1-3 新兴技术成熟度曲线

资料来源:根据高德纳咨询公司研究报告"Hype Cycle for Emerging Technologies, 2021"整理。

该新兴技术成熟度曲线揭示了三大主题。

(1)建立信任

信任需要以安全性和可靠性作为基础,同时延伸到将创新作为弹性 IT 交付业务价值的核心和基础。该基础需要包括工程化、可复用、可信、经过验证、可扩展的工作实践和创新。从商业和技术的角度来看,弹性是关键。可扩展的可复用性有助于构建具有弹性的业务核心。相关技术包括:主权云(sovereign cloud)、机读法规(machine-readable legislation)、去中心化身份(decentralized identity)、去中心化金融(decentralized finance)、非同质化通证(nonfungible tokens)、同态加密(homomorphic encryption)、主动元数据管理(active metadata management)、数据编织(data fabric)、实时事件中心即服务(real-time incident center-aas)、员工通信应用(employee communications applications)。

(2)加速增长

建立起可信的核心业务后,复苏和增长就将变为可能。当根据业务需求进行管理时,风险可以在增量过程中进行管理。为了确保短期目标的可实现性，企业机构应平衡技术风险和业务风险偏好。一旦以创新为主导的核心规模扩大，加速增长将扩展交付范围并提高价值。在这一点上，风险和敏捷性增强了面向遥远未来的 IT 交付。相关技术包括多重体验（multiexperience）、行业云（industry cloud）、AI 驱动创新（AI-driven innovation）、量子机器学习（quantum ML）、生成式 AI（generative AI）、数字人类（digital humans）。

（3）塑造变革

变革一般具有颠覆性而且往往与混乱联系在一起，但企业机构可以利用创新来塑造变革，于混乱中带来秩序。其关键在于预测并根据变革需求进行自动调整。经验有助于增强业务驱动因素。风险可能有助于创新适应塑造变革，但必须是可控的。在对交付进行评估时，可以塑造变革。相关技术包括：组装式应用（composable applications）、组装式网络（composable networks）、AI 增强设计（AI-augmented design）、AI 增强软件工程（AI-augmented software engineering）、基于物理信息的 AI（physics-informed AI）、影响力工程化（influence engineering）、数字平台指挥者工具（digital platform conductor tools）、命名数据网络（named data networking）、自集成应用（self-integrating applications）

1.1.2 "ABCDE" 时代的服务变革

1. 服务业与服务经济

从全球范围看，世界经济结构正在逐渐由工业经济向服务经济的经济形态转型。服务业正以迅猛态势逐步超越制造业，成为一国经济发展的主导力量。例如，1951 年，美国制造业占 GDP（国内生产总值）的比重为 27.90%，到了 2020 年，这个数字已经逐渐降低至 10.84%，而人均个人消费在服务上的支出占人均 GDP 的比率由 1951 年的 24.12% 增长到 46.93%，由此可见，服务业已经成为经济发展最为强劲的增长点。发展中国家的情况也是如此，以中国为例，自改革开放以来，随着中国经济的持续快速发展，服务业规模不断扩大。中国服务业增加值年均增长 10%，占 GDP 的比重由 1978 年的 23.7% 提高到 2020 年的 54.53%，服务业占全社会就业人员的比重由 12.2% 上升为 2018 年的 46.30%（如表 1-1）。服务业已成为国家吸纳就业的主渠道，其不仅是经济增长的重要推动力量，而且在扩大就业、提高人民生活水平方面发挥了重要作用。

表 1-1 主要发达国家/发展中国家服务业（第三产业）对 GDP 的贡献率（2020 年）

发达国家	贡献率/%	发展中国家	贡献率/%
美国	81.50	中国	54.53
澳大利亚	66.04	墨西哥	59.97
英国	72.79	南非	61.45
法国	71.03	波兰	57.46
德国	63.59	菲律宾	61.42
意大利	66.75	巴基斯坦	52.79
荷兰	69.59	马来西亚	54.78

资料来源：前瞻数据库。

自 20 世纪 50 年代以来,科学技术的持续进步推动了社会生产力和物质文明的加速发展,许多国家的经济结构发生了转变,很多人已经不再满足于物质上的享受,转向更高层次的精神追求。在这个背景下,在主要发达国家和发展中国家,服务业(第三产业)均对 GDP 的增长产生了较为积极的影响,服务业开始在各个产业中占据主导地位。

根据 OECD(经济合作与发展组织)的数据,许多发达国家服务业在国家经济中所占的比重已经接近或超过 70%,服务业虽然起步较晚,但却已经成为现代社会经济体中不可或缺的、极其重要的一部分,而工业制造业占 GDP 比重却在逐渐下降。服务业的飞速发展,不仅加快了经济的增长,而且对于社会就业率、经济结构的优化、劳动生产率的提高等诸多方面都有正面的影响。实际上,和许多国家一样,中国的服务业在 20 世纪后期也开始快速发展。在 1978 年,国内服务业产值仅有 905.10 亿元,占 GDP 的比重仅为 24.60%;在经济快速发展了 40 多年之后,2020 年我国服务业增加值已达到 553 976.80 亿元,在国民生产总值中的比重已经达到 54.53%。[①]

2. "ABCDE"时代服务变革的驱动因素

位于"ABCDE"时代,全球处于新一轮科技革命和产业变革的加速推进期,数字化、网络化、智能化技术在生产生活中广泛应用,驱动人类社会迈向智能经济新时代。智能经济是以新一代信息技术和智能技术为支撑,以数据为关键生产要素,以智能产业化和产业智能化为路径的新型经济形态。智能经济在催生新需求、新业态的同时,通过人机交互方式的变革重构人类的生产方式、生活方式、社会运行及政府治理方式,引领经济社会的创新发展。我国经济已由高速增长阶段转向高质量发展阶段,新旧动能不断接续转换。以人工智能为核心驱动力的新一轮科技革命与产业变革,正在形成从微观到宏观各领域的智能化新需求,引导经济向高质量发展阶段跃升。智能经济的发展,将迎来诸多机遇,并面临全新挑战。

在驱动服务业发展方面,政府政策、社会变革、企业发展趋势、信息技术和全球化无疑都是重要的影响因素,共同影响服务市场的供给和需求(图 1-4)。但信息技术相关因素进一步成为众多因素中最关键的变量,"ABCDE"技术正在促使服务变革的发生和发展。诸如人工智能、大数据、云服务、数字化、图片化、视觉化和用户生成内容等在服务经济中的融入,势必会诞生大量的新市场和新产品,创造需求成为主流,竞争加剧。另外,新技术促进了服务生产和传递系统的创新,企业服务变革势在必行。总而言之,那些了解竞争对手,商业模式切实可行,能为企业和顾客创造高服务价值,服务营销做得好的企业定能成为市场的佼佼者。人工智能将提升社会劳动生产率,特别是在有效降低劳动成本、优化产品和服务、创造新市场和就业等方面为人类的生产和生活带来革命性的转变。

扩展阅读 1-1 智慧化加速社区互联

---

① 数据来自国家统计局,其中相关变量指标包括第三产业增加值和国内生产总值。

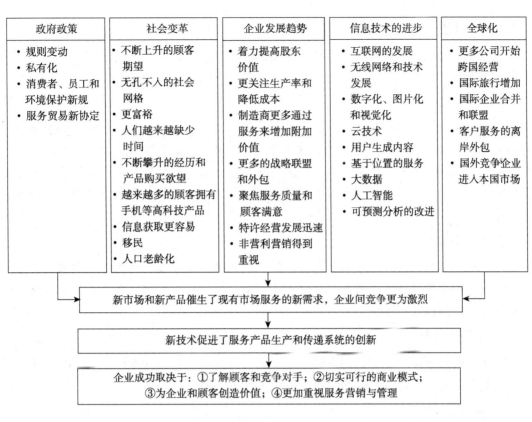

政府政策	社会变革	企业发展趋势	信息技术的进步	全球化
• 规则变动 • 私有化 • 消费者、员工和环境保护新规 • 服务贸易新协定	• 不断上升的顾客期望 • 无孔不入的社会网格 • 更富裕 • 人们越来越缺少时间 • 不断攀升的经历和产品购买欲望 • 越来越多的顾客拥有手机等高科技产品 • 信息获取更容易 • 移民 • 人口老龄化	• 着力提高股东价值 • 更关注生产率和降低成本 • 制造商更多通过服务来增加附加价值 • 更多的战略联盟和外包 • 聚焦服务质量和顾客满意 • 特许经营发展迅速 • 非营利营销得到重视	• 互联网的发展 • 无线网络和技术发展 • 数字化、图片化和视觉化 • 云技术 • 用户生成内容 • 基于位置的服务 • 大数据 • 人工智能 • 可预测分析的改进	• 更多公司开始跨国经营 • 国际旅行增加 • 国际企业合并和联盟 • 客户服务的离岸外包 • 国外竞争企业进入本国市场

新市场和新产品催生了现有市场服务的新需求，企业间竞争更为激烈

新技术促进了服务产品生产和传递系统的创新

企业成功取决于：①了解顾客和竞争对手；②切实可行的商业模式；③为企业和顾客创造价值；④更加重视服务营销与管理

图 1-4 服务经济变革的驱动因素

资料来源：[美]约亨·沃茨，克里斯托弗·洛夫洛克. 服务营销[M]. 韦福祥，等，译. 北京：中国人民大学出版社，2018.

1.2 服务价值理念

1.2.1 服务价值理念内涵

对实物产品而言，它的价值常常可以用本身所具有的功能和顾客得到该产品所付出的价格来衡量。但是对于无形服务而言，顾客花钱购买服务的很多功能难以用有形的物质形态来表述，因此要考虑衡量服务价值的其他方面，如图 1-5 所示，美国学者森吉兹·哈克塞弗（Cengiz Haksever）提出由感知质量、内部属性、外部属性、货币付出、非货币付出和时间六个要素构成的服务价值模型。

图 1-5 服务价值模型

1. 感知质量

顾客是质量的最后裁决者,只有顾客感觉到了,质量才可能存在。服务质量就是"内部和外部顾客的满意度"。

2. 内部属性

服务的内部属性是向顾客提供的利益,可以分成两部分:核心服务和附加服务。核心服务是顾客期望从服务中受益的最基本要求。有些附加服务的作用是传递核心服务,没有它们,无法完成核心服务,另外的附加服务是为顾客提高服务价值。提供核心服务是为顾客创造价值的第一步,也是关键的一步。但是,只有核心服务不足以提升服务组织的竞争力。

3. 外部属性

外部属性顾名思义存在于服务之外,但它与服务息息相关,与服务相关的所有心理上的收益均构成外部属性。例如,某个大学凭借某个学科而闻名,那么该大学就能为这一学科的学位提供外部属性。

4. 货币付出

顾客为获取服务所要支付的全部费用就是货币付出。它包括支付给服务组织的费用和为获得服务必须支付的其他费用。货币付出是决定消费行为的重要因素。

5. 非货币付出

除了货币付出之外,顾客为了获得服务还必须做出的其他付出都称为非货币付出。非货币付出包括寻找服务花费的精力和时间、为获得服务而感到的不便利、往返途中花费的时间、接受服务过程中的等待时间等。

6. 时间

在创造服务价值时,时间起到非常大的作用。①获得服务需要的时间越短,顾客所获得的价值越高。获取服务花费的时间长是以失去其他活动或收入为代价的。②服务失败了,可以采取措施补救,但失去的时间无法弥补。③对一些顾客而言,节省的时间是很有价值的,他们愿意为此支付额外的费用。④节省时间的服务可以替代其他服务,为顾客节省宝贵的时间资源。⑤服务为顾客带来的效益对他们有着不同时长的影响。根据影响时间长短可以分为现在和短期的价值、现在和长期的价值、未来的短期价值和未来的长期价值。

与服务质量和顾客价值相比,服务价值对于提升顾客满意度和企业竞争力更具革新性和影响力。服务质量和顾客价值是与服务价值密切相关的近似概念,但是,服务的本质属性在于满足服务接收方的利益需求,价值强调了价值客体对价值主体需要的意义,服务质量和顾客价值均强调对服务效用的感知和判断。与这些概念相比较而言,服务价值并不被完全包含于服务质量概念之中,其内涵比服务质量更贴近服务接受方的服务需求。服务价值虽然与顾客价值存在一定程度上的相似性,但是顾客价值是个体性概念,而服务价值是群体性概念,服务价值在传送后被感知、认可和接受的部分可理解为顾客价值。

1.2.2 服务价值理念指导下的服务营销

顾客对服务的感知包括服务质量、顾客满意度和服务价值这三个相互联系的内容，这三者相互之间的联系是，服务质量影响顾客对服务价值的感知，服务价值和服务质量则会共同影响顾客满意度的感知，如图 1-6 所示。

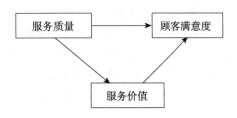

图 1-6 服务质量、服务价值和
顾客满意度的关系
资料来源：孙恒有. 服务营销实战[M].
郑州：郑州大学出版社，2004：78.

1. 顾客对服务质量的感知

顾客对服务质量的感知体现在以下五个方面：

（1）服务的有形程度。服务供应商通过服务场所的环境设置、设施的布置、各种信息展示及人员形象的表现等有形手段向顾客展示服务的质量，这些有形的展示在顾客开始接触服务时显得非常重要。

（2）服务反应的效率。当顾客对服务提出具体要求之后，服务供应商对顾客提出的要求、询问响应的迅速程度被称为"服务反应的效率"。它也是顾客对服务质量的感知内容之一。

（3）服务供应商的换位思考，或称为移情性。这是指服务供应商是否能站在顾客的角度去思考顾客需求和想法，并给予顾客个性化的关注。

（4）服务的专业程度。顾客选择服务消费时，希望服务供应商能表现出专业性或安全性。比如，在餐厅就餐希望餐厅的厨师能提供美食，也希望餐厅的服务人员能表现出良好的专业服务意识和技能。在某些专业性更强的服务领域，如医疗、法律、金融等服务行业，顾客对质量的感知很大程度上都来自其对专业性的感知。

（5）服务的可靠性。服务尤其是核心服务的可靠性是指服务商能准确可靠地执行其所承诺服务的能力，是顾客服务质量感知的最重要的层面。比如，当顾客对旅行时间要求较高时，他们大多会选择航空服务而非公路或铁路服务。

2. 顾客对服务价值的感知

市场营销理论将顾客感知价值定义为顾客总价值与顾客总成本之间的差值。因此，许多企业都试图增加服务的价值或降低服务成本，以此来增加顾客服务（感知）价值，但实际上顾客可能并未真正感受到这些服务价值。通常来说，顾客对服务价值的感知体现在多方面，包括价格、时间等。

服务价值理念把焦点从产品导向的信息转向顾客导向的信息，即企业所提供利益的表述。从这个意义上来说，构建服务价值理念在顾客中心时代里将变得越来越重要，成为企业提高服务质量进而达到顾客忠诚的核心要素。比如，对于服务资讯类的企业而言，能够准确地描述企业所提供的服务，往往是促进企业成长的有效方式之一。因此，企业需要使其独特的产品与服务信息凸显出来，具体的实现方式就是提炼和传播独特的服务价值理念。因此，可以通过现在和未来的顾客服务价值理念来明确企业所带来的价值，并利用企业能够传递的价值证据来宣传企业的价值理念，进而促进顾客满意度提升和企业的进一步成长。

总之，服务价值理念就像一个指南针，可以为员工与顾客的关系构建以及明确企业内部关注的焦点提供指引，也可以为服务营销相关决策提供指导。为了使企业获得成功，服务价值理念还必须是独特的、具有防御性的，必须与组织目前的形象和服务交付流程相一致。服务价值理念并不是容易记住的标志，也不是广告活动的具体体现。相反，服务价值理念往往体现了组织长期发展的本质，囊括了组织长期发展的内涵，因此，服务价值理念往往可以给企业带来长期发展的战略优势，但同时它也是企业独特本质内涵的具体体现。

1.3　服务营销的基本概念

1.3.1　服务的内涵、特征与分类

1. 服务的内涵

服务由一系列复杂活动组成，迄今为止，对于"服务"一词的界定和理解，尚未达成一致。关于服务的定义可追溯到 20 世纪 50—60 年代。1960 年，美国市场营销学会（AMA）将服务定义为"用于出售或者与产品连在一起进行出售的活动、利益或满足感"。这一定义被广泛使用，但也存在缺点，即并未将服务和产品区分开。随后，AMA 又从服务过程视角，对该定义进行补充：可被区分、主要为不可感知、却可使欲望获得满足的活动，这种活动不用与其他产品或服务的销售联系在一起。生产服务时不一定利用实物，并且即使需要借助某些实物协助生产服务，这种实物的所有权也不涉及转移的问题。美国西北大学市场营销学之父菲利普·科特勒（Philip Kotler）将其定义为：服务是一方能够向另一方提供的基本是无形的活动或利益，并且不导致任何所有权的转移，它可能与某种有形商品联系在一起，也可能毫无关系。克里斯廷·格罗鲁斯（Christian Gronroos）基于服务特性将其界定为：服务是由一系列或多或少具有无形特性的活动所构成的一种流程，该流程是在顾客、员工和有形资源的互动中进行的，并且这些有形资源（有形产品或系统）作为顾客问题的解决方案提供给了顾客。

上述定义具有权威性和代表性，但是 AMA 和科特勒的定义仅突出价值从企业到顾客的单向传输过程，而服务营销专家格罗鲁斯将服务的特点和本质进行了深入刻画，强调服务是顾客、员工基于有形资源基础上的交互作用和价值共创过程。本书梳理了服务概念，如表 1-2 所示。

2. 服务的特征

20 世纪 70 年代起，西方市场营销学者从产品特征的角度探讨服务的本质，从而将其与有形产品区分开。对大多数服务而言，无形性、不可分离性、异质性、易逝性是公认的四个基本特性，但在"ABCDE"时代，不可分离性和易逝性受到了挑战，比如通过互联网等平台可以实现时空上一定程度的分离，也可以通过网络等实现可存储服务，相应的顾客参与性成为重要属性。

表 1-2　服务概念梳理

学者/机构	概　　念
美国市场营销协会（AMA）（1960）	服务是用于出售或者同产品连在一起进行出售的活动、利益、满足感
里根（Regan）（1963）	服务是直接提供满足或与有形商品或其他服务一起提供满足的不可感知活动
斯坦顿（Stanton）（1974）	服务是可被独立识别的不可感知活动，为消费者或工业用户提供满足感，但并非一定与某个产品或服务连在一起出售
莱特楠（Lehtinen）（1983）	服务是与某个中介人或机器设备相互作用并为消费者提供满足的一种或一系列活动
安德森（Anderson）（1983）	服务是直接或间接付费后所获得的任何无形的好处，服务常包括或大或小的物理或技术性的构成要素
科特勒（Kotler）（1983）	服务是一方给另一方提供的一种无形的行为或利益，它不会导致任何所有权的转移，它的生产（提供）流程可能会与物质产品相联系，也可能不与它们相联系
格罗鲁斯（Gronroos）（1990）	服务指或多或少具有无形特征的一种或一系列活动，通常发生在顾客同服务的提供者及其有形的资源、商品或系统相互作用的过程中，以便解决消费者的有关问题
佩恩（Payne）（1993）	服务是一种涉及某些无形性因素的活动，它不会造成所有权的更换。条件可能发生变化，服务产出不一定与物质产品紧密联系
哈利塞弗（Haksever）（2005）	服务就是提供时间、空间、方式或是心理效用的经济活动，服务的构成要素包括顾客、服务人员、服务传递系统和实体设施

资料来源：根据"王永贵. 服务营销[M]. 北京：清华大学出版社，2019." "杨珮. 服务营销[M]. 天津：南开大学出版社，2015." 等资料整理。

（1）无形性。无形性是服务的最基本特性。服务是看不见、摸不着的，它是一种活动，发生在购买过程之中，不能进行展示和沟通，也没有具体指标可以将其量化。这是服务与产品最主要的差别。纯粹的产品是高度有形的，纯粹的服务是高度无形的，但在现实中都比较少见。很多服务都需要利用有形产品才能完成服务程序。

（2）顾客参与性。正如格罗鲁斯所强调的一样，在服务价值共创的过程中顾客与员工（甚至是人工智能）等网络主客体之间进行交互，顾客的主动性、配合等参与程度直接影响服务生产效率和效果。因此顾客只有加入到服务的生产流程中，才能最终消费服务。企业营销应该为顾客搭建更加便利的共创参与平台与系统，在顾客共创参与的过程前、中、后各阶段提供培训和知识资源支持。

（3）流程性。传统理论认为流程性是商品营销与服务营销的重要区别之一。一般的实物性商品被生产，然后被销售和消费，并且存在一系列中间环节，生产和消费存在一定时间间隔。而传统的服务流程是先进行销售，同时进行生产和消费。服务人员向顾客提供服务的流程，也是顾客消费的流程。"ABCDE" 时代，由于自服务技术、智能服务技术等的广泛应用，顾客服务和交互流程再造成为新趋势，企业更加重视顾客的体验。

（4）异质性。服务以人为本，是人作为主体发生的一系列活动。在服务的整个流程中，没有完全相同的两种服务。一方面，服务人员无法保证始终以同样的状态进行服务，服务的构成因素和服务质量水平经常变化。另一方面，不存在完全相同的两位顾客，人的个性的存在使得服务很难采用同一标准，相同的服务对不同的顾客也可能产生不同的效果。在服务的整体流程中，顾客、员工、管理人员、环境等任何一个要素发生变化都会对服务流程和结果产生影响。

3. 服务的类型

关于服务的分类，相关学者从不同视角进行了划分，从而为进一步寻找不同种类的服务差异和营销策略提供了思路。

（1）基于服务中是否伴随产品视角的分类。根据斯蒂芬·瓦格（Stephen Vargo）的服务主导逻辑理论，所有产品有价值的部分都是服务，因此服务的概念将传统的有形产品均纳入了服务的范畴。基于服务中是否伴随产品，服务可分为两种类型：

①伴随产品的服务。伴随产品的服务是指在交易中不但有服务，还有有形产品，如运送、安装和维护等服务。在这类服务中，活动服务于物品。产品服务比较灵活，在产品服务的过程中，顾客不一定要在现场。根据有形要素和无形要素在顾客价值创造中的重要性程度，可以进一步分为三种类型：第一，产品为主，服务支撑。比如对汽车和计算机等的复杂销售，产品为主，但是服务已经成为营销竞争力提升的重要来源。第二，服务为主，产品为辅。比如航空公司主要销售的是运输服务，实现顾客地点的转移服务，但中间伴随着一些有形商品销售（比如，食物、饮料和杂志等）。第三，产品和服务混合。比如餐馆中的美食和服务，裁缝店的服装和设计等同等重要。

②纯服务。纯服务指不伴随任何有形产品（完全独立）的服务。在纯服务中，顾客通过与服务供应商的互动共同创造服务价值。尽管在现实中，纯服务相对较少，但一些行业通过服务提供商（服务者）与顾客直接的互动交流完成价值的创造，如律师提供的智力服务，保姆提供的家政服务等。在互联网和信息时代，纯服务越来越多。比如互联网银行服务，从商品交易中分离出来的物流行业，一些重要环节运输和仓储表现出纯服务的特征。

（2）基于服务员工密集程度与互动和定制化程度的服务分类。服务员工密集程度指服务员工成本与有形资源成本的比例，服务员工密集程度越高，意味着该服务要求的员工消耗越大，有形资源投入相对较少。互动和定制化程度指服务供应商与服务接受者间的接触程度，标准化服务不需要顾客与服务供应商之间进行很大程度的互动，顾客对服务的影响程度也就相应变低。

罗杰·施米诺将服务员工密集程度与同顾客互动和定制化程度作为服务交付流程的两个主要维度，将服务分为四类：服务工厂（Ⅰ）、服务作坊（Ⅱ）、大众化服务（Ⅲ）、专业服务（Ⅳ），如图 1-7 所示。

第（Ⅰ）类服务是服务工厂，服务员工密集程度低，不需要太多人的投入，但是需要在设备和设施上投入较多资本，表现在服务形式上由于人员互动较少，标准化服务占主流，有利于降低成本，扩大规模。第（Ⅱ）类服务是服务作坊。服务员工密集程度较低，但是需要同顾客密切互动，定制服务较多。服务供应商需要在基础设备和设施方面做较大投资，同时还要为顾客提供更多定制化服务。第（Ⅲ）类服务是大众化服务。这类服务需要较多的服务员工参与，但是与顾客互动和定制化方面要求不高。随着人工智能对员工的替代趋势日益显著，零售业和银行业的一线用工面临着较多的威胁，从而产生了无人超市、智慧银行等机构，因此这类服务将朝着智能化服务发展。第（Ⅳ）类服务为专业服务。服务供应商在基础设施和设备方面投资较少，但是对员工的技能要求较高，而且需要服务人员与顾客进行密切互动提供定制化服务。尽管 "ABCDE" 时代人工智能对员工替代趋势越来越明显，但是这类员工基本不会被淘汰，因为他们拥有创造性的知识和大量隐性技能。

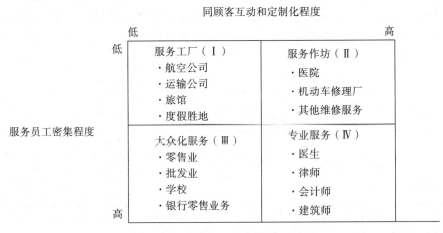

图 1-7 基于服务员工密集程度与互动和定制化程度的服务分类

资料来源：ROGER W. SCHMENNER. How can service businesses survive and prosper[J].
Sloan Management Review, 1986, 27(3): 25.

（3）基于服务交付渠道视角的服务分类。根据服务交付渠道，可以将服务分为顾客介入服务组织、服务组织介入顾客和顾客与服务组织的远距离交易这三种类型，如表 1-3 所示。

表 1-3 基于服务交付渠道的服务分类

服务交付渠道	服务地点的多少	
	单个地点	多个地点
顾客介入服务组织	剧院、电影院、理发店、美容院	公交服务、快餐连锁店
服务组织介入顾客	出租车服务	邮政服务、应急修理
顾客与服务组织的远距离交易	地方电视台	广播网、电话公司

资料来源：LOVELOCK C H. Classifying services to gain strategic marketing insights[J]. Journal of Marketing, 1983, 47: 9-20，转引自：杨珮. 服务营销[M]. 天津：南开大学出版社，2015，8.

顾客介入服务组织的服务意味着顾客必须要在服务组织所在的场所才能接受服务，对这类服务而言，组织更应该考虑顾客在享受服务时是否便利，服务场所是否带给顾客良好的服务体验。服务组织介入顾客的服务指服务组织到顾客指定的地点提供服务，这类服务需要服务组织付出更高的成本，但也带给顾客更方便的服务体验。顾客与服务组织的远距离交易指顾客和服务组织之间不存在面对面的直接接触，服务组织可能通过网络等渠道提供服务，顾客只关心结果，不在意过程，这类服务在传递流程中使顾客不满的可能性会大大减少。

服务传递可以发生在单一场所，也可以发生在多个场所。根据服务地点的多少分类有助于企业考虑在发展过程中的服务网点建设。

（4）基于服务连续性和顾客关系的服务分类。洛夫洛克认为，服务交付形式是指企业是连续性还是间断性地为顾客提供服务。顾客关系指企业与顾客间是会员还是非会员关系。据此可将服务分为四类：连续性会员关系、连续性非会员关系、间断性会员关系、间断性非会员关系，如表 1-4 所示。提供持续服务的企业应维持企业形象的可靠性和稳定性，提供间断性服务的企业要利用好每一次服务的机会，提高顾客满意度，促进顾客忠诚。

表 1-4　基于服务连续性和顾客关系的服务分类

服务连续性	服务组织与顾客之间的关系	
	会员关系	非会员关系
连续服务	保险、电话入册 大学注册、汽车协会	广播电台、警察保护 灯塔、公共交通
间断服务	长途电话呼叫、剧场联票 长期有效的车票	轿车租赁、邮寄服务、收费公路 电影院、饭店

资料来源：LOVELOCK C H. Classifying services to gain strategic marketing insights. Journal of Marketing[J]. 1983, 47: 9-20, 转引自：许晖，郭净. 服务营销[M]. 北京：科学出版社，2011.

1.3.2　服务营销概念

1. 概念与特征

服务营销，就是服务企业为了满足服务对服务产品所带来的服务效用的需求，实现企业预定目标，通过采取一系列整合的营销策略而达成服务交易的商务活动过程。服务营销以服务为导向，满足顾客需求，促进顾客满意和顾客忠诚，最终实现企业业绩增长，促进企业长期发展。服务营销主要研究服务市场的普遍规律，由于服务的特殊性，服务营销与传统的有形产品营销存在明显差别，具体表现在以下四个方面。

扩展阅读 1-2　人工智能将改造银行服务业

（1）产品特点不同。服务的最大特点是无形性。服务表现为一种行为、一种绩效或努力。因此，顾客对服务价值及服务质量没有概念，顾客更多的是根据服务设备和环境等外在因素感知服务的质量和效果。

（2）顾客对服务生产流程的参与。服务营销中，顾客直接参与服务的生产流程，服务营销强调对顾客的管理。服务生产交付的过程也是顾客参与的过程，因此服务营销的一个重要内容就是如何管理顾客从而使服务推广有效进行。

（3）质量控制问题。服务受人的主观性及生产交付服务时的环境等诸多因素的影响，使得其质量很难像有形产品那样用统一的质量标准来衡量。

（4）时间因素的重要性。服务的生产和消费流程是由顾客和服务人员面对面进行的，服务的推广必须及时、快捷，以免出现供不应求的情况。顾客也会因长时间的等待对服务质量产生怀疑。

2. 服务营销策略（7P）和传统营销策略（4P）的比较

1960 年，麦卡锡（McCarthy）在《基础营销学》中提出著名的 "4P" 营销组合模型：产品（product）、价格（price）、渠道（place）、促销（promotion）。但由于服务本身所具有的特性，基于顾客让渡价值构建的传统营销组合理论无法解释服务营销问题。在整合服务组织各项职能的基础上，服务营销组合在原来的 4P 基础上，增加了流程（process）、有形展示（physical environment）和人员（people），扩展到了 7P。在服务市场上，7P 反映了服务的内在特性，能帮助企业制定满足顾客需要的服务营销战略。服务 7P 策略与4P 策略的区别如表 1-5 所示。

表 1-5 服务营销 7P 组合与产品营销 4P 组合的比较

	产 品		价 格		渠 道		促 销	
	服务	有形产品	服务	有形产品	服务	有形产品	服务	有形产品
服务营销和产品营销共有 4P	服务范围 服务质量 服务水准 服务品牌 包装	产品线 产品组合 包装、品牌 售后服务	灵活性 区别定价 折扣 认知价值 付款条件	折扣 付款条件 价格变动 贸易折扣	渠道设计 店面位置 可用网络 仓储 运输	渠道选择 渠道设计 运输、仓储 递送服务	媒体类型 广告 宣传 公共关系 个性服务	广告 人员推销 公共关系 营业推广
	人员		有形展示		流程			
服务营销特有 3P	员工招聘 员工培训 内部营销 顾客参与 顾客行为		员工服装 设施设备 色彩 声音		活动流程 标准化 定制化 员工授权			

资料来源：根据 "王永贵. 服务营销[M]. 北京：北京师范大学出版社，2007." 改编。

在产品方面，企业在设计服务产品时要考虑服务范围、质量和品牌等因素。服务产品包括核心产品和补充服务产品，核心服务产品满足顾客主导需求，补充服务产品则帮助顾客更有效地使用核心服务产品。在价格方面，顾客主观认知价值是服务价格的最高限。另外，制定价格时还应该考虑到顾客的成本，包括投入的金钱、花费的时间、脑力和体力劳动的投入等。在渠道方面，服务营销渠道更注重店面选择，仓储物流等的便利性和覆盖的地理范围。在 "ABCDE" 时代，渠道逐步演化为以平台为基础，多种功能聚合，提供信息和交易支撑等的服务入口。在促销方面，服务营销更加注重为顾客提供个性化的信息和服务以提升顾客忠诚度。除上述服务营销和传统产品营销的共有 4P 之外，服务营销特有的 3P 成为服务营销组合中的独特之处，后续章节会重点阐述。

1.4　建立价值驱动的服务营销

对于传统的产品销售，4P 是核心的市场营销策略，有助于企业基于可操作的变量实现利润的增长。但是"ABCDE"时代越来越多的企业认识到在顾客忠诚参与、服务价值创造以及内部营销（员工的满意与参与）等基础上与顾客共同创造价值，才是企业服务营销的核心逻辑。

1.4.1　服务生产模型

法国学者皮埃尔·艾格利尔（Pierre Eiglier）和埃里克·兰吉尔德（Eric Langeard）将服务企业界定为一个包括营销、企业运营和顾客的整合系统，并创造了服务生产系统这一词汇，描述服务组织可被顾客看到且体验的一部分有形环境。

服务生产系统包括服务运营系统和服务传递系统。服务运营系统主要是企业的技术核心部分，一般在后台运行，顾客不可见。在这一部分，企业处理服务生产的投入，创造服务产品要素。服务传递系统是服务产品组装、传递给顾客的部分，包括服务组织的物理环境、员工的接触。这一部分对顾客而言是可见的。此外，在服务运营过程中，可视化程度因顾客与组织的接触程度的变化而变化。服务的接触程度越高，可视化程度越高。

服务生产模型（如图 1-8 所示）展示了高接触服务中，构成顾客体验的所有互动。这一过程中，每个互动都可能对价值产生影响。企业必须对所有互动进行有效管理，为顾客带来更满意的服务体验。

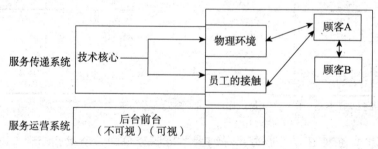

图 1-8　服务生产模型

资料来源：[美]克里斯托弗·洛夫洛克，约亨·沃茨. 服务营销[M].
韦福祥，等译. 北京：中国人民大学出版社，2018.4.

1.4.2　服务营销三角形

1. 服务金三角

美国管理学家卡尔·阿尔布瑞契特（Karl Albrecht）和让·泽姆克（Ron Zemke）在总结各种企业管理实践经验的基础上，提出了"服务金三角"管理模式，如图 1-9 所示。

这一模型由服务战略、服务系统、服务人员三大部分组成，顾客处于三角核心位置，代表公司的各项活动都是为了满足顾客的需求。随后，一些学者借鉴"服务金三角"理论开展相关研究。

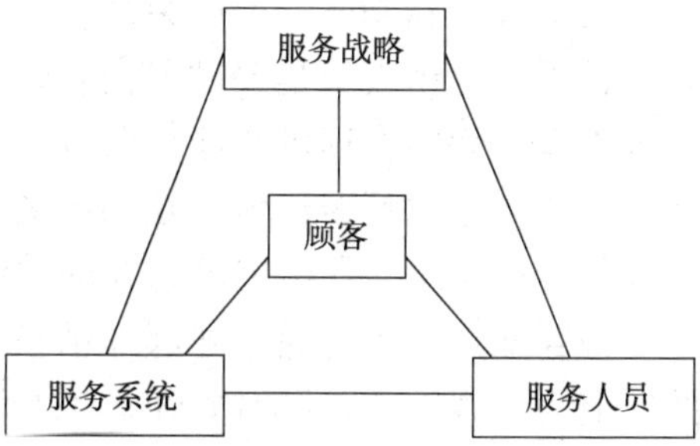

2. 传统产品营销三角形

如图 1-10 所示，产品营销三角形的三个重要组成部分是销售市场、产品和企业销售人员，三边代表营销的三个基本功能：做出承诺、遵守承诺、兑现承诺。企业的营销人员不断与顾客沟通，进行详细的市场调查，了解顾客需求，企业研发部门针对顾客需求进行持续产品开发，兑现承诺，提供满足顾客需求的产品，并通过大量的外部营销向市场做出承诺。如果产品特性满足顾客需求，企业就遵守了承诺。企业就是在做出承诺、遵守承诺、兑现承诺的流程中谋求生存和发展。

3. 服务营销三角形

服务营销受到一系列主观因素的影响，存在不确定性，比有形产品的营销复杂得多。服务产品的生产、消费、流通都需要人员推动完成，员工是不可或缺的因素。除此之外，员工服务的态度和技能对顾客满意度有重要影响。面对这些不可控因素，格罗鲁斯提出服务营销三角形，如图 1-11 所示。服务营销三角形表现了服务营销三组利益相关者之间的关系，外部营销、内部营销和互动营销三部分构成了服务营销三角形。

（1）外部营销——建立关系。外部营销包括企业的服务准备、定价、销售等内容。企业通过外部营销向顾客做出承诺。在服务开始传递之前，与顾客沟通，了解顾客需求的所有人员都可以看作外部营销的一部分。外部营销开启服务营销者的工作，后续过程中服务提供者必须遵守且兑现承诺。

（2）内部营销——支持关系。内部营销指企业的员工培训等工作，在内部营销活动中，管理者通过甄别、培训、激励等方式，帮助员工提升技术能力，以便为顾客提供更高质量的服务。员工是企业实现一切活动的主体，企业要兑现对顾客的承诺，就必须提供一切资源和沟通方式，帮助员工建立、维持与顾客间的关系。

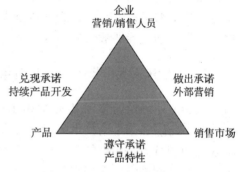

图 1-9 服务金三角

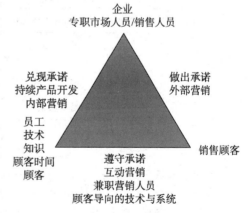

图 1-10 产品营销三角形

资料来源：[芬]克里斯廷·格罗鲁斯. 服务营销与管理——基于顾客关系的管理策略. 2 版[M]. 韩经纶，等译. 北京：电子工业出版社，2002：38.

图 1-11 服务营销三角形

资料来源：[芬]克里斯廷·格罗鲁斯. 服务营销与管理——基于顾客关系的管理策略. 2 版[M]. 韩经纶，等译. 北京：电子工业出版社，2002：39.

（3）互动营销——维持关系。互动营销关注以顾客为导向的技术及系统。在这一部分中，服务营销人员是关键因素。营销人员通过与顾客接触获得更多的顾客信息，了解顾客需求，为顾客提供个性化服务。如果服务人员没有积极与顾客沟通，对工作缺乏热情，可能会导致顾客流失。互动市场营销不仅是企业遵守承诺的流程，也是企业保持与顾客的持久关系、保留忠诚顾客的关键点。

服务型企业需要通过外部营销吸引顾客，对员工进行内部营销，使员工具备更全面的技能为顾客服务，同时要在员工与顾客之间进行互动营销，最终达到为顾客提供满意服务的目的。服务产品营销与有形产品营销的区别就在于是否针对内部员工进行营销。

服务营销三角形的三个部分缺一不可，并且应平衡发展。外部营销做出的承诺应与企业提供的服务产品吻合，企业内部营销也应与顾客对服务提供者的要求一致。服务营销三角形平衡发展的战略应成为服务企业开展服务营销的长期战略。

1.4.3 "ABCDE"时代基于价值共创的服务营销理论体系

基于上述理论的整合以及"ABCDE"时代背景，本书认为服务营销的本质是企业（包含员工）与顾客基于新技术平台的支撑，在充分理解顾客需求和预期，进而影响和提高顾客感知和行为基础上的共同参与价值共创的过程。因此企业的服务营销活动应该遵循服务价值共创逻辑，在识别价值、设计价值、传递价值和维护价值方面花费较大功夫和精力，图 1-12 是对本书后续篇章结构的概括和凝练。

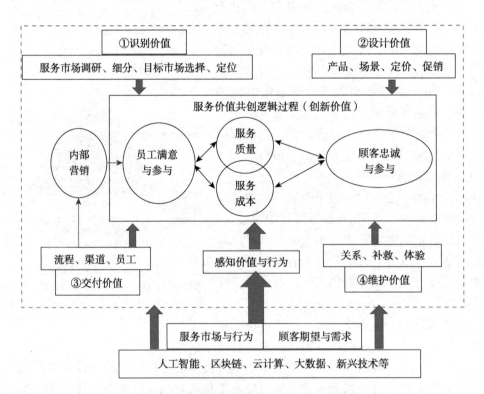

图 1-12 "ABCDE"时代基于价值共创的服务营销理论体系

1.4.4 创新服务价值

"ABCDE"时代下，人工智能、大数据、物联网、云计算、5G 等新一代智能技术与产品的融合发展，催生了智能互联产品和智能服务。已有研究将智能服务的内涵分为宏观、微观两个视角。宏观下，智能服务是一种服务系统，具有技术中介性、连续性、程序交互性等特性，在不同场景中依据应用不同，有不同描述。微观角度下，已有研究认为智能服务是一种企业提供的以感知性和连接性为核心的个性化、动态化、数字化的高质量服务解决方案。智能服务作为服务创新的重要形式，基于物联网设备、可穿戴设备提供服务，是一种单独、可配置的产品和服务的捆绑包。在新一代科技革命的加速推动下，服务业正呈现出网络化、智慧化、平台化等发展趋势。

数字经济已经成为世界公认的新经济、新业态、新动能、新引擎，数字化时代改变了服务业的内涵，新的服务模式不断涌现。数字化服务追求在线化、平台化、智慧化、透明化。数字技术和服务业的融合渗透加快了服务业的快速成长和数字产业的蓬勃发展。大数据、云计算等底层技术的日益成熟推动了数字技术在服务业的广泛应用。区块链、人工智能的出现几乎从根本上改变了金融、物流等服务业领域的传统商业模式，在给顾客带去新奇服务体验的同时，也提高了资源配置效率。在当前情况下，创新服务价值显得尤为迫切。服务价值创新应从以下几个方面考虑。

1. 转变服务意识

服务意识指服务人员在为顾客提供服务时，所体现的为其提供热情、周到、主动的服务的欲望和意识。在"ABCDE"时代下，万物互联，服务对象从人变成了人和物。数字经济的核心内容就是把合适的产品在合适的时间提供给合适的人。其次，当前时代下，服务体系既包括传统的实体渠道，又包括线上渠道，并且越来越多的企业选择以线上渠道为主。数字化时代，服务行业真正开始以顾客为中心。在这种背景下，服务人员需转变自身服务意识，由被动服务转向主动服务，建造合作共赢的服务生态体系，创新服务价值。

2. 转变服务能力

随着技术发展，顾客服务由个性化服务向智慧化服务转变，企业越来越注重发展以顾客需求为导向的个性化服务。因此，企业也需要不断增强自身的个性化服务交付能力，整合实体渠道和线上渠道，建造数字化服务运营前台。利用各项工具对顾客消费行为做大数据分析，绘制清晰、准确的用户画像，向顾客进行精准营销，推出满足顾客需求的产品或服务。"ABCDE"时代下，许多服务由机器提供，而不是服务人员。企业更应注重机器的正常运营，为顾客提供精准、主动的服务。

3. 创新服务体验

顾客体验感是数字化服务业竞争的关键。企业应在关注服务运营结果的基础上，关注服务过程中的顾客体验。"ABCDE"时代下，可视化、交互化、信息沟通立体化等特征会极大改善顾客所接受服务的品质，影响顾客服务体验。提升服务的场景化，让顾客享受到更优质的服务体验，创造更大服务价值，对企业发展有极大促进作用。

4. 改变传播载体

"ABCDE"时代下，网络口碑对企业形象的影响越来越大。企业要从打造口碑向打造服务品牌转变，把握舆论主导权，构建互联网时代顾客沟通与服务传播体系，增强公司的市场竞争力。加强与顾客的沟通，挖掘顾客需求，创新服务价值，提升顾客对品牌的忠诚度。

本章小结

本章内容包含四个小节。

第一节主要围绕"ABCDE"时代的机遇和挑战等问题进行系统探讨，重在让学生理解新技术对服务营销的重要性和影响作用。

第二节围绕服务价值进行了相关概念和主要理念的介绍，旨在强调其在服务营销理论体系中的核心地位，为下文做好铺垫。

第三节围绕服务以及服务营销的基本概念和特征进行了界定，从而为下文系统理论的提出奠定基础。

第四节构建了基于价值驱动的服务营销理论体系，结合"ABCDE"时代新情景和价值共创新逻辑构建了崭新的理论框架。

核心概念

ABCDE：AI（人工智能）、block chain（区块链）、cloud computing（云计算）、data tech（大数据）、emerging technology（新兴技术）的简称。

服务价值模型：美国学者森吉兹·哈克塞弗（Cengiz Haksever）认为服务价值模型由感知质量、内部属性、外部属性、货币付出、非货币付出和时间六个要素构成。

服务：克里斯廷·格罗鲁斯（Christian Gronroos）认为服务是由一系列或多或少具有无形特性的活动所构成的一种流程，该流程是在顾客、员工和有形资源的互动中进行的，并将这些有形资源（有形产品或系统）作为顾客问题的解决方案提供给了顾客。

服务营销：服务企业为了满足服务对服务产品所带来的服务效用的需求，实现企业预定目标，通过采取一系列整合的营销策略而达成服务交易的商务活动过程。

产品营销三角形：其三个重要组成部分是销售市场、产品以及企业销售人员，三边代表营销的三个基本功能——做出承诺、遵守承诺、兑现承诺。

服务营销三角形：表现了服务营销三组利益相关者之间的关系，外部营销、内部营销和互动营销三部分构成了服务营销三角形。

复习思考题

1. "ABCDE"时代，新技术如何促进服务营销变革？

2. 服务价值理念对服务营销有何意义？

3. 服务价值驱动的服务营销理论体系的核心内容是什么？对服务企业有何价值？

本章案例

服务机器人如何助力餐饮行业？

思考题：

1. 服务机器人为什么被餐饮业率先应用？其利弊有哪些？
2. 谈一谈服务机器人对于餐饮业服务营销的意义和价值。

即测即练

参考文献

[1] 王永贵，马双. 客户关系管理[M]. 第 2 版. 北京：清华大学出版社，2021.

[2] 王永贵. 服务营销[M]. 北京：清华大学出版社，2019.

[3] [美]克里斯托弗·L.，约亨·W. 服务营销[M]. 韦福祥，等译. 北京：中国人民大学出版社，2018.

[4] 孙恒有. 服务营销实战[M]. 郑州：郑州大学出版社，2004.

[5] 王永贵，徐宁. 顾客抱怨与服务补救[M]. 天津：南开大学出版社，2007.

[6] [美]菲利普·K.，凯文·L K. 营销管理[M].王永贵，等译. 第 14 版. 北京：中国人民大学出版社，2012.

[7] 克里斯廷·G. 服务营销与管理——基于顾客关系的管理策略[M]. 韩经纶，等译. 第 2 版.北京：电子工业出版社，2002: 32.

[8] 杨珮. 服务营销[M]. 天津：南开大学出版社，2015.

[9] ROGER WS. How can service businesses survive and prosper[J]. Sloan Management Review, 1986, 27(3): 25.

[10] 许晖，郭净. 服务营销[M]. 北京：科学出版社，2011.

[11] 王永贵. 服务营销[M]. 北京：北京师范大学出版社，2007.

[12] 郑锐洪. 服务营销理论、方法与案例[M]. 北京：机械工业出版社，2019.

[13] 陈岩，张李叶子，等. 智能服务对数字化时代企业创新的影响[J]. 科研管理，2020，41（09）.

[14] 夏杰长，肖宇. 以服务创新推动服务业转型升级[J]. 北京工业大学学报（社会科学版），2019，19（05）.

[15] 杨斌，王琳. 数字经济时代客户服务数字化转型策略研究[J]. 东岳论丛，2020，41（11）.

第 2 章

服务营销相关理论

本章学习目标

1. 了解什么是服务期望、顾客满意和顾客忠诚，对服务顾客满意和忠诚有全面、清晰的认知；

2. 掌握服务期望理论、顾客满意理论和顾客忠诚理论；

3. 理解服务质量的内涵、特点与构成，掌握服务质量差距模型和测量方法；

4. 熟悉和掌握服务利润链理论及其管理启示；

5. 熟悉服务营销组合的框架和内容；

6. 理解服务价值共创的内涵，掌握服务价值共创的主要模式、内容和原则。

引导案例

长城饭店的"丝绸之路"主题晚宴

某年初春，一位老者来到长城饭店宴会销售部，声称自己是外国学者，刚从中国西部游历了数月，回国前想在长城饭店宴请 160 多位同行业人士及重要贵宾。老者愿意付很高的餐价，但非常希望饭店将宴会厅装饰出中国西部风情，因为他很留恋新疆的天山和草原的驼铃。

客人走后，宴会部开始了认真的策划，经过对几个宴会招待方案的筛选，最后决定为客人举办"丝绸之路"主题晚宴。两天后，当老者及其数位随从人员在宴会前一小时出现在宴会厅时，他们的惊喜无法用语言表达。展现在他们面前的宴会厅宛然一幅中国西部风景图：从宴会厅的三个入口处至宴会的三个主桌，服务员用黄色丝绸装饰成蜿蜒的丝绸之路；宽大的宴会厅背板上，蓝天白云下一望无际的草原点缀着可爱的羊群；背板前两头高大的骆驼昂首迎候来宾，其逼真的形象使人难以相信这是饭店美工人员在两天内制作出来的……面对文化氛围强烈的宴会厅，老者激动地说："你们做的一切大大超出了我的期望，你们是最出色的，将令我永生难忘。"宴会的成功不言而喻。几天以后，总经理收到了这位老者热情洋溢的表扬信，他在信中说，回国后他已经向许多朋友谈起了这个宴会，并高度称赞了长城饭店宴会部的员工。

现在"丝绸之路"已作为一个非常有特色的主题宴会，多次服务于来自世界各地的顾客。

为什么这位老者能对长城饭店的服务如此满意？

资料来源：根据网络资料改编。

2.1　服 务 质 量

2.1.1　顾客对服务的期望与感知

1. 服务期望的含义与类型

（1）期望的服务：三个类型、两个水平

顾客服务期望（service expectation）是顾客对服务交付的信念，这些信念被当作评估服务绩效的标准或参考。期望既反映了顾客觉得会在产品或服务中发生什么，也反映了顾客期待在产品或服务中发生什么。顾客对服务的期望主要表现为两个水平：理想的服务和恰当的服务。

理想的服务是服务期望的最高水平，它反映的是顾客真正期望得到的服务水平。理想的服务是顾客在购买某服务时所希望实现的绩效水平，是顾客相信并且认为应该得到的可以满足个人需要的服务。但是，由于现实条件的局限，顾客理想的服务通常难以实现，顾客自身也知道企业不可能一直按照他们所期望的水平提供服务，因此，一般顾客会愿意接受水平稍低的服务——恰当的服务。

相比之下，恰当的服务反映了顾客相信其在服务体验的基础上可得到的服务，是顾客能接受而且不会造成不满意的最低服务水平。它取决于实践发展过程中的经验或标准，也包括影响服务表现的情境因素和其他可供选择的服务提供商的服务水平。

另外，服务购买前顾客还经常对服务水平进行预测和推断，这样形成了顾客预期的服务。预期的服务（predicted service）是一种可能性期望，它反映了顾客认为可能产生的服务水平。

由于服务期望存在不同的类型，在评测顾客满意时比较顾客期望与顾客感知也存在不同的情况。一般认为，顾客满意的评价是通过对预期服务与所接受的感知的服务进行比较而形成的。

（2）容忍阈

由于服务具有异质性，不同的服务提供商、同一服务提供商的不同服务人员，甚至相同的服务人员，所提供的服务绩效会有所不同。顾客愿意承受的服务水平的变动范围被称作容忍阈，如图 2-1 所示。它反映了理想的服务与恰当的服务之间的差距。容忍阈对顾客来说既可以扩大也可以缩小，其变化依赖

图 2-1　容忍阈

资料来源：ZEITHAML V A, BERRY L L, PARASURAMAN A. The nature and determinants of customer expectations of service [J]. Journal of the Academy of Marketing Science, 1993, 21(1): 1-12.

于服务（时机）和提供服务的环境。例如，如果一位旅客已经迟到并关心自己的航程，其容忍阈将变窄，即使一分钟的时间在其看来都会觉得很长，而且其对恰当的服务标准也提高了。相反，当一位乘客到达机场较早，其容忍阈就扩大了，比迟到时少了一些对排队等待时间的在意。上述例子表明，营销人员不仅要理解容忍阈的大小和界限，而且要知道对既定顾客而言，容忍阈在何时会变化以及会发生怎样的变化。

不同的顾客具有不同的容忍阈。一些顾客的容忍阈较窄，使服务提供商提供服务的范围也较窄，而其他顾客则允许较为宽松的服务。例如，当需要水管工或其他家用设备维修人员到家里维修时，在外工作的顾客比在家工作或根本不工作的顾客对可接受时间有一个更受限制的范围。单个顾客的容忍阈扩大或缩小依赖许多因素，除了个人因素，也包括企业可以控制的因素，如价格。一般情况下，价格上升，顾客的容忍阈会缩小。

2. 影响顾客服务预期的因素

由于顾客满意的评价是通过对预期服务与所接受的感知的服务进行比较而形成的，下面重点介绍影响预期服务的因素。

（1）明确的服务承诺（explicit service promises），又叫显性服务承诺，是企业传递给顾客的关于服务的信息。这种信息可以通过人员途径传递，如通过销售、服务或维修等一线服务人员传递，也可以通过广告、手册和其他出版物等非人员途径传递。由于缺乏切实有形的产品，顾客只能依据多种形式的有效信息对服务进行评价。服务越是不明确，顾客产生期望时就越是依赖企业做出的关于服务的承诺。例如，一个家居建筑师承诺顾客新居将在三个月内装修完工，顾客就认为这是建筑师的承诺，并将最终以此为标准评价建筑师的服务。明确的服务承诺是少数几个完全由服务提供商控制的、能影响预期的因素之一。

（2）暗含的服务承诺（implicit service promises），又叫隐性服务承诺。服务环境的有形设施和服务价格是典型的隐性服务承诺。一般而言，价格越高，顾客预期企业能够提供的服务品质越高。同样，服务设施越豪华，顾客也会对服务产生越高的期望，顾客会把这些设施看成服务质量的标志。例如，五星级酒店通过高昂的价格和豪华的设施来向顾客暗示其服务水平也较高，接受这种暗示的顾客往往会期望较高水平的服务。

（3）服务企业的口碑沟通（word-of-mouth communications）。有研究表明，顾客在进行服务选择时倾向于依赖个人信息来源而非公共信息来源，而且顾客认为接受过该服务的人的口头评价更加准确，可信程度更高。口碑来源于私人间的交流、专家推荐、顾客报告和评价、顾客顾问等。在购买和直接体验服务之前，口碑是顾客形成服务预期的重要依据。

（4）顾客过去的经验（past experience）。顾客期望（包括理想的服务和预期的服务）在很大程度上由过去的服务体验决定。例如，顾客某次去一家餐厅享受到了一份免费汤，顾客会期望下次还有同样的待遇，并在同行业其他服务商中进行比较。

3. 顾客服务感知（customer service perception）

按照消费者行为学者提出的确定和不确定理论，在消费之前，顾客已经对产品或服务绩效（表现）有一定的期望；在消费过程中，顾客对该产品或服务绩效产生感知。顾客对于任何产品或服务的质量和满意的讨论是建立在顾客感知的基础上，而不是某些预先决定的"产品或服务是什么或应该是什么"的客观标准。

顾客感知是顾客选择、组织刺激并以一种有意义的、整体的方式对知觉对象（客体）进行解释的过程。顾客对他们所感知的刺激（物）是有选择性的，他们无意识地依据广泛的心理学原理组织刺激，并对这些刺激做出与他们的需要、期望、经验相一致的主观理解。

因此，顾客面对接收到的刺激，会依据经验、动机、期望等来增加或者简化他们的整体感知。顾客感知实际上是顾客运用过去所获得的有关知识和经验，对所感知事物进行加工处理，并用概念的形式表达出来。感知的起点是刺激，即所接触到的服务环节（包括服务场所、环境、服务人员、价格、地理位置等），各个环节的质量（好/坏）会影响顾客评价；感知的基准是服务预期，即预期服务质量，那些影响预期质量的所有因素都会影响顾客感知质量；感知就是一种对服务预期的适应性评价。顾客对质量的感知是指顾客在购买和消费产品或服务的过程中对质量的实际感受和认知。期望形成于顾客消费服务过程之前，感知则形成于顾客消费服务过程之后。需要指出的是，顾客对质量的感知虽然是顾客对其购买决策整个过程在主观上的判断，但是判断的基础来自于其实际经历的客观体验过程，判断的依据就是顾客在购买前的需求和期望。

2.1.2　理解服务质量：内涵、特点与构成

1. 服务质量的内涵

质量的概念一直在变化和发展中。国际标准化组织（ISO）将质量定义为"产品、体系或作业过程的一组固有特性满足顾客和其他相关者要求的能力"。

传统上，人们对有形产品质量认识大致有四种观点：①无瑕疵；②符合某种规范或标准；③对顾客需求的满足程度；④内部失败（指产品离开工厂之前表现的缺陷）与外部失败（指产品在市场中不能满足顾客需要）的发生率。但是，服务质量的概念和有形产品质量的概念在内涵上有很大的不同。二者的区别在于：首先，服务质量比有形产品质量更难被顾客评价；其次，顾客对服务质量的认识取决于他们实际感知到的服务表现与其预期的比较；最后，顾客对服务质量的评价既要考虑服务结果，也要考虑服务过程。[①]

不同的质量观念下学者们对服务质量给出了不同的定义。刘易斯（R. C. Lewis）和布姆斯（B. H. Booms）把服务质量（service quality）定义为"一种衡量企业服务水平能否满足顾客期望程度的工具"。瑞典著名的服务营销学家格罗鲁斯（C. Grönroos）提出顾客"感知服务质量"（perceived service quality）的概念和模型，成为服务质量管理最为重要的理论基础之一。他认为服务质量是一个主观范畴，取决于顾客对服务的期望（即期望的服务）与其实际感知的服务表现（即体验的服务）的对比。同时，他将服务质量划分为技术质量和功能质量两个方面：前者是指服务产出的结果怎么样，如餐馆为顾客提供饮食、4S店为顾客进行汽车维修等的效果如何；后者反映了企业如何为顾客提供服务，它与服务人员的态度和行为、仪容仪表、员工与顾客的交互作用等因素密切相关。在该

---

① KOTLER P, ARMSTRONG G. Principles of marketing. 16th ed[M]. Harlow: Pearson Education Limited, 2016: 261-263.

模型中，还引入了企业形象因素，它具有"过滤器"的作用，反映了企业形象对服务质量感知的影响。

另外，学者理查德·诺曼（Richard Norman）提出了服务关键时刻（moments of truth，也称真实瞬间）的概念。他认为，关键时刻就是顾客与企业的各种资源发生接触的那一刻。关键时刻是顾客导向的服务质量的具体衡量，顾客体验到的服务质量是受关键时刻服务表现的影响的，每一个关键时刻就是一次影响顾客感知服务质量的机会，服务提供者应抓住机会向顾客展示其服务质量。

综上所述，服务质量是服务或服务业满足规定或潜在要求（或需要）的特征和特性的总和。服务质量既是服务本身的特性与特征的总和，也是顾客感知的评价反应，因而服务质量既由服务的技术质量、功能质量、形象质量和真实瞬间构成，又由感知质量与预期质量的差距体现。

界定服务质量的根本目的，一是通过服务特性和特征差异正确区别不同服务的价值，二是保证服务企业和顾客对服务交换的信心。服务企业只有实现了其识别功能和保证功能，才能证实服务质量。

2. 服务质量的特点

服务质量概念是逐步发展和完善的。目前学者们对服务质量还有不同的看法，归纳上面学者们的有关观点，我们可以总结出服务质量的基本特点。

（1）服务质量概念是一个主观的范畴

服务质量好坏取决于顾客的主观感知和评价，这与有形产品质量存在很大的差异，有形产品质量可以采用许多客观的标准来加以度量，这些标准不会因为产品提供者的不同或购买产品的顾客不同而发生变化。但服务质量并非如此，不同的顾客可能对同一种服务质量产生不同的感知。即使是同一个顾客，在不同时段对质量的要求或感受也会发生变化，这是在研究服务质量时必须注意的一个问题。

（2）服务质量是一种互动质量

在产品没有出厂之前，质量就已经形成了。在整个产品质量形成过程中，顾客的"发言权"相对较小。而服务质量不同，服务具有生产与消费的同步性，服务质量是在服务提供者与顾客互动的过程中形成的，如果没有顾客的配合、响应，或者是顾客无法清晰地表达服务要求，那么服务过程可能难以进行下去，甚至失败，服务质量将会是低下的。

（3）服务过程质量与服务结果质量同样重要

服务结果是顾客购买服务的根本目的所在，如果没有服务结果或者服务结果很差，那么，再好的服务过程也是无意义的。同样，即使服务结果很好，但服务过程很糟，最后形成的顾客感知服务质量也可能是低下的。因为服务质量是一种互动质量，所以服务过程在服务质量形成过程中起着异常重要的作用。忽视结果或者是忽视过程，在服务质量管理中都是错误的。

（4）服务质量的测量不能使用制造业产品质量测量的方法

在制造业的产品质量度量中，一般都有客观评价标准，可以是行业标准、国家标准、国际标准，可以通过检验方法来证明产品与事先制定的质量标准是否吻合，如果吻合或者超过，则说明质量是合格的或者是优异的。但服务业的质量测量则不同。服务业很少有统一的客观标准，即使有些服务行业制定了行业标准，也是很不稳定的。此外，企业不但要考虑服务质量与服务标准是否符合，还要衡量质量的外部效应，即顾客对服务的感受和评价，以及服务质量对顾客关系的影响。

2.1.3 服务质量的测量

1. 服务质量的构成维度

研究表明，顾客对服务质量的评价包括对多个要素的感知。服务质量构成维度最具代表性的研究是由美国学者帕尔苏拉曼（A. Parasuraman）、泽丝曼尔（V. Zeithaml）和贝里（L. L. Berry）（以下简称 PZB）等学者做出的，他们从顾客感知服务质量的角度归纳出服务质量的 5 个维度，即有形性、可靠性、响应性、保证性和移情性。

（1）有形性

有形性（tangibility）是指与服务企业和服务产品有关的有形部分，包括各种实物、装饰装潢、企业手册、设施设备及服务人员的外表等。由于缺乏实体物品，顾客常常借助服务产品的有形部分来评价一项服务。为此，服务企业常常有策略地提供服务的有形线索，帮助顾客识别和了解服务。尤其是那些需要顾客到企业所在地接受服务的行业，如餐馆、酒店、零售商店和娱乐公司等。应将有形性和质量维度结合起来建立服务质量战略。

（2）可靠性

可靠性（reliability）是指准确可靠地执行所承诺服务的能力。从更广泛的意义上说，可靠性意味着企业按照其承诺行事，包括送货、提供服务、解决问题、定价等。例如，飞机能够按时起飞和抵达目的地，航空公司的服务就会被认为是可以信赖的。PZB 研究表明，顾客认为可靠性是服务质量模型五个维度中最重要的。

（3）响应性

响应性（responsiveness）是指企业或员工随时准备愿意为顾客提供快捷、有效的服务的能力。该维度强调企业必须站在顾客的角度来审视与处理服务的传递及顾客的要求。在处理顾客要求、咨询、投诉等问题时，服务人员应当更专注与快捷，毫无理由地让顾客等待而不采取任何措施会消极地影响顾客的服务感知。该维度包括企业能否对顾客的问题做出快速的回应，能否为顾客提供所需要的柔性能力。服务响应速度成为顾客评价服务质量的重要因素。

（4）保证性

保证性（assurance）是指服务人员友好的态度、所具备的专业知识及其能赢得顾客信任的能力，它能增强顾客对服务企业的信心和安全感。能力不仅包括员工实施服务时所掌握的知识和技能，也包括礼貌、友好的态度。保证性包括可信的名称、良好的声誉、训练有素的员工等。

对于高风险服务或产出结果不易评价的信任性服务，比如，银行、证券交易、保险、医疗和法律等领域的企业提供的服务，该维度尤为重要。通常这些企业会尽量通过专业的一线人员来建立顾客的信任与忠诚。

（5）移情性

移情性（empathy）是指服务人员换位思考，真诚地关心顾客，了解他们的实际需要，使整个服务过程富有"人情味"。该维度表现为给予顾客关心和个性化服务，设身处地为顾客着想，对顾客的处境、情感的认同和理解。移情性的本质是服务企业通过为顾客提供个性化或者定制化的服务来使每个顾客感觉自己为服务公司所理解和重视。移情性要求服务提供商具有敏感性和充分有效理解顾客需求的能力。许多小型专业技术服务公司将自身定位为特殊行业中的专家，通过更了解用户的问题和需要，并且能够提供更加个性化的服务，从而成功地与大公司竞争。这就是移情性带来的竞争优势。

目前，绝大多数学者在进行服务质量管理和评价时，都是采用这 5 个维度。但必须注意三个问题。一是对于不同的行业来说，服务质量维度有可能是不同的。在度量顾客感知服务质量时，很多学者针对研究对象的特点，在研究过程中采用了不同的质量维度。二是对于不同的服务业，质量维度的重要性可能会存在差异。PZB 在其著名的《提供优质服务：平衡顾客感知与期望》一书中，对此做过专门的研究，当时他们针对四个行业，通过百分制的形式对服务质量的五个维度进行打分。结果发现，在 5 个维度中，可靠性是最重要的（32%），其次为响应性（22%），再次为保证性（19%）和移情性（16%），最后为有形性（11%）。[①]但这一研究结果能否普遍推广，还需要质疑。显然，高接触度的行业和低接触度的行业，服务质量维度的重要性肯定是不同的；以设备为主的服务和以人为主的服务，其服务质量维度的重要性也会存在差异，这是毫无疑问的。三是不同的顾客，特别是不同文化背景的顾客，对服务质量维度的理解也会存在差异。

2. 服务质量的测量维度和评估方法

尽管顾客满意和服务质量的测量都是通过感知和期望之间的对比得到的，但从这两个概念的操作型定义中仍可以发现二者的差别。满意是指顾客实际感知与其一般（通常）期望之间的比较，而服务质量则是指顾客对服务的实际感知与其对一家高质量服务企业理应做到的期望的比较。从这个意义上讲，服务质量定义了服务交付的更高标准。

服务质量模型（SERVQUAL model）量表是目前最常用且备受争议的一种服务质量测定方法。其创始人帕尔苏拉曼（A. Parasuraman）等认为，服务质量模型是揭示企业在服务质量领域里的优劣势的一种诊断工具。服务质量模型方法基于前述的服务质量 5 个维度——有形性、可靠性、响应性、保证性、移情性，它们为服务质量提供了最基本的测量"骨架"。

具体测量方法包括两个方面：记录某服务行业中优秀企业的顾客期望的 22 个问题，以及测量该行业中某一特定公司（如被评价的公司）的顾客感知的 22 个相对应的问题。最后再将这两部分的测量结果进行比较，计算得出上述每个服务维度的"差距分数"。差距越大，顾客感知离顾客期望就越远，服务质量的评价水平也就越低。相反，差距越小，服务质量的评价水平就越高。测量尺度按照从"一点不重要（完全不同意）"到"非常重

---

① ZEITHAML V, BERRY L L. PARASURAMAN A. Delivering quality service: balancing customer perceptions and expectations[M]. Free Press, 1990: 28.

要（同意）"的 7 级李克特量表打分，满分为 7 分。因此，服务质量模型是从顾客期望和顾客感知两个层面出发，用来测量服务质量 5 个维度的 44 项等级量表。

（1）有形性维度。服务质量模型中的有形性维度是指顾客期望与企业管理其有形部分的能力水平的比较。有形性部分的 4 个测量问项分别是：拥有现代气派的设备，有形设施看上去很吸引人，员工服饰和外表很整洁，公司与服务有关的设备和资料看上去很吸引人。

（2）可靠性维度。一般而言，服务的可靠性维度反映了一个企业服务绩效的准确性和一致性能力。可靠性部分的 5 个测量问项分别是：公司如果承诺在某一时间之前要做某事，它的确是那样做的；当顾客有问题时，公司表现出要解决问题的诚意和兴趣；公司应该是可以信赖的；公司在它们承诺的时间提供服务；公司坚持无失误记录。

（3）响应性维度。服务的响应性是指服务员工帮助顾客及提供便捷服务的自发性、主动性和及时性。响应性部分的 4 个测量问项分别是：公司员工准确告知顾客服务实施的时间，员工迅速为顾客提供服务，员工总是愿意帮助顾客，员工绝对不会因为太忙而不理会顾客的请求。

（4）保证性维度。服务的保证性反映了公司的专门能力、对顾客的礼仪及公司运营的安全性。保证性部分的 4 个问项分别是：员工行为使顾客感到值得信赖，公司使顾客在交易过程中感到安全，员工对顾客会始终保持礼仪，员工拥有解决顾客问题所需要的公司支持。

（5）移情性维度。服务的移情性反映了为顾客设身处地着想，关心并为顾客提供个性化服务的能力。移情性部分的 5 个问项分别是：公司给予顾客特别的关注，拥有能给予顾客特别关注的员工，公司的员工了解顾客的特殊需求，公司将顾客的最佳利益放在心里，运营时间对所有顾客而言都合适。

3. SERVQUAL 模型的局限性

SERVQUAL 模型工具自提出以来受到了很多批评，主要关于问卷长度、构成维度的有效性和该测量工具对顾客后续购买行为的预测能力。

（1）问卷的长度问题。服务质量模型的批评者提出，这 44 个问题重复性太高，不必要地增加了问卷的长度。其中一些人认为工具中的期望部分没有实际价值，应该在评价服务质量时仅使用感知部分。模型开发者对此做出了有效的回应，他们认为期望部分的加入提高了该量表作为一种诊断工具的管理效用，将期望分数和感知分数结合起来看，差距最大的才应该是企业需要解决的首要问题。考虑到服务质量提高需要企业的财务投资，保留期望部分依然是十分有价值的。

（2）维度的有效性问题。服务质量模型的反对者们对这 5 个维度（有形性、可靠性、保证性、响应性、移情性）作为测量工具的效度提出质疑。对此，模型的提出者指出尽管服务质量的 5 个维度代表着服务的不同侧面，但是它们相互联系。因此，在进行相关的分析测量时可能会出现重复和交叠现象。在进行统计分析时，响应性、保证性和可靠性的界限非常模糊。然而，在对顾客进行各维度的重要性权重调查时，其结果却显示顾客对 5 个维度的评价具有显著的区别，这也再一次证明了这 5 个维度各自的独特性。

（3）模型的预测能力问题。有研究指出，服务质量模型量表中的感知（绩效）部分比"期望减去感知"能更好地预测顾客的购买意图。从这个意义上讲，服务质量模型的反对者们提出满意比服务质量对购买意图具有更加重要的影响。服务质量模型的提出者又一次拿出先前那些在理论、方法论、逻辑分析和实践基础上的事实作为反驳的理由。

尽管存在反对者，服务质量模型仍然是评价服务质量的一个常用工具。服务质量提出者一直声称它是测量服务质量的一个有用的起点，而且绝不会是"最后的答案"。他们也主张将服务质量模型与其他形式的（定性的或者定量的）测量工具一起使用，它会是一个能够准确评价企业服务质量的绩效的有价值的诊断工具。

2.1.4　服务质量差距模型

20 世纪 80 年代中期到 90 年代初期，PZB 提出了"服务质量差距模型"（service quality disparity model），又称"5GAP 模型"，专门用来分析服务质量问题及其产生根源。该模型说明了服务质量是如何形成的，是对服务感知质量模型的延展。服务质量差距模型如图 2-2 所示。

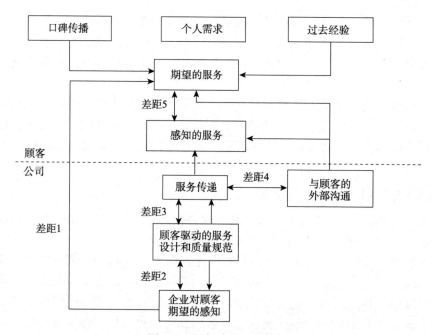

图 2-2　服务质量差距模型

资料来源：ZEITHAML V A, BERRY L L, PARASURAMAN A. The journal of marketing[M]. The American Marketing Association, 1988: 36.

图 2-2 模型中，虚线以上显示了从顾客角度来定义的服务质量——顾客期望的服务与感知的服务之间的差距。顾客期望的服务受到顾客过去的经验、个人需求以及口碑沟通等因素的共同影响，顾客感知的服务是一系列内部决策和内部活动的结果。虚线以下涉及管理者在服务营销中的战略和决策活动。差距模型的核心是顾客差距，即顾客期望和感知的差距。从管理者角度，其他四个差距是服务提供方的差距，是管理者可以控制的公司活动所造成的差距。引起顾客差距的根本原因是四个服务提供方的差距。因此，

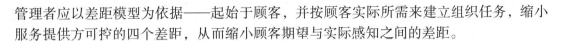

管理者应以差距模型为依据——起始于顾客，并按顾客实际所需来建立组织任务，缩小服务提供方可控的四个差距，从而缩小顾客期望与实际感知之间的差距。

1. 服务质量差距分析

（1）管理者认知差距（差距1）

这一差距是指管理者对顾客期望质量的认知不准确和不清楚。产生的原因包括：①不适当的营销研究方法，对顾客期望和需要分析不准确，包括不充分的营销调研、营销研究未能聚焦服务质量和对市场调研结果的不适当使用导致的分析解释不准确。②缺少向上的沟通，导致顾客信息传递失真或丧失，包括管理层与顾客之间缺少交互、一线员工与经理沟通不充分、接触员工与高层管理之间的层级太多。③关系聚焦存在不足，缺少对顾客关系的维护，将重点放在交易而不是关系，重心在新顾客而不是关系型老顾客。④不恰当的服务补救。出现服务失误后，管理者若不了解顾客因经历服务失误而产生的补救期望，进而未能采取及时恰当的补救措施，会强化顾客的不满，降低对服务质量的评价。

（2）质量标准差距（差距2）

这一差距是指服务质量标准与管理者对质量期望的认识不一致。管理者即使正确地理解了顾客期望，却未能从顾客期望出发设计服务流程和服务标准。原因如下：①糟糕的服务设计，包括新服务开发过程不系统、模糊的服务设计、服务设计与服务定位脱节。②服务设计缺乏顾客驱动的标准，缺少聚焦顾客要求的服务设计过程管理，以及缺少正式流程来达到设定的服务质量目标。③不适宜的有形证据和服务场景设计。

（3）服务交付差距（差距3）

这一差距是指服务设计和标准与服务交付之间的差距，具体指服务生产和交易过程中员工的行为不符合根据顾客期望制定的质量标准。导致这一差距的原因包括：①企业的人力资源政策存在缺陷，包括人员招聘不当、员工角色模糊和角色冲突、员工技术水平与工作不匹配、不恰当的评价和补偿制度，以及缺乏授权和团队合作。②服务供给能力与需求不匹配，包括未能平滑高峰与低谷需求，把不同类型顾客不恰当地混合在一起。③顾客未能完成其角色任务，原因可能是顾客不了解其角色和责任，以及顾客之间相互负面影响。④服务中间商的问题，包括目标与绩效方面的渠道冲突、成本与奖励方面的渠道冲突、在控制质量和一致性方面存在困难，以及在控制和授权之间难以把握。

（4）营销沟通差距（差距4）

这一差距是指营销沟通行为所作出的承诺与实际提供的服务不一致。产生的原因包括：①缺乏整合营销沟通，表现为倾向于独立地看待各个外部沟通工具、沟通计划中没有交互营销和缺乏强有力的内部营销计划；②无效的顾客期望管理，包括未能通过所有沟通方式来管理顾客期望，未能恰当地教育顾客；③在广告、人员推销和有形证据线索中过度承诺，不切实际地提高了顾客期望；④不恰当的横向沟通，包括销售与运营部门、广告与运营部门之间沟通不充分，以及跨部门或单位的政策和程序存在差异。

（5）服务质量感知差距（差距5）

这一差距是指顾客感知或经历的服务与期望的服务不一样，也被称作感知服务质量总差距。从图2-3可以看出，它由前面的四个差距共同导致。

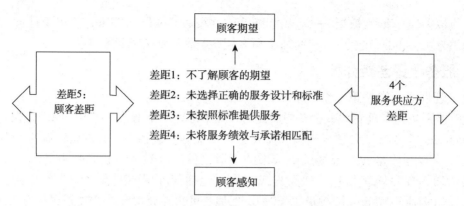

图 2-3　导致顾客差距的关键因素

资料来源：ZEITHAML V A, BERRY L L, PARASURAMAN A. The journal of marketing[M].
The American Marketing Association, 1988: 36.

当顾客感知实际服务绩效大于服务期望，则顾客感知服务质量是良好的，反之亦然。良好的服务质量会使顾客满意，从而对企业及其服务产生良好印象，反之亦然。实际工作中，企业需要权衡服务质量高低的利弊，追求过高的服务质量在经济上是不划算的，而过低的感知质量会导致顾客不满意，甚至影响企业的形象和业务。

2. 服务质量的控制与改进

（1）服务质量的控制

广义的服务质量控制，是从与服务质量评价相关的一切事物来考虑，并采取有效的相应手段影响顾客的服务评价过程和印象，使顾客保持对企业良好的口碑、信心和忠诚，最终向有利于企业的方向发展。狭义地说，就是对服务交付与传递质量的控制，即保证服务的提供与服务的最初设计思想相一致，从而保证服务至少不低于顾客的预期，或者说使顾客满意，最终形成良好的顾客关系——忠诚。

服务质量差距模型说明了服务质量是如何形成的，同时，服务差距产生的原因也为企业诊断服务质量问题，并采取相应控制策略和措施提供了具体的指引。即从企业能够掌控的四个服务供应方差距入手，在服务质量的形成过程对差距进行逐步诊断，并采取相应控制手段。

从质量差距的来源分析，差距产生于市场研究、服务设计、生产和交付、与顾客的关系管理等方面，这些环节都影响着顾客感知服务质量，包括技术质量、功能质量和企业形象质量。因此服务质量控制离不开对这些环节的质量检测和细致管理。

（2）服务质量的改进策略

①经常评估和管理顾客满意和服务质量

这样的评估需要跟踪趋势、诊断问题并与其他战略相结合。例如，企业把顾客满意的评估工作与企业的其他战略相联系，包括雇员培训、薪酬系统、内部过程度量、组织结构等，使所有系统的管理都统一服务于提升顾客满意。

②在每一个服务关键时刻实现顾客满意

每一个服务关键时刻都对能否留住顾客非常重要，所以企业应致力于让每一次服务都令顾客满意。为此，首先要对公司和顾客产生接触的所有环节进行审核以识别服务关键时刻，之后要研究顾客在每一次服务关键时刻的期望，并将服务策略构建在满足顾客期望的基础上。

③管理服务证据以加强顾客感知

由于服务的无形性特征，顾客在组织相互作用的每一方面都在寻找服务的证据。顾客经历的三类主要证据是：人员、流程和有形展示。这些要素或者其子集会使服务变得有形化，并且代表了创造积极感知的重要方式。因此，企业要积极管理好服务证据，强化顾客对服务质量的感知。

2.2　服务利润链

大量的理论研究和实践表明，服务企业内部营销管理、市场影响及企业盈利和发展之间存在密切联系，它们彼此之间形成了一个影响的链条，反映了服务企业利润产生的内在机制。美国赫斯克特（J. L. Heskett）等营销学者在 1994 年提出了著名的服务利润链理论模型（见图 2-4），阐明了市场导向管理模式的益处。

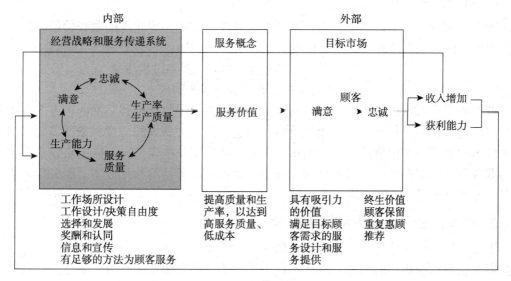

图 2-4　服务利润链

资料来源：JAMES L HESKETT, et al..Putting the service profit chain to work[J]. Harvard Business Review, 1994(3-4); JAMES L HESKETT, W EAR SASSER, AND LEONARD L SCHLESINGER. The Service Profit Chain[M]. Boston, MA: Harvard Business School Press, 1997.

2.2.1　服务利润链的构成

服务利润链（service profit chain）是描绘员工满意与顾客满意之间关系的模型。它由外部市场循环、企业内部循环和连接两者的服务价值三部分构成。服务利润链在企业盈利能力、顾客忠诚度、顾客满意度和员工满意度、员工忠诚度、生产力之间建立了联系。这条链条中，企业增长及利润主要由顾客忠诚激发和推动，顾客忠诚是顾客满意的直接结果，顾客满意与否在很大程度上受到企业提供给顾客的服务价值的影响，服务价值是由满意、忠诚和富有效率的员工所创造的，员工满意度来源于一个能使员工有效服务于顾客的高质量的内部服务体系和相应的政策支持。

1. 外部市场循环

外部市场循环体现为顾客满意驱动顾客忠诚，进而促进了企业的盈利和成长。顾客的忠诚度，也就是企业的市场质量，是驱动企业业绩的重要因素。满意度和忠诚度之间存在正相关关系。不同顾客的盈利性具有差异性，长期忠诚的顾客为企业贡献了大多数的销售量和利润，长期顾客关系有积极的财务影响。

20 世纪 70 年代中期，管理界著名的 PIMS 研究发现，市场份额是决定盈利能力的最重要因素之一。哈佛商学院的莎瑟（W. E. Sasser）教授等在对服务企业的研究中发现，这一结论存在一些明显的例外。通过对许多服务企业一手资料的研究分析，他们发现，顾客忠诚度在决定利润方面比市场份额更重要。在所分析的服务企业中，当顾客忠诚度上升 5%时，利润的上升幅度将达到 25%～85%。由此可见，市场份额的"质"（用顾客忠诚度来表示）远比 PIMS 的市场份额的"量"重要。

2. 服务价值创造

顾客忠诚度来源于顾客满意度，而顾客满意度主要由顾客获得的服务价值决定。服务价值反映的是顾客所得与所失的比较，用以下公式表述：

$$顾客价值 = \frac{为顾客创造的服务效用 + 服务过程质量}{服务价格 + 获得服务的成本}$$

顾客所得不仅包括问题的解决，同时也包括服务过程的体验和感受。顾客为获得服务所付出的不仅是支付给服务企业的价格，也包含顾客为获取和消费服务而需要付出的其他成本。顾客服务价值根本上是由服务企业的战略定位决定的，不同的定位意味着不同的服务概念和服务策略。服务价值体现了企业的高服务质量和低成本，服务价值创造源于企业提高质量和生产率的努力。

3. 企业内部循环与内部服务质量

服务价值是在企业员工与顾客互动的过程中产生的。由于服务企业很难通过实体产品向顾客展示所能提供的利益，因此一线员工的表现往往决定了顾客对服务企业的印象和评价。一线员工是服务企业的代表，是服务企业的品牌。员工的工作忠诚度和工作效率，直接影响到顾客的感知服务质量和感知服务价值。

忠诚的员工自愿承担工作责任，为企业努力工作，这种工作的内在动因使员工的工作效率得到极大提高。忠诚的员工因长期在企业工作，熟悉一些有价值的顾客，有利于他们根据自身经验和关系提供更有效率和效果的服务。要使员工忠诚，首先必须使员工满意。管理者的基本任务就是为那些向顾客提供服务的员工服务。

员工是否满意主要取决于工作环境的"内部服务质量"。内部服务质量的好坏一般是用员工对他们的工作、同事和企业的感受来衡量的，具体包括工作场所设计、工作设计、决策自由度、员工选择和开发、员工奖酬和认同、掌握必要的信息和处理权限、有足够的工具为顾客服务。

2.2.2 整合服务利润链中的各环节

服务利润链上的每个环节都很重要，但更为重要的是将这些环节整合起来，发展综合性的策略来取得持久的竞争优势。连接企业内部循环和外部市场循环的是顾客得到的服务价值，而服务价值取决于企业的战略选择和服务概念。服务价值与目标市场有关，不同细分市场的顾客有不同的需要和偏好，对服务有不同的评价，价值是相对于特定顾客群体而言的。服务概念决定了服务的核心利益，运营战略和服务传递系统则影响服务成本的形成。显然，实施服务利润链需要通盘理解企业营销、运营和人力资源的每一项职能是如何与企业更宽泛的战略重点相联系的，需要将这三大职能协调起来。

2.2.3 服务利润链理论的启示

服务利润链反映了服务企业利润的生成机制。企业的增长来源于顾客的忠诚度，重复购买、口碑效应和关联销售等将带来更多收益，而成本却相对更低。内部的员工工作效率和忠诚态度对于服务价值很关键，而内部服务质量对于提高员工满意度和忠诚度很重要。没有满意的员工，就不会有满意的顾客。这意味着企业要为员工创造良好的工作条件，善待员工，从而实现企业、顾客和员工三赢的局面。

服务利润链也指明了服务企业有效管理其组织所需要的行为方式。企业要关注顾客，识别和理解顾客需求，为保留顾客而投资，采用新的绩效指标跟踪顾客和员工的满意度和忠诚度。从服务价值来看，需要为实现更高的服务质量而进行投资，为降低成本而提高生产率。

2.3 顾客满意与忠诚

2.3.1 顾客满意

1. 顾客满意的概念与重要性

（1）顾客满意的基本定义

对于顾客满意（customer satisfaction，CS）的定义，大多数学者主要围绕美国营销学家奥利弗（R. L. Oliver）于1980年提出的"期望-感知实绩"范式展开。在这一范式的基本内涵中，对顾客期望和实际感知的评价过程是其核心组成部分。顾客期望是顾客比较、判断产品或服务的参考点。奥利弗于1997年提出的顾客满意感的定义是"顾客满意感是顾客需要得到满足后的一种心理反应，是顾客对产品和服务的特征或产品和服务本身满足自己需要程度的一种判断"[1]。营销大师科特勒（P. Kotler）认为，满意是指一个人将其产品的可感知绩效（或结果）与其自身期望相比较后所形成的愉悦或失望的感

---

[1] OLIVER, RICHARD L. Satisfaction: A behavioral perspective on the consumer[M]. New York: McGraw-Hill, 1997.

觉状态。这些定义表明，顾客通过比较消费过程中的实际经历与消费前的预期，并判断其需要是否被满足，从而形成是否满意的感受或状态。

科特勒（P. Kotler）还认为，顾客满意是感知绩效和期望值之间的差异函数，可用公式表示为：顾客满意 = f（事前预期，可感知绩效）。

美国营销学家阿塞尔（H.Assael）也认为，当商品的实际消费效果达到消费者的预期时，就会使顾客满意，否则，则会导致顾客不满意。

综上所述，顾客满意形成机制的原理很简单，即顾客评价服务好坏是通过把他们已经体验过服务的感知质量与其期望值进行比较。如果已经体验的服务质量符合或超过预期，那么顾客就会满意。

（2）顾客满意的三种情况

顾客满意是一种期望（expectation）与可感知效果（perception）比较的结果，它是顾客心理的反应。顾客满意与否取决于顾客接受产品或服务的感知同顾客在接受服务之前的期望相比较后的体验。通常情况下，顾客经过比较会出现三种情况，如图 2-5 所示。

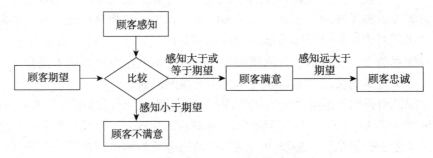

图 2-5　顾客满意的决定模型

资料来源：OLIVER R L. Effect of satisfaction and its antecedents on consumer preference and Intention[J]. Advances in Consumer Research, 1981, 8: 88 -95.; TSE D A, WILTON P C. Models of consumersatisfaction formation: an extension[J]. Journal of Marketing, 1988, 25 (2): 204-212. ; WESTBROOK RA, REILLY M D. An alternative to the disconfirmation of expectation there of consumer satisfaction[J]. Advancesin Consumer Research, 1983, 10: 256-261.

①当感知低于期望时，顾客会感到不满意，甚至会抱怨或投诉。如果对顾客的抱怨采取措施妥善解决，就有可能使顾客的不满意转化为满意，直至顾客变得忠诚。

②当感知超过期望或与期望一致时，顾客就会感到满意。

③当感知远远超过期望时，顾客就会从持续的满意中产生忠诚。

（3）顾客满意的重要性

研究表明，顾客满意可能为公司带来很多有价值的利益。具体表现有：

①顾客正面口碑。从现有满意的顾客中更容易产生有利于企业产品和服务的积极口碑，而积极的口碑经常会转变或带来更多的新顾客。

②现有的满意顾客经常会比不满意的顾客更频繁地购买更多产品和服务，并且更不容易流失到竞争对手那里，这有利于企业营收的稳定增长。

③使企业产品和服务避免参与直接的价格竞争。

④留住顾客。满意的顾客经常愿意花更多的钱来保持与能够满足他们要求的企业的关系，而不是冒险转移到提供低价服务的企业那里。

⑤努力追求并能做到令顾客满意的企业，通常会提供一个更好的工作环境，这样对于提高员工满意度和优化企业文化非常有帮助，是建立良好的企业声誉的关键。

2. 顾客满意度调查与测量

由于顾客满意对企业的重要性，绝大多数服务企业都非常重视顾客满意度调查。顾客满意度调查为顾客意见反馈到企业提供了一个正式途径，它可以识别已有的和潜在的问题。满意度调查也向顾客传达了一种信息，即企业关心他们的福利，看重他们在企业运营中提供的价值。另外，满意度调查结果常常被用于评估员工表现、薪酬。调查结果对于制定应对竞争的策略也是有帮助的。如果调查结果不错，许多企业常常会将结果用于营销广告之中。

顾客满意度测量可以采用直接方法和间接方法两种方式。间接测量方法（indirect measures）包括追踪和监测销售成绩、利润和顾客态度。单独依靠间接测量方法来评测顾客感知是否达到或超过顾客期望，显然有些被动。满意度直接测量方法（direct measures）一般包括采取顾客满意度调查的方式。然而，一般来说，企业并没有标准化的顾客满意度调查。用来收集数据的调查量表多种多样，对受访者提出的问题不同，数据收集方式也有多种。下面主要介绍三种调查方法。

（1）百分制量表方法

这种方法要求顾客以百分制来评定对企业产品或服务的满意度。本质上是企业要求顾客为其界定等级。假定企业的平均得分为 83 分，这代表什么呢？企业被认为是 B−吗？对于所有的顾客来说 83 分都具有相同意义吗？显然不可能。更重要的是，尽管企业获得了评分，但它不知道如何提高顾客满意度。

（2）五点式量表方法

多数公司为顾客提供一个五点式量表，1 代表非常不满意，2 代表有点不满，3 代表中立，4 代表有点满意，5 代表非常满意。

使用此模式的企业一般利用回答"有点满意"和"非常满意"的合并比例作为评价满意的指标，并制定一个标准。尽管这种方法本身赋予了满意率更多意义，但它仍然缺乏表明需要改善的特定领域的诊断能力。换句话说，不论企业是使用百分制还是五点式量表，对于信息的解释都受到定量分析本身的限制。强调特殊领域的改善则需要定性分析信息。

（3）组合的方法

将顾客满意度调查的定性方法和定量方法组合起来，得到的结果将更有价值。量化方法提供了一个今后满意度调查应该参照的基准。量化的尺度还提供了一个将企业业绩和竞争对手进行比较的方法。作为量化方法的补充，定性数据提供了服务质量诊断信息和精确的需要改进的地方。

2.3.2 顾客忠诚

1. 顾客忠诚的概念与意义

（1）顾客忠诚的含义

顾客忠诚（customer loyal，CL）理论是在顾客满意理论的基础上发展而来的。顾客忠诚的早期研究强调顾客行为忠诚，专注于由营销人员的活动触发的顾客的重复购买行为。经过学术界的争论和发展，逐渐广泛认可了奥利弗于 1999 年提出的顾客忠诚的定义，他将顾客忠诚描述为"一种顾客持有的深度承诺，即顾客在未来持续重购或再惠顾某一偏好产品或服务品牌，尽管情境因素和营销工作有可能导致转换行为"[①]。后来他进一步指出，顾客忠诚按照其形成过程可以划分为认知型忠诚、情感型忠诚、意向型忠诚和行为型忠诚。可见，顾客忠诚的内涵包括顾客对企业产品或服务在情感态度上的依赖和认可，以及行动上的长期购买和使用，是顾客对企业产品在长期竞争中所表现出的优势的综合反映。在营销实践中，它通常被定义为顾客购买行为的连续性。从可操作性来理解，顾客忠诚就是顾客保持对企业产品或服务积极的偏好以及持续的重复购买和消费行为。顾客忠诚度即顾客忠诚的程度，是指由于质量、价格、服务等诸多因素的影响，顾客对某一企业的产品或服务产生感情，形成偏爱并长期重复购买该企业的产品或服务的倾向。

（2）顾客忠诚度的测量

在营销理论与实践中，顾客忠诚度被视为服务行业的一项重要资产。顾客忠诚度即顾客忠诚的程度。实践中，企业可以通过下面四个指标实现对顾客忠诚度的测量。

①重复购买。测量顾客再次购买和消费该服务的可能性。这是衡量忠诚度的最重要的指标。

②交叉购买。测量顾客购买企业同一品牌下不同产品的意愿。这一指标刻画顾客忠诚的扩散推广能力。

③新顾客推荐。测量顾客愿意为公司推荐（有偿或无偿）新顾客的意愿。意愿表现为积极传播企业产品和服务的正面口碑，主动向潜在新顾客介绍公司产品和服务的质量和价值，鼓励甚至帮助新顾客尝试使用企业的产品和服务，等等。

④价格变化容忍度。该指标测量顾客对公司产品和服务价格变化的忍耐力，包括两种情形：一是提价情况下价格提高多大程度时，顾客会取消购买，二是如果顾客已经表示不可能再购买该企业产品或服务，企业将价格降低多大程度时，顾客才会在购买同类产品或服务时重新选择该企业。这一指标反映了顾客对企业的潜在抱怨以及企业为挽留顾客而应当付出的代价。

（3）顾客忠诚对企业赢利的重要意义

顾客忠诚对于企业具有重要的营销价值和战略意义。吸引新顾客和维系老顾客是关系营销中不可或缺的两个组成部分，对于维系老顾客（保持顾客忠诚）的重要性，有一个形象的比喻——"漏桶理论"：桶上之所以出现漏洞，是因为服务营销过程中会出现一些差错和缺陷，比如服务质量差、技术水平低、服务态度恶劣。水从桶中流出来，意味着企业就此失去了一部分老顾客。为了保持一定的营业额，企业必须不断向桶中注入新的水——获取新顾客。这样的过程是昂贵的，即企业通常要付出比较高的代价。

从利润角度讲，一个忠诚的顾客到底有多重要？在一项经典研究中，弗雷德里克和萨瑟（Frederick F . R. and W . E. Sasser）详细分析了不同服务行业随着年份的推移，一个忠诚顾客所能给企业带来的利润总额变化。他们发现在所有的行业中，一个铁律是：随

---

① Oliver, R. L.. Whence consumer loyalty?[J]. Journal of Marketing, 1999, 34(63): 33-44.

着年份的增加，顾客对企业的贡献逐年增加。一项由一家互联网公司进行的调查证实了在互联网行业忠诚的效应是基本相同的。

弗雷德里克和萨瑟认为，主要有四个要素支撑忠诚顾客带来的利润不断增长，正是这些要素形成了企业的竞争优势，并为企业带来了边际利润。

①忠诚顾客购买增长带来的利润。随着时间的推移，企业顾客会不断发展，因而购买量不断提高。对于个体顾客来说，随着他们家庭结构的变化和他们收入增加，需求自然增加。这两类顾客都希望能够与一家能提供高质量服务的企业打交道，因为转向另一家企业是需要成本的。

②降低运营成本。顾客购买经历越丰富，他们的服务需求就越清晰（例如，不必再进行信息搜寻和企业的帮助，更多的使用自助服务，等等），而且在参与服务的过程中轻车熟路，对服务生产率的提升会起到积极的作用。

③向其他顾客推荐带来的利润。推荐和好口碑是能够给企业带来利润的免费广告，企业只有收益，没有成本付出。

④忠诚顾客的价格敏感度较低。更重要的是，忠诚的顾客愿意在服务高峰期支付"溢价"，也更愿意为企业着想。再一步说，企业在前期争取新顾客的费用必须在后续的年份中进行分摊，这笔费用可能相当可观，包括销售佣金、广告和促销费用、争取新顾客管理方面的成本、"欢迎包"和注册礼物等。

扩展阅读 2-1 老顾客为什么更值钱？

2. 顾客忠诚的决定因素

顾客忠诚受到产品质量、价格、服务、顾客关系和转移成本等诸多因素的影响。其中，服务质量和顾客满意是忠诚的基本前提。

没有顾客满意，不会有真正的顾客忠诚，而顾客满意的前置性因素是服务质量。高满意度顾客或愉悦的顾客会成为企业忠诚的"信徒"（apostle），这样的顾客愿意只与一个供应商打交道，而且会为企业到处传播好口碑。而不满意的顾客会选择离去，投向其他企业的怀抱。最近一项研究表明，顾客满意度的提升会直接导致股价的上升。

顾客满意和忠诚之间的关系可以划分为三个区域，即背弃区域（zone of defection）、中立区域（zone of indifference）和喜爱区域（zone of affection），如图 2-6 所示。在背弃区域，顾客的满意度很低，除非转换成本很高，或者是感知选择缺失，否则顾客会转向其他服务企业。极端的情况是，一些非常不满意的顾客会站到企业对立面，阻碍企业发展。他们会大量传播企业坏口碑，甚至会阻止其他顾客的购买。在中立区域，顾客处于中等水平满意度，如果有更好的选择，顾客也会转换购买对象。最后 个区域是喜爱区域，这部分顾客的满意度最高，他们态度鲜明，成为企业最忠实的"拥趸"，这些顾客会公开赞美企业，向其他人推荐企业。

顾客信任是决定顾客忠诚的第三个重要因素，是指顾客对交易伙伴有信心和某种依赖意愿，包括可信性和友善性两个方面。

转换成本是决定顾客忠诚的第四个因素，是指顾客对结束与现有供应商的关系和建立新的替代关系所涉及的相关成本的主观感知。转换成本不仅包括建立新的关系所需要的经济成本，也包括体力、精力和时间成本。一般来说，转换成本越高，顾客忠诚度也越高，然而，很多学者认为通过建立高转换成本形成的忠诚是一种"伪忠诚"，一旦转换成本降到顾客能够接受的程度，顾客就会背弃企业。

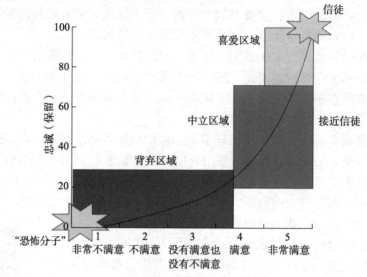

图 2-6　顾客满意与忠诚的关系

资料来源：TIMOTHY L. KEININGHAM, TIFFANY PERKINS-MUNN, AND HEATHER EVANS, "The impact of customer satisfaction on share of wallet in a business-to-business environment[J]. Journal of Service Research, 6, No.1, 2003, 37-50.

2.4　服务营销组合

2.4.1　服务营销组合框架与内容

针对有形产品的营销策略，学者们提出了四个基本营销策略要素——产品、价格、渠道（或分销）和促销（或沟通），这些要素被称为营销组合的4Ps。为了体现服务产品的显著特征，加入三个与服务交付相关的要素——有形展示、流程和人员。这七个要素构成服务营销的7Ps组合，代表面向服务管理者的七个战略决策变量（见表2-1）。

表 2-1　服务营销组合 7Ps

服务营销组合要素	内　涵
产品（product）	为顾客提供的利益
价格（price）	顾客的财务付出
渠道（place）	顾客获取服务的途径
促销（promotion）	与顾客的沟通
流程（process）	服务活动的方法、方式和行动顺序
人员（people）	一线服务人员的言行举止
有形展示（physical evidence）	顾客直接感知到的环境因素

（1）产品

企业必须基于顾客所期望的利益和竞争者的状况来选择核心产品（商品或服务）以及相应的辅助服务和附加服务。换言之，企业必须注意那些能为顾客创造价值的服务活动的所有方面。

（2）价格

价格决策是指企业对顾客在获得服务产品利益的过程中花费的财务成本进行管理。企业不仅需要设定适当的服务销售价格，规定交易的信用条件，而且需要努力做到使顾客在购买和使用服务过程中花费的其他成本最小。这些其他成本是指与服务消费活动相关的成本要素，包括服务费用、时间、精力和体力成本等。

（3）渠道

渠道决策是指企业对服务的交付地点、时间、采用的方式等方面的决策。根据所提供服务的特征，服务交付可以采用实体分销渠道和电子分销渠道。现代通信技术和互联网的普及使基于信息的服务可以在网络空间进行交付。

（4）促销

促销是一种通过沟通方式促进产品或服务销售的策略。服务促销扮演了三个至关重要的角色：提供必需的信息和建议，说服目标顾客相信特定服务产品的优点或性能，鼓励顾客在特定的时间采取购买和消费行动。在服务营销中，许多沟通都具有教育的特征，特别是对于新顾客，这种教育的特征更明显。企业需要向新顾客讲授有关服务利益的知识，告诉他们在什么地点和什么时候得到服务，提供如何参与服务过程的指南等。

（5）流程

服务过程是指服务活动的方法、方式和行动顺序，它既是一种运营职能，也能产生营销后果。服务过程设计不好，将会导致缓慢、僵化和低效的服务交付，因而导致顾客流失。此外，不适当的流程也会使一线员工很难做好自己的工作，从而导致较低的生产率，增加服务失败的可能性。因此，服务过程策略，既要讲究运营效率，又要兼顾营销效果。

（6）人员

许多服务依赖顾客和员工之间的直接互动实现，这种互动特征强烈影响顾客对服务质量的感知。在很多情形下，顾客通过与一线员工的交互接触来认知和评价所得到的服务，因此，成功的服务企业往往把主要精力放在招募、训练和激励一线员工方面。

（7）有形展示

服务有形展示是顾客认知服务和服务企业的重要线索。企业建筑物、服务景观、内部装饰、服务设备、服务员工、各种标志符号、印刷资料和其他可视材料都为企业服务质量提供了有形的证据，它们会对顾客印象产生重大影响，服务企业需要仔细加以管理。

2.4.2　服务营销职能整合

管理学家彼得·德鲁克（Peter Drucker）曾指出："营销是非常基础的工作，不能认为它只是一个孤立的职能……无论从最终成果的角度还是从顾客的角度，营销都贯穿整个商业活动。因此，企业的各个部门都必须关心营销，为营销尽心尽职。"可见，服务组织中的营销活动不仅仅是传统营销部门的职责。

尽管部门化是现代企业管理的基本特征，但服务组织的部门化管理却不能像制造企业那样。制造企业中生产和消费是分离的，员工无须直接参与到涉及顾客的消费过程中去。在这类企业中，生产与营销的职能界定比较清晰，营销活动的职能是作为生产者与顾客的桥梁，为制造过程提供反映顾客需要、市场需求、竞争信息、卖场的结果反馈等方面的信息，同时将与顾客沟通特定产品（组合）和品牌，促进产品和品牌的购买和消费。服务企业却不太一样。许多服务，尤其是高接触度服务，特别是那些为身体进行的服务，是纯粹的"现场生产"，只要顾客需要服务，就现场生产。在制造企业，一旦产品离开生产线，营销人员就对产品负全部责任，他们的工作通常与零售商等渠道中介紧密相关。相反，在许多服务企业中，服务网点既是生产基地，也是分销渠道；服务人员既是提供服务的生产者，也是服务的营销者。在服务生产系统中，做好营销与运营的平衡是关键。由此可见，服务企业的营销职能与运营职能中的程序、员工和设备，以及人力资源管理中的员工招聘、培训和激励等工作紧密相连或相互依靠。

因此，服务企业有效开展营销活动，需要打破传统的部门化界限，实现跨职能整合。服务企业做营销不能就营销论营销，需要将营销管理、运营管理和人力资源管理结合起来，形成整体竞争力，其中任何一个职能领域出现问题都会影响其他职能的执行，最终导致顾客不满。图2-7表现了它们之间的相互关联性。

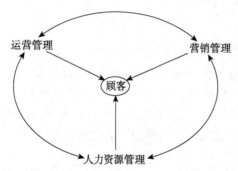

图 2-7　营销、运营和人力资源管理的整合

2.5　服务价值共创

随着对服务中共同生产、顾客体验的日益关注，学者们提出了价值共创的思想和理论。价值共创理论的提出对传统的价值生成方式理论和战略产生了极大的冲击。随着服务主导逻辑和服务生态系统发展的研究，价值共创理论得到不断发展和深入，成为指导服务营销管理的重要理论。

2.5.1　理解服务价值共创的含义

1. 服务价值共创的定义与过程

价值共创理论（value co-creation theory）研究有两个不同的分支。一是由普拉哈拉德（C. K. Prahalad）和拉马斯瓦米（V. Ramaswamy）提出的基于消费者体验的价值共创理论，他们认为，共同创造消费体验是消费者与企业共创价值的核心，从企业竞争视角揭示了新环境下由企业与消费者角色转变导致的企业经营理念与经营模式的转变，并且认为企业与消费者共同创造价值是企业构建新的战略资本和塑造新的核心能力的全新战略取向。关于价值共创的另一个理论分支是由瓦戈（S. L. Vargo）和鲁什（R. F. Lusch）

提出的基于"服务主导逻辑"（service-dominant logic）的价值共创思想和理论，这一理论思想经过不断演进，将服务主导逻辑的价值共创过程描述为：所有参与者通过资源整合和服务交换，共同创造价值并在特定情境下决定价值。这是目前普遍接受的服务价值共创（service value co-creation）定义，即价值共创是价值创造主体通过服务交换和资源整合而共同创造价值的动态过程。

图 2-8 反映了服务主导逻辑下服务生态系统价值共创过程，即广泛的社会经济参与者在松散耦合的服务生态系统中通过资源整合和服务交换，由制度和制度安排约束和协调，为自己或其他系统创造价值，是全方位价值共创过程。

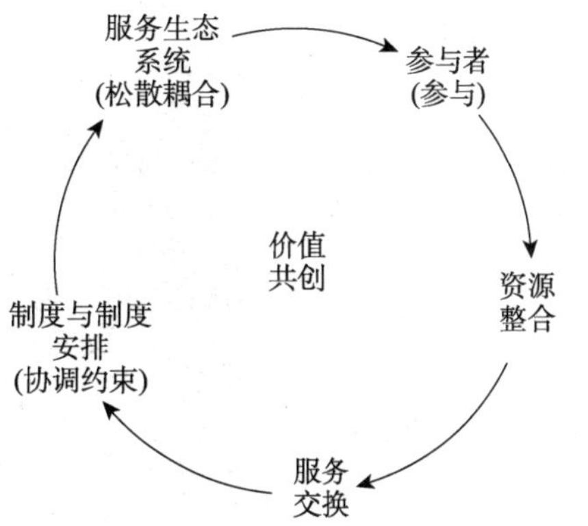

图 2-8 服务生态系统价值共创过程

资料来源：简兆权，令狐克睿和李雷. 价值共创研究的演进与展望——从"顾客体验"到"服务生态系统"视角[J]. 外国经济与管理，2016，38（9）：3-20.

2. 服务价值共创的意义

服务价值共创对企业和顾客都具有重要的意义。通过让顾客参与价值共创，帮助企业提高服务质量、降低成本提高效率、发现市场机会、发明新产品（服务）、改进现有产品、提高品牌知名度、提升品牌价值等，有利于企业建立区别于其他竞争对手的竞争优势。

顾客通过参与价值共创，则可以获得自己满意的产品或定制化的服务，获得某些成就感、荣誉感或奖励，通过整个价值共创的交互过程获得独特的服务体验等。顾客的这些收获又进一步对企业产生积极影响，如提高顾客感知服务质量、满意度和忠诚度等，价值共创过程也有利于培养和建立持久的顾客关系，从而提升企业绩效。

国内较多企业通过价值共创取得了强大的市场竞争优势，例如携程由服务供应商、服务集成商和顾客互动，并与服务集成商的内外部整合构成价值共创系统，通过网络成员的共同参与和资源共享而共创价值；小米则通过社会化价值共创模式实现价值共创，企业作为一个普通节点与顾客、软件商、硬件商、云服务商、销售渠道、物流商和社交媒体等形成社会化网络生态体系，通过互动和资源整合而共创价值。

2.5.2 服务价值共创的模式

在服务主导逻辑下的消费时代，顾客更加关注自身价值、社会地位、能力展示与认可等需求，更加注重产品和服务的精神价值属性而不只是功能性属性，追求更高品质的心理需求满足感，希望在消费过程中获得独特的体验。实现这种追求的重要方式就是顾客主动参与价值共创。事实上，吸纳顾客参与服务价值共创，已经广泛渗透到价值链创造的各个环节。就价值共创体现在企业价值链中的环节和顾客在价值创造中所扮演的角色而言，价值共创模式可以分为三种，即终端合作模式、生产合作模式和研发合作模式，如图 2-9 所示。

1. 终端合作模式

终端合作模式，通常指在价值链的终端环节引入顾客参与的模式，如顾客经常使用

图 2-9　价值链各环节的价值共创

资料来源：杜建刚，郭清兰. 构建服务价值的共创模式[J]. 清华管理评论，2013(04): 48-53.

银行的 ATM 存取款机。终端合作模式适用于产品和服务标准化程度比较高且个性化定制有限、在价值链前端不便引入消费者参与的行业，如银行、加油站等。

典型的终端合作模式就是自助消费。相对于传统的人与人互动服务，自助消费模式更加便利、高效，从而能够提升顾客的消费体验。航空售票系统、铁路和地铁售票系统目前已经全面引入自动服务终端。自助点餐机、自助加油站、自助查询机等自助服务终端，也已渗入到消费生活的方方面面，向顾客提供更加优质的服务体验。移动互联网时代的到来，则给自助消费模式带来新的动力，手机成为人们最为主要的自助消费终端，不仅可以在手机上买产品、换登机牌、玩互动游戏，还可以看比赛并与主持人视频互动。

2. 生产合作模式

在顾客作为服务的合作生产者的模式中，顾客承担一部分的服务生产职能，因此该模式能够比较合理地调和标准化产品或服务与顾客差异化需求之间的矛盾。该模式适用于产品和服务能够在一定程度上实现标准化，且顾客需求存在一定程度的差异化的服务行业和企业。全球最大的家居用品零售商宜家家居，在全球范围内设计并生产标准化的家居产品配件，而产品的组装则交由消费者完成，通过将消费者纳入产品生产环节内实现与顾客的合作共创，在最大程度上满足顾客的多样化和个性化需求。

在服务的合作生产模式下，顾客需要与企业合作产出服务价值，其参与程度更高，对心理价值的需求也更强烈。参与过程中，顾客与企业是否能形成良好的互动合作关系，会对最终的服务效果产生影响。一方面，顾客需要对最终获得的服务质量承担部分责任；另一方面，在服务合作生产模式下顾客的自主性更强，自我发挥的空间更大，在参与过程中，收获更加个性化的服务体验的可能性也更大。如果服务合作生产成功有效，顾客能够收获更大程度上的自我满足感和成就感。

3. 研发合作模式

研发合作模式是一种顾客作为服务创新者的价值共创模式，指顾客参与被引入价值链的前端即产品设计环节。顾客不再是单纯的顾客，而是被企业视为价值创新的伙伴甚至源泉。该模式适用于产品或服务的定制化程度很高的行业和企业。云南大理旅游集团通过推出"魅力大理"旅游线路设计大赛，成功将顾客纳入其价值链流程的前端环节之中，众多消费者在此过程中提供免费劳动，而大理旅游集团凭借这些一手资料，有针对性地展开其景区旅游资源管理，提供更符合顾客需求和预期的旅游方案，顾客也因此获得更高的旅游质量和身心享受。

互联网技术的发展和电子商务的兴起，极大地推动了顾客在价值链前端的深度参与。来自美国芝加哥的在线 T 恤销售网站 Thredaless，凭借社交网络上的广大粉丝群，重新定义制造商和顾客，创造出一种全新的商业模式，并取得成功。

在服务创新者模式中，顾客是服务价值的定义者和创造者，企业的作用更多的是向消费者提供自我展示和自我实现的平台。在该模式中，顾客的自主性和创新性得到最大程度的发挥。如果说终端合作模式和服务合作生产模式中，对服务功能利益的追求还是主导需求的话，那么服务创新者模式是顾客心理需求为主导需求的模式。

在服务价值共创模式的选择，企业需要综合考虑所处的行业背景、产品和服务的性质特征，以及价值流程的架构，来决定其价值共创的具体模式。

2.5.3 服务价值共创的基本原则

虽然受限于行业差异和市场条件，并不存在成功打造价值共创模式的黄金法则，但是仍有一些需要遵循的基本原则。[①]一些专家认为，提高与顾客价值共创的互动质量和为顾客提供独特体验支持系统是促进顾客价值共创的重要战略。

1. 打造价值共创平台

价值共创模式与传统的商业模式存在本质上的不同。价值共创模式的立足点在于将顾客视为企业的合作者。顾客不仅是价值的接受者，也是价值的共同创造者。企业通过与顾客合作的方式实现双方共同价值的最大化。为了实现该目标，就必须打造价值共创平台，实现企业与顾客之间的良性互动，吸引顾客积极参与。尤其是针对服务生产者模式和服务创新者模式，价值共创平台是实现顾客心理需求的重要载体和窗口。

现代信息技术尤其是移动互联网的发展，催生了许多创新的服务模式，也使得顾客参与价值创造的方式方法多样化。全球在线零售业发展速度和在线规模似乎超出了所有人的想象，正在改变着人们的购物习惯和生活方式，打破了传统的产业分工，重新塑造着上下游产业关系。这些新服务模式依托技术进步，也建立在顾客高度参与基础上，要求顾客行为和角色发生转变。例如，在线商务平台的运转高度依赖顾客评价系统，而顾客评价系统的有效性高度依赖顾客的参与行为和表现。

2. 价值共创过程管理

顾客参与价值创造对服务价值和顾客满意的影响，并不一定总是正面的，这会对服务交付带来不确定性。在服务交付过程中，如何对顾客参与价值共创过程进行管理至关重要。尽管有人提出"顾客是合作者""顾客是兼职员工""顾客是临时员工"等主张，甚至提出应该采用人力资源管理的方法来管理顾客。但无论如何，顾客毕竟不是服务企

---

① 本部分内容参考杜建刚，郭清兰. 构建服务价值的共创模式[J].清华管理评论，2013(04): 48-53.

业的正式员工。

在服务领域，值得关注的焦点不在产品，而在顾客参与的价值创造过程。企业只能提供价值主张，而价值是由顾客来决定的，顾客在协作生产过程中参与价值创造。因此，价值创造过程应强调组织与顾客的互动、这种互动的意义不仅仅体现在商品的传递中，更多的应考虑到顾客能否在参与过程中获益，这种获益，一方面指顾客在参与过程中享受的独特体验，另一方面指顾客从参与结果中获得的精神价值（如成就感、尊重等）和经济价值。这种互动性的价值创造需要开发一个能够互相信任、共同学习和互相适应的平台。价值创造过程也是服务组织和顾客共同学习的过程。

3. 搭建双向沟通渠道，实现信息循环

在价值共创平台的运营和维护上，一个重要环节是要搭建信息的双向沟通渠道，实现信息循环，以便不断修正平台的运营方向和模式，并持续深入开发顾客参与程度和提高顾客参与满意度的途径和方式。

价值共创模式通过将顾客纳入价值创造过程之中，从而将传统营销系统通过市场调研等预测顾客需求的方式，转变为直接发动顾客的主动性和创造性，由顾客自己决定如何满足其需求的方式，这种转变从根本上革新了服务价值的创造和传递途径。但是也要注意到，在服务主导逻辑下，企业与顾客更像是长期合作的伙伴，因此，在价值共创平台之中搭建企业与顾客的双向沟通渠道，实现信息循环及双方的有效互动，有利于提升顾客体验、顾客满意度及忠诚度，实现双方的价值最大化。

本章小结

本章首先介绍了服务期望与感知及其影响因素，从而引出顾客感知服务质量的概念和模型，介绍了服务质量分析的差距模型，用来指引增强顾客感知质量、提高顾客满意的企业战略，同时介绍了测量服务质量的五个维度：可靠性、响应性、保证性、移情性和有形性。

其次，本章将服务期望、感知绩效与顾客满意联系起来，介绍了顾客满意和忠诚的概念、重要性及其影响因素。就服务而言，服务质量可以说是顾客满意的最重要影响因素。基于服务质量、顾客满意和忠诚的概念，本章还介绍了服务利润链理论，阐述了该理论对服务营销管理的启示。

本章还介绍了服务营销组合理论和服务价值共创理论，介绍了数字化营销环境下顾客价值共创的含义、模式和运用原则。

核心概念

服务期望：指顾客对服务交付的信念，这些信念被当作评估服务绩效的标准或参考。

服务感知：指消费者选择、组织刺激并以一种有意义的、整体的方式对服务交付进行解释的过程。

服务质量：指服务或服务业满足规定或潜在要求（或需要）的特征和特性的总和。服务质量既是服务本身的特性与特征的总和，也是顾客感知的评价反应。

感知服务质量：指顾客感知服务企业在一个相对长的时期和稳定的服务水平（表现）

满足其期望的程度，取决于顾客对服务的期望与其实际感知的服务表现的对比。

技术质量：指服务产出的结果怎么样，即顾客从服务过程中的所得结果（效果）。

功能质量：指企业如何为顾客提供服务，即顾客对服务过程的感受，它与服务人员的态度和行为、仪容仪表、员工与顾客的交互作用等因素密切相关。

真实瞬间：指顾客与企业的各种资源发生接触的那一刻发生的关键事件。它是顾客导向的服务质量的具体衡量，被认为是顾客感知服务质量的特殊要素。顾客体验到的服务质量是受关键时刻服务表现的影响的。

SERVQUAL 模型：是测量服务质量的一种工具，该模型方法基于服务质量的五个维度——有形性、可靠性、响应性、保证性、移情性，它们为服务质量提供了最基本的"骨架"。

顾客满意：是指一个人将其产品的可感知绩效（或结果）与其自身期望相比较后所形成的愉悦或失望的感觉状态。

顾客忠诚：是一种顾客持有的深度承诺，即顾客在未来持续重购某一偏好产品或服务，尽管情境因素和营销工作有可能导致其改变行为。

服务营销组合：服务营销的七个基本营销策略要素的组合，即产品、价格、渠道（或分销）、促销（或沟通）、实体环境、流程和服务人员。这七个要素构成服务营销的 7Ps 组合，代表面向服务管理者的七个战略决策变量。

服务利润链：是描绘员工满意与顾客满意之间关系的模型。它由外部市场循环、企业内部循环以及连接两者的服务价值三部分构成。服务利润链在企业盈利能力、顾客忠诚度、顾客满意度和员工满意度、员工忠诚度、生产力之间建立了联系。

服务价值共创：指所有服务参与者通过资源整合和服务交换，共同创造价值，并在特定情境下决定了服务价值。

复习思考题

1. 什么决定了顾客的服务期望和服务感知？
2. 什么是顾客满意？为什么顾客满意很重要？
3. 服务质量包涵哪些内容？它与产品质量有什么差异？
4. 试述感知服务质量的概念模型，管理者如何运用该模型来控制服务质量？
5. 服务利润链理论包含哪些内容？该理论对服务营销管理有何启示。
6. 如何理解服务价值共创的内涵？
7. 服务价值共创的模式有哪些？试列举说明。

本章案例

海底捞的服务利润链

思考题：

1. 海底捞的服务质量和顾客满意度管理有何特点？如何评价？

2. 运用服务利润链理论解释海底捞是如何处理员工满意与顾客满意的关系的。

即测即练

参考文献

[1] JAMES L HESKETT, et al.. Putting the service profit chain to work[J]. Harvard Business Review, 1994(3-4).

[2] MA, SHUANG, ZHANG, CHAO, WANG, YONGGUI. From service engagement to product purchase: cross-buying behavior in hospitality contexts[J]. International Journal of Contemporary Hospitality Management, 2020, 32(7): 2325-2343.

[3] OLIVER, R. L. Effect of satisfaction and its antecedents on consumer preference and Intention[J]. Advances in Consumer Research, 1981, 8: 88-95.

[4] OLIVER, R.L. Whence consumer loyalty?[J]. Journal of Marketing, 1999, 34(63): 33-44.

[5] Prahalad C K, Ramaswamy V. Co-creation experiences: The next practice in value creation[J]. Journal of Interactive Marketing, 2004, 18(3): 5–14.

[6] VARGO S L, Lusch R F. Evolving to a new dominant logic for marketing[J]. Journal of Marketing, 2004, 68(1): 1–17.

[7] WANG, YONGGUI, HING-PO LO, YONGHENG YANG. An Integrated Framework for Service quality, customer value, satisfaction: evidence from China's telecommunication industry, Information Systems Frontiers2004, 6:4, pp325-340.

[8] ZEITHAML V , BERRY L L. Parasuraman A. Delivering quality service: balancing customer perceptions and expectations[M]. Free Press, 1990: 28.

[9] ZEITHAML V A, BERRY L L, PARASURAMAN A. The nature and determinants of customer expectations of service[J]. Journal of the Academy of Marketing Science, 1993, 21(1): 1-12.

[10] 王永贵. 服务质量、顾客满意与顾客价值的关系剖析——基于电信产业的整合框架[J]. 武汉理工大学学报（社会科学版），2002，12（6）.

[11] 王永贵. 市场营销[M]. 第 2 版. 北京：中国人民大学出版社，2021.

[12] 王永贵. 服务营销[M]. 北京：清华大学出版社，2019.

[13] 王永贵. 客户关系管理（精要版）[M]. 北京：高等教育出版社，2018.

第二篇

识别服务价值

第 3 章

服务营销调研

本章学习目标

1. 了解什么是服务营销调研；
2. 了解服务营销调研包含的要素；
3. 熟悉并掌握质性调研方法——焦点小组和民族志。

引导案例

Unanimous AI 公司的群体智能服务（swarm AI service）

在自然界中，许多社会生物（包括鸟类、鱼、蜜蜂、蚂蚁）都被发现了一种称为群体智能（swarm AI）的现象。群体智能使这些生物能够在它们的群体中做出集体决策来增强它们的群体智能。

Unanimous AI 公司利用群体智能，通过使用高速连接网络连接到实时系统，并在成员之间进行反馈而达到这种动态的群体智能。在由该公司提供的网上平台中，一系列客观问题被设计。参与者会看到一个带有六个不同答案选项的六边形，并有 60 秒的时间从中选取一个选项。

答案选项要么由营销人员给出，要么由参与者建议。参与者将获得一个虚拟磁铁，可以吸引别人移动向自己选择的选项。当大多数人倾向于将群体拉向某个选项时，就获得了得到群体支持的答案。参与者一起形成了一个实时系统，通过 AI 算法调节的反馈循环，使小组能够集中解决方案。表现优于传统投票、民意调查和调查。

此外，Unanimous AI 还创建了一个名为群体洞察（swarm insight）的数据分析和可视化工具，它揭示了群体如何以及为什么会选择某一答案。当团队一起回答问题时，每个用户都会向 AI 算法实时传达他们的个人倾向、偏好、偏见和反对意见。

资料来源：作者根据 Unanimous AI 公司的网站信息整理。

3.1　服务营销调研概述

营销调研是针对企业特定的营销问题，采用科学的研究方法，系统地、客观地收集、整理、分析、解释和沟通有关市场营销各方面的信息，为营销管理者制定、评估和改进营销决策提供依据。营销调研可以提供洞察力来支持企业（在某些情况下甚至是整个行业）的所有级别的战略决策——包括但不限于广告、促销和公共关系调研。在产品/服务层面，营销调研有助于支持产品或服务整个生命周期的决策。服务产品由于其自身特性（包括无形性、顾客参与性、流程性、异质性），更需要服务业企业进行营销调研，并针对这些特性做出调整。

3.1.1　服务营销调研包含的内容

（1）了解目标顾客，以便确定如何对其进行战略性沟通。调研问题有：我们如何留住现有顾客？我们如何吸引新顾客？

（2）探索新兴市场机会和竞争趋势，为新产品或服务的开发和现有产品或服务的改进提供信息。由于服务产品的异质性，确定服务产品特性及针对的市场十分重要。调研问题有：我们如何发展和适应现有市场？我们如何成长并适应新兴市场？我们如何应对竞争者？我们应该如何改进现有服务产品？

（3）收集所有利益相关者群体（包括顾客、员工、供应商、其他合作伙伴和整个社区）的评估，为提高满意度、品牌知名度和认知度、协作机会和生产力相关的工作提供信息。尤其针对服务产品的流程性特质，相关利益群体同时参与到服务的生产与销售过程中，针对每一方参与者的调研十分重要。调研问题有：顾客是否满意？员工是否敬业？我们是否应该更改顾客服务程序？与竞争对手相比，我们的品牌如何被感知？

3.1.2　服务营销调研开展所需衡量的因素

进行有效的服务营销调研需要训练有素的专业调研人员的专业知识和一定的时间。服务营销调研开展所需衡量的因素包括决策风险水平与调研方法所需成本和时间。

1. 决策风险水平

一般而言，如果决策具有高风险，则应将营销调研作为决策过程的一部分。冒险的决定，几乎总是需要某种形式的调研。当然，调研预算不应超过决策的预期收益或成本。相反，如果调研工作的成本超过决策的估计收益，则很可能不需要进行调研。例如，零售店决定在区域杂志上投放一万元的开业广告的风险相对较低，在全国性电视节目中投放上亿元的广告则风险很高。除非对此类广告过去的表现进行现有调研，否则投放风险较大。同时由于服务产品的无形性，风险进一步增大，进行营销调研就更具有必要性。

2. 调研方法所需成本和时间

次级调研和初级调研所需成本和时间不同。次级调研（通常通过现有数据库或网络搜索）通常很便宜甚至免费。在大多数情况下，二手数据的获取速度相对较快，分析起来比较容易，结论也比较容易得出。对于需要快速周转且可以通过现有调研回答的业务决策，二手数据是一个可行的选择。不过，由于服务的特性，企业很难找到现有次级调研数据，或者次级调研不足以解决企业与最近或即将推出的服务概念或运营调整等相关的问题。

　　进行初级调研（原始调研）通常比进行次级调研（现有调研）成本更高、时间更长。初级调研需要更高水平的调研人员参与。到达正确的目标市场进行采样本身通常代价高昂，需要许多程序，开发调查、收集和处理数据、分析和报告数据都需要时间。仓促进行的初级调研可能会导致决策者走向错误的方向。调研特定问题，如针对公司运营、服务的态度和观点的商业决策，并且已为收集和分析数据的目的预留了足够的时间，初步调研是一个可行的选择。

3.1.3　进行服务营销调研的机构及从业人员

1. 营销调研机构

　　营销调研活动没有固定的完成方式。负责开展调研活动的机构包括企业内部调研部门和第三方调研机构。

　　较大的企业通常有自己的营销调研部门。部门中可能包括调研经理、分析师和支持人员。部门中团队可以按初级调研和次级调研分类，也可以根据部门或产品线分类。营销调研部门如果规模较小，某些任务（例如数据收集）可能会外包给调研供应商。

　　第三方调研咨询机构的运作方式与内部营销调研部门大致相同。由于调研量很大，咨询公司通常在各个行业中拥有更广泛的专业知识。调研公司通常能够提供个别企业无法负担的服务，例如数据分析和统计专业知识、焦点小组主持人、焦点小组设施、开放式编码服务（对调查评论进行分类），以及现场服务（例如电话面试、焦点小组招聘、面对面产品测试、上门调查）等。

扩展阅读 3-1　第三方调研机构排名

　　如果企业有足够数量的调研工作，使用内部调研人员或调研团队将比聘请外部机构的成本更低。内部员工更加熟悉组织的产品和市场，对正在探索的调研目标有更清晰的认识，具有更加合适的数据收集工具，能提供更合适的战略建议。尽管与第三方调研机构合作的成本可能更高，但其优势也很明显。第三方的调研人员可以保持客观和公正，因为他们与决策的结果无直接利害关系。他们还可能有最新的专业知识。第三方调研机构也可以访问比较数据，这可以帮助企业与竞争对手进行基准比较。如果企业的员工相对较少，或者员工的调研专业知识很少，也应选择第三方调研机构。

2. 主要从业人员

　　营销调研专业人士常用的头衔是营销调研分析师。营销调研分析师调研当地、区域或国家地区的市场状况，或收集信息以确定产品或服务的潜在销售量，或创建营销活动。他们可能会收集有关竞争对手、价格、销售额以及营销和分销方法的信息。常见职位包括业务发展专家、顾客服务和咨询经理、通讯专家、人口分析员、市场分析师、营销调研分析师、营销调研顾问、营销调研专家、营销调研员、营销调研协调员等。

　　由于营销和调研相辅相成，营销经理在营销调研中也有重要作用。其作用如下：计划、指导或协调营销政策和计划，例如确定企业及其竞争对手提供的产品和服务的需求，并确定潜在顾客。制定定价策略，目标是最大化企业的利润或市场份额，同时确保顾客满意。监督产品开发或监控表明需要新产品和服务的趋势。类似职位名称有顾客主管、品牌经理、业务发展总监、业务发展经理、商业线经理、市场开发主管、营销协调员、营销总监、营销经理、产品经理。还有其他更专业的营销调研职位，如商业智能分析师、调查调研员和统计学家。

尤其在当前的商业环境中，企业希望员工知道如何在决策中使用数据。员工如今往往成为多面手。即使员工不是与调研相关的角色，作为专业人士员工也需要知道如何进行调研。此外，担任各种角色的员工可能会发现自己需要聘请调研供应商。能够识别适当的调研方法和合理的调研技术，对其选择和评价调研供应商也具有重要意义。

3.2 服务营销质性调研方法

营销调研方法按照不同划分方法，可分为质性调研和定量调研，初级调研和次级调研。初级调研是原创性调研。初级调研的最大优势之一是它可以发展为专注于解决特定的调研目标。尤其针对服务行业的调研，企业可以从适当的目标市场中获取对服务的反馈，这对于企业提高服务水平有着重要的意义。因为初级调研需要大量的时间和资源来收集和分析调研结果，所以它通常在已经通过次级调研收集一定信息并应用于调研目标之后进行。当进行调研时，可以采用质性或者定量的方法。

定量调研是一种结果可通过计算得出的调研方法。质性调研是收集无法用数字表达的想法、意见的调研。质性调研用于探索性调研，例如创意生成。它还可用于赋予定量结果更深的含义。质性调研可以找出结果背后的"原因"。例如，如果结果显示对顾客服务的满意度呈下降趋势，则可以采用质性调研来找出原因，并找出问题的可能解决方案。质性调研以细致入微的方式理解主题的丰富性，可以产生创新和解决问题。由于服务产品的特性，质性调研尤其适用于服务营销调研。本节将重点讨论常见于服务营销调研的质性调研方法。

3.2.1 质性初级调研——焦点小组方法

焦点小组方法是指从研究所确定的全部观察对象(总体)中抽取一定数量的观察对象组成样本，根据样本信息推断总体特征的一种调查方法。焦点小组方法尤其适用于服务类产品的相关调研。在焦点小组会议期间，小组参与者会围绕一个主题创建对话。确定和招募合适的参与者参加焦点小组、主持会议和分析质性结果需要时间和资源，如果预算有限或需要快速周转，可以考虑采用在线焦点小组方法。

通常，当公司需要获得对特定问题更深入的了解时，适合选用焦点小组方法。焦点小组方法可用于指导新产品开发、评估新想法以及集思广益解决各种问题。营销调研焦点小组的典型目标包括改进现有产品或服务，开发一个新的产品或服务概念，开发营销材料，例如促销和广告，改善顾客或员工体验。

焦点小组调研方法主要包含以下这些内容。

1. 抽样计划

尽管焦点小组方法是质性调研的一种方法，但争取目标市场的代表性样本仍然很重要。调研人员应努力平衡目标市场的人口统计特征和心理特征，例如产品使用行为。抽样计划应包含不同类型（如地域、适用类型）的小组，这样可确保调查结果不只是局限于单个小组的动态。每一个小组也应当挑选不同类型的参与者（如年龄、性别不同）。单个焦点小组的理想规模约为 8~10 名参与者。根据主题的复杂性和计划的焦点小组活动，一些小组的人数可能高达 15~20 人。在抽样计划中一般预计每组至少有 2 名招募的参与者不会参加。

2. 招募参与者

从企业的顾客中招募符合细分描述的参与者通常是最常见和最经济的。然而，这种方法并非在所有情况下都有效。在新产品或新服务开发的情况下，企业有兴趣进入新市场，这需要在其顾客群之外进行抽样。

许多第三方营销调研机构提供焦点小组招聘服务，也有一些机构可以举办焦点小组会议。这些企业通常可以访问潜在的焦点小组参与者，可以匹配其目标市场的各种人口统计和心理特征来进行招募。

招募通常通过电子邮件邀请和确认电话相结合的方式进行。电子邮件用于筛选符合预定义市场描述的感兴趣和可用的参与者。通过电话确认选定参与者的出席情况很重要，因为许多人倾向于在网上夸大他们的兴趣。

请注意，在电子邮件邀请中，要提及潜在参与者可获得一定报酬，这通常有助于吸引潜在参与者。为了让参与者不必请假参加，许多小组会议在 17 点到 21 点之间举行，在这个时间段通常也是参与者吃晚餐的时间范围，因此也要在邮件中说明会准备茶歇。

扩展阅读 3-2　电子邮件邀请函示例

3. 主持人指南

主持人指南是主持人使用的预先设计的讨论指南，以帮助促进焦点小组会议的活动和流程。

（1）介绍。焦点小组介绍应包括主持人的角色、小组会议的目的和基本规则。指南应该从主持人的个人介绍开始，指出他是中立的，目的是收集真实的意见。理想情况下，主持人是从第三方调研机构聘请的。即使主持人来自企业内部，也应指出自己来自企业内的一个中立部门，例如营销调研部门。

在整个介绍中（以及在整个小组中），主持人不应表现出对所讨论的产品、主题或概念有任何特殊的偏好，也不应表现出对赞助调研的企业的偏好。如果一些参与者害怕伤害负责人的感受，他们可能会保留他们的意见。录音设备（音频/视频）和笔记记录者应尽可能谨慎，以免分散讨论的注意力。讨论中应允许每个人都有发言的机会，但不能互相争吵。此外，让参与者知道洗手间的位置并允许他们自行前往是一个很好的免除尴尬的做法，以免扰乱讨论。

（2）破冰活动。介绍之后是破冰活动。参与者分享一些关于他们自己的基本信息是建立团队协同作用的有效方式。破冰活动通常需要小组协同来完成，参与者会在这个活动中产生非正式的感觉，可以坦诚相待，并促进流畅的讨论。

破冰活动可以是简单的圆桌介绍，也可以是更复杂的活动，比如各种派对式的游戏。例如，一项常见的破冰活动是要求参与者在向更大的团体介绍他们的合作伙伴之前先组队并互相采访。无论决定什么活动，破冰者都应该以某种方式结合调研主题。通过这种方式，参与者被介绍到该主题，并可以开始进入他们如何与手头的产品类别或问题互动的心态。此外，可以从破冰活动期间给出的响应中收集重要信息。由于调研人员与焦点小组参与者的时间有限，每一分钟都很宝贵。

（3）焦点小组活动。可以采用各种活动来协助集思广益解决方案、产生想法和建立共识。纳入主持人指南的活动是由调研团队提前精心制作的。大多数焦点小组活动持续一到两个小时，应当最大限度利用这些时间。因此，应当选择有助于实现调研目标的活动以此来激发有意义的小组对话。

4. 主持人的角色

焦点小组应由经过培训的焦点小组主持人领导。主持人接受过培训，可以引导讨论以获取信息以达成调研目标。主持人应遵循预先设计的指南，但也必须足够灵活和具有良好的观察力，以跟进需要进一步加深讨论的主题领域的对话。

焦点小组主持人必须精通各种焦点小组活动，这些活动可以引导参与者深入挖掘问题的答案或跳出他们固有的框架进行思考。此外，他们必须与参与者建立融洽的关系，让参与者感到开放并欢迎分享；让想法自然流动，同时让小组保持正轨（注意主持人指南的每个部分是如何分配时间限制的）；与不愿发表意见的成员互动；控制可能使团体失去平衡并压制不同意见的支配成员。

主持人控场是一种微妙的平衡行为，需要技巧和练习。可以使用简单的技术来获得主持人的成功：

（1）按姓名提及参与者。这是吸引参与者并建立融洽关系的好方法。通常，名片或姓名标签用于帮助主持人正确地与参与者对话。名片还能帮助参与者通过姓名相互称呼。

（2）处理霸道的参与者。霸道的参与者可能会使持有不同意见的其他成员保持沉默。避免这种行为的一种方法是主持人开始与其他参与者互动，用于表示不会接受个人的进一步评论。如果霸道行为持续存在，主持人可以更直接地解决问题，说："谢谢你的想法。让我们听听其他人的想法。"

（3）处理沉默的参与者。主持人的工作是确保所有参与者都出现在结果中。在小组面前分享他们的想法时，一些参与者可能会变得害羞。在进入指南的下一部分之前，版主应该邀请那些尚未加入对话的人。

（4）探讨式问题。当给出的答案过于简单而无法使用时，可以使用探讨式问题。例如："你为什么会有这种感觉？""你还能告诉我什么？""那让你感觉如何？"

（5）开放式问题。除非达成共识，否则主持人通常会在焦点小组期间提出问题，以促进详细回应和更多对话，引出质性回应。尽量避免提出只能回答"是"或"否"的问题。由于时间限制，还需要仔细选择问题，以确保它们能够解决调研目标。离题的问题对满足顾客的需求无济于事。

（6）不应存在偏见。主持人不应对某些产品功能、品牌或想法等有偏见。

5. 焦点小组举行的地点

（1）面对面的焦点小组。面对面的焦点小组是最常见的。使用这种传统方法进行焦点小组有利于提出新想法，增加团队互动，可以探索来自参与者的正面和负面反馈。主持人、笔记记录员和观察员有机会监控参与者的微妙反应，包括非语言线索。参与者可以接触产品和相关材料。

面对面的焦点小组通常在公司内部或专门的焦点小组场所中举行。团体不会被打扰是很重要的。

（2）在线焦点小组。由于时间和预算限制以及目标市场比较分散，无法实现传统的面对面焦点小组。作为一种可行的替代方案，在线焦点小组近年来越来越受欢迎。在线焦点小组可以最大限度地减少调研的时间和成本，拉进参与者与主持人的距离，减少参与者对其他参与者的非语言影响（微笑、摇头等），允许更多的参与者进入，吸引某些由于个性或敏感话题而在面对面情况下可能不舒服的参与者。

科技发展使得在线焦点小组成为可能，但在使用时要注意选取合适的设备，

①参与者将从具有不同技术水平的各种设备登录到该组。为沟通中的故障和滞后做好准备，这可能会造成破坏和令人沮丧。

②在尝试之前，请确保所招募的目标市场非常适合在线会话。例如，在线焦点小组可能不是服务老年人的最佳方法。

③确保解决调研目标所需的参与程度不会高于面对面的会议要求。例如，如果实际互动或仔细审查非语言反应很重要，则应采用传统的焦点小组。

6. 记录数据和生成报告

大多数焦点小组会议都是录音，然后转录录音以帮助生成报告。录像也用于捕捉参与者的非语言表达。参与者在投票过程中举手、高兴或不满意的表情、表示肯定或反对的摇头都不会被录音。由于并非所有参与者的细微的行为都会被焦点小组会议中固定的摄像机捕捉到，因此通常会书面记录重点和监控非语言指标。

与所有调研报告一样，焦点小组报告首先说明调研目标以及如何详细实施该方法。这很重要，因为方法可以影响结果。焦点小组报告还力求显示小组对每个主题的共识以及对不同细分市场的意见。

3.2.2 质性初级调研——民族志营销调研

民族志是一种起源于人类学的调研方法，侧重于对文化、社区和社会的考察。民族志营销调研重点调研消费市场中的趋势、生活方式、习惯、态度和社会影响。调研目标是收集有关消费者如何在现实环境中与当前产品、产品概念和服务进行交互和反应的质性数据。

民族志营销调研能够让调研人员更好地了解产品或服务如何融入日常运作和日常生活。调研结果有助于公司设计更好的产品、激发新的产品开发理念和改进服务流程。

民族志调研方法包括观察调研、虚拟调研、日记、被动追踪。

1. 观察调研

观察调研是最常见的民族志调研方法之一。营销调研中的观察调研是初级调研，涉及观察顾客与产品、服务或场所（例如零售空间或环境）的互动。当监测大样本的人口行为时，观察调研可以被认为是定量的。然而，大多数观察调研本质上是质性的，因为观察的对象是复杂和存在细微差别的行为，对这些行为进行定量观察既费时且成本高昂。

通过观察调研可以深入了解顾客决策过程，如何改善服务、产品和流程，视觉营销、产品布置、部门布置、标牌和其他设计对顾客行为的影响。

1）观察调研的优缺点

（1）优点

①减少受访者的偏见。

②获得对行为的独特见解。

（2）缺点

①无法了解原因。观察者不能通过观察调研，了解顾客为什么会这样做。

②观察者可能对结果产生偏见。这些偏见可能是由观察者的文化背景和自身经历造成的。

③采样限制。与焦点小组一样，观察调研也有一系列抽样限制。尽管观察调研不是定量的，但使用它们的调研人员必须努力从具有代表性的场所和参与者样本中收集数据。然而，试图通过质性调研来获得具有代表性的、可以广泛应用的结果是很困难的。调研人员必须为了数据的丰富性而放弃代表性。调研结果会受到采样限制的影响。因此，总结报告中应当介绍观察时的条件，使阅读者更好地理解结果。

2）观察调研方法

（1）不显眼观察。观察者不与调研对象互动或不让调研对象知道自己是观察者，从而捕捉真实场景中的主体。如果参与者意识到他们正在被观察，他们可能会由于自我意识而改变他们的行为。一些参与者甚至可能开始表现出他们认为更能被社会所接受的行为。这些行为的变化会给调研结果带来偏差。这种现象被称为霍桑效应，它以芝加哥霍桑郊区的名字命名，在此地进行的实验中首次发现了这一现象。

（2）可见观察。参与者会意识到他们正在被观察，原因是这些调研中会使用到许多用于数据收集的设备。

（3）直接观察。观察者记录在真实的情况和地点进行的自然发生的事情。

（4）人为干预观察。调研人员创造人工环境来观察参与者受控条件下的行为，例如观察参与者在模拟商店中选择哪些产品。

（5）居家观察。居家观察是一种可人工干预的观察形式，调研人员深入到参与者的家庭，这使调研人员能够深入了解参与者对各种产品、服务和产品的态度和反馈。除了观察行为外，观察者可能会提出问题，以进一步了解参与者对产品或服务概念的反应和行为的原因。

（6）数字技术观察。数字技术在观察调研中发挥着重要作用。观察者使用摄像头和其他监控设备可以更加隐蔽地观察顾客的行为。企业也可以使用眼动追踪设备来开展观察调研，帮助开发更具吸引力的包装和营销材料。

3）观察调研结果报告

部分观察调研报告是基于文本，描述观察到的典型行为，并将其与调研目标联系起来。照片和插图也经常被使用。报告中应根据观察结果提出建议。此外，报告也应披露调研所受的限制。

2. 其他民族志调研方法

（1）虚拟调研。当进行面对面的调研不切实际时，就会进行虚拟的民族志调研。参与者可能被要求提供视频、图片和文章，详细说明其感受、意见和反应。

扩展阅读 3-3　报告大纲示例

（2）日记。日记是民族志营销调研的传统形式。事实上，日记通常是一种与家庭使用测试相结合的方法，参与者可以在指定的时间范围内试用产品，并写日记。虽然日记不像虚拟调研那样直观，但是可以获得丰富的反馈，包括意见和经验。

（3）被动追踪。被动追踪是一种使用 Wi-Fi 和手机技术的调研形式。零售商可以通过手机和应用程序来收集有关顾客行为的数据。该技术的主要用途是零售寻路调研。被动跟踪也可用于确定最受欢迎的产品。

3.2.3　如何分析获取的数据

质性调研对于服务类行业了解顾客起到了关键作用，获得的数据可以为企业决策提供建议。以下简要介绍在取得数据后，企业如何通过分析这些数据来最大化业务成果。数据分析主要包含五个阶段，每个阶段都为企业增加了新的价值。

首先，要对收集的数据进行整理。企业必须掌握访问、转换、构建和集成数据所需的工具。顾名思义，数据整理意味着与数据搏斗，以将其转化为对分析有用的结构化格式。

其次，要对整理过的数据进行分析。

（1）描述性分析使企业能够从数据中组织和提取意义，以回答"发生了什么？"这个问题。描述性分析的示例包括直方图、散点图、均值（即平均值）、中位数和总和。通过描述性分析，企业可以了解变量的分布（如不同年龄组的人数）、变量之间的关系（如某一群体中年轻女性与年长女性的数量），并对其特征有基本的了解。

（2）预测分析利用历史数据来回答"未来会发生什么？"这个问题。利用从整理数据和执行描述性分析中获得的企业变量知识，企业可以释放预测未来结果的力量。这可以通过许多复杂的建模技术来实现，例如回归分析和机器学习。由于不完善的数据、意外事件、算法和人员，预测模型永远无法完全准确地预测未来的结果。但无论如何，如果构建得当，预测模型会非常有用，并使企业比竞争对手更具优势，例如 A/B 测试、机器学习等。

（3）规范性分析通过优化来解决"我们应该做什么？"这个问题。业务分析专业人员通常充当制定业务决策的人和最接近数据源的人之间的联络人，他们的作用是创建、衡量、管理、分析和交流数据，以最大限度地提高业务成果。

最后是对前面所有过程的一个总结，通过讲故事的形式展现出来。如果我们不能通过良好的可视化和讲故事将其发现很好地传达给合适的顾客，企业就会失败。

本章小结

进行营销调研的目的是为了降低商业决策中的风险。业务决策结果的风险越高，就越需要调研来帮助指导决策。无论是内部还是外部利益相关者，应用正确的方法来检查目标市场都是至关重要的。通常进行营销调研前会先进行二次调研收集现有的数据，如果现有数据不足以解决问题，会再进行初级调研（原始调研），用于帮助回答次级调研无法解决的调研问题。在进行初级调研时，确保从目标市场的代表性样本中收集反馈非常重要。调研活动可由个人、内部调研团队或外部咨询机构进行，由谁进行调研取决于需要解决调研目标的公司的结构和资源。

现在市场营销已经进入"ABCDE"时代，各种数字技术的应用使得大规模的获取顾客的数据成为可能。

本章探讨了市场调研人员使用的两种最常见的质性主要调研方法——焦点小组和民族志营销调研。当企业需要对特定问题（例如如何改进现有产品或服务或如何开发新产品或服务）进行更深入的了解时，焦点小组用于进行探索性调研。在焦点小组会议期间，小组参与者的协同作用被用来围绕一个主题创建对话，这可以带来解决方案和新想法。民族志营销可以使调研人员更好地了解产品或服务如何融入日常运作和例行程序，以实现更好的产品设计、新产品开发理念和改进的服务流程。调研方法包括观察、虚拟和移动、日记和被动跟踪。这些质性方法中的每一种都可用于收集丰富的见解，但也存在局限性，主要包括成本高、收集数据的时间长、市场代表性有限，以及调研人员和受试者/参与者存在潜在偏见。

核心概念

营销调研：使用系统方法来收集适当的信息去回答与营销相关的问题。

质性调研：收集无法用数字表达的想法和意见的调研方式。

焦点小组：目标消费者或其他利益相关者之间由主持人主导的讨论小组。在焦点小组会议期间，围绕一个主题创建对话。它尤其适用于对服务类产品进行的相关调研。

民族志营销调研：重点调研消费市场中的趋势、生活方式、习惯、态度和社会影响。调研目标是收集有关消费者如何在现实环境中与当前产品、产品概念和服务进行交互和反应的质性数据。

复习思考题

1. 服务营销调研的主要内容有哪些？
2. 服务营销调研主要由谁承担？
3. 请阐述焦点小组调研方法。
4. 请阐述观察调研方法。

本章案例

游娱联盟—密室工厂

思考题：

请设计一个焦点小组调研方案，包括如何招募参与者、如何进行调研等焦点小组调研所需的内容，以建立一个新的密室主题房间。

即测即练

参考文献

[1] OXENHAM, S. Future: Why bees could be the secret to superhuman intelligence [EB/OL]. [2016-12-15]. http://www.bbc.com/future/story/20161215-why-bees-could-be-the-secret-to-superhuman-intelligence.http://www.bbc.com/future/story/20161215-why-bees-could-be-the-secret-to-superhuman-intelligence

[2] Unanimous Company.[EB/OL]. https://unanimous.ai/what-is-si/

[3] CUTHBERTSON, A. Artificial intelligence turns $20 into $11,000 in Kentucky Derby bet.[EB/OL]. [2016-06-11]. http://www.newsweek.com/artificial-intelligence-turns-20-11000-kentucky-derby-bet-457783

[4] CUTHBERTSON, A. Artificial intelligence predicts Leonardo DiCaprio will finally win his Oscar. [EB/OL]. [2016-05-14]. http://www.newsweek.com/oscar-predictions-artificial-intelligence-predicts-leo-will-finally-get-his-430712

[5] BOWERS, D. 2020 U.S. Top 50 Ranking of the Research and Data Analytics Industry.[EB/OL]. [2020-10-01]. https://www.ama.org/marketing-news/2020-top-50/

[6] O*NET Online: Summary Report for MarketingManagers. [EB/OL]. [2022-06-07]. https://www.onetonline.org/link/summary/13-1161.00

[7] GOODE, L. Houzz has a new AR mode that lets you try furniture. [EB/OL]. [2017-05-03]. https://www.theverge.com/2017/5/3/15526478/houzz-3d-ar-home-renovation-furniture-shopping-app-update

[8] IBM Newsroom.https://www-03.ibm.com/press/us/en/pressrelease/49098.wss

[9] STATISTA. Leading publishers in the United States on social media in 2020.[EB/OL]. [2022-05-22]. https://www.statista.com/statistics/721864/top-us-brands-by-social-media-engagement/

[10] GARTNER. Adjust marketing analytics to support a Covid-19 strategy. [EB/OL]. [2020-05-28]. https://www.gartner.com/en/marketing/insights/articles/adjust-marketing-analytics-to-support-covid19-strategy

[11] 城市惠. 北京密室逃脱排行榜[EB/OL]. [2022-05-15].https://www.cityhui.com/shop/17459.html.

第 4 章

服务消费行为

◆ **本章学习目标**

1. 了解什么是服务消费行为及特征；
2. 熟悉和掌握影响服务消费的主要因素；
3. 了解服务消费行为的基本阶段；
4. 掌握服务消费行为的主要理论。

◆ **引导案例**

挖掘"幸福产业"服务消费需求

2021 年上半年，以"幸福产业"为代表的服务业加速恢复向好。国家统计局发布的数据显示，1—5 月份，规模以上游览景区管理企业营业收入同比增长 83.6%，连续 3 个月保持 80% 以上高速增长；规模以上文化、体育和娱乐业营业收入同比增长 56.4%，增速快于规模以上服务业企业 24.5 百分点。

服务业是我国经济第一大产业，也是我国吸纳就业最多的产业。2021 年上半年，服务业增加值占国内生产总值比重为 55.7%，对国民经济增长的贡献率为 53.0%，拉动国内生产总值增长 6.7 百分点，分别高出第二产业 16.8、9.4 和 1.2 百分点，服务业的"主引擎"作用表现强劲。

随着人民对美好生活需求的日益增长，旅游、文化、体育、健康、养老等"幸福产业"近年来快速发展，不仅提升了人们的幸福感，也有效拉动了消费增长，推动服务业转型升级，培育了发展新动能。

"幸福产业"恢复向好，得益于疫情防控与经济发展的统筹推进。2021 年以来，随着疫情防控成果进一步巩固拓展，生产生活服务需求加快释放，带动服务业稳步复苏。居民外出娱乐消费的意愿增强，国内旅游市场有序复苏，"周边游""自驾游"等中短途出游成为热点，文化娱乐体育等服务消费需求持续释放。例如，1—5 月份，江苏省规模以上文化、体育和娱乐业营业收入同比增长 61%，行业中规模较大的主题乐园、休闲观光景点继续保持较高增速。

"幸福产业"正在成为新经济的领头羊。2020 年发生的疫情对聚集性、接触性服务行业带来较大影响，但也推动了线上办公、线上购物、线上教育、线上医疗等蓬勃发展并同线下经济深度交融，打开了服务业发展新的想象空间。以北京市为例，1—5 月份，北京市在线体育、在线教育、在线娱乐、在线医疗企业收入合计增长 35.3%，高于规模以上服务业企业收入增速 10.8 百分点。

近年来，我国居民消费的一个显著特点是，服务消费在居民消费中的占比越来越高，2021 年上半年，我国居民消费中服务消费占比达 52.5%，未来这一比重有望继续提高。我国拥有巨大的内需市场，进入高质量发展阶段后，消费者需求日益呈现个性化、多样化、优质化、服务化的趋势，为此，迫切需要进一步提升供给体系质量和水平，顺势而为培育壮大新业态新模式，着力挖掘"幸福产业"服务消费需求，让"幸福产业"更动人。

资料来源：熊丽. 挖掘"幸福产业"服务消费需求[N]. 经济日报. 2021-07-29(6).

4.1　服务消费行为概述

顾客的服务消费行为日益频繁。服务消费行为及顾客的服务购买决策是企业有效地制定服务营销战略和开展推广活动的重要依据。服务消费行为不同于有形产品的消费行为。服务购买过程及其决策过程受顾客购买服务时的诸多因素的影响，也有别于一般有形产品的购买过程及决策过程。研究服务消费行为及购买决策是服务企业及一般企业营销活动中不可忽视的重要环节。

4.1.1　服务消费的发展趋势

新经济成为中国实现产业转型升级、消费提质扩容和高质量发展的新支撑和动力源。新经济通过塑造新型消费主体，创造新型消费场景，推动居民消费水平的提高和消费结构升级。在新经济的引领下，服务消费呈现以下发展趋势。

1. 服务消费在消费结构中所占的比例逐年上升

2013 年以来，中国城乡居民服务消费支出持续增加，从 2013 年的人均 5 068 元增长到 2020 年的人均 8 999 元，服务消费占全部消费支出的比重也从 2013 年的 38.30%提高到 2019 年的 42.40%，上涨了近 4 百分点，且每年都在持续增长。发达国家服务消费占最终消费的比重已达 70%，与发达国家相比，中国服务消费尚有很大的上升空间。未来，随着新经济发展和人均收入水平提高，中国服务消费总量和占比将会继续提高。[①]

2. 服务消费主体呈多元化增长势头

服务消费主体日渐多元化，线上线下消费频繁。消费群体的划分主要依据年龄段和消费特性。这些代表性的消费群体包括三四线城市的消费群体、以"95 后"为代表的 Z 世代消费群体、以"80 后"和"90 后"为代表的年轻父母和 50 岁以上的银发群体等。

① 张颖熙，徐紫嫣. 新经济下中国服务消费升级：特征与机制研究[J]. 财经问题研究，2021(06)：30-38.

以三四线城市为代表的下沉市场消费群体是互联网在线娱乐消费的主力。中国三四线城市人口占全国总人口近 70%。与一二线城市高房价、快节奏的生活相比，下沉市场的消费者生活压力相对较小，闲暇时光充足，消费意愿强烈，幸福指数更高。特别是以小镇青年为代表的下沉市场消费群体，已成为电影、手机游戏、在线阅读和短视频等娱乐消费的主体。据第一财经商业数据中心的统计，2019 年淘宝天猫对比上一年新增的超 1 亿年度活跃消费者中，有七成以上来自三四线城市，从天猫各品类的成交情况看，有 77% 的品类在下沉市场的成交额增速超过一二线城市。以"95 后"为代表的 Z 世代群体是服务消费市场的新生力量。这些新生代成长环境优越，被称为互联网的原住民，对互联网有天生的依赖性。游戏、动漫和网络社交是这代人的主要爱好。以"80 后"和"90 后"为代表的年轻父母是教育消费、旅游消费的主力。这一代的年轻父母受教育水平相对较高，他们注重家庭教育，从科学喂养、早教到学前教育等教育消费领域有着大量的刚性需求。他们热爱生活，懂得享受生活，由此带动了亲子游、游学等旅游消费。50 岁以上的银发群体是旅游和健康消费的主力。中国 50 岁以上的群体占人口总数比例超过 1/3。有钱有闲的老年群体开始积极接触网络，网购热情日益提高。据调查，随着互联网的全面普及，银发群体的触网率从 2015 年的 6.70% 提升至 2019 年的 13.60%，4 年内增长超过 1 倍。[①]

3. 服务消费市场潜力巨大，服务性消费边界不断拓展

服务业是吸纳就业的主要渠道。发展服务消费，对于缓解就业压力，维护社会稳定具有重大意义。在很多发达国家，第三产业的从业人员超过 70%。如同有形产品消费品生产需要不断开发新产品一样，服务消费品也在不断创新。凡是顾客感到不方便、需要提供帮助的地方就是服务消费的潜在市场。从生存型消费到发展型消费，服务消费持续升级；从同质、单一到个性、多元，服务消费品质化特征显著；从无到有，互联网经济开辟服务消费新领域。随着经济发展和技术进步，移动互联网、大数据、云计算等技术研发应用以及商业模式创新深刻地改变了居民消费方式，持续激发新的消费需求，服务性消费边界不断拓展。

4. 服务消费向追求高品质和品牌化发展

近几年居民的消费结构、需求发生了深刻变化，品质消费逐渐成为新的消费热点，服务消费也进入了追求品质服务消费的阶段。消费品质化意味着顾客在意的不只是品牌和价格。更多的顾客认为价值高、服务优是服务消费选择的依据。因此，高性价比、物有所值、宁缺毋滥成为服务消费的新标准。追求高品质和品牌化是由人类更高级的需求所驱动的，其改变了人们的生活方式，塑造了新的价值观和消费方式。

4.1.2 服务产品的搜寻、经验与信任特性

顾客在购买产品的过程中通常会评价不同的产品，以从中挑出合适的产品进行购买。一般而言，由于产品特性不同，相对于有形产品，消费者很难评价无形的服务产品。产

---

③ 第一财经商业数据中心. 2019 年中国互联网消费生态大数据报告——寻找消费的下一个增长点[EB/OL]. www.dx2025.com/archives/21553.html，2019.

品特性可分为以下三种类型。

1. 搜寻特性

搜寻特性是指顾客能在购买产品之前确定的产品特性。搜寻特性包括颜色、款式、价格、尺寸、感觉、硬度和气味等。如衣服、珠宝、家居等具有很高的搜寻特性，因为它们便于顾客在购买前了解和评估产品。具有这类特性的产品一般是有形产品，所以对于顾客而言，相比对服务供应商品的购买，更容易建立起信心。

2. 经验特性

经验特性即顾客只有在购买后或消费时才能感觉到的产品特性。经验特性包括味道、耐磨损性等。例如顾客去餐馆就餐，只有在品尝该餐馆食物的过程中，才能感受到这个餐馆食物的味道是否适合自己的口味；顾客理发之后才能知道理发师技术和服务水平的高低。经验性能高的服务或产品较难评价，原因是这些性能在购买和消费之前无法评价。

3. 信任特性

信任特性是顾客在购买和消费之后也无法评价的产品特性。一些具有高信任特性的服务，如法律服务和医疗诊断，没有几个顾客所具备的法律知识和医疗知识足以评价这些服务是否是必要的或是否正确地被执行，甚至在他们咨询了律师和拿到了药方之后也不知道这些是否能满足自己的需求。因此，信任特性高的产品和服务是最难评价的。

顾客对有形产品到无形产品的评价有一个从易到难的变化过程，如图4-1所示。

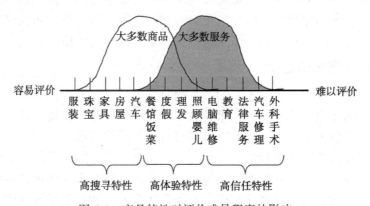

图4-1 产品特性对评价难易程度的影响

资料来源：李克芳，聂元昆. 服务营销学[M]. 北京：机械工业出版社，2020.

经验和信任特性在服务供应商品中占主要地位，顾客难以评价，搜寻特性主要体现在有形产品中，顾客比较容易评价。

4.1.3 服务消费行为的主要特征

服务性消费行为是用于人们支付社会提供的各种文化和生活方面的非商品性服务费用的行为，可分为餐饮服务、衣着加工服务、家庭服务、医疗服务、交通通信服务、教育文化娱乐服务、居住服务和其他服务八大类别。

具体来说，服务消费行为指顾客为有效满足自身服务需求而展开的一系列脑力与体力活动，主要体现为服务需求确认、服务信息的收集与决策、服务产品的消费，以及服务效用的评价与反馈等若干环节。

与有形产品的顾客行为的特征相比，服务市场的顾客行为的独特性主要表现在以下几个方面：

1. 服务消费认知风险大

服务的无形性使顾客在购买前很难判断服务产品的特点、功能、质量和以及服务给他们带来的利益；服务的易变性使服务产品质量不稳定，顾客不能保证每次都能享受到同等优质的服务。顾客在购买服务时，经济、心理、精力、时间以及最终在服务质量上的感知风险较高，不利于服务产品的推广。

2. 服务消费依赖人际渠道信息

在服务消费中，顾客主要通过人际之间的交流获取服务信息，而不太注重大众传媒的广告信息。服务的无形性使得顾客更乐于相信亲朋好友的服务体验和口碑传播。顾客通过人际渠道传播的服务体验更加可靠，便于降低服务消费的认知风险。因而，口碑传播是服务消费最重要的信息来源。

3. 顾客参与服务过程

顾客在购买和享用服务的过程中需要亲自参与，顾客是完成服务必不可少的要素。通过与顾客的合作与互动，服务的提供者与顾客共同创造价值。例如在诊治病人的过程中，当病人与医生密切配合时，医疗水平会得到一定程度的提高，病人康复较快，病人获取的价值也更大，因此顾客参与服务过程有助于共同创造价值。

4. 服务顾客需求弹性大

根据马斯洛需求层次理论，人们的基本物质需求是一种原发性需求，而人们对精神文化消费的需求属于继发性需求，需求者会因各自所处的社会环境和各自具备的条件不同而形成较大的需求弹性。对服务的需求与对有形产品的需求在一定组织及总金额支出中相互牵制，也是形成需求弹性大的原因之一。同时，服务需求受外界条件影响大，如季节的变化、气候的变化、科技的发展等对信息服务、环保服务、旅游服务、航运服务的需求造成重大影响。需求的弹性是服务业经营者要处理的最棘手的问题。

4.1.4 影响服务消费行为的主要因素

1. 影响服务消费行为的个体因素

在服务消费中，影响顾客消费行为的个体因素可分为人口统计学因素、顾客的自我概念与生活方式和顾客的心理因素三个方面。

（1）顾客的人口统计学因素

①收入水平

近年来我国城乡居民的可支配收入快速增长，从 2013 年的 18 311 元增长到 2019 年的 30 733 元，年复合增长率超过 9%。其中，城镇居民可支配收入从 2013 年的 26 467

元增长到 2019 年的 42 359 元，年复合增长率超过 8%；农村居民现金收入从 2013 年的
9 430 元增长到 2019 年的 16 021 元，年复合增长率超过 10%。[①]

居民的可支配收入水平是居民进行各种消费的物质基础，因而是影响居民消费的最
主要的因素。消费性服务支出不仅受当期居民可支配收入水平的影响，还会受未来收入预
期的影响。失业率的增加以及社会保障体系的不完善也直接加大了居民收入的不确定性。

②受教育程度

受教育程度主要通过两个方面对服务消费行为产生影响。首先，教育程度会影响顾
客的服务需求类型，即受教育程度的不同会导致不同的服务选择。比如，在偏向于娱乐
性质的日常消费中，受教育程度高的顾客会更有可能会选择类似于看电影、旅游、按摩
等服务，而受教育程度相对低的顾客会比较倾向于下棋、打麻将等娱乐服务。其次，受
教育程度的高低也会影响顾客在服务过程中的参与度。通常来说，如果一个顾客受教育
程度越高，那么其对参与服务更加得心应手，从而相对于受教育程度低的顾客具有更强
的参与意愿及能力。

③性别与年龄

当今时代中国女性受教育程度和收入水平明显提高，就业机会得到改善，女性的经
济独立性和在家庭消费决策中的话语权远高于以往。鉴于男性与女性在进行服务性消费
决策时具有较大偏好差异，尤其是女性在教育和子女护理等服务性消费上的影响远高于
男性，因而消费性服务生产商还应更多关注性别因素对居民服务性消费需求的影响。此
外，女性就业率、收入水平和受教育水平提高均对服务性消费支出有较大的促进作用，
应考虑通过进一步提高我国女性就业率和女性的受教育年限来促进服务性消费的增加。
同样，不同年龄段的顾客因为其在生命中的不同阶段（包括青年时期、中年时期和老年
时期）的需求会发生改变，从而他们的服务产品选择也会不同。

（2）顾客的自我概念与生活方式

自我概念是对自我的看法，或对"我是谁"的理解。它是顾客行为中一个很重要的
概念，因为人们总是购买有助于强化自我意识的品牌和产品。个体的自我概念实际上是
在综合自身、他人或社会评价的基础上形成和发展起来的。自我概念包含着四种基本的
类别：①实际自我。我现在是什么样子。②理想自我。我想成为什么样子。③私人自我。
我对自己怎么想或我想对自己怎样。④社会自我。别人怎样看我或我希望别人怎样看我。
顾客的自我概念是他们对自己态度的反映。不论这些态度是积极还是消极，都会引导和
指导顾客做出购买决定。

一个产品或服务应该有什么样的市场形象，这主要取决于目标市场的自我概念。顾
客的自我形象与品牌的象征形象是否一致，对顾客的满意有十分明显的影响。

生活方式，又称生活形态，它起源于社会学，从经济学角度看，生活方式代表了所
选择的收入分配方式，包括在不同产品和服务中的相对分配，以及在这些品类里所进行
的特定的选择。或者理解为顾客在生活过程中，自己与社会各种因素互相作用下而表现

① 来有为，霍景东，王敏，尤越.疫情后我国服务消费的发展趋势及促进消费回补的政策建议[J].发展研究，
2020(05)：30-40.

出的活动、兴趣和态度的综合模式。从消费行为的角度来讲，生活方式是顾客能够自主支配自己的时间和金钱的途径，以及通过个人消费反映价值取向和对生活的态度。这也会影响顾客的服务消费行为，因为具有不同生活方式的顾客，在服务消费的选择上也会有所不同。有的顾客可能认为生活方式就是一种对待人生的态度，需要做到享受生活，从而在闲暇时会加大金钱投入到类似于游泳、健身等服务当中。而有些顾客可能对于自己的生活方式没有太多的要求，所以在服务消费上的意愿会有所减弱。

（3）顾客的心理因素

根据美国心理学家马斯洛的需要层次理论，个体成长发展的内在力量是动机。而动机是由多种不同性质的需要所组成，各种需要之间有先后顺序与高低层次之分；每一层次的需要与满足，将决定个体人格发展的境界或程度。马斯洛的需求层次结构是心理学中的激励理论，包括人类需求的五级模型，通常被描绘成金字塔内的等级。从层次结构的底部向上，需求分别为生理、安全、社交、尊重和自我实现。这种五阶段模式可分为不足需求和增长需求。前四个级别通常称为缺陷需求（D需求），而最高级别称为增长需求（B需求）。在服务消费中，为了满足顾客的尊重需要，企业需满足其对产品或服务有与众不同需求的市场，这样顾客才会关注产品的象征意义，加强服务消费的意愿。

2. 影响服务消费行为的社会因素

（1）消费文化

消费文化指的是在一定经济社会背景下，人们在消费活动中表现出的消费价值观、行为及消费环境的总和，其是社会文化在经济领域的重要表现形式，处在特定消费文化中的个体均会受到影响。消费文化会影响顾客的服务消费观念和方式，比如，中国是一个重视关系的社会，以社交为目的来消费服务产品已经成为普遍的消费心理。人际交往需要所体现的顾客个人价值对顾客消费具有较强的指导意义。尤其是在特别的服务行业中，如运动俱乐部、饭店和酒吧等，服务中体现的社交价值对顾客消费行为具有重要影响。由此，服务企业在服务流程设计时可以着重考虑社交价值需要，为顾客提供某种环境或服务流程以增进顾客间的沟通和交流，满足顾客人际交往需要。

（2）社会阶层

社会阶层指的是具有相同或类似地位的社会成员组成的相对持久的群体，即社会按一种或多种因素判定的一个人相对于他人所处的地位。不同社会阶层的顾客所选择的服务会有所差异，且服务性支出会随着社会地位的上升而增加。不同社会群体的消费方式体现了一种社会结构关系，反映了群体在社会结构中的位置。社会阶层不同，其服务消费也会不同。比如，上层顾客经济实力较下层的顾客会有优势，他们通常对服务消费会有很高的要求，品质和服务上乘的商店经常会是他们的选择。而下层顾客通常对价格比较敏感，对于一些类似于旅游、看电影的娱乐消费会比较节制。

（3）参照群体

在消费者行为学中，参照群体指的是顾客在其消费行为意向中可参考、对比和借鉴的个人或群体。参照群体自身所具备的对顾客的影响力，可以影响顾客的价值观、日常选择以及顾客的最终行为意向，其所具有的影响力不是单纯产生的突发情况，而是遍布在顾客的日常生活中较为明显的现象。参照群体是依托于顾客个体与被参照对象之间的对比与参考来发生作用的。顾客选择对比的群体，可以真实存在，也可存在幻想之中，可以是常见的，也可以是特殊的。比如每个顾客都有自己的"社交圈"，社交圈可以反映参照群体的行为，顾客会选择购买与"生活圈"里的人大致相仿的服务，也就是说，在服务消费中，顾客可能会因其参照群体的影响而增强对服务方面的消费。

4.2　服务消费行为的基本阶段

顾客主要通过人际沟通和服务口碑来获取有关服务的信息，判断服务质量的高低。顾客在服务信息搜集环节所采取的行为不同于产品信息搜集。因为服务的无形性以及服务行为易受人、服务场所等环境因素影响，所以顾客对服务购买方案的评价要难于产品。

考虑到服务的特性，以及顾客与服务提供者之间的互动，可以将服务购买过程缩减为三个阶段，分别是消费前阶段、消费阶段和服务消费评价阶段。

4.2.1　消费前阶段

顾客在获得服务之前发生的所有行为属于消费前阶段。顾客首先感知到自己对某种商品或服务产生了需求，随后，顾客便会寻求某种途径去解决问题。在选择的时候，顾客的抉择一般要经历以下四个阶段。

1. 刺激

刺激是引发消费者考虑购买的行为，分为内部刺激和外部刺激。内部刺激多由人的生理、心理因素所驱动，如饥饿、干渴到了一定强度就会刺激人们消费餐饮服务。外部刺激如广告、人员推销和销售促进等，可让顾客知晓某种特定的服务，引发顾客的兴趣，使顾客形成明显的需求确认。刺激在顾客购买服务时作用会更偏，因为一般服务供应商都是独立的商人，既没有经验，也没有资金做广告。如很多理发店很少或几乎不在电视上做广告，仅仅有一些较大的连锁理发店，才会在一些时尚和流行杂志上做广告，而这些广告的覆盖率有限，所以相对于商品，服务的外部刺激物一般较少。

2. 问题确认

顾客在受到购买刺激后，就会进入到问题确认阶段，检查自己是否确实存在对产品或服务的需要。顾客认识到自己有某种需要时，是其决策过程的开始，这种需要可能是由内在的生理活动引起的，也可能是受到外界的某种刺激引起的。如果消费者既无短缺也无需要，那么决策流程就会终止，在这一阶段上，购买实体产品和购买服务产品是一样的。顾客无论购买什么产品，都是源于自己短缺或需求这种产品或服务。

3. 信息搜寻

服务产品信息的收集有利于消费者进行理性的决策。一般来说，顾客可以从四个渠道获得信息：第一，个人来源，如家庭、朋友、邻居和熟人；第二，商业来源，如广告、销售人员、经销商网站、包装和展览；第三，公共来源，如大众传媒、消费者评审组织和网络搜索；第四，经验来源，如对产品的操作、检查和使用。对于实体商品来说，信息来源比较多,因为实体商品本来就是搜寻特性高的商品。而对于服务产品来说,信息就不那么容易收集了。由于服务供应商品一般是经验特性和信任特性高的商品,顾客不去亲身体验,仅通过相关群体的影响,一般很难明确服务提供的水平是否能够满足自己的需求。同时由于在购买服务产品之前,顾客很难明确其特性,而选择其替代品的难度相对于实体商品而言更大,顾客感知的风险也更大。因此,口碑宣传成为顾客获取信息的重要来源。

4. 方案评价

这一阶段将根据产品或服务的属性、利益和价值组合,形成各种购买方案,并确认购买态度。一旦收集到来自内部和外部的信息,顾客就会得出几个可供选择的方案,消费者可能仅仅根据直观的想法来选择方案,也可能采用更为复杂的系统评价方法确定决策方案。对于一些习惯性的服务消费行为,顾客会根据直观的想法来选择方案。而对于一些专业性的服务消费行为,如医疗、法律等,消费者一般会采用更加复杂的评价方法,如根据服务提供者的技能和对其专业性的信任来确定方案。

4.2.2 消费阶段

与实体商品消费不同,服务产品的消费和生产是同时进行的。顾客进行商品消费时是独立的,基本不受营销人员和其他顾客的直接影响。而顾客在进行服务消费时,与服务供应商和其他顾客之间是一个互动的流程,并且顾客会根据互动流程中得到的经历或体验来对服务质量进行评价。因为服务是一种体验,所以在服务的消费阶段,顾客和服务员工的感情和心情对服务质量的影响很大。如顾客本身处于一种轻松愉悦的状态,同时又看到服务设施和服务环境整洁,员工服务态度热情,那么顾客在进入服务场所时首先就会对该服务机构产生良好的感情,其会处于一种轻松、愉快的氛围中,会对该次服务体验产生积极的态度。相反,如果顾客心情沮丧,同时该服务机构的服务设施和服务环境很差,服务人员态度冷淡,即使该服务机构提供的服务产品较好,顾客也会对该次服务体验产生偏见。因此,服务营销人员要注意到顾客和服务员工的情绪,并且应该尽力使这些人的情绪向积极的方向发展。

另外,由于服务是无形的和非标准化的,顾客在服务产品的消费时会产生较大的风险感知。这就要求服务供应商尽量通过标准化服务环境和服务设施、服务人员行为等方法或控制服务前的服务承诺等方法来减少顾客的风险感知,提高顾客的满意度。服务承诺是服务供应商许诺提供给消费者的服务标准。正如第二章所述,服务承诺的形式有两种:明示的服务承诺和暗示的服务承诺。明示的服务承诺是服务供应商通过广告等媒介发表的有关服务的正式声明,暗示的服务承诺是服务供应商通过一些因素如商店和饭店的外观传达的服务质量的信号。一般来说,如果顾客实际感受的服务质量低于服务供应商传达的服务承诺,顾客不会满意;如果顾客实际感受的服务质量高于服务承诺,顾客往往会非常满意。因此,服务的供应商不要作出无法兑现的承诺,以防止顾客产生较高的服务期望。

4.2.3 服务消费评价阶段

在这个阶段中，顾客往往从多个方面反思自己的购买行为是否正确，进而产生满意或者不满意的心理状态。顾客对服务的满意度不仅依赖于服务生产系统——接待人员、周围环境、其他顾客和内部组织系统，也依赖于服务生产与消费流程中这些因素的同步协调。在顾客结束服务消费后，心中初步形成了大致的评价结果，比如满意或不满意，从而会引发顾客的消费反应。如果顾客对于此次服务感到满意，那么其会对该服务偏向于正向的评价，进而为形成顾客忠诚度打下良好的基础，能够大大提升服务的效果。如果顾客对于服务表示不满，便会向服务人员或相关企业等进行抱怨，导致负面口碑的形成。也可能顾客不会采取上述措施，而是选择沉默，主动远离该服务企业，这样对企业来说是很不利的。一般来说，顾客的抱怨相较于顾客的沉默来的更有价值，因为抱怨其实也是一种反馈，允许企业对其服务质量进行改善，以重获顾客的信赖和支持。总而言之，顾客在消费后的这一阶段，会给与企业相对应的反馈，满意或不满意，企业都应虚心接受，坚持以顾客为导向，做好相关服务工作。

4.3 服务消费行为的主要理论

4.3.1 感知风险理论

感知风险由哈佛大学教授雷蒙德·鲍尔（Raymond Bauer）将其从心理学引入到顾客行为的研究之中。感知风险由结果和不确定性两个维度构成，结果是指顾客决策衍生结果的重要性或危险的级别，不确定性是指结果发生的客观可能性。例如在美容过程中，从不确定性看，顾客可能没有经历过美容手术，也不确定是否会取得成功；从结果来看，手术失败的后果可能会导致毁容。

感知风险理论认为，顾客在服务消费过程中会面临多种风险。感知风险一般有四种类型，即物质风险、财物风险、绩效风险和社会风险。物质风险指的是因为服务不得当导致顾客身体上受到的实质性的伤害，财物风险是指顾客自身因为财物决策的失误带来的金钱上的损失，绩效风险指的是现有服务无法像以前服务那样能够满足顾客的要求，社会风险则是指购买某些服务会导致顾客的社会角色或地位受到影响。

显而易见，在整个产品或服务的购买决策过程中，顾客都冒着不同种类、不同程度、不同性质的风险，因此，每位顾客都在有意识或无意识地规避或降低这种风险。且相较于有形产品，顾客在进行服务消费的过程中面临着更大的感知风险。为了减弱服务可能带来的风险，顾客可能会采取以下几种措施：

（1）注重收集外部信息。在顾客购买服务的决策过程中，当感知风险产生时，顾客都会有意识或无意识地努力获得有关服务的充分信息。同时，顾客可能会通过各种正式来源（广告、网站等）或非正式来源（亲朋好友的推荐或介绍等）来搜索服务的各项信息。也就是说，顾客在购买产品或服务的决策过程中，将通过不同方式、从多个角度、寻求各种策略以降低顾客的感知风险。基于顾客目的导向的基本假设（即利己主义原则），顾客可以通过不断寻求服务的外部线索来丰富、充实其对服务信息的了解，使得最后能够在较为全面的信息条件下做出更加理性的消费行为，以达到降低其购买过程中感知到的各项风险的目的。

（2）选择良好的服务品牌及其形象。为了减少服务的感知风险，顾客也会将企业的品牌形象作为决策的依据，因为良好的服务形象和品牌商誉可为顾客提供服务品质和质量保障，让顾客值得信赖。比如，海底捞向来是以优质的服务而为人所知，其细致、贴心地为顾客着想的服务宗旨能够获得顾客们的好感，这样一来就大大降低了其对于海底捞的风险感知。所以，良好的品牌形象也是顾客减少购买服务风险感知的有效策略之一。

（3）关注顾客的口碑和意见领袖。在顾客购买服务之前，会询问周围一些亲戚朋友等的意见来降低感知到的风险，因为那些购买过该服务的朋友的口碑更令他们信赖。相较于网上的在线评论，顾客可能会持中立态度，因为现在普遍存在一些不良商家刷评论的现象发生。在当今大数据时代下，KOL（key opinion leader），即关键意见领袖，对顾客的影响越来越大。他们大多是某个领域的专家，通过小红书、抖音、推特等平台生产自己的专业内容，吸引许多粉丝的关注，直接或间接影响粉丝的消费行为。关键意见领袖的意见或建议为顾客的购买决策提供了信心保证，减少了顾客在服务消费上的顾虑。

4.3.2　控制理论

"控制"是一个心理学上的概念，指的是顾客已经无须为基本的生理上的需求而担心，追求对周围环境的控制成为了其驱动自身行为的动力。如果说一个顾客对于自己的消费行为毫无控制，那么他们的需求就不会得到满足。而这种观点的基本假设是顾客对可感知情境的控制水平越高，对服务的满意度也就越高。在服务过程中，如果顾客觉得对服务接触的进程控制权越大，他们对服务的满意度也就越高。

控制理论认为，个体在行动中的控制包括行为控制和感知控制两个层面。行为控制表现为一种对实际发生结果的控制能力。感知控制是指顾客在购买服务过程中自己对周围环境的控制能力的认知、了解的心理状态，它可以看作是综合了某个人的服务感受的整体性指标。

在服务消费领域，行动控制对于服务企业及其相关服务人员和顾客都是非常重要的。对于服务型的企业来说，如果对服务人员的控制过于强烈，可能会导致服务人员丢失了自主思考和创新的能力，顾客的个性化需求也就得不到满足；对于服务人员来说，同样，过大的控制能力不仅会引起顾客的反感，服务效果也会减弱。对于顾客来说，如果企业或服务人员的控制能力过强，就会导致顾客的抱怨，因为顾客会感觉到不公平，而且失去了在服务体验上的话语权和反馈，从而致使企业和顾客之间不能建立良好的关系。

事实上，感知上的、认识上的控制也是非常重要的。当顾客感受到是处于他们的控制之中时，或者至少可以预见所发生的结果时，也就能达到行为控制的同样效果。如社区居民停水，物业公司应该提前告知居民停水的原因以及等待的时间，这会使居民感觉服务仍在自己的控制范围之内，以避免居民的不满。因此，设计和管理服务接触中的控制感十分重要，尤其是认知的控制感。为了强化顾客拥有的控制权，并知道即将发生事情的感觉，在服务过程中可以向顾客传达信息的价值。例如，酒店宾馆等向顾客提供客房送餐和"请勿打扰"牌的服务，使顾客觉得能控制服务人员的行为。

本章小结

　　服务消费市场潜力巨大，在消费结构中占比逐年上升，呈现多元化的增长趋势。产品特性不同，使服务产品呈现高度的搜寻特性、经验特性和信任特性。由于服务消费行为具有独特性，企业更需要关注影响服务消费行为的个人因素和社会因素。另外，消费者购买服务的过程可以分为三个阶段：购买前阶段、消费阶段和购后评价阶段。感知风险理论和控制理论能帮助企业更好地为消费者提供服务。

核心概念

　　自我概念：对自我的看法，或对"我是谁"的理解。

　　信任特性：顾客在购买和消费之后也无法评价的产品特性。

　　社会阶层：具有相同或类似地位的社会成员组成的相对持久的群体。

　　参照群体：顾客在其消费行为意向中可参考、比对和借鉴的个人或群体。

　　感知风险：由结果和不确定性两个维度构成，结果是指消费者决策衍生结果的重要性或危险的级别，不确定性是指结果发生的客观可能性。

　　社会风险：购买某些服务会导致顾客的社会角色或地位受到影响。

复习思考题

　　1. 什么是服务消费行为？有何特征？

　　2. 举例说明消费者购买服务的过程是怎样的。

　　3. 影响消费者购买服务的因素有哪些？

本章案例

海底捞：仅有服务是不够的

思考题：

　　1. 顾客的服务消费行为有何特点？你对海底捞的服务营销有何评价？

　　2. 你认为海底捞的服务出现了什么问题？该如何满足顾客的需求呢？

即测即练

参考文献

[1] 熊丽. 挖掘"幸福产业"服务消费需求[N]. 经济日报，2021-07-29（6）.

[2] 张颖熙，徐紫嫣. 新经济下中国服务消费升级：特征与机制研究[J]. 财经问题研究，2021（06）：30-38.

[3] 第一财经商业数据中心. 2019 年中国互联网消费生态大数据报告——寻找消费的下一个增长点[EB/OL]. www.dx2025.com/archives/21553.html，2019.

[4] 来有为，霍景东，王敏，尤越. 疫情后我国服务消费的发展趋势及促进消费回补的政策建议[J]. 发展研究，2020（05）：30-40.

[5] 江静. 中国城镇居民消费性服务支出的影响因素分析[J]. 北京工商大学学报（社会科学版），2014，29（02）：24-31.

[6] 杨碧云，张凌霜，易行健. 家庭服务性消费支出的决定因素——基于中国城镇住户调查数据的实证检验[J]. 财贸经济，2014（06）：122-136.

[7] 张颖熙，夏杰长. 以服务消费引领消费结构升级：国际经验与中国选择[J]. 北京工商大学学报（社会科学版），2017，32（6）：104-112.

[8] 卢泰宏，周懿瑾. 消费者行为学[M]. 第 2 版. 北京：中国人民大学出版社，2015.

[9] Benjamin D. Zablocki, Rosabeth M. Kanter. The differentiation of lifestyles[J]. Annual Review of Sociology, 1976, 8(2): 269-298.

[10] 李艺，赵红. 中国文化背景下服务消费顾客个人价值偏好探析[C]. Intelligent Information Technology Application Association.Proceedings of 2011 AASRI Conference on Artificial Intelligence and Industry Application (AASRI-AIIA 2011 V1). Intelligent Information Technology Application Association：智能信息技术应用学会，2011：356-359.

[11] 郭毛毛. 网络参照群体对消费者购买意愿的影响研究[D]. 湘潭大学，2020.

[12] 王永贵，姚山季. 消费者行为学[M]. 第 2 版. 北京：高等教育出版社，2021.

[13] 李巍. 服务营销管理：聚焦服务价值[M]. 机械工业出版社，2019.

[14] BAUER R A. Consumer behavior as risk takinG Dynamic marketing for a changing world[M]. Chicago: American Marketing Association, 1960.

[15] 王永贵. 服务营销[M]. 北京：清华大学出版社，2019.

[16] [美]菲利普·科特勒，凯文·莱恩·凯勒.营销管理（全球版第 14 版）[M]. 王永贵、于洪彦、陈荣、张红霞、徐岚，译. 北京：中国人民大学出版社，2012.

第 5 章

服务营销战略

本章学习目标

1. 了解服务导向以及服务价值主张的内涵；
2. 了解服务营销战略的内涵；
3. 了解服务市场的细分，对其有一个全面、清晰的认知；
4. 了解目标服务市场选择；
5. 熟悉和掌握服务市场的定位策略。

引导案例

天津银行智能化网点服务营销管理紧跟智能化潮流

天津银行智能化网点在服务营销管理的做法值得同行借鉴：在营销方式和手段上，针对银行网点的营销方式不够多元和营销手段陈旧的问题，对银行卡重点激活促活，做好定向客群的挖掘和营销，分析挖掘客户需求，开展精准营销。选定在天津银行价值低的长尾客户群，并借助外部数据广度和分析能力，筛选出可挖掘高净值客户，开展"精准营销"。借助人工智能，强化资产配置利用大数据+人工智能为用户提供自动化的资产配置建议。通过分析建模，更加准确地判断、划分客户的综合风险等级，提供投资产品定制化的组合推荐等功能，在降低风险的同时实现客户收益的最大化。天津银行将广告、促销、公关、包装、AI 设计、网点标识，将宣传涵盖到服务营销的方方面面，使企业能够统一的传播资讯传达给消费者。天津银行结合地域特色向消费者传达是渤海之滨的海鸥领航精神。在海鸥引航文化框架下，设计 E 天津银行品牌体系，初步提出了天津银行品牌命名、logo、推广口号等要素的设计方案，为形成 E 天津银行品牌价值、提升品牌凝聚力和扩散力打下基础。加强自主创新，推出线上自营消费贷款产品。借鉴先进互联网公司线上贷款成功经验，建立审批模型进行独立风控，正式推出首款自主开发的自营类个人小额消费贷款线上产品。此举开创了天行线上自营消费贷款业务新局面，为自营类线上贷款产品的研发设计提供了参考，打破传统业务模式，实现 7×24 小时金融服务，提升了线上获客能力。截至 2018 年 12 月，个人线上贷款累计发放 1 795.17 亿元，贷款余额 726.38 亿元，比年初增长 713.51 亿元，余额客户数 2 031 万户，加权平均收益率 8.92%，不良贷款率 0.04%。

天津银行顺应移动互联网快速发展态势，积极利用移动区块链技术、加快服务升级、提升客户体验，致力于打造"安全、实用、易用、好用"的手机银行，全面实施手机银行升级项目。将微信银行、手机银行、网上银行、智能化网点等资源整合成为个人客户和小微企业服务的微营产品，可在线时时开通电子账户。2019 年天津银行取得了一系列骄人的成绩：获区域性商行最佳手机银行功能奖，新官网正式上线，移动互联网电子对账系统上线。

针对增值服务，该银行在现有储户行为数据的基础上，对客户重新进行细致的分析，构建以数据为驱动、以模型为核心的产品营销模式。该产品营销模式的建立，将有效改变以往粗放化的营销模式，满足营销人员对客户的交叉分析需求，实现真正意义上以客户为中心的营销管理运作方式，切实提高客户认可度和信任感。"把初级产品竞争提升为客户体验差别，是未来价值增长的持续动力"是体验经济的核心。体验经济使客户在接受产品、享受服务过程中获得好的体验，能激活其他需求，从而实现更多消费。

资料来源：赵秉臣. 天津银行智能化网点服务营销管理研究[D]. 天津工业大学，2019.

5.1 服务导向、服务价值主张与服务营销战略

在当今激烈的竞争时代，任何企业都需求建立明确的服务导向，提出独特的价值主张，并且将独特的价值主张落到实处，以获得目标顾客的认可。

5.1.1 服务导向

1. 服务导向的内涵

霍根（Hogan）最先提出了"服务导向"的概念，他将服务导向定义为服务人员对顾客需求的关注程度，表现为礼貌待客、乐于助人、易于合作等个性特征。[1]之后，关于服务导向的研究逐渐深入，研究背景从服务业延伸到制造业，研究内容从员工层扩展到组织层和战略层，其内涵和外延不断丰富，对企业发展和员工成长的积极作用也日益明确。

服务导向（service orientation）是在制造业服务化背景下出现的企业经营理念，一般而言，服务导向是指企业及其员工把顾客的利益放在首位，通过优质服务来满足顾客的需要，发展企业与顾客之间的合作关系。在服务导向的企业战略（以下简称服务导向战略）实践中，往往要涉及服务供应商及其内部能力、优质资源、技术质量、价值工程、地理区域、定价、专利技术以及来自声誉和形象方面的差异化等因素。从"产品导向"到"服务导向"的转变往往伴随着企业经营模式的深刻变革，在这个过程中，企业在"服务导向"理念的驱动下对发展战略、组织结构、企业文化和员工行为等进行优化和调整，

---

① HOGAN, J., HOGAN, R., &BUSCH, C.M. How to measure service orientation[J]. Journal of Applied Psychology, 1984, 69(1), 167-173.

逐步构建"以服务为中心"的商业模式。[①]

2. 服务导向战略与产品导向战略的区别

服务具有无形性、流程性和顾客参与性。表 5-1 归纳了产品导向战略与服务导向战略的最基本的不同，由此可知，制造业企业的标准化概念不适用于服务环境中。例如，为使需求与供给相匹配，产品导向企业战略主要通过库存控制来进行管理，而服务导向企业战略则需要通过行为的改变来进行管理。服务企业与制造企业管理的另一种差异在于其成本和定价管理：制造企业主要基于有形产品来定价，而服务企业则往往基于顾客感知价值来定价。

尽管服务导向正变得越来越重要，但在实践中，由于缺乏服务导向战略的具体指导，大多数服务企业仍然采用制造企业的产品战略。

表 5-1 产品导向与服务导向的战略比较

战略概念	对企业产生的影响	
	产品导向	服务导向
标准化	提供统一标准	消费者不同，无法统一标准
成本和定价	建立在物质产品上	建立在对价值的理解上
生产率	可以度量	不能度量
需求和供给匹配	通过库存的管理	主要通过行为的变化来管理
规模经济	实现单位成本的永久性下降	实现单位成本的临时性下降
经验曲线	通过累积的生产减少单位成本	提高质量和价值
增长/规模/份额	直接影响获利能力	间接影响公司形象
退出新产品/服务的风险	由于采用市场测验，风险较低	由于依赖顾客信任，风险较高
进入壁垒	建立在产品、技术之上	建立在人力资本、顾客基础和网络之上
变革的实行	需要相对较少的人员	需要广泛的一致性和奉献精神

资料来源：BETH G. CHUNG. A service market segmentation approach to strategic human resource management, Journal of Quality Management[J], 2001, 6(2), 117-138.

5.1.2 服务价值主张

在竞争日益激烈的服务市场，服务型企业分析顾客价值、锁定顾客价值并据此提炼出独特的服务价值主张，具有十分重要的意义。

1. 服务价值主张的内涵

价值主张一直是商业模式的首要构成要素，因此，在战略中占据极为重要的地位，很多学者从战略视角对价值主张展开了研究。切斯布洛（Chesbrough）和罗森布鲁姆（Rosenbloom）认为价值主张是企业对顾客的问题与需求进行解读，据此提供产品服务

[①] 赵晓煜，孙梦迪. 制造企业的多层次服务导向对服务创新和服务价值的影响[J]. 技术经济，2020，39(01)：43-51.

和解决方案。顾客价值主张能够很好地解释顾客为什么选择从该企业购买产品，体现的是企业所提供的产品与其竞争对手之间的差别。约翰逊（Johnson）和克里斯滕森（Christensen）认为价值主张是一个组织或者企业帮助顾客完成重要任务的过程，可以从三个方面去理解，企业帮助哪些顾客完成任务，需要协助解决的任务是什么，企业能提供怎样的实际帮助。巴恩斯（Barnes）等认为对价值主张的界定和理解要站在顾客的视角，实行价值主张的企业并非是为了向顾客展示和阐述企业战略和实力，而是为了促进和加强顾客与企业之间的互动，顾客通过使用企业所生产的产品或提供的服务获取价值，同时在互动交流的过程中产生更加具体清晰的价值感知。

在价值主张定义的基础上，服务价值主张（service value proposition）是指在既定价格条件下，服务型企业帮助顾客有效地解决某个重要问题，或者满足某类关键需求所要实现的诉求和完成的任务。

扩展阅读 5-1　顺丰的服务价值主张

企业需要精心提炼独特的价值主张，应该明确哪些特征和利益的独特组合是向其目标市场提供的，价值主张是包含质量、价格、服务、传递、设计、功能和保证等的综合体。顾客服务价值主张是一种对顾客在与服务企业交易过程中所获得的富有吸引力的、值得信赖的、有特色的利益的一种清晰表述。尽管强势的服务价值主张有助于对顾客产生激励和鼓励作用，但它却超越了功能诉求和情感诉求本身。

2. 服务价值主张的层次

服务的价值主张把焦点从产品导向的信息转向顾客导向的信息，即企业所提供利益和表述。能够准确地描述企业所提供的服务，往往是促进企业成长的有效方式之一。因此，企业需要使其独特的产品与服务信息凸现出来，具体的实现方式就是提炼和传播独特的服务价值主张。通常，服务价值主张由三个层次组成：价值描述、验证点和传播描述。

（1）价值描述

价值描述是关于企业目标顾客需要和企业意图提供何种关键利益的一种清晰表达。旨在表述"企业的核心服务价值是什么"和"企业提供的服务能满足顾客什么需求"。

（2）验证点

提供清晰而简洁的价值描述往往只是"钩子上的诱饵"。价值描述还必须激发顾客对"什么是企业能够提供的"这一期望的深入探索，即作为价值描述本身，并不足以赢得"未来顾客的心"，企业必须提供充足的证据来支持这种描述。服务价值的验证点就是企业提供用来支撑价值描述，并力争把这种描述落到实处的证据。它本质上是可以识别和观察的有形证据，如专业性的证书和认证、高质量的服务设施及服务场景、企业的资源和许可证等。

（3）传播描述

企业必须展现自己的能力，现有的顾客才能够对企业实践形成充分的理解，进而把企业推荐给朋友、顾客和同事。在服务价值主张中，一般包括三个或四个关于如何给顾客带来价值的传播描述。传播描述与验证点的区别在于，前者强调和突出企业的服务交付，并为未来的顾客关系设定期望。

以上三个要素相辅相成，共同决定了企业的价值主张。传播描述与价值描述、验证点密切相结合，能准确反映顾客、员工和服务企业三者合作的体验。提炼独特的服务价值主张，有助于提高服务营销的效率。

5.1.3 服务营销战略

服务营销战略（STP）是服务战略中的核心战略，它是指企业为了谋求长期的生存和发展，根据外部环境和内部条件的变化，对企业所作的具有长期性、全局性的服务计划与谋略，是企业在组织目标、资源及各种环境机会之间建立与保持一种可行的适应性服务的管理过程，包含服务导向、服务观念、服务开发等一系列营销策略。

服务营销战略是提供一系列以发展顾客关系主导的服务战略，其核心内容是如何在经营中融入更多的服务，从而增加对顾客的附加价值。服务营销战略具有多样性和不易模仿性等特点，尤其是对于卖方市场和饱和市场而言，更是如此。服务能力越强，市场差别化就越容易实现，也就越容易保持稳固的顾客关系。同时，服务营销战略是长期的根本性战略，既不像价格战一样会有碍于整个行业的发展，也不像形象战略那样只在一时奏效。

服务营销战略是营销学的方法论战略。服务市场营销战略需要确定企业服务对象、服务领域、服务内容、服务方式等，它包括服务市场细分（segmentation）、目标市场选择（targeting）、服务市场（或品牌）定位（positioning）等重要内容。其中，市场细分是基础，市场定位是灵魂。

5.2 服务市场细分

5.2.1 服务市场细分的概念及条件

1. 服务市场细分的概念

市场细分的概念是 20 世纪 50 年代中期由美国市场营销学家温德尔·史密斯（Wendell R.Smith）提出来的，是买方市场环境下顾客需求导向的一种现代营销新观念。

市场细分是一个将异质市场划分为若干个同质市场的过程，服务市场细分就是通过一个或数个变量，将整体市场分为特定的细分服务市场，便于服务企业提供不同的服务和营销组合，以便有效地满足各个细分市场的顾客需求，从而塑造优势的服务品牌并提高顾客的忠诚度。

2. 有效服务市场细分的条件

服务市场细分的依据和方法有很多，但并非所有的市场细分都为企业带来益处。要实现细分市场对企业服务营销管理活动的积极效果，需要具备以下四个基本条件。

（1）可衡量性

可衡量性一方面是指顾客对服务的需求具有不同的偏好，对所提供的服务、价格、广告宣传等具有不同的反应，才值得对市场进行细分。相反，如果顾客对服务的需求差异不大，就不必费力去进行市场细分。另一方面，是指易于获取和衡量购买者的特征信息，否则也难以细分。在实践中，有许多顾客的特征是不易衡量的，因此，这些特征不适宜作为细分市场的标准。比如，对汽车购买者而言，很难衡量哪些属于经济动机，哪些属于社会地位动机等。一般而言，人口、地理、社会文化因素等是比较容易被衡量的。

（2）稳定性

有效的服务市场细分要求各细分市场的服务需求具有稳定性，主要表现在两个方面。一是时间的稳定性，指服务需求较少受到季节、时段等时间因素的影响。某些行业（如旅游业）的服务，更容易受到时间的影响，呈现需求的波动性或不规律性，从而给企业的经营带来负面效应。二是顾客的稳定性，指顾客群体的特定服务需求是比较有规律的，而不是偶发性的，产生服务需求的特定顾客群体是比较固定的，而不是随机的。

（3）赢利性

赢利性，指细分出来的市场，其容量或规模要大到足以使企业赢利。进行市场细分时，企业必须考虑细分市场上顾客的数量，以及他们的购买能力和购买产品的频率。如果细分市场的规模和容量过小，细分工作烦琐，企业成本耗费大，获利小，就不值得去细分。

（4）多样性

服务需求的多样性是市场细分的基本前提和基础。一方面，有效的服务市场细分要求整体市场存在多样化的服务需求。例如，酒店行业存在满足基本住宿需要的低端服务需求，也存在满足享受住宿需要的中高端服务需求，这些多样性的服务需求为经济型酒店、星级酒店等不同的酒店提供了各自的细分市场。另一方面，各细分市场内部的需求差异要明显小于细分市场之间的需求差异。这意味着，细分市场内部的需求一般能保持较高的相似度，否则这样的服务市场细分缺乏持续的有效性。例如，若经济型酒店的顾客具有比较类似的住宿服务需求，便没有必要再将顾客进行旅行、商务等市场细分。

总之，细分市场要恰当，才能使企业准确地选择目标市场，提高经济效益。

5.2.2　服务市场细分的依据

服务市场细分的依据大致体现在人口统计学和社会经济学、心理学、地理、顾客利益、服务要素等五个方面。服务市场细分方法如下。

1. 人口统计学和社会经济学细分

人口统计学的细分变量包括年龄、性别、家庭人数、生命周期等。社会经济学细分变量主要是指收入水平、教育程度、社会阶层和宗教种族等。这些人口变量和需求差异性之间存在着密切的因果关系。不同年龄、不同文化水平的顾客，会有不同的生活方式，因而对同一产品和服务产生不同的消费需求；而经济收入的不同，则会影响人们对某一产品和服务在质量、档次等方面的需求差异。在实际工作中，某些行业一直按照单一人

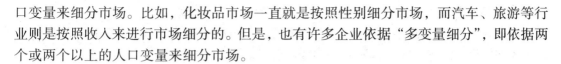

口变量来细分市场。比如，化妆品市场一直就是按照性别细分市场，而汽车、旅游等行业则是按照收入来进行市场细分的。但是，也有许多企业依据"多变量细分"，即依据两个或两个以上的人口变量来细分市场。

2. 心理学细分

在心理学细分中，根据顾客的生活方式或个性特点，将顾客划分为不同的群体。即使是在同一人口统计群体中的人也可能表现出差异极大的心理特征。因此，当用人口统计和社会经济学变量难以清楚划分出细分市场时，心理学变量就特别有用。

心理学细分是对有关生活方式特征、态度和个性三个方面的分析。为进行生活方式细分，企业可以用下面三个尺度来衡量顾客的生活方式：

①活动（activities），指顾客的工作、假期、娱乐、体育、购物、人际交往等活动。

②兴趣（interests），指顾客对家庭、食物、服装款式、传播媒介、事业成就等的兴趣。

③意见（opinions），指顾客对社会、政治、经济、产品、文化教育、环境保护等问题的意见。

企业可以通过市场调查研究，了解顾客的活动、兴趣、意见，据此划分具有不同生活方式的顾客群。

3. 地理细分

这是根据顾客所在的地理位置、地理环境等变量进行市场细分的方法。由于地理环境、自然气候、文化传统、风俗习惯和经济发展水平等因素的影响，同一地区人们的服务需求具有一定的相似性，而不同地区的人们又形成不同的服务消费习惯和偏好。例如，云贵川地区的人爱吃辣椒，而江浙沪等地区的人口味偏甜。

4. 顾客利益细分

顾客之所以购买某项服务是因为他们能够从中获得某种利益。因此，可以根据顾客在购买过程中对不同利益的追求进行市场细分。这种方法侧重于顾客对服务的反应，而不是服务本身。顾客往往由于各自有不同的购买动机，追求不同的利益，所以购买不同的服务和品牌。例如，有的顾客选择入住经济型酒店是出于求实购买动机，注重物美价廉，而有的顾客选择入住五星级酒店是因为享受动机，追求高端生活品质。因此，企业可以根据不同的顾客追求的不同利益来细分消费者市场。企业可根据自身资源状况，选择其中某一个追求某种利益的顾客群体为目标市场，设计和生产适合目标市场需要的服务，并且选择适当的社交媒体，把这种产品的信息传递给追求这种利益的消费者群体。

5. 服务要素细分

这是根据顾客对企业服务的反应进行细分。虽然从某种意义说来它可以归入利益细分，但是仍有单独论述的必要。利用服务要素进行细分时通常要考虑以下三个问题：

（1）是否存在拥有同种服务要求的顾客群体？

（2）企业能否使自己的产品差异化？

（3）是否所有的产品都需要同一水平的服务？

通过测定顾客对不同服务要素重要性的看法，供应商会更加有的放矢地为不同的细分市场提供最佳服务，满足购买者的愿望和要求。

5.2.3　服务市场细分的步骤

市场细分基本上包括四个步骤

（1）界定服务市场。服务市场的界定就是确定企业推广其服务产品所要寻找的顾客群体。在确定顾客群体时，企业必须明确自身的优势和劣势，并审核自身拥有的资源，然后，在服务产品线的宽度、顾客类型、地理范围以及企业所要涉入的价值链的环节等方面做出选择。成功的服务市场细分意味着企业能够在明确的服务细分市场，通过有针对性的服务设计与开发以及服务传递等活动，实现服务价值的创造与传递。

（2）明确细分变量。在确定了相关市场之后，企业必须甄别细分市场的各种标准或依据。事实上无论是产品市场还是服务市场细分，所依据的细分变量是类似的。可供企业选择的服务市场细分变量通常包括前面所提到的地理因素、心理因素、人口和社会经济因素、顾客利益、服务要素等。

（3）选择细分市场的最佳依据。建立最佳细分依据的第一步是先把各种潜在的、有用的标准都列出来。比如，一家金融服务公司在选择顾客时可以从以下几个方面考虑：地理位置、顾客实力、行业类型、购买经济、对服务的需求等。在列出这些标准之后，要对其重要性作进一步评估，选择出那些被认为是重要的标准。与此同时，要对那些重要的标准再进一步详细划分。在某些情况下，这种划分可能比较直接和显而易见，如年龄、性别和地理位置等，而对于那些心理因素则要进行较为深入的市场调查，以了解它们的特征和需求类型。

（4）数据分析，根据选定的细分变量把顾客划分为不同的类型。选定了最佳的市场细分变量后，可借助聚类分析技术，根据不同顾客对这个或这些细分变量的重要性的不同认识（或不同取值）进行分类，从而生成不同的细分市场。

5.3　目标服务市场选择

目标市场选择（market targeting）是指估计每个细分市场的吸引力程度，并选择进入一个或多个细分市场。企业选择的目标市场应是那些企业能在其中创造最大顾客价值并可持续的细分市场。资源有限的企业或许决定只服务于一个或多个特殊的细分市场，包括评估每个子市场的发展潜力，然后选择其中的一个或多个进入。

5.3.1　选择标准

服务型企业选择目标市场目的是为了在激烈的竞争中取胜，以便更好地服务顾客。因此企业应该谨慎选择合适的目标服务市场，建立起服务市场竞争中的优势地位。服务企业选择目标市场大致遵循如下标准。

1. 细分市场的规模和发展潜力

企业进入某一市场是期望能够有利可图，如果市场规模狭小或者趋于萎缩状态，企业进入后难以获得发展。此时，应审慎考虑，不宜轻易进入。当然，企业也不宜以市场吸引力作为唯一取舍，特别是应力求避免"多数谬误"，即与竞争企业遵循同一思维逻辑，将规模最大、吸引力最大的市场作为目标市场。大家共同争夺同一个顾客群的结果是造成过度竞争和社会资源的无端浪费，同时使顾客的一些本应得到满足的需求遭受冷落和忽视。现在国内很多企业动辄将城市尤其是大中城市作为其首选市场，而对小城镇和农村市场不屑一顾，很可能就步入误区。如果转换一下思维角度，一些经营尚不理想的企业说不定会出现"柳暗花明"的局面。

2. 细分市场结构的吸引力

细分市场可能具备理想的规模和发展特征，然而从赢利的观点来看，它未必有吸引力。波特认为有五种力量决定整个市场或其中任何一个细分市场的长期的内在吸引力。这五种力量为同行业竞争者、潜在竞争者、替代产品、购买者和供应商。

3. 细分市场获利水平

细分市场不但要具备理想的规模和增长率，还有要理想的获利水平。细分市场的竞争状况、顾客的议价能力，将决定该细分市场的获利水平。不同的服务型企业具有不同的目标利润率，同一企业的不同发展阶段有不同的目标利润率。因此，任何服务企业在选择目标市场前都要确保一定的获利水平，否则难以在细分市场中生存与发展。

4. 企业目标和资源

某些细分市场虽然有较大吸引力，但是不能推动企业实现发展目标，甚至分散企业的精力，使之无法完成其主要目标，这样的市场应考虑放弃。此外，还应考虑企业的资源条件是否适合在某一细分市场经营。只有选择那些企业有条件进入、能充分发挥其资源优势的市场作为目标市场，企业才能长久获得盈利。

现代市场经济条件下，制造商品牌和经销商品牌之间经常展开激烈的竞争，也就是所谓的品牌战。一般来说，制造商品牌和经销商品牌之间的竞争，本质上是制造商与经销商之间实力的较量。在制造商具有良好的市场声誉，拥有较大市场份额的条件下，应多使用制造商品牌，无力经营自己品牌的经销商只能接受制造商品牌。相反，当经销商品牌在某一市场领域中拥有良好的品牌信誉及庞大的、完善的销售体系时，利用经销商品牌也是有利的。因此进行品牌使用决策时，要结合具体情况，充分考虑制造商与经销商的实力对比，以求客观的决策。

5.3.2 选择策略

不同的服务企业会根据企业目标和资源状况，以及市场环境等综合因素形成不同的目标市场选择方式。通常情况下，服务型企业进行目标市场的选择策略有以下几种（如图 5-1 所示）。

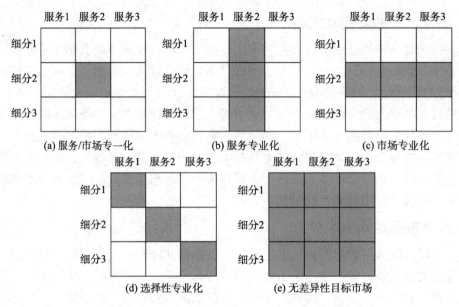

图 5-1　目标市场选择的基本策略

资料来源：李巍. 服务营销[M]. 机械工业出版社，2019.

1. 服务/市场专一化策略

服务/市场专一化，即服务型企业只针对某一特定的顾客群体提供一种服务，以取得在这一特定服务市场的竞争优势。这种目标市场选择的策略比较适合资源水平相对较低的中小型服务企业，或者是刚进入市场的创新型服务企业。

2. 服务专业化策略

服务专业化，即服务型企业面向不同类型的顾客群体提供某种服务，只是在档次、价格和质量等方面塑造差异。企业可以通过服务专业化策略建立在某种服务方面的较高声誉，并且有利于降低服务成本。但是，一旦出现替代服务的威胁时，这种策略对服务型企业的稳定发展会产生负面影响。

3. 市场专业化策略

市场专业化，即服务型企业向某一特定顾客群体提供系列化的服务组合，满足该类顾客群的多重服务需求。市场专业化策略可以帮助服务型企业在特定顾客群体中获得较高的市场影响力，建立在特定服务市场领域的竞争优势。一般说来，实力有限的中小企业多采用这种策略。

4. 选择性专业化策略

选择性专业化，即服务型企业有选择地进入几个不同的细分市场，为不同的顾客群体提供不同系列的服务组合。其中，每个选定的细分市场都需要具备一定吸引力，并且符合企业的经营目标和资源状况；各个细分市场之间很少或根本没有联系，但服务型企业能够在每个细分市场获利。选择性专业化策略有助于分散企业的经营风险，但对企业的资源及能力水平要求较高。

5. 无差异性目标市场策略

无差异性目标市场策略又称为整体市场策略，该策略是把整个市场作为一个大目标开展营销，企业全方位进入市场，用不同的服务组合满足各类顾客群体的服务需求。它们强调顾客的共同需要，忽视其差异性。采用这一策略的企业一般都是实力强大且处于市场领导地位的服务型企业。

5.4　服务市场定位

服务市场定位是指企业根据市场竞争状况和自身的资源条件，建立和发展差异化竞争优势，以使自己的服务产品在顾客心目中形成优于竞争产品的独特形象。

服务定位为服务差异化提供了机会，每家服务企业及其产品在顾客的心目中都占有一定的位置，形成特定的形象，进而影响其购买决定。定位可以不经计划而自发地随时间形成，也可以经规划纳入营销战略体系，针对目标市场而进行。后者的目的在于在顾客心目中创造有别于竞争者的差异化优势。

5.4.1　服务市场定位与产品市场定位的区别

服务是无形的，而不是有形的产品，这就意味着服务的市场定位有别于有形的产品的市场定位。其中的一个重要表现就是服务流程实际上也是一种服务产品。例如，航空实际上就是指航空运输，电影的实质就是娱乐服务，旅馆实际上就是指租用服务。由此可见，不少名词的使用在一定程度上使服务的基本属性变得模糊了。服务是一种流程，而不是简单的对象。作为流程，服务具有许多独特的特性，如无形性、易逝性、流程性，正是这些特性决定了传统营销在服务流程设计、服务流程修正或服务流程控制中失去优势。

5.4.2　服务市场定位的基本原则

服务企业市场定位的最终目的是提供差异化的产品或服务，使之区别和优于竞争对手的服务，不论这种差异化是实质性的、感觉上的，还是两者兼有的。每一种服务都使顾客感受到与众不同的特征。因此，企业进行市场定位时必须尽可能地使服务具有十分显著的特色，以最大限度地满足顾客的要求。为达到此目的，服务企业的市场定位必须遵循如下原则。

1. 差异化原则

差异化原则（the principle of differentiation）是指服务型企业在进行服务市场定位时，除遵循满足服务市场基本需求共性，如服务可靠性、价值性等，还应强调运用独特的资源和能力，满足个性化或定制化的服务市场需求，凸显与主要竞争对手在服务价值方面的独特性。服务市场定位的差异化原则主要包含两方面的内容：①企业可传递的差异化，即服务型企业选择的差异化内容，如高品质服务、定制化服务等，可以通过现有技术手段和营销活动有效地传递给目标顾客群体。②顾客可识别的差异化，即服务型企业选择的差异化内容，如高端服务、一对一服务等，能够通过各种场景设计等有形展示与主要竞争对手区别开，进而让目标顾客准确地感知和接受。差异化原则是服务型企业进行市场定位时需遵循的首要原则，它引领服务型企业服务市场定位的方向。

2. 顾客导向原则

以顾客为中心是市场营销活动的核心之一，因而在服务市场定位时必须坚持顾客导向原则。顾客导向原则（the principle of customer orientation）是指服务型企业必须坚持以目标顾客为中心，以顾客偏好及需求特征为基本出发点和最终落脚点进行服务市场定位。一方面，服务市场定位选择必须坚持以响应顾客需求，创造顾客价值为基本前提，聚焦于满足市场需求的服务价值选择；另一方面，服务市场定位必须以顾客心智为落脚点，即在目标顾客心目中形成区别于主要竞争对手的形象或印象。顾客导向原则是服务型企业进行服务市场定位的根本原则，它决定着服务市场定位的有效性。

3. 资源聚焦原则

市场资源绝对有限性与市场时空范围相对无限性之间的矛盾，要求服务型企业在进行服务市场定位时需要遵守资源聚焦原则。资源聚焦原则（the principle of resource focus）是指服务型企业在进行服务市场定位时，必须遵守"有所为、有所不为"的准则，将重要的市场资源运用到最为关键的竞争领域和最重要的目标市场，以使资源的市场价值最大化。资源聚焦原则对服务型企业有两点要求：①机会与资源有效匹配，即选择最能够为企业带来利益的目标市场和竞争区域进行资源投放，将市场机会与关键资源进行有效配置；②集中优势资源，即将优势资源集中投放到关键市场领域，创造核心价值，服务关键顾客群体，以获取差异化或相对竞争优势。资源聚焦原则是服务型企业进行服务市场定位的重要原则，它最终影响服务市场定位的操作性和持续性。对缺乏资源和能力的中小服务型企业而言，资源聚焦原则是其在竞争激烈的服务市场获取生存空间和发展潜力的重要法宝。

5.4.3 服务市场定位的层次

一个系统的服务市场定位一般包括四个层次：①服务行业定位，即把整个行业当作一个整体进行定位；②服务企业定位，把服务企业当作一个整体进行定位；③产品组合定位，把企业提供的一系列相关产品和服务进行定位；④个别定位，即定位某一特定的产品或服务。

1. 服务行业定位

任何企业的经营活动都在某个具体的行业中展开，因而必然会受到行业的影响。根据以波特为代表的竞争战略理论，一家企业的盈利能力与该企业所在行业的盈利水平和市场结构密切相关。因此，服务企业必须首先考虑其所处的行业在整个服务行业中的地位，这决定了企业所在行业的未来发展潜力，进而直接影响该企业未来的行业发展前景。

2. 服务企业定位

服务企业的定位与它的服务产品定位本质上是一致的，但两者处于不同的层次。服务企业应该首先为它们的服务产品进行定位，即服务于什么样的顾客，然后才能在公众心目中树立起良好的企业形象，形成自己固定的顾客群体。换句话说，服务企业定位往往高于服务产品定位，是在服务产品定位基础之上形成的，立足于更高层次，它对服务产品定位起着指导和强化作用。例如，顾客一想到联邦快递，立刻就会想到它所提供的高效邮递服务。因此，一旦服务企业定位获得成功，树立了良好的社会形象，那么企业的服务产品定位也会得到强化，并为企业带来长期效益。一般而言，服务企业可以根据其内部环境与外部环境确定以下几种企业定位。

（1）服务市场领导者

这类企业在行业中居于领导地位。它们既是市场竞争的领导者，也是其他竞争对手挑战、效仿或回避的对象，要力争通过扩大总需求、稳定市场份额等手段保持市场地位，如零售业中的沃尔玛、快餐业中的麦当劳、娱乐业中的迪士尼等。

（2）服务市场跟随者

这类企业在市场上居于次要地位，一时不能成为行业领导者却有挑战领导者地位的潜力，如零售业中的家乐福和麦德龙。根据其跟随领导者的程度可以分为紧密跟随者、距离跟随者和选择性跟随者三种定位。紧密跟随者往往在很大程度上效仿市场领导者的市场细分定位和组合营销手段，但同时避免与领导者产生直接冲突。距离跟随者往往在产品方面跟随市场领导者，如设计研发、价格定位等方面。选择性跟随者通常采取效仿与创新相结合的方式占取市场地位，采取择优效仿战略的跟随者有可能成为市场挑战者。

（3）服务市场挑战者

这类企业在同行业中虽然居于次要地位，但已具备发起与领导者的竞争并迅速后来居上的实力，如咖啡业中的瑞幸咖啡、快餐业中的真功夫等。

（4）服务市场补缺者

这类企业在服务市场中某些细分市场实行专业化经营，避免与重要企业发生正面冲突，仅为服务市场提供某些有效的专业化服务，成为市场补缺者或市场利基者。这种定位一般适用于那些实力较弱的中小企业。例如，依靠祖传手艺提供服务的小企业、小店铺，如首饰定制商、木艺服务等。

一般来说，企业在市场跟随者阶段，更多的是需要用销量带动品牌，在市场领导者阶段则更多的是需要用品牌带动销量，而市场挑战者阶段品牌和销量的关系并不明了，在这个阶段，企业注重销量而忽视品牌是放弃机会，而一味追求品牌而不顾销量则是舍本逐末。

3. 产品组合定位和个别定位

因为服务企业定位的目的是让无形和有形的产品给顾客留下深刻的印象，所以产品的各个要素都应当与企业定位相符合。

服务企业需要先定位它们的产品，然后才能在公众心目中树立起良好的企业形象。产品组合定位和个别定位就是将某个具体产品定位在顾客心目中，只要顾客产生了相关需求，就会自然而然联想到这种服务，达到先入为主的效应。服务企业进行产品组合定位时需要明确，企业主要为哪一部分消费群体服务，提供哪几类服务，提供什么档次、特色的服务等。

有两点需要明确：①服务市场定位的三个基本层次之间必须有清晰的相关性，并有内在的逻辑关联。②服务品牌既可以产生于产品组合层次，也可以产生于个别产品层次。

5.4.4　定位策略

从服务企业发展的视角，定位策略可以分为三类。

1. 迎头定位

即服务企业与强势的竞争对手"针锋相对"，以强对强。这种策略风险较大，但能激励企业时刻用较高的目标激励自己奋发向上。一旦成功，企业可以获得巨大的市场份额和竞争优势。

但采用这种策略的服务企业必须充分了解到自己的实力和潜力，做到知己知彼，服务企业必须关注以下三点：

（1）市场容量是否足以承载两大服务企业的服务供应；

（2）企业是否具有与其他竞争对手不同的服务特色；

（3）这种定位与本企业的资源、能力、战略目标是否匹配。

2. 避强定位

服务企业避开强大的竞争对手，转而去抢占竞争较为薄弱的市场。这种策略可以避免激烈的市场竞争，获得良好的市场回报，有利于企业巩固当前的市场地位，在市场上站稳脚跟，形成差异化竞争优势，给顾客留下深刻的印象，因此被企业广泛采用和认可。

避强定位的服务企业必须具备三个条件：

（1）服务企业要具备提供高质量特色服务的技术、人员条件；

（2）在低价进入市场的前提下，仍能实现最低限度的利润目标；

（3）通过宣传向市场传达本企业的服务"性价比"高于其他企业的信息。

3. 重新定位

企业根据市场变化的需要进行企业定位的改变或调整，包括产品、品牌、经营性质、领域等方面。当市场环境发生改变，企业原有的定位不能达到企业营销目标，需要发展新市场或满足企业的竞争新需求时，企业都需要重新进行市场定位。企业重新定位具有一定的风险，这要求企业在内部达成共识，重新获得顾客对企业定位的认可。

服务企业重新定位的前提：

（1）原来的定位不准确，服务产品或品牌的特点需要重新提炼；

（2）服务企业的环境如竞争对手、目标顾客群体发生了变化，需要进行定位调整；

（3）由于科技和经济的发展或进入了新的竞争领域，且找到了更有意义的新定位。

例如，宜家刚进入中国市场时是高档时尚的形象定位，然而随着中国家居市场的逐渐开放和发展，顾客在悄悄地发生着变化，那些既想要高格调又付不起高价格的年轻人也经常光顾宜家。这时，宜家没有坚持原有的高端定位，而是锁定那些工薪阶层，重新定位自己的目标顾客，并针对其消费能力对在中国销售的多种商品进行降价销售。宜家希望借此回到其在欧美取得极大成功的"家居便利店"定位，扭转其在中国市场销售量逐年递减的趋势。

本章小结

本章介绍了服务导向和服务价值主张的内涵，并且讲解了服务的特性和服务价值主张的三个层次。同时，本章还阐述了服务营销战略的内涵和内容，使学生对服务市场细分的定义、方法和细分步骤有了一个清晰、全面的认知。此外，还介绍了目标市场选择和服务企业需要遵循的标准，在此基础上进一步说明了选择策略。最后，将重点放在服务市场定位上，介绍了其内涵和三项基本原则，在此基础上提出服务市场定位的四个层次和定位策略。

核心概念

服务导向：在制造业服务化背景下出现的企业经营理念，一般而言，服务导向是指企业及其员工把顾客的利益放在首位，通过优质服务来满足顾客的需要，发展企业与顾客之间的合作关系。

服务价值主张：在既定价格条件下，服务型企业帮助顾客有效地解决某个重要问题，或者满足某类关键需求所要实现的诉求和完成的任务。

服务市场细分：通过一个或数个变量，将整体市场分为特定的细分服务市场，便于服务企业提供不同的服务和营销组合，以便有效地满足各个细分市场的顾客需求，从而塑造优势的服务品牌并提高顾客的忠诚度。

目标市场选择：估计每个细分市场的吸引力程度，并选择进入一个或多个细分市场。

市场专业化：服务型企业向某一特定顾客群体提供系列化的服务组合，满足该类顾客群体的多重服务需求。

服务市场定位：企业根据市场竞争状况和自身的资源条件，建立和发展差异化竞争优势，以使自己的服务产品在消费者心目中形成区别并优于竞争产品的独特形象。

复习思考题

1. 什么是服务导向和服务价值主张？
2. 什么是服务市场细分？有哪些步骤？
3. 举例说明服务市场的定位策略有哪些？

本章案例

生鲜产品服务营销

思考题：

1. 生鲜产品是如何进行产品定位的？你如何评价其定位策略？
2. 生鲜产品是如何进行市场细分的？你如何评价其细分策略？

即测即练

参考文献

[1] 赵秉臣. 天津银行智能化网点服务营销管理研究[D]. 天津工业大学，2019.

[2] 赵晓煜，孙梦迪. 制造企业的多层次服务导向对服务创新和服务价值的影响[J]. 技术经济，2020，39(01)：43-51.

[3] 赵一丹，李宇涵. 基于画布模型分析顺丰速运商业模式[J]. 现代商业，2021(23)：3-5.

[4] 王永贵. 服务营销[M]. 北京：北京师范大学出版社，2007.

[5] 方光罗. 市场营销学[M]. 大连：东北财经大学出版社，2001.

[6] 庞柏林. 社会主义市场经济概论[M]. 北京：科学出版社，2011.

[7] [美]菲利普·科特勒，凯文·莱恩·凯勒. 营销管理. 14版[M]. 王永贵、于洪彦、陈荣、张红霞、徐岚，译. 北京：中国人民大学出版社，2012.

[8] 王永贵. 服务营销[M]. 北京：清华大学出版社，2019.

[9] 李巍. 服务营销[M]. 北京：机械工业出版社，2019.

[10] 王永贵. 市场营销. 2版[M]. 北京：中国人民大学出版社，2021.

[11] 王永贵，马双. 客户关系管理. 2版[M]. 北京：清华大学出版社，2021.

[12] 安贺新. 服务营销实务[M]. 北京：清华大学出版社，2011.

[13] 赵一霖. 新冠疫情期间生鲜产品网络营销现状及对策研究[J]. 商展经济，2021(16)：33-35.

[14] 郑锐洪. 服务营销理论、方法与案例[M]. 北京：机械工业出版社，2019.

[15] 魏清晨. 目标市场细分理论综述及案例分析[J]. 现代商贸工业，2021，42(07)：36-37.

[16] HOGAN J, HOGAN R, BUSCHCM. How to measure service orientation[J]. Journal of Applied Psychology, 1984, 69(1): 167-173.

[17] BETH G CHUNG. A service market segmentation approach to strategic humanresource Management[J], Journal of Quality management, 2001, 6(2): 117-138.

[18] CHESBROUGH H, ROSENBLOOM RS. The role of the business model in capturing value from innovation: evidence from Xerox Corporation's technology spin-off companies[J]. Industrial and Corporate Change. 2002, 11(3): 539-555.

[19] JOHNSON MW, CHRISTENSENC, MSKAGERMANN, H. Reinvention your business model[J]. Harvard Business Review, 2008, 386(12): 50-59.

[20] BARNES C, BLAKE R, PINDER D. Creating & delivering your value proposition: managing customer experience for profit[M]. 2009. Kogan Page Publishers.

[21] PAUL CARRINGTON. Valupropositions: making your message stick[J], Money Management. 2007, 21(11): 15.

第三篇

设计服务价值

第 6 章

服务产品策略

◆ 本章学习目标

1. 掌握服务的无形性特征及其对服务营销活动的启示；
2. 掌握创造顾客期望的服务产品、顾客导向的服务标准、服务设计与创新的工具；
3. 把握服务产品生命周期的主要阶段和服务创新的类型及步骤。

◆ 引导案例

江西赣州：高科技打造红色旅游新体验

2021 年 5 月 28 日，赣州方特东方欲晓主题公园举行盛大开园仪式，标志着国内首座红色文化高科技主题公园正式开园迎客。赣州方特东方欲晓主题公园由华强方特集团与赣州市人民政府共同打造，园区占地近 40 万平方米，总投资 30 多亿元，以百余年来中华民族的奋斗征程为背景，采用现代高科技手段，以参与、互动、体验的形式，为广大游客带来了与众不同的"红色旅游新体验"。

"王朝印记""都会记忆""峥嵘岁月""激情岁月""天高云淡""欢乐港湾"等六大分属不同时代的主题区域，全景式展现中国近现代时期独具特色的社会风貌和人文风情。在大型室内有轨漂流项目"致远致远"体验区，游客们登上北洋水师名舰"致远"号运载船，亲历洋务兴起、致远归国、海战爆发、致远沉没等重大事件，领略近代以来中国人走向海洋的伟大历程，见证"致远"号从诞生到沉没的传奇一生，感受百年传承不灭的致远精神。4D Ride 项目"铁道游击"和大型室内项目"突围"在超前体验活动时就深受年轻游客青睐，不少游客慕名前来，入园后直奔项目一睹为快。逼真的战斗场面、极具互动性的游玩体验，让体验者尖叫不断、狂呼过瘾。游客们或跟随主人公潜入火车站，协助游击队员炸桥梁、夺物资，或穿越枪林弹雨，深入敌营，犹如亲历一场惊心动魄的小型战斗。可以容纳上千人的超大型立体巨幕影院"东方欲晓"以超大型立体巨幕配合全新的视听技术，生动展现了中国近现代以来，从农耕国家向工业化强国迈进的全过程。其中，珍贵的彩色高清版开国大典影像资料更是首次呈现在上千平方米的巨大荧幕上，让游客仿若亲临盛事，真切感受到穿越时空的震撼。

从刷着"十万工农下吉安"红军宣传标语的瑞金街,到设有"东商洋货"和"宝丽唱片行"的"十里洋场"上海街、京味十足的北平街、港风浓郁的香港街,逼真的时空穿越感让游客身临其境、流连忘返。"圆明园""巾帼""致远致远""东方欲晓》""岁月如歌""飞翔""铁道游击""突围"等众多老少皆宜的文化高科技主题项目成为广大游客的热门选择。

资料来源:根据"赣州方特东方欲晓盛大开园. 人民网,2021-05-28;王萍. 赣州方特东方欲晓盛大开园 高科技打造红色旅游新体验. 新华网.2021-05-28"编写.

在引导案例中,赣州方特通过精心设计,利用现代高科技创新红色旅游产品,打造国内首座红色文化高科技主题公园,加强了爱国主义和革命传统教育,给游客带来了红色旅游新体验。

由于顾客是从享用服务的过程中获得利益和满足的,因此开发、设计和创新服务产品成为服务营销决策的重要内容。

6.1　服务的无形性

从 20 世纪 60—70 年代服务营销研究的早期开始,众多学者对服务与产业用品或消费品等有形商品的异同进行了深入研究,并形成统一认识:无形性是服务和有形商品区分的本质特性。

6.1.1　服务无形性的内涵

服务的无形性是指服务是一种行为、活动或过程,而不是实物,所以人们不能像感觉有形商品那样看到、感觉到或触摸到服务。例如,资产配置服务是指理财规划师根据顾客的投资目标和对风险收益的要求,将顾客的资金在各种类型的资产上进行分配的,确定用于各种类型资产的资金比例的行为或过程。在资产配置服务中,无形的元素为顾客创造了主要价值,但这些元素顾客看不见、摸不到,即使在接受这个服务的过程中,顾客会看到或接触到某些有形的实体元素(如电脑、桌椅、工具等),但顾客与投理财规划师的交易商品是资产配置服务,离开了这项服务,顾客看到或接触到再多的有形元素也无法创造价值。

6.1.2　服务无形性的启示

由于服务的无形性和由此衍生的相连性、异质性、时间性等特征,给服务设计与创新带来了诸多启示。

1. 易于模仿,难以培育核心竞争力

无形的服务很难依法申请专利,因此新的服务概念可以轻易地被竞争对手模仿。如何通过服务设计与创新,形成独特、持久、难以轻易模仿的核心竞争力,是营销者们要重点克服的问题。

2. 难以展示，购买决策困难

顾客在购买有形商品时，如买一部手机，可以从外观、款式、品牌等方面判断产品的价值质量比；但在购买服务产品时，由于服务无法事先展示给顾客，顾客在购买之前对服务产品只有一个抽象的概念，难以评估其预期质量，往往需要更大的决心做出购买决策，购买风险也更大。服务设计与创新要尽量为顾客提供一个形象化、具体化、有形化的服务概念，并通过塑造服务品牌，强化顾客对服务的认知和偏好。

3. 人员参与并影响服务过程和结果

服务人员参与并影响服务的过程和结果，如医院的医生、学校的教师、旅游景点的导游等服务人员的技能和水平会直接影响顾客的服务体验。病人、学生、游客等顾客能否与服务人员有很好的互动效果，也会影响服务过程和结果。此外，其他顾客之间也会相互影响。服务设计与创新要重点设计并充分发挥服务场景里人员的作用，利用"关键时刻"，创造惊喜。

4. 服务质量不稳定，难以标准化

从服务的生产环节看，以法律服务为例，同一起法律纠纷，不同的律师诉讼能力会有差异，同一位律师，服务质量也会受到服务时间、情境等因素影响而出现差异。

从服务的消费环节看，仍以法律服务为例，没有两个案件一模一样。即使是同一顾客在消费同一服务时，对服务的感知也受服务时间、服务情境、其他顾客等影响而出现差异。上述这些都使得服务很难像有形产品一样做到稳定的质量，也很难用统一的质量标准来衡量。服务设计与创新要重点考虑如何制定具体明确的服务标准，如何提供个性化服务，如何注重顾客体验，如何打造特色品牌等问题。

6.2 服务设计与创新的工具

6.2.1 创造顾客期望的服务产品

作为服务营销组合的首个要素，服务产品是企业服务营销活动开展的基石。企业需要从起点思考创造什么样的服务产品才能使顾客满意。

按照服务质量差距模型理论，在某种意义上对服务产品的概念可以做出如下区分：一个是顾客所需要、期望得到的服务，另一个是顾客感知、体验到的服务。对顾客而言，只有提供符合他们期望的服务才是真正意义上的服务，所以服务企业必须精准洞察顾客需求，创造能真正实现顾客利益的服务，才能使顾客的感知服务和期望服务不出现方向上的偏差。

1. 服务包

克里斯廷·格罗鲁斯（Christian Gronroos）的服务包模型有助于我们更好地理解服务产品的概念。在服务包模型中，服务产品被认为是一个包裹，一个或有形或无形服务

的集合。基本的服务包由内而外包含三层，分别对应核心服务、便利性服务和支持性服务，如图6-1所示。

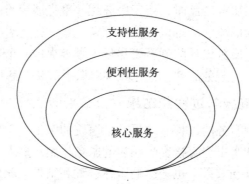

图 6-1　服务包的整体概念

资料来源：根据" [芬]克里斯廷·格罗鲁斯. 服务管理与营销：基于顾客关系的管理策略[M].
韩经纶，译. 电子工业出版社，2002.：124."编制

（1）核心服务

服务包的最里层为核心服务，体现服务企业所能满足的顾客利益，是该项服务的核心功能。如医院提供照护生命、诊治疾病的健康促进服务，红色旅游景区提供缅怀学习、参观游览的主题旅游服务。

（2）便利性服务

便利性服务是支撑核心服务实现的必要服务，如酒店的住宿登记服务。一家餐馆的便利性服务包括扫码点餐、取餐、账单支付等。

（3）支持性服务

支持性服务是增加服务的价值，体现个性化和竞争特色的服务，如航空公司提供空中传真、空中酒吧等，有助于创造顾客惊喜感、加深顾客体验感。

便利性服务是实现核心服务的必要服务，如若没有，顾客将不能顺利地享受到核心服务；支持性服务能够提升企业在市场上的竞争力，但并不是不可缺少的，如果没有，对顾客感知服务影响较小。同一项服务，对不同服务企业而言，所处的层次会有差异。例如机票购买服务，对航空公司而言是便利性服务，对酒店而言是支持性服务，但对于互联网订票机构而言却是核心服务。

2. 服务之花

克里斯托弗·H.洛夫洛克（Christopher H. Lovelock）对核心服务之外的附加服务进行了细分，他认为数十种不同的附加服务，基本可归类为八种，可进一步归为支撑性和增强性两大类（见表6-1）：支撑性附加服务，在服务传递或者使用核心产品时提供帮助，例如快递单号查询服务；增强性附加服务，能为顾客带来额外的价值或吸引力，例如酒店在住宿服务中提供的衣服熨烫服务。

八种附加服务像八个花瓣一样围绕核心服务的外围，被称为"服务之花"，如图6-2所示。

（1）信息服务

服务企业将有价值的信息及时、主动传递给顾客，包括服务时间、地点、价格、交通路线、销售/服务条件、预约确认、发票和收据、变更通知、账目明细等。顾客需要了解这些信息，尤其是首次消费和潜在顾客更需要准确、全面地获取这些信息，以降低感知风险，进而做出购买决策。

表6-1 为核心产品提供价值的支撑性服务与增强性服务

支撑性服务	增强性服务
• 信息服务	• 咨询服务
• 订单处理	• 接待服务
• 账单服务	• 保管服务
• 支付服务	• 额外服务

资料来源：克里斯托弗·H·洛夫洛克. 服务营销[M]. 韦福祥，等，译. 第8版. 北京：中国人民大学出版社，2018：93.

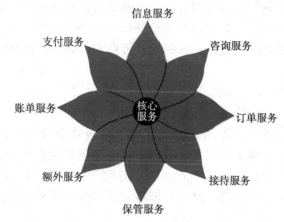

图6-2 服务之花：附加服务环绕的核心服务

资料来源：克里斯托弗·H.洛夫洛克（Christopher H. Lovelock）. 服务营销[M]. 韦福祥，等，译. 第8版. 北京：中国人民大学出版社，2018：93.

近年来，随着电视、互联网、手机等传播媒介广泛应用，在宣传网页或手册、员工告知、指示设施、书面资料等传统方式外，出现了很多新兴的信息服务方式。例如，深圳某医院引入5G技术的智慧医疗平台，患者在家通过手机就可以收到医院的检查报告，其支持传送文本、图片、音频、视频等信息。

（2）咨询服务

咨询服务就是通过与顾客交流，了解顾客需求，为其定制合适、个性化的解决方案，包括定制建议、专业咨询、产品使用引导/培训、管理或技术咨询等类型。咨询服务能够为顾客带来很有价值的附加服务，越来越多的服务企业日益重视该服务，尤其是一些技术性、专业性很强的服务行业，如医疗、法律咨询、策划设计等，咨询更有必要。例如在医疗服务方面，借助互联网技术，患者可利用智能医疗系统在线预约医生看诊、咨询病情，必要时医生向患者发起视频问诊，准确判断病情，开具处方建议。

（3）订单服务

订单服务就是对顾客的购买申请进行处理的过程，包括接受订单、信息登记、安排预定、订单状态跟踪等活动。订单服务是实现企业顾客服务目标最重要的影响因素。礼貌、快速、准确地完成订单服务，并对订单服务流程和时间不断地进行优化，可以有效缩短顾客购买时间，降低顾客购买成本，提高顾客满意度。

借助现代网络信息、人工智能等技术，可以使订单服务过程更为便利和快速。例如，RPA机器人被应用到服务业，通过邮件获取即时触发流程，使后续的订单检查、录入等流程可在无人值守的状态下自动开始运行，节省订单等待时间，并能实现订单系统中销售订单的获取、检查、录入的自动化应用。

（4）接待服务

无论是接待老顾客还是迎接新顾客都要始终保持热情、愉悦的状态，让顾客感受到很舒适、受重视的气氛。接待服务的质量影响顾客对核心服务的满意度，尤其是面对面接触时，服务人员的接待态度、言行举止都会对顾客体验带来影响。高接待意愿和高接待能力的员工会想到一些创新接待的方法，有效地帮助企业营造、维持高质量的接待氛围。例如，海底捞会为顾客提供舒适的等待环境，免费的饮料、零食，免费的美甲护手服务，照看小孩、宠物等接待服务，缓解了顾客在等位时的烦躁情绪。

（5）保管服务

当顾客在服务场所时，一般有随身携带的财物。他们一般不会另外找一个专门的场所保管这些物品，他们会希望企业能提供保管服务。企业可以为顾客提供的保管服务包括：提供停车场所/停车券、看管儿童/宠物/行李、随身物品的清洁/维修/保养、保管贵重物品（如电脑、手机、首饰）等服务。有些企业关注顾客的人身、财产安全，会通过及时介绍、实时提醒使顾客避免人身/财产损害。有些企业则通过在服务场所放置监控器、信号屏蔽设备，或提供密码加锁、匿名处理等方式，保护顾客的隐私安全。

（6）额外服务

额外服务是在服务传递过程之外的附加服务，主要包含顾客的一些特殊需求、解决问题、处理顾客抱怨/投诉和出现服务问题满足时的赔偿要求等。企业应该不断关注并重视顾客的额外服务需求，这样顾客在需要得到帮助的时候不会觉得企业冷漠，也能感受到企业对顾客的人文关怀和爱护。例如，主动微笑、搀扶老人、主动递茶水、爱心雨伞、免费体检等服务，在很大程度上可以提升顾客对企业的情感认同。

（7）账单服务

有偿的服务项目都会涉及账单服务。顾客在消费服务后，需要企业提供一份内容完整、明细清楚、金额无误的账单，详细记录顾客的消费情况、消费项目和消费金额。有问题的账单会使顾客心生不满，降低或改变之前的满意感。账单服务包括交易明细表、交易发票、对账单、自助账单等。很多企业尝试一些快速提供账单的方法，减少顾客排队等候的时间。例如，提前记录开具账单所需的详细信息，等服务结束后，顾客可以直接领取纸质账单或接收电子账单。税务系统APP的应用，使顾客在手机上即可查询全年税费缴纳账单。

（8）支付服务

支付服务是接受顾客付款的过程，包括提供支付方式、接收付款、确认付款信息、录入系统等活动。顾客可以选择不同的支付方式进行付款，如面对面现金支付和找零、POS机刷卡、会员卡扣款等。随着自助支付系统的广泛应用，扫码支付、指纹支付、刷脸支付、无感支付等方式极大简化了支付流程，被零售（商场、超市）、餐饮、住宿等生活性服务行业所采用，且呈高速增长态势。企业在不断改进支付系统，更便利地为顾客提供付款服务时,要特别注意务必选择相对完善的支付技术,最大程度地保障支付系统的安全性。

"服务之花"有助于企业在战略层面做服务整体统筹,帮助确认顾客感知质量的各个关键点,并采取措施组合优化,扬长避短,确立自己的竞争优势,从整体上提升服务质量,推动服务创新。

6.2.2 制定顾客导向的服务标准

顾客导向的服务标准是指服务企业按照顾客期望或需求而制定的服务标准。服务营销观念要求服务企业要从顾客出发,站在顾客的角度看待运营尺度和行为规范,精心挑选顾客看重的因素转化为相应的服务人员行为规范和准则,据此制定顾客导向的服务标准,提高服务效率和服务效果。

顾客对服务的目标取向有很多评价尺度,有些是可量化标准,比如"两周内予以答复"。有些无法直接观测或测量,比如"尊重顾客"。因此,需要对服务标准进行分类。

1. 硬性标准

硬性标准是指能够通过计数、计时或观测得到的标准。例如快递公司的"准时投递",可以通过计时判断是否能在承诺的日期完成,据此设立"当日下单当日投递"的硬性标准。从服务企业角度,硬性标准是为了解决满足顾客可信度需求而设立的可信度标准,按照承诺的日期准时完成服务。

在不同的服务细分市场,尤其涉及跨国、跨地区时,由于文化、习惯等差异,顾客对服务标准的可信度需求可能会有差异,那么服务提供者可以对已有硬性标准进行适当调整,做到入乡随俗。表 6-2 列出了部分服务企业设定的顾客导向的硬性标准。

表 6-2 顾客定义的硬性标准示例

服务企业/机构	顾客看重的因素	顾客定义的硬性标准
美团外卖	配送满意度	配送时间准时 骑手收到投诉次数 外卖包装无破损
中国移动通信服务	网络性能及体验	网络信号稳定、不卡 不用经常报修 数据传输准确无误、不丢失
顺丰快递	配送速度及服务	分拣系统的自动化程度 私人飞机拥有数 配送时送货上门
南方航空公司	便利性及安全系数	延误航班数 机队规模 机票退票和改期

资料来源:根据"罗琴. 餐饮外卖企业顾客满意度影响因素的研究——以美团外卖为例[J]. 商场现代化, 2016(28): 30-31.""赵柱华. 美团外卖服务质量提升研究[D]. 云南大学, 2018.""李康. 基于文本挖掘的快递服务业顾客满意度研究[D]. 合肥工业大学, 2020.""曾少震. 顺丰速运客户细分策略研究[D]. 云南财经大学, 2021.""张巍. 南方航空公司顾客满意度研究[D]. 湖南大学, 2011."等整理。

硬性标准要求企业建立评估反应性系统，能够确保在承诺日期内传递服务、及时处理投诉、最短时间接听回复等。硬性指标为内部员工管理提供了明确的要求，服务企业在对服务员工招聘、培训和绩效考核时需要严格准确地对照该项工作的硬性指标执行，以准确甄选、培养和选出优质的服务员工，确保评估反应系统的正常运营，不至于因服务员工的工作失误而使顾客丧失对企业反应性的可信度。另外，由于硬性指标精确地给出了顾客对该项服务的心理期望，服务员工在为顾客提供服务时，也有明确的目标取向。

2. 软性标准

有些标准无法通过计数、计时或通过核算得以观察或测量，只能将感知数据以文字的形式表述出来，我们称这种顾客定义的服务标准为软性标准。例如，顾客对外卖平台配备的骑手要求"仪表整洁，态度端正，礼貌热情"，这几个因素就难以通过计数、计时等得以量化，必须通过顾客与骑手接触交谈过后才能得到一个主观的感知判断。

软性标准在一些高接触性服务中尤为重要，表 6-3 列出了部分服务企业设定的顾客导向的软性标准。例如，表中中国移动客服中心的客服人员的行为具有很强的接触性和互动性，"尊重"的标准更多地是通过与顾客的交谈，得到顾客的认可和信任才得以实现。

表 6-3　顾客定义的软性标准示例

服务企业/机构	顾客看重的因素	顾客定义的软性标准
中国移动客服中心	尊重	耐心倾听，详细讲解，语气亲切
腾讯课堂	业务能力	素质过硬，沟通高效，服务优质
海底捞	热情	体贴细心，人文关怀，礼貌周到
平安好医生	可靠	关注顾客疾病需求，及时回复解惑

资料来源：根据"王子铭. 中国移动：客户为根服务为本[N]. 中国邮电报.2020-08-01. 曾锦明.""网易云课堂 vs 腾讯课堂.2020-08-26.""郝国强，黄颖佳."无差别"的社会空间：基于海底捞的消费文化研究[J]. 湖北民族大学学报（哲学社会科学版），2021，39(05): 31-39.""李昂昂. 平安好医生怎么了？未来的互联网医疗盈利模式如何发展？[EB/OL]. 健康界 2020-06-29."等资料整理。

从上述两种分类可以看出，硬性标准比软性标准更具有操作性，也更容易考核和判断。越来越多的服务企业已经在尝试将软性标准转换为硬性标准，给予顾客更精准的承诺，提升服务质量感知。表 6-4 展示了某物业管理中心将一些通过文字描述的标准改用计数、计时等的硬性指标，例如将维修的承诺日期界定为"接电话后 20 分钟内赶到现场，2 日内完成维修"，极大提高了顾客的可信度需求，同时也便于员工准确把握该项行为规范。

表 6-4　某物业管理中心服务软性标准向硬性标准转换示例

软 件 标 准	硬 件 标 准
做好维修工作	接电话后 20 分钟内赶到现场，2 日内完成维修
做好道路保洁工作	每日清扫 2 次，保洁时间不少于 4 小时，目视道路无垃圾、杂物，每 100 m 痰渍、烟头、纸屑平均不超过 5 个，无直径 2 cm 以上的石子；地面垃圾滞留时间不超过 1 小时
做好公共区域巡检工作	每两日巡视 1 次小区楼房单元门、楼梯间通道部位以及其他共用部位的门窗、玻璃、路灯等
做好电梯保养工作	每周不少于 1 次，进行电梯的清洁、润滑、修理、调整和测试

6.2.3　服务设计与创新的工具

1. 用户画像

用户画像（user persona），又称为人物志、用户角色、角色扮演，从"人物角色"概念发展而来，是与服务系统相关的一组虚拟的人物档案，是人格化的用户类型，用来代表某一类具有共同利益和特征的潜在顾客群。用户画像根据真实用户的性别、年龄、家庭状况、收入水平、职业、动机等社会属性、生活习惯和消费行为信息，高度提炼典型特征，抽象出标签化的用户模型，并描绘出来，形成与真实用户基本吻合的虚拟代表。

用户画像的内涵包含三个要素，即用户属性、用户特征、用户标签，通过对真实用户的特征提炼分类可以快速找到联系用户诉求与设计的方向，从而为用户设计更具针对性的服务。

绘制用户画像主要有两个流程，具体如下。

（1）获取用户数据，掌握关键信息

定性或定量方法都可以用来获取用户数据。集中在对目标用户的研究，尽可能多地获取用户数据，掌握影响用户行为的关键特征和信息。

（2）提炼归类信息，明晰用户画像

首先，对收集到的各种关键信息进行提炼总结。接下来，因目标用户的特征、行为和观点具有差异性，将相似或相关的用户归类到一起，区分出不同类型；最后，从每种类型中抽取典型的用户特征，赋予人口统计学要素和场景等信息描述，用户画像就形成了。

如图 6-3 所示，用户画像一般从三个角度进行描述：

①人物基本特征（年龄，性别、职业、家庭情况等）；

②人物心理特征（价值取向、态度、兴趣、生活方式等）；

③人物行为特征（动机、智力、情感等）。

人物角色：莉莉

专业技术人员

职业：英语老师

◆ **个性**：外向、热情

◆ **爱好**：阅读、音乐、运动

◆ **消费习惯**：网购、逛实体店，注重质量和价格

◆ **业余生活**：阅读英文读物，打羽毛球

◆ **居住环境**：租房3 000元/月

◆ **生活态度**：保持乐观、从容应对

◆ **人生格言**：Keep on going, never give up!

◆ **年龄**：31岁

◆ **居住地**：合肥

◆ **家庭**：未婚

◆ **收入**：10 000元/月

◆ **教育程度**：硕士

图 6-3　用户画像——虚拟的用户模型

扩展阅读 6-1 用户画像示例

如果服务的用户群比较复杂，可以对用户进行分类，每类代表性的用户创建一个用户画像。例如，抖音的用户群职业层跨度很大，用户需求差异也较大，这种情况下就可以按照职业分类划分用户角色，分类描述用户画像。

在大数据时代背景下，互联网络中到处充斥着用户信息，通过大数据挖掘技术可以抓取海量零散的用户消费行为信息，数据收集与分析将变得更加快捷、高效。但这一过程中，一定要注意遵守相关法律法规。

2. 服务触点

服务触点即服务接触点，贯穿于服务流程中的每一环节，是服务提供者与服务接受者之间面对面的互动关系，是服务对象（顾客、用户）和服务提供者（服务商）在行为上相互接触的地方。例如去银行办理业务，顾客会接触到服务系统中的大厅经理、柜台人员、ATM 机、座椅等人员、设施设备、信息等。服务体验的第一印象，往往由触点引发，不同用户的触点感知不同。

在每个服务触点，用户会通过视觉、听觉、触觉、味觉、嗅觉体验服务。服务触点可分为三种类型：物理触点、数字触点、人际触点。

（1）物理触点

物理触点是在接触服务过程中，顾客可感知到的一切元素，如标识、logo、桌椅、空间结构、色彩等。

（2）数字触点

数字触点是在接触服务过程中，顾客通过媒介宣传、网络（鼠标点击、触屏交互等）、口碑风评等接触到的元素。

（3）人际触点

人际触点是在接触服务过程中，顾客与服务人员有交互行为的感知点。

线上触点都是数字触点，例如，网络广告、手机广告、微博、邮件、促销信息等交互过程；线下触点，主要是物理触点和人际触点，例如热情的服务人员、周到的会员服务、丰富的促销活动等。

与线上触点相比，线下触点更为丰富——视觉、听觉、触觉、味觉、嗅觉。注重线下体验的触觉设计，非常有助于用户从理性消费转移到感性消费。用户看到赏心悦目的景物，听到悦耳的声音，闻到怡人的味道，消费的购买意愿慢慢就会发生偏离，交易的促成率也会大大提升。

服务设计是一个完整的链路系统。在这个链路上存在许多触点，这些触点也是服务环节的关键点。因此，设计具体可视的、可触摸、合适的流程是服务设计思维的核心。在很多情况下，服务触点也是用户痛点的集中点，可以为设计者提供服务改进的思路、方案和设想。

3. 用户体验地图

（1）用户体验地图的定义

用户体验地图（customer journey map），又被称为顾客旅程地图，是将整个服务过程按获知、接近、交互、离开四个进程步骤进行分解的方法，以精细、全面地表述触点交互过程中的顾客体验感受。用户体验地图从用户视角了解产品或服务流程，通过可视化流程图表的形式，可以完整呈现用户从接触服务的起点，一步一步完成服务体验，满足服务需求的过程。

（2）用户体验地图的作用

①站在用户的角度思考服务流程，可以更准确、合理地了解顾客真正的想法，避免从设计者和决策者的角度主观臆断用户需求。

②帮助设计者梳理所有用户行为和关键触点，精准找到用户痛点和机会点，发现服务存在的问题，改进服务，提升体验。

③用户体验地图需要引入团队共同完成。团队统一视角研究用户体验，更容易达成共识，且团队间沟通协作更利于价值共创。

（3）用户体验地图的流程

在服务的设计阶段，绘制用户体验地图前需要先构建用户画像。在服务的运营阶段，通常有构建好的用户画像，可以直接调用。通常情况下，用户体验地图主要包括六个流程，分别是用户期望和目标、用户行为、服务触点、用户满意度、痛点和机会点（见图6-4）。

①用户期望和目标。通过这个流程，可以明确用户在每个阶段体验服务的目标是什么，想要满足的需求是什么，解决用户想要什么的问题。

②用户行为。清楚地列出整项服务的每个行为，借助各种设备、媒介或方法研究用户行为，根据各种研究数据绘制行为路径。

③服务触点。发现并列出每个阶段的服务触点，尤其是关键触点。该步骤是描绘用户体验地图的关键。

④用户满意度。根据每一阶段的用户行为，记录当时用户的满意度水平，理解用户的想法和情绪。

⑤痛点。通过研究每个阶段的行为、想法和情绪，整理归纳哪些阶段的用户需求未被满足，背后的原因是什么，提出改进优化措施。

⑥机会点。痛点很多时候可以转换为机会点，通过问题的解决帮助用户实现价值，或者找到潜在的用户痛点，提前设计提升用户体验，都可以提高服务价值，提升用户体验，实现用户增长。

用户体验地图可以归纳为三个任务，如图6-5所示，分别是明确用户、用户行为和感受、痛点和机会点。

①明确用户。该任务主要解决两个问题：该服务的用户是什么样的？用户想要什么？

②用户行为和感受。该任务主要解决两个问题：用户做了什么？用户满意吗？

③痛点和机会点。该任务主要解决三个问题：用户有什么痛点？该怎么改进？有什么机会点？

用户体验地图通过将用户、服务提供者、利益相关方等都纳入模型，可以整体呈现服务的全貌，清楚显示每个关键触点的行为、想法、情绪，从而更容易发现可能存在的用户痛点，找出问题方和责任方，有针对性地提出改进优化措施。

用户体验地图在服务设计与改进方面的优势很明显，但整个模型构建过长，较为耗时、耗力，常用来分析服务的整体流程优化工作，或从全局视角寻找用户增长的机会点。用户体验地图目前已被广泛应用于医疗服务、旅游服务、住宿服务、金融服务、电子商务等领域，也是百度、腾讯等知名企业进行用户研究和服务设计所常用的工具（见图6-6）。

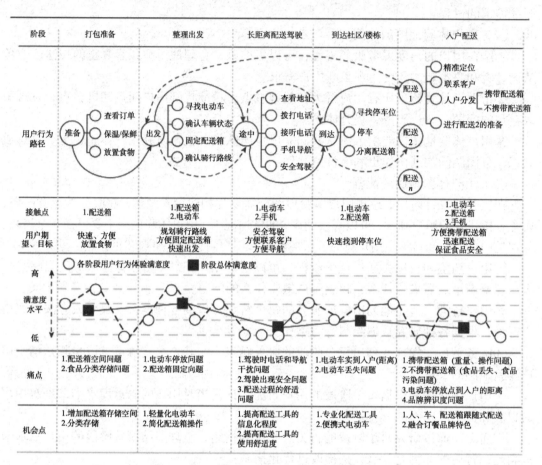

图 6-4　用户体验地图示例（外卖送餐服务）

资料来源：李晓英，黄楚，周大涛，孙淑娴. 基于用户体验地图的产品创新设计方法研究与应用[J].包装工程，2019，40(10)：152.

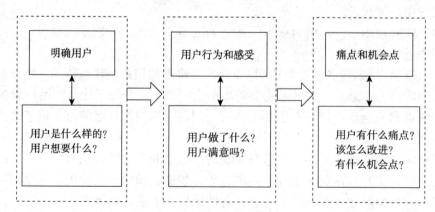

图 6-5　用户体验地图的任务

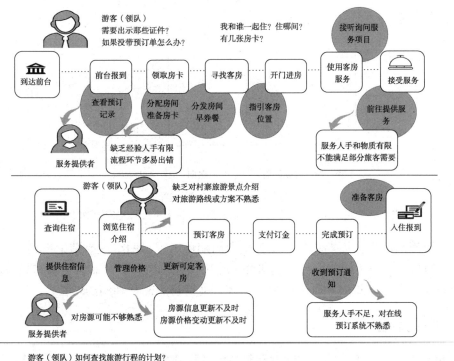

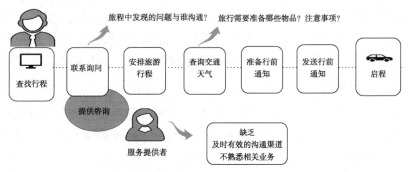

图 6-6 用户体验地图中的"痛点"和"问题点"（旅游服务）

资料来源：李四达. 交互与服务设计创新实践二十课[M]. 北京:清华大学出版社，2017：211.

腾讯用户体验部. 在你身边，为你设计：腾讯的用户体验设计之道[M]. 北京：电子工业出版社，2013.

6.3　服务产品生命周期

6.3.1　服务生命周期图

与有形产品类似，服务产品从进入市场、稳步增长到逐步被市场淘汰也存在市场生命周期，如 IP 电话卡等服务产品在市场上的发展历程也可分为引入、成长、成熟、衰退四个阶段，分析过程也与有形产品生命周期大致相同。图 6-7 显示了典型的服务产品生命周期，其中也包括生命周期的两个关键要素——销售额和利润额，以及在变化过程中两者之间的关系。

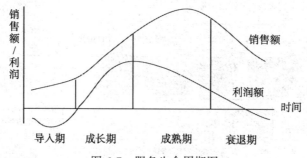

图 6-7　服务生命周期图

资料来源：郭国庆. 服务营销管理[M]. 北京：中国人民大学出版社，2021：123.

同有形产品的生命周期相似，服务生命周期可以得出两个主要结论：其一，生命周期的每个阶段，对应不同的服务营销策略，分析过程也与有形产品营销策略相似；其二，管理者必须开发或创新服务以持续吸引顾客，维持营业额和利润的增长。

6.3.2　服务创新

21 世纪至今，人工智能、物联网和等技术的飞速发展，顾客的需求多样化、快速化、碎片化特征更加明显，使服务产品生命周期呈现出更短、更快的演变趋势，加上无形的服务很难形成持续的核心竞争力，再成功的服务产品也很容易被竞争对手所模仿和超越。只有时刻保持危机意识，持续创新才能保持现有服务活力，延长服务的生命周期。

1. 服务创新的类型

按照服务创新的程度由大到小，服务企业开发创新的新服务服务创新的类型包括：全新型服务创新、替代型服务创新、扩展型服务创新、延伸型服务创新、改善型服务创新、新市场型服务创新。

（1）全新型服务创新

服务企业应用新的技术、新的原理开发出前所未有的服务新产品。如移动互联网和电子商务的出现，带来了如滴滴出行、美团、抢票软件、抖音等市场上从来没有出现的全新业态的服务产品。

（2）替代型服务创新

服务企业用新的服务手段或服务技术实现原有的服务内容，实现对原有服务内容的取代。如很多商家在结账服务中用支付宝、微信等取代传统的现金和刷卡结账服务，与原有服务相比，服务内容相同，但支付手段不同。

（3）扩展型服务创新

在原有服务的基础上开发不同种类的新服务，使服务范围向其他相关领域扩展，拓宽原有服务线的广度。如花店代售巧克力、酒店代买飞机票等。

（4）延伸型服务创新

在原有的服务线中开发新的服务项目，使原有的服务线长度得到延伸。如中小学校推出课后托管服务、餐馆推出新的菜系、航空公司增加新的航线等。

（5）改善型服务创新

对原有服务在服务程序、方式、手段、时间、地点、人员等要素进行改进，增加可接近性、便利性、安全性和可靠性等，提高服务的附加价值。如某医院引进新的手术设备，商场在密码支付的基础上增加指纹支付和刷脸支付方式，商场延长服务时间，高校通过进修、培训等形式提高教师的教学能力和水平。

（6）进入新市场型服务创新

原有服务进入其他市场吸引新的消费群体，被称为进入新市场型服务创新。例如，某奶茶店在大学校园内新开设一家分店，消费群体主要为该校师生，即是进入新市场型服务创新。

2. 服务创新的步骤

服务创新是一项策划活动，在流程上与开发有形新产品流程相似，不过鉴于服务本身的特性，新服务的开发步骤需要进行一定的调整。如图 6-8 所示，服务创新要经历服务概念构思、筛选、服务概念形成与测试、商业分析、新服务开发、市场试销、正式上市这七个步骤。

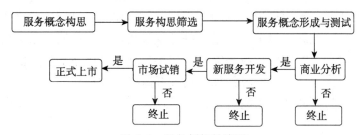

图 6-8　服务创新的流程

资料来源：黎开莉，魏锦. 服务市场营销[M]. 大连：东北财经大学出版社，2011.

（1）服务概念构思

提出新服务的基本轮廓和构想，例如能够为顾客创造、传递什么样的效用和顾客价值，形成完整的服务概念。顾客需求是创新服务的出发点，产生一个好的构思是新服务成功的关键。概念构思阶段除了要调查顾客获取灵感外，还要积极听取企业内部一线员工、营销主管等需要与顾客有直接接触的人员得想法和意见，还可以从竞争对手、科研机构、高校、其他企业等方面获取创意。

（2）服务构思筛选

运用科学的评价系统和方法对各种构思进行对比分析，选出最优的构思。筛选时需重点考虑企业的经营目标和开发实力两方面因素，通过筛选可以及时放弃没法实现的构思。比较常见的筛选过程如下：首先，确定构思的几个最重要的评价标准；其次，确定每个评价标准的相对重要程度，赋予权重；再次，比较每个构思在每个评价标准方面的优劣程度，进行打分；最后，根据加权求和的方法计算每个构思的综合得分，选出最优构思。

（3）服务概念形成与测试

将确定的构思进行详尽描述，形成具体、明确的服务概念，包括概念形成和概念测试两个步骤。概念形成阶段，从服务特征、服务流程、服务价格、服务价值等方面描述服务内涵。概念测试阶段，通过文字、图画描述服务概念，或者用实物将服务概念向目标顾客展示，以观察他们的反应。

（4）商业分析

商业分析包括新服务的需求分析、收益分析、成本分析和操作性分析。商业分析常用的分析方法有盈亏平衡法、投资回收期法、投资报酬率法等。如果商业分析认为可行，则新服务进入下一阶段；如果不可行，则终止该项新服务，从概念构思阶段重新开发。

（5）新服务开发

通过商业分析的新服务进入开发阶段，转化为在技术上和商业上可行的服务产品。企业在这一阶段要增加投资，招聘和培训人员，购买服务设施，建立沟通系统，建立和测试构成服务的有形要素，其中要特别注意服务的传递系统。服务开发成功就进入下一阶段，不成功则终止该项新服务，从概念构思阶段重新开发。

（6）市场试销

将新服务投放到小范围市场上进行试销，检验市场效果，再决定是否正式上市。由于服务的无形性特征，无法提供实体测试产品，更需要经过试销检验新服务的试用率和再购率，并分几种情况制定对策：如果市场呈现双高现象，表明新服务可以继续发展；如果出现双低现象，表明新服务应当终止；如果出现高试用率和低再购率，表明顾客不满意，必须重新设计或放弃该服务；如果出现低试用率和高再购率，表明新服务有发展前景，但需要找出阻碍顾客试用的因素，并予以解决。

（7）正式上市

新服务试销成功后，就可以全面向市场推广，进入服务生命周期的引入期。企业在该阶段要做好四个决策：①何时推出新服务；②何地推出新服务；③向谁推出新服务；④以什么方式推出新服务。企业要设计完善的营销整体方案，有计划地进行服务营销活动。

本章小结

无形性是服务和有形商品区分的本质特性，给服务营销活动带来了很多启示。只有提供符合顾客所需要、期望的服务产品才是真正意义上的服务产品。服务产品被认为是一个包裹，由内而外包含核心服务、便利性服务和支持性服务三层。围绕核心服务的附加服务又被分为支撑性和增强性两类，分别是信息服务、咨询服务、订单处理、接待服务、保管服务、额外服务、账单服务、支付服务，并被称为"服务之花"。制定顾客导向的服务标准是提高服务效率和效果的关键，分为硬性标准和软性标准。

服务设计与创新的工具与方法包括用户画像、服务触点、用户体验地图等。用户画像是人格化的用户类型，用来代表某一类具有共同利益和特征的潜在顾客群。服务设计是一个完整的链路系统。在这个链路上存在许多服务触点，这些触点是服务环节的关键点。在很多情况下，服务触点也是用户痛点的集中点，可以为设计者提供服务改进的思路、方案和设想。

用户体验地图能够快速准确地找到用户痛点和问题点，主要有六个流程，分别是用户期望和目标、用户行为、服务触点、用户满意度、痛点和机会点。用户体验地图可以归纳为明确用户、用户行为和感受、痛点和机会点三个任务。

服务创新的类型包括全新型服务创新、替代型服务创新、扩展型服务创新、延伸型服务创新、改善型服务创新、新市场型服务创新。服务创新要经历服务概念构思、服务构思筛选、服务概念形成与测试、商业分析、新服务开发、市场试销、正式上市这七个阶段或流程。

核心概念

服务无形性：服务是一种行为、活动或过程，而不是实物，不能像感觉有形商品那样被看到、感觉到或触摸到。

服务包：服务产品是一个"包裹"，一个或有形或无形服务的集合。

服务之花：八种附加服务，像八个花瓣一样围绕在核心服务的外围，被称为"服务之花"。

顾客导向的服务标准：服务企业按照顾客期望或需求而制定的服务标准。

用户画像：又称为人物志、用户角色、角色扮演、人物角色，是与服务系统相关的一组虚拟的人物档案，是人格化的用户类型，用来代表某一类具有共同利益和特征的潜在顾客群体。

服务触点：即服务接触点，贯穿于服务流程中的每一环节，是服务提供者与服务接受者之间面对面的互动关系，是服务对象（顾客）和服务提供者（服务商）在行为上相互接触的地方。

用户体验地图：将整个服务过程按获知、接近、交互、离开四个进程步骤进行分解，精细、全面地表述触点交互过程中的顾客体验感受。

服务产品生命周期：服务产品从进入市场、稳步增长到逐步被市场淘汰存在市场生命周期，发展历程可分为引入、成长、成熟、衰退四个阶段。

复习思考题

1. 简述服务包模型。
2. 简述"服务之花"。
3. 举例说明顾客导向的服务标准。
4. 什么是用户画像？
5. 服务触点有哪些类型？
6. 简述用户体验地图的主要流程。
7. 举例说明服务创新的类型。

本章案例

新零售：盒马鲜生的服务设计与创新

思考题：

1. 请运用服务包模型分析盒马鲜生的服务产品。

2. 盒马鲜生通过大数据收集用户需求的做法，对你有何启发？

3. 试从服务触点和用户体验地图的角度，分析盒马鲜生的服务设计有哪些痛点和问题点，该如何优化和改进。

即测即练

参考文献

[1]　瓦拉瑞尔·A.泽丝曼尔，玛丽·乔·比特纳等. 服务营销[M]. 张金成，等译. 北京：机械工业出版社，2021.

[2]　[芬]克里斯廷·格罗鲁斯. 服务管理与营销-基于顾客关系的管理策略[M]. 韩经纶等译. 电子工业出版社，2002.

[3]　约亨·沃，克里斯托弗·洛夫洛克. 服务营销[M]. 韦福祥，等译. 北京：中国人民大学出版社，2018.

[4]　克里斯托弗·H.洛夫洛克（Christopher H. Lovelock）. 服务营销[M]. 韦福祥，等译. 第8版. 北京：中国人民大学出版社，2018.

[5]　李克芳，聂元昆. 服务营销学[M]. 北京：机械工业出版社，2010.

[6]　王国胜. 服务设计与创新[M]. 北京：中国建筑工业出版社，2015.

[7]　JEAN Y K, SARAH C H. Addressing perinatal mental Health and opportunities for public health[J]. American Journal of Public Health, 2020, 110(6).

[8]　李四达. 交互与服务设计创新实践二十课[M]. 北京：清华大学出版社，2017.

[9]　李晓英，黄楚，周大涛，孙淑娴. 基于用户体验地图的产品创新设计方法研究与应用[J]. 包装工程，2019 40(10)：152.

[10]　韦伟，吴春茂. 用户体验地图、顾客旅程地图与服务蓝图比较研究[J]. 包装工程，2019，40(14)：218.

[11]　腾讯公司用户研究与体验设计部. 在你身边，为你设计：腾讯的用户体验设计之道[M]. 北京：电子工业出版社，2013.

[12]　郭国庆. 服务营销管理[M]. 北京：中国人民大学出版社，2021.

[13]　菲利普·科特勒，凯文·莱恩·凯勒. 营销管理. 14版[M]. 王永贵，等译. 北京：中国人民大学

出版社，2012.

[14]　黎开莉，魏锦. 服务市场营销[M]. 大连：东北财经大学出版社，2011.

[15]　郑锐洪. 服务营销理论、方法与案例[M]. 北京：机械工业出版社，2019.

[16]　[美]ALAN COOPER，等. About Face 3.0:z：交互设计精髓[M]. 刘松涛，等译. 北京：电子工业出版社，2008.

[17]　王永贵. 服务营销与管理[M]. 天津：南开大学出版社，2009.

第 7 章

服务场景策略

 本章学习目标

1. 了解服务有形展示和服务场景的概念；
2. 明确服务场景对顾客的影响；
3. 掌握服务场景的类型及功能；
4. 掌握服务场场景设计的步骤；
5. 理解"刺激—反应"模型。

引导案例

毕尔巴鄂市古根海姆博物馆

当古根海姆博物馆在西班牙北部城市毕尔巴鄂市建成时，它极大地提升了毕尔巴鄂市的文化品格，1997 年落成开幕后，它迅速成为欧洲最负盛名的建筑圣地与艺术殿堂。它奇美的造型、迷人的建筑风格立刻博得举世瞩目，被报界惊呼为"一个奇迹"，称它是"当代世界上最有意义、最美丽的博物馆"。

该博物馆由美国著名建筑师弗兰克·盖里设计，耗资 1 亿美元，占地 2.4 万平方米，陈列空间 1.1 万平方米。据说自古根海姆博物馆修建以来，毕尔巴鄂市的旅游收入增加了近 5 倍，而花在古根海姆博物馆上的投资 2 年之内就尽数收回。它将毕尔巴鄂这一城市推上了世界旅游目的地的重要位置。

在此之前，很多人并不了解毕尔巴鄂这一工业城市，只知道有一个造船厂及巨大的仓库，以及一条长年被周边工厂排放的废水充斥的河流。古根海姆博物馆的建成成为毕尔巴鄂整个城市更新计划中的重要一环。这个转变如今被人们形象地称为"毕尔巴鄂效应"，并且用来解释惊人的建筑艺术是如何帮助实现城市转型的。

古根海姆博物馆的设计中传递着一系列的信息。它呈船形，被周围的河流包围。博物馆在建材方面使用石灰岩、玻璃和钢，部分曲面还包覆钛合金。设计师将建筑表面处理成向各个方向弯曲的曲面，这样，随着日光入射角度的变化，建筑的表面都会产生不断变动的光影效果。

博物馆外立面覆盖着 3.3 万块钛金属片,在光照下熠熠发光,与波光鳞鳞的河水相映成趣。尽管建筑本身是个耗用了 5 000 吨钢材的庞然大物,但由于造型飘逸,色彩明快,丝毫不给人沉重感。临水一侧如同一艘船,隐喻着毕尔巴鄂璀璨的造船史。

通过博物馆巨大的金属圆顶天井,游客能够看到其他 19 个与走道、玻璃电梯、楼梯相连的画廊,这些画廊的外观设计能够暗示游客他们将在馆内看到什么。长方形的画廊墙壁由石灰石覆盖,馆内收藏着经典的艺术作品。还有一些特殊结构的画廊,其内部不设圆柱,目的是可以展示大幅的艺术作品。这些画廊的服务场景经过精心的设计,其本身就是一件艺术品。

并不是所有的服务场景都称得上是艺术品,但是毕尔巴鄂古根海姆博物馆名副其实,每位游客在此都将获得绝妙的经历。

7.1 服务有形化

7.1.1 服务有形化

顾客在购买服务时,能够看到的往往不是服务,而是服务设施、服务人员、信息资料、服务定价等,这些因素统统被称为服务的有形展示。企业借助有形的证据来展示了无形的服务,即无形服务的有形化。

1. 服务有形展示的概念

商品营销强调创造抽象的联系,而服务营销则将注意力集中于通过多种有形的线索来强调和区分服务。服务营销者通过对服务工具、设备、员工、信息资料、其他顾客、价目表等所有这些为顾客提供服务有形物的管理,增强顾客对服务的理解和认识,为顾客做出购买决策传递有关服务线索的信息。因此,了解服务有形化的类型和作用,加强对有形展示的管理,创造良好的服务环境具有重要战略意义。

所谓服务的有形展示是指在服务营销管理的范畴内,一切可传达服务特色及优点的有形组成部分。实践表明,较好的有形展示可以帮助顾客感知服务产品的特点,以及提高享用服务时所获得的利益,有助于建立服务产品和服务企业的形象,支持有关营销策略的推行;而较差的有形展示可能传达错误的信息给顾客,影响顾客对产品的期望和判断,进而破坏服务产品及企业的形象。

服务本身是无形的,它的不可感知性使顾客很难评价服务的质量,并且不利于建立服务企业的可识别性形象。借助于服务的有形展示,顾客就可以通过服务场景、价格、服务员工等有形物对服务产品形成合理的期望,为是否进行下一步的消费提供依据,降低了购买服务产品的风险,并有助于形成对服务产品的合理评价。服务企业通过有形化的展示可以使无形的服务更具体、更明确,从而刺激顾客的购买动机转化为消费行为。因此,与服务产品匹配的有形展示能够帮助服务企业更好地为顾客服务,树立良好的企业形象;反之,若有形展示的设计与所提供的服务不匹配,则会引导顾客对服务产品形成不合理的期望，从而留下不利于服务企业的印象和评价。

2. 有形展示的作用

顾客利用感官对有形物体的感知及由此获得的印象，将直接影响顾客对服务产品质量及服务企业形象的判断，进而影响到顾客的消费行为。有形展示作为服务产品组合开发的有机组成部分，能帮助顾客感知服务产品的质量和特点，为顾客选择服务产品提供评价依据，降低购买风险，从而促进顾客重复购买。

具体来说，有形展示在服务企业的营销活动中可以发挥以下作用。

1）有助于通过感官刺激，让顾客感受到服务给自己带来的利益

顾客购买行为理论强调，产品的外观能否满足顾客的感官需要将直接影响到顾客是否真正采取行动购买该产品。同样，顾客在购买服务时，也希望能从感官刺激中寻求到某种东西。因此，服务企业采用有形展示的实质是通过有形物体对顾客感官进行刺激，让顾客感受到无形的服务所能给自己带来的好处或利益，进而使其产生对服务的需求，做出购买决策。

2）有助于引导顾对服务产生合理的期望

顾客对服务是否满意，取决于服务带来的利益是否符合顾客的期望。可是，服务的不可感知性使顾客在使用服务前，很难对该服务做出正确的理解或描述，他们对该服务的功能及利益的期望也是非常模糊的，甚至是过高的。不合乎实际的期望又往往使他们错误地评价服务，即做出负面的评价，而运用有形展示可以让顾客在使用服务前能够具体地把握服务的特征与功能，较容易对服务产生合理的期望，避免因顾客期望过高、难以满足而造成负面影响。

3）有助于顾客对服务形成初步印象

有形展示效果的好坏将直接影响到顾客对服务产品的第一印象。经验丰富的顾客受有形展示的影响较少。但是，对于新顾客而言，在购买和享用某项服务产品之前，他们往往是根据第一印象对服务产品做出判断。

服务是无形的，而有形展示作为部分服务内涵的载体，是顾客获得第一印象的基础。服务企业应充分利用各种服务的有形性，使消费者形成良好的初步印象，增加其购买服务产品的信心。

4）帮助企业建立区别和推广服务

服务具有一般性，同类服务之间的差异很难被描述和感知，从而影响企业推广和顾客选择服务。但有形设施、人员仪表、服务标准和流程等是有明显且巨大的差别的，服务企业可据此形成服务区别和构筑竞争优势，进而吸引合适的顾客进行购买服务。

5）帮助消费者树立购买信心

服务消费属于体验消费和过程消费，服务质量难以评估，服务价值难以衡量，致使消费者购买风险较大，由此会限制顾客购买服务。而有形线索（如服务场所、配套设施、人员仪表、服务标准和流程、收费标准高低等）能够在一定程度上反应企业的服务质量，顾客依据有形线索选择服务企业或其服务类别能够在一定程度上降低购买风险，进而树立购买信心。

6）有助于提升顾客与服务人员的互动质量

服务缺乏搜寻特性，顾客不易认识、了解和识别服务，从而存在购买惰性。但服务环境、服务人员、服务设施、价目表等却是有形的，顾客可以依据这些有形的线索，搜寻服务企业和了解其所提供的服务，进而初步形成购买意图。

7）有助于提高顾客的服务感知质量

顾客不仅会根据服务人员的服务过程，也会根据各种有形展示的因素来评估服务质量。与服务过程相关的服务环境、服务设施、服务人员仪表穿着等有形性都会影响顾客感觉中的服务质量。因此服务企业应该根据目标市场的需要和整体营销策略的要求，强化对有形性的监督与管理，为顾客创造良好的消费环境。

8）有助于塑造服务企业的市场形象

服务有形性是服务的组成部分，也是最能具体地传达企业形象的工具，企业形象或服务的形象也属于服务的构成部分。形象的改变不仅是在原来形象的基础上加入一些新东西，而且要打破现有的观念，所以它极具挑战性。服务的无形性增加了这一挑战的难度。如果没有有形产品作为新设计的形象的中心载体，服务营销人员必须寻找其他有形因素作为代理媒介。而看得见、摸得着的有形性塑造的是活生生的企业形象，通过有形展示将质量表现在顾客可感知的载体中，增加了企业优质服务形象的可信度。

9）协助培训员工

服务营销理论区别于传统市场营销理论的一个重要方面在于承认"服务员工"也是企业顾客的事实。既然顾客难以了解服务的特征与优点，那么有理由假设服务员工作为企业的内部顾客也会遇到同样的难题。倘若服务员工尚未能完全了解企业所提供的服务，企业的营销管理人员又该如何保证他们所提供的服务符合规定的标准呢？因此，营销管理人员可以利用有形性突出服务的特征及优点，也可将同样的方法作为培训服务员工的手段。

3. 有形展示的类型

有形展示可以从不同的角度做不同的分类，不同类型的有形展示对顾客的心理及其判断服务产品质量的过程有不同程度的影响。

1）有形展示根据能否被顾客拥有，可分为边缘展示和核心展示两类

（1）边缘展示

边缘展示是指顾客在购买过程中能够实际拥有的展示。这类展示的价值较小。电影院的入场券，它只是一种观众接受服务的凭证；在宾馆里通常有旅游指南、住宿须知、服务指南以及笔、纸之类的边缘展示，这些都是企业核心服务的补充。

（2）核心展示

核心展示是指在购买服务的过程中不能被顾客所拥有，但却影响顾客购买决策的展示。核心展示比边缘展示更重要，因为在大多数情况下，只有这些核心展示符合顾客需求时，顾客才会做出购买决定。例如，银行的形象、宾馆的级别等，都是顾客在购买这些服务时首先要考虑的核心展示。因此，边缘展示与核心展示加上其他服务形象的要素，都会影响顾客对服务的看法与观点。当顾客判断某种服务的优劣时，尤其在使用或购买

前，主要依据的就是从环绕着服务的一些实际性线索、现场的陈设所表达出来的内容来判断。

2）根据有形展示的构成要素划分，有形展示可以分为环境展示、信息沟通展示和价格展示三类

（1）环境展示

环境展示主要包括周围因素、设计因素和社会因素。周围因素通常被顾客认为是构成服务产品内涵的必要组成部分，是指顾客可能不会立即意识到环境因素，如温度、湿度、声音和气味等；设计因素是刺激顾客视觉的环境因素，这类要素被用于改善服务产品的包装，使产品的功能更为明显和突出，以建立有形的、赏心悦目的产品形象；社会因素是指在服务场所内一切参与及影响服务产品生产的人，包括服务员工和其他在服务场所同时出现的各类人士。他们的言行举止皆可影响顾客对服务质量的期望与判断。

（2）信息沟通展示

信息沟通是另一种服务展示形式，这些来自服务企业本身以及其他引人注意的沟通信息通过多种媒体传播、展示服务。顾客的口头传播、企业标识、广告等，这些不同形式的信息沟通都传送了有关服务的线索，影响着企业的营销策略。服务企业总是通过强调现有服务展示并创造新的展示来有效地进行信息沟通管理，从而使服务和信息更具有形性。

（3）价格展示

与物质环境、信息沟通一样，价格也传递有关服务的信息。价格是服务营销组合中能产生收入的因素，价格之所以重要，是因为顾客把价格看成是服务产品信息和服务质量的一个线索。价格能培养顾客对产品的信心，但也会降低顾客对产品的信任。价格是对服务水平和质量的可见性展示，价格成为顾客判断服务水平和质量的一个依据，其高低直接影响着企业在顾客心目中的形象。

7.1.2　服务场景

1. 服务场景含义

"场景"一词最早源于影视作品中，指的是戏剧或电影中的场面。比特纳（Bitner）在 1992 年率先提出了"服务场景"这一概念，服务场景指服务企业为顾客提供服务的所有有形要素。

服务场景或服务环境在形成顾客期望、影响顾客经历和实现服务组织的差异化等方面，发挥着重要的作用。从吸引顾客，到保留顾客，再到提升顾客关系，在服务组织实现这一系列顾客关系目标的过程中，服务场景都有着深刻的影响。

服务场景曾被定义为服务所处的建构环境（built environment），这种定义及由此而形成的服务场景框架只是建立于"有形环境"这一个维度上。但因为处于建构环境中的人也同样塑造和影响着有形环境，所以社交环境（social environment）也应该包括在扩展的服务场景概念之中。比特纳（Bitner）在 2000 年把服务场景定义为服务经历、交易或事件所处的直接有形环境和社交环境。服务场景帮助形成顾客的经历，影响他们对服务的满

意度。在某些情况下，服务场景甚至成为顾客能否重复购买该企业的服务的决定因素。

2. 服务场景类型

由于服务生产和服务消费的性质不同，有形展示对顾客或员工的重要性也有差异，有些服务企业对某些具体要素有特殊的要求，有形展示对于其实组织目标有重要的意义，而对另外一些组织，有形展示意义可能不大。依据服务场景的用途和复杂性，对服务企业的类型进行了划分，利用这个要素可以识别出服务企业在场景管理方面的主要区别。

服务场景的有效分类有助于帮助顾客了解服务的特点和把握服务场景的复杂性，如表 7-1 所示。

表 7-1　基于服务场景的复杂性和用途的差异划分服务企业的类型

服务场景的用途	服务场景的复杂性	
	复杂的	精简的
自助服务（只有顾客自己）	高尔夫球场冲浪现场	ATM 机、大型购物中心的信息咨询处、互联网服务、快件递送
交互性服务（顾客与员工）	餐厅、健身中心、银行、航班、学校	干洗店、热狗摊、美发厅
远程服务（只有员工自己）	电话公司、保险公司、公共事业、众多的专业服务	电话邮购服务台、自助语音信息服务

资料来源：BITNER M J.Servicescapes: The impact of physical surroundings on customers and employees[J]. Journal of Marketing, 1992, 56(2): 57-71.

不同的企业在服务场景中实际影响的对象是不同的，即实际进入服务设施并受服务设施设计的潜在的影响，对于顾客、员工或是这两个群体兼而有之是有所不同的。表格中的第一列表明基于这一维度有三种类型的企业。

1）自助服务

在主要是自助服务的服务场景中，往往是顾客自己完成服务，即使有服务人员在场，服务人员也很少参与。服务企业设计服务场景时，能够专注于营销目标，如进行适当的市场细分，使设施能吸引顾客并便于使用。

2）远程服务

在此类型的服务中，顾客很少或根本没有进入服务场景中。比如，通信服务、金融咨询、公共服务等都是在顾客不能直接看到服务设施的情况下提供服务的。在这些远程服务中，服务设施的设计可以专注于员工的需要和爱好，其服务场所的构建应当以能够激励员工、提高生产率、加强团队合作、提高工作效率和实现他人的期望为目标。

3）交互性服务

交互性服务介于自助服务与远程服务之间，代表了顾客和服务人员都需要置身于服务场景中的情形。饭店、医院、银行等，都属于交互性服务场景。对于此类型的服务，服务场景的设计必须能够同时吸引、满足顾客和员工。

3. 服务场景的功能

服务场景在整个服务营销管理中起着贯穿始终的作用。顾客的服务期望、服务感知、服务标准、服务人员、服务承诺等都直接与服务场景有关。服务场景内的各个组成部分可被视为有形设施，在服务过程中具有以下四个方面的功能。

1）包装功能

与有形商品的包装相似，服务场景就是服务的"包装"，并以其外在形象向顾客传递其内部的信息。服务企业提供的服务是无形的、不容易被感知的，因此需要用场景对服务进行包装。设计服务产品的包装可树立某种特殊的形象，同时能引发某种特殊的视觉或情感上的反应，让顾客根据场景来感知和判断企业服务的质量，这有助于强化服务在顾客脑海中的印象，促进建立服务企业的形象。

2）使用功能

服务生产与消费的同步性及服务过程中顾客的参与性，需要顾客置身服务场景中，同时在场景中感知服务质量。让顾客通过使用服务场景来生产和消费服务，是服务场景的一个重要功能。这类似于有形产品包装的使用功能。如香水瓶子，它不仅仅是香水的包装，而且在使用香水时具有喷雾功能。服务场景也是存入服务的"瓶子"，不仅能包装和提示其中的服务，而且能在顾客享用服务时发挥各种功能。在顾客的自助服务中，服务场景的使用功能尤其明显。

3）交际功能

服务场景有助于员工和顾客之间的交流，对员工和顾客的关系起促进作用，并能帮助服务参与者传递所期望的作用、行为和关系。比如，现在银行的柜台越来越矮，有些银行的非现金服务甚至采取开放式的岛形设计，顾客和服务人员可以面对面地坐在沙发上交流，这种服务场景无疑拉近了顾客和服务人员之间的心理距离。又如，星巴克咖啡馆的服务场景设计越来越趋向定位于一种交际场所，顾客在这里进行交际活动，而不只是来匆匆喝一杯咖啡而已，为了鼓励这种类型的社会活动，星巴克的分店配备有舒适的长沙发以鼓励顾客停留更长的时间。

4）区分功能

服务场景能展示服务的特色，可以将一家企业与其竞争者区分开来，并表明该服务所指向的细分市场。许多服务特色可以通过服务环境的各个方面来体现。由于服务场景的差异，服务企业可通过有形环境的改变来吸引新顾客和新市场。在购物中心，室内装潢和使用的标志、颜色、播放的音乐等能表明其期望的细分市场。

服务场景的设计也可使同一服务场所中的一个区域区别于另一个区域。比如，剧院里按照提供的座位不同，收取的价格也有差异，愿意支付高价钱的顾客可以在完全不同的环境中体验服务。再如，在圣地亚哥有一家双蜗牛商场，该商场就是靠环境设计来体现特色的。该商场的建筑是连在一起的"两只蜗牛"，这样既科学又实用，顾客走进其中一个商场，不知不觉地从底层走到顶层，然后经由过道通向另一个蜗牛商场，又在不知不觉中从顶层走到底层。这样既免除了乘电梯的烦恼，满足顾客逛商场的心理需求，又能与其他商场区别开来。

服务场景的设计使用影响着各个局部和整体所表达出的形象，并直接影响到顾客的消费心理及行为。很多服务场景都需要对有形展示进行设计，以便更好地满足顾客和员工的需要。

7.2   顾客对服务环境的感知

有两个重要的模型可以帮助我们更好地了解顾客对服务环境的感知。第一个模型是莫拉比安–罗素的刺激—反应模型，它认为感觉是人们对许多环境刺激反应的核心；第二个模型是罗素的情感模型，它主要研究如何更好地理解那些情感，以及它们对反应行为的暗示。

7.2.1   莫拉比安–罗素的"刺激—反应"模型

莫拉比安–罗素的"刺激—反应"模型，它用于帮助解释环境对顾客行为的影响。该模型阐述了环境以及对其有意识或无意识的感知和解释都会影响人们对环境的感觉。同时，顾客的感觉又会反过来驱动他们对环境产生反应。感觉是这一模型的核心要素，它驱使人们产生后续行为。该模型由三个部分组成：一系列刺激物、一个有机体的组成部分，以及一系列反应或结果。

图 7-1   "刺激—反应"模型

资料来源：DONOVAN J,ROSSITER R. Store atmosphere:an environmental psychology approach[J]. Journal of Retailing，1980（58）：42.

可以将顾客和员工对一系列环境刺激物反应的特点描述为亲近行为和回避行为。顾客的亲近行为和回避行为及其结果可以用下列四种方式的任何结合体呈现：

①停留在（亲近）或离开（回避）服务设施中的愿望；

②进一步探索同服务环境相互作用（亲近）或倾向于忽视（回避）它的愿望；

③与别人交流（亲近）或忽视服务提供者与顾客交流的意图（回避）的愿望；

④对服务体验满意的情感（亲近）或失望的情感（回避）。

情感由感知过程和不同复杂程度的认知过程形成，认知过程越复杂，对情感的潜在影响就越大。例如，当顾客对服务水平感到失望或对餐厅的食品质量感到失望时，这种失望的感觉不能用简单的认知，如提供令人愉快的背景音乐进行弥补。但这并不是说这些简单的认知过程就不重要。事实上，大量的服务接触已成惯性行为。当人们从事一些惯性行为时，倾向于遵循服务行为脚本，例如乘坐公共汽车或火车、去银行等。很多时候，简单的认知过程决定人们在服务场景中的感知。

7.2.2   服务场景对顾客影响的整体框架

玛丽·比特纳于1992年开发了一个综合模型，提出了服务场景模型（如图7-2所示）。

通过这个模型可以更加全面细致地理解服务场景对顾客的影响模式。

该模型遵循"刺激—反应"理论，认为构成服务场景的多维环境要素是刺激，顾客和员工是对刺激做出反应的有机体，在该环境下产生的行为是反应，包括亲近或回避行为，员工和顾客对环境刺激的内部响应（认识、情感和生理）将决定其行为方式。

服务场景模型的一个重要的贡献是包含员工对服务环境的反应，员工在服务环境中的时间比顾客要长得多，考虑到如何提高一线员工的生产力以及他们所提供的服务质量水平。

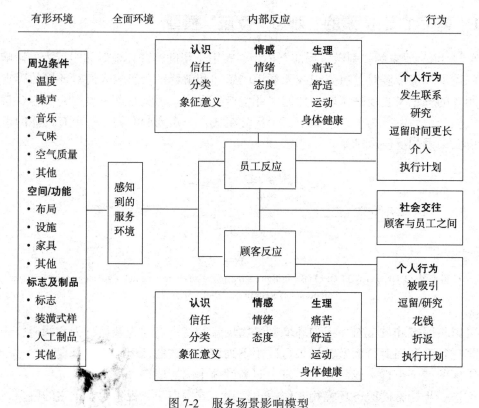

图 7-2　服务场景影响模型

资料来源：瓦拉瑞尔·A.泽丝曼尔，等. 服务营销[M]. 张鑫成，白长虹，译.
第 4 版. 北京：机械工业出版社.

服务场景的环境要素包括企业控制的、能够增加员工和顾客行为以及服务感知的所有要素。这些环境要素不是独立的，它们相互作用，共同影响顾客的感知，员工和顾客将会对这些要素做出反应。也就是说，人们所有感官的综合结果形成了对服务场景的感知。比特纳将大量服务场景划分为三类符合维度，分别是周围环境、空间布局与功能、符号和物品。

1）周围环境因素

周围环境因素是一个整体概念，包括环境的背景特点，是与人们的五种感官有关的环境，如温度、湿度、噪声、音乐、照明、颜色和香味等。即使没有被有意识地注意到，周围环境因素也会影响人们的情绪、感知、态度和行为。服务环境中成百上千的可设计因素和其他因素共同创造出一个理想的整体氛围，而氛围是一种感觉，由顾客自己感知和理解。所有这些因素都能无形影响着人们对某个特殊服务场景的感觉、想法和反应。顾客既可以单独感知周边环境中的某些因素，又可以从整体上感知整个环境氛围。好的环境设计会激发顾客做出服务人员及管理者所希望见到的行为反应。

2）空间布局与功能

空间布局是指服务设备、设施、家具陈设的摆放，它们的大小和形状以及它们之间的空间关系。功能是指这些设施方便顾客和员使用的能力。这两个维度决定了服务设施为顾客提供便利的服务，并使顾客产生友好购买的行为。对于自我服务的活动，设施设备使用的功能性和易用性对于顾客独立完成活动是非常重要的。环境的空间布局与功能对顾客非常重要，不仅影响顾客的情绪，而且会影响顾客的体验以及企业的服务效率。

3）符号和物品

符号和物品是指服务场景中用以传达某些清楚或含蓄的信息给使用者的有形要素，它在形成第一印象和宣传新服务概念时十分重要。当顾客对一种新的服务设施不熟悉时，会寻求环境的提示来帮助自己。顾客把环境当成企业服务能力以及服务提供者提供服务方式的一种暗示。当顾客在服务环境中不能获得清楚的标志时，就会迷失方向，这样就会导致顾客变得焦虑、烦躁和失望，同时产生不知如何进行及如何获得所需服务的不确定性。试想一下，如果你在陌生的购物中心、机场、动车站中着急前往某处，但是那里的通行标志和方向线索并不直观，此时你的感受会是怎样？

符号和物品包括服务场景内外部的标志，如标签、方向指示牌、行为规范告示牌、服务内容告知标志等，可以起到明显的信息交流作用。其他的环境象征和制品不像标志那样可以直接与服务使用者交流，但它能给服务使用者以某种暗示。比如建筑物外部的设计和内部的装潢材料、墙上的艺术作用等都能表现出象征的意义，并创造出整体的氛围印象。比如星巴克在陕西西安的大唐芙蓉店，整体披上了大唐建筑风的外衣，十分自然地化身为大唐芙蓉园的一部分。

扩展阅读 7-1 麦当劳设计不同服务场景来体现地区文化

7.3 服务场景设计与有形展示

服务场景设计对于企业来说尤为重要，但不能错误地认为只有环境设计或室内设计才是可供利用的、配合全套营销组合的有形展示策略。很多中小企业虽然认识到有形展示的战略性作用，却碍于缺乏资金改善环境设计，而视有形展示为一种奢侈的投资。事实上，有形展示除了环境与气氛因素以及设计因素之外，还有社交因素。社交因素包括服务员工的外观、行为、态度、谈吐及处理顾客要求的反应等，它们对企业服务质量乃至整个营销过程的影响不容忽视。

理想的服务场景设计不仅能给顾客带来良好的体验与感知，更能为企业带来意想不到的收获。设计理想的服务环境并非一件容易的事情，除了需要花费大量的资金外，一些不可控制的因素也会影响服务环境的设计。

7.3.1 服务场景的设计原则

服务场景的设计与行业特点有关，一般都要遵循以下基本原则。

1. 服务场景与环境要体现出服务理念

服务理念可以通过标语、口号、广告、公共宣传、企业内刊与领导人言行等进行传播，这些都是服务场景与环境的构成要素。借助服务场景与环境可以将抽象的服务理念具体化，有助于顾客理解不同服务机构的服务。

2. 服务场景与环境的设计要能展现服务特色

服务场景与环境的设计要能够展现服务特色，给顾客留下深刻的印象。例如，北京"俏江南"餐饮有限公司在北京国贸店开设的首家店，其幽雅、别致的用餐环境给顾客留下了极其深刻的印象。餐厅分为卡座沙发区、休闲石凳区和贵宾散座区，既适宜宴请宾客，又适合休闲小憩，在浓郁古朴的中国气息中，不失现代感。

3. 服务场景的设计要烘托服务质量

服务场景的设计还要能够烘托服务的质量，通常，高贵、豪华的服务场景可以显示出高品质，也就是说服务"硬件"的质量可以体现服务本身的质量。

4. 服务场景的设计要便于开展服务沟通

服务场景的设计要有利于与消费者开展信息沟通，使顾客获得关于企业的各种信息。例如，星巴克优雅的内部环境布置以及专属的音乐、舒适的座椅等不但有助于服务人员与顾客的轻松沟通，也能促使朋友间愉快交流。

5. 服务场景的设计要调节服务供求

服务场景本身就是生产能力的一部分，因此，其设计要求与服务供求的调节联系起来。例如，服务企业可以通过播放快节奏的音乐加快顾客消费的速度，而在没有需求或需求较少时，通过播放舒缓的音乐来增加顾客的停留时间，从而增加顾客购买商品的可能性。

6. 服务场景的设计要便于服务人员的管理

服务场景的设计还要有利于服务人员的管理。服务场景不仅能向顾客提供服务信息，也能向员工展示服务理念、服务标准等。优良的工作环境设计会向服务人员传达企业的服务理念、标准，会对服务员人产生激励。

7. 服务场景的设计要与服务定价一致

服务场景的设计要与服务定价相匹配，支持服务的价格策略。消费者会通过有形要素判断服务价格的高低，从而判断服务水平的优劣。因此，不同的价格档次要有不同的场景设计标准。例如星级酒店、商务酒店和快捷酒店的大堂环境设计截然不同，让人一目了然。

8. 服务场景的设计需要定期更新

喜欢新鲜事物是顾客的本性，服务场景的设计需要根据竞争环境和顾客需求的变化进行周期性的调整或更新。随时间推移，服务场景可能会变得不合时宜，顾客也会对设计、布局、款式、颜色等产生审美疲劳，所以要定期对服务场景进行更新，使企业保持其竞争优势。

7.3.2 影响服务场景设计的关键因素

在进行服务场景设计时，服务企业必须考虑服务场景对顾客、员工和企业所产生的影响。就像一家企业不能向所有顾客提供满员所有需求的商品一样，服务场景也不可能吸引所有的顾客。因此，服务企业在进行服务设计时，应当考虑以下影响服务场景设计的关键要素。

1. 服务企业的总目标

服务企业核心服务的性质决定其场景设计的参数。比如，银行必须要设计合适的保险库以容纳各种型号的保险柜；内科医生的办公室的形状和大小各异，但都必须在某种程度上保护病人的隐私；消防站必须有足够的空间安置消防车辆、值班人员和维护设备等。

服务场景设计还能对定义服务做出进一步的贡献。它可以形成直接的认同，外部设计也可以为服务的内在性质提供暗示，比如装潢富豪华的星级酒店、通过装修体现文化的餐厅等。

2. 柔性

成功的服务企业是可以适应需求数量和性质变化的动态组织。服务对需求的适应能力在很大程度上取决于当初设计时赋予它的柔性。柔性也被称作"对未来的设计"，在设计阶段提出的问题可能是：怎样设计才能使之用于将来新的不同服务？比如，现在为进门顾客而设计的快餐店，可能面临如何修改设施以适应顾客驾车通过窗口时的服务需求。面对未来的设计，最初可能需要一些额外的花费，但它会在长期运作中给企业带来更多的收益。

3. 员工和顾客的要求

服务场景的设计要有利于顾客和员工的服务交互活动，所以必须考虑到员工和顾客的需求。服务场景对顾客的感觉和行为有着显著的影响，同时也影响着员工及其提供的服务。服务场景的设计要综合运用美学、心理学、人体工程学等学科的理论和知识，充分考虑服务过程中员工和顾客的真正需求，这样才能实现以人为本的场景设计。

4. 社会与环境

对服务设计而言，最重要的是其对社会和环境的影响，比如，社区里的干洗店必须在它的设计中保证有害的化学物质不会影响到当地的社会生活环境，现代购物中心在设计时要保证有足够大的地方用于停车，以保证人流量大时的行车安全。

7.3.3 服务场景设计步骤

服务企业在设计一个服务场景的过程中，既要考虑营销的因素，也要考虑组织行为学的观点。一方面，企业需要调查服务环境，进而做出战略性的计划；另一方面，在场景设计的决策中必须考虑最终用户和各职能部门的要求。

1. 调查服务环境

服务场景的设计前提是进行服务环境的调查，通过了解顾客对不同类型环境的偏好和反应，在服务场景的设计中坚持以顾客导向为中心，建立在顾客认知基础上设计的服务场景，才能发挥服务场景的真正的作用，从而达到预期效果。一般常用的调查方法主要有问卷调查法、观察法和实验法。在这里讨论几种不同的服务场景调查方法，通过这些方法，可以了解顾客对不同类型环境的反应和偏好。

1) 环境调查

服务环境调查要求顾客或员工通过调查问卷的形式回答预先给定的问题，从而表明他们对不同环境配置的需求和偏好。环境调查的优点在于方便管理和理解结果。一般情况下，相关数据通过标准化问卷获得并输入计算机中，整个过程比较容易。问卷结果的采集可以通过纸制问卷实现，或是通过二维码电子问卷或电话调查等方式实现。因此，可采用的样本很多，同时还可以对环境变量进行进一步的研究。当然，环境调查也存在一些问题，主要表现在问卷的结果可能不如其他实验方法得出的结果有效，特别是网上问卷的形式，因为面向的人群广泛，不排除一些不真实的问卷回答出现，会直接影响问卷的回收率，也不能反映顾客真实的感受和行为。

2) 直接观察

经过专业训练的观察人员可以使用一定的观察手段详细描述环境情况，同时观察并记录服务场景中顾客和员工的行为和关系。这种方法的优点在于所获得的信息具有一定的深度和准确性。使用这种方法，观察人员可以将整个环境中各个因素的相互关系以及反应参与者之间相互影响和相互关联的因素记录下来，这样更能提高调查结果的准确性。直接观察的缺点在于其时间和经济成本都比较高。观察服务场景的调查人员要经过特殊的训练，包括行为学和文化等方面的训练，这样就增加了数据采集的成本；观察人员需要进行一段时间的观察，对详细数据的理解也相当耗费人力；此外，直接观察的数据一般不能输入计算机进行分析，而要用有效的定性方法来进行分析。

3）实验法

实验法能够评定特殊顾客和员工对于服务环境的真正反应和偏好。该方法是将顾客分为不同的组，并将其放在不同的环境中，观察各自反应。比如，实验顾客没有享受到之前餐厅承诺的折扣价的反应时，给第一组顾客观看一家服务环境整洁有序的餐厅照片，而给第二组顾客观看混乱无序的餐厅照片。实验结果表明，第一组顾客对于餐厅的错误更加宽容，第二组顾客则不太能容忍餐厅的错误。实验法的主要优点在于其调查结果相对可信度更高，但是与直接观察法一样，实验法的缺点在于其成本和时间花费较多。

在理想状态下，针对实际服务场景的原型应设计各种方案，从而获知顾客对各种方案做出的不同反应。但是，受限于建设实际服务场景的费用，可以采用某种形式的模拟方法，比如言语的描述、比例尺模型、计算机模型、照片、幻灯片等。环境心理学家和营销人员的相关研究表明，模拟的环境可以很好地达到实践中发现的类似结果。

2. 确定服务场景的设计目标

在设计服务场景之前，明确服务场景的战略目标是十分必要的，服务场景的设计目标一定要与服务产品的概念和企业的总体目标或愿望相一致，否则容易导致服务信息之间的不一致。因此，服务场景的计划者一定要明确基本的服务概念、目标市场，以及企业对未来的构思，然后决定如何进行展示。

3. 画出服务场景蓝图

服务场景蓝图是一种有效描述服务展示的方法，它有多种用途，尤其是从视觉上抓住有形展示的机会。人、过程和有形展示在服务蓝图上都可以被明显地表示出来。从图上可以看出服务传递所涉及的行为、过程的复杂性，人员交互作用的点，这些点提供了展示的机会和每一步的表示方法。

服务场景蓝图给出了在顾客行动时所应提供的每一步服务。服务场景蓝图非常有用，它很清楚地提供了一个文档，记录了某一特定服务情形中当前存在的有形展示。在有形展示的变化之间，所有相关人员都应该清楚有形展示的当前状态。服务场景蓝图生动地描绘事物的当前存在状态，还可以用录像等对服务场景蓝图进行进一步的解释。

4. 协助各职能部门

服务有形展示的设计过程可能需要企业不同部门的参与。比如，有关员工制服的决定由人力资源部门做出，服务场景设计的决定由设备管理部门做出，加工设计决定由业务经理做出，广告和定价决定由营销部门做出等。因此，各职能部门之间的协调工作至关重要。协调工作做不好会造成有形展示的不一致，进而误导顾客形成错误的期望和判断。为此，有必要组成一个探讨服务场景设计的多功能小组，以对各职能部门进行协调动作，并对服务场景的战略、设计等做出一致的决策。

7.4 服务设施管理

7.4.1 设施管理及其存在背景

设施管理（facility management, FM）是一门新兴的交叉学科。它综合利用管理科学、建筑科学、行为科学和工程技术等多种学科理论，将人、空间与流程相结合，对人类工作和生活环境进行有效的规划和控制，保持高品质的活动空间，提高投资效益，以满足各类企事业单位、政府部门战略目标和业务计划的要求。

发达国家和地区的设施管理具备比较完善的理论体系和成熟的市场环境，大量专业化的设施管理公司为私人机构、公司企业、教育卫生单位及政府部门提供了卓有成效的设施外包服务和技术支持，已形成比较庞大的市场规模，还相继成立了一系列非营利性的专业组织，如国际设施管理协会（IFMA）、英国设施管理协会（BIFM）、澳大利亚设施管理协会、香港设施管理协会（HKIFM）等。

国内设施管理市场潜力巨大，且根据不同的服务要求，形成了多层次的设施管理空间。一些外资及港台房地产综合咨询公司利用其人才、技术、信息等社会资源以及专业经验优势，承担了相当一部分的外资企事业机构设施管理的外包业务，提供前期调研、融资、规划设计、建造、日常运行管理等一系列全寿命周期的设施管理专业服务。

设施管理的理论发展和实践运用，将会给我国传统设施管理模式带来根本性变革，形成一种新的发展理念。设施管理的领域从现场管理上升到经营战略的高度，主要工作目标将从维持保养上升到服务品质、设施价值的提升，着眼点将从发生问题的设施到全部固定资产，时间范畴将从设施运行阶段扩展到全寿命周期，所需的知识、技术将从单纯的建筑及设备本身延展到市场、财务、经济、法律、环境、信息等相关学科，承担设施管理工作的部门也从单一的设施运行维护部门发展到多部门的交叉、协调。

总而言之，设施管理要求采用系统理论和方法，使资产设施寿命期经营费用与使用效率达到平衡，在保证资产保值增值的基础上，会为各类机构带来更多的社会、经济和生态效益。

7.4.2 设施管理的定义和范畴

20世纪70年代，服务设施管理概念正式在美国提出，贝克尔（Becker）认为设施管理只应关心建筑、设备等"硬件"，良好的设施管理能够提升企业的竞争力。在后来的定义中，服务设施管理包括对人、服务过程、环境、安全等"软件"的关心（如表7-2所示）。

这些定义尽管看起来各不相同，但存在着一些共同认可的、本质的内容：一是设施管理的应用领域不限于居住场所，也包括政府、医药、教育、工业、娱乐等的公用和商业场所；二是各个组织机构都可以采用设施管理，因为这些机构都需要占据一定的空间来进行工作；三是设施管理实践在关注工作场所的同时，为了提升工作场所的综合效率，需要采用多方面的方法，如环境管理、人力资源管理、财务管理等。

表 7-2 各协会设施管理定义比较

协 会	定 义	侧 重
国际设施管理协会（IFMA）	一种包含多种学科、人、地点、过程及科技以确保建筑物环境功能的专门行业	建设设施质量管理行为规范，基于全寿命周期的运作
英国设施管理协会（BIFM）	像对待核心业务一样对房地产和业务支持服务进行专业化的管理	所有活动都以顾客核心业务的需求为基础
香港设施管理协会（HKIFM）	将人力、运作及资产整合，以达到预期战略性目标的过程	有效整合，在日常运作和战略性层面上促进机构的竞争力

资料来源：BECKER, F. The Workplace-Facilities Management and the Elastic Organization[M]. New York: Van Norstrand Reinhold, 1990: 6-7.

综合分析各协会对设施管理的定义，设施管理是一个综合性、系统性的管理系统工程，它整合了三项关键的组织资源：人员、设施和技术（见图 7-3）。设施管理在战略上整合人员、设施和技术，保持高品质的工作和生活空间、提高投资效益，以达到改善企业营运能力的目的。

IFMA 提出设施管理的范围主要包括九个方面：长期设施管理计划、短期设施管理计划、财务与预算管理、公司不动产管理、室内空间规划及空间管理、建筑规划与设计、新建及修复工作、

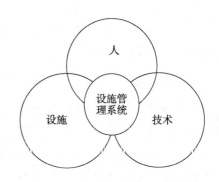

图 7-3 设施管理系统的整合

设施保养与运行，通信和安保等支持服务。设施管理主要应用于公用设施，如医院、学校、体育场馆、博物馆、会展中心、机场、火车站和公园等，以及工业设施，如工厂、工业园区、科技园区和物流港等。

此外，也有一些学者对设施管理的范围进行了深入研究，提出了更为具体的设施管理范围，比较典型的有柯（Quah）给出的设施管理范围，如图 7-4 所示。

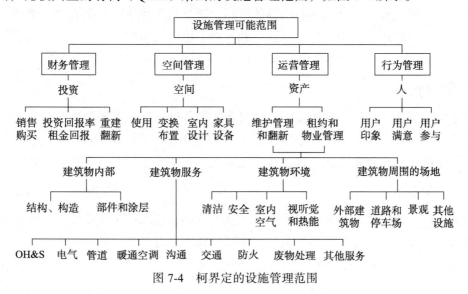

图 7-4 柯界定的设施管理范围

由上图可见,设施管理的管理范围主要包含财务管理、空间管理、运营管理、行为管理四大部分。设施管理的内容包含有服务设施管理的具体内容,服务设施管理是设施管理的一大内在构成要素。服务设施管理的内容主要表现在设施管理中的空间管理、运营管理上。空间管理有空间使用、室内布局、设备等;运营管理由两部分组成,分别是维护管理和翻新、租约和物业管理。其中,服务设施管理的内容主要集中在建筑物的内部、建筑物服务、建筑物环境、建筑物周围的场地等方面,做好服务设施的管理,有助于给顾客带来良好的情绪和体验,同时有助于提升企业的服务效率。

7.4.3　服务设施管理的特点

服务设施管理有其自身的特点,归纳起来主要有六点,即专业化、精细化、集约化、智能化、信息化、定制化。

1. 专业化

服务设施管理提供策略性规划、财务与预算管理、不动产管理、空间规划及管理、设施设备的维护和修护、能源管理等多方面内容,需要专业的知识和管理,有大量专业人才参与。另外,化工、制药、电子技术等不同的行业和领域,对水、电、气、热等基础设施以及公共服务设施的要求不同,所涉及的设施设备也不同,需要专业化服务。

2. 精细化

服务设施管理以信息化技术为依托,以业务规范化为基础,以精细化流程控制为手段,运用科学的方法对顾客的业务流程进行研究分析,寻找控制重点并进行有效的优化、重组和控制,实现质量、成本、进度、服务总体最优的精细化管理目标。

3. 集约化

服务设施管理致力于资源能源的集约利用,通过流程优化、空间规划、能源管理等服务对顾客的资源能源实现集约化的经营和管理,以降低顾客的运营成本、提高收益,最终实现提高顾客营运能力的目标。

4. 智能化

服务设施管理充分利用现代技术,通过高效的传输网络,实现智能化服务与管理。服务设施管理智能化的具体体现是智能家居、智能办公、智能安防系统、智能能源管理系统、智能物业管理维护系统、智能信息服务系统等。

5. 信息化

服务设施管理以信息化为基础和平台,坚持与高新技术应用同步发展,大量采用信息化技术与手段,实现业务操作信息化。在降低成本提升效率的同时,信息化保证了管理与技术数据分析处理的准确性,有利于科学决策。

6. 定制化

每个企业的经营业务都是不同的，专业的服务设施管理提供商根据顾客的业务流程、工作模式、经营目标，以及存在的问题和需求，为顾客量身定做服务设施管理方案，合理组织空间流程，设计以顾客为中心的空间布局，最终实现顾客的经营目标。

本章小结

有形展示是服务营销的重要策略之一。由于服务的无形性，顾客在购买之间前很难做出正确的评价，在顾客购买商品之前，服务的有形展示作为一个主要提示，影响着顾客的预期和认知。接下来，本章主要讨论了服务场景及其类型，并确定了其组成和使用范围，以及在形成顾客感知和企业内部员工感知中的具体作用。鉴于服务场景的重要性，本章还讨论了"刺激—反应"模型，主要用于帮助解释服务场景对顾客行为的影响，该模型阐述了环境及顾客对其有意识或无意识的感知和解释是如何影响人们在这种服务场景中的感觉的，同时，顾客的感觉又会反过来驱动其对服务场景产生反应。

核心概念

有形展示：指服务市场营销管理的范畴内，一切可传达服务特色及优点的有形组成部分。根据有形展示能否被顾客拥有可将其分成边缘展示和核心展示两类。

边缘展示：指顾客在购买过程中能够实际拥有的展示。

核心展示：指在购买服务的过程中不能被顾客所拥有，但却影响顾客购买决策的展示。

服务场景：指服务经历、交易或事件所处的直接有形环境和社交环境。

复习思考题

1. 服务有形展示的作用有哪些？
2. 影响服务场景设计的关键因素有哪些？它们各自有什么作用？
3. 服务场景在设计时应遵循什么原则？

本章案例

"欢迎来到梦想之国"

迪士尼服务有形化的完全诠释

思考题：

1. 迪士尼乐园的有形展示有哪几种类型？
2. 结合案例分析有形展示对迪士尼乐园起到了什么作用？

即测即练

参考文献

[1] 张圣亮，钱路. 服务有形化营销策略探讨[J]. 价值工程，2009，28(03)：136-138.

[2] A.PARASURAMAN, VALARIE A. ZEITHMAL, & LEONARD L. BERRY, Refinement and reassessment of the SERVQUAL scales[J]. Journal of Retailing, 1990(67): 41-50.

[3] [瑞士]布鲁恩 等著，王永贵译，服务营销：顾客价值链的卓越管理[M]. 北京：化学工业出版社，2009.

[4] 王永贵. 服务营销[M]. 北京：清华出版社，2019.

[5] WANG, YONGGUI; HAMPSON; DANIEL PETER; HAN, MYAT. Relationship closeness paradox: contingency analysis in B2B sales[J]. Journal of Business & Industrial Marketing, 2020, 35(6): 971-982.

[6] KOSTAS KAMINAKIS, KALIPSO KARANTINOU, CHRISTOS KORITOS, SPIROS GOUNARIS. Hospitality servicescape effects on customer-employee interactions: A multilevel study[J]. Tourism Management, 2019.

[7] 雷蕾，庄爱玲，余伟萍. 服务场景对顾客忠诚影响机制研究——消费情绪的中介作用[J]. 管理观察，2010.

[8] 刘湖，王榆尧. 以自我和个性为基础的服务场景对消费者意愿影响的研究[J]. 南京财经大学学报，2016(01).

[9] 丁风芹. 服务场景、社会互动、感知服务质量及满意度对游客重游意愿的影响研究[D]. 南京：南京大学，2016.

[10] 王兆红，邱菀华，詹伟. 设施管理研究的过展[J]. 建筑管理现代化，2006(03).

[11] 李慢. 网络服务场景对顾客在线行为意向作用机制研究[D]. 沈阳：东北大学，2016.

[12] 李慢，马钦海，赵晓煜. 服务场景研究回顾与展望[J]. 外国经济与管理，2013.

[13] 龙新宇. 服务场景中的人员性社会线索与顾客场所依恋的关系研究[D]. 沈阳：东北大学，2011.

第 8 章

服务定价策略

本章学习目标

1. 了解服务定价的含义及其在服务营销中的作用；
2. 熟悉服务定价的若干影响因素；
3. 学习和掌握服务定价的常用方法；
4. 熟悉和掌握服务定价策略。

引导案例

金融业"让利"与"风险攻坚战"

2020 年，在新冠病毒感染疫情冲击下，我国商业银行承担着输血实体经济、减费让利的重任。据报道，2020 年前 10 个月，我国金融系统按照商业可持续原则，通过降低利率为实体经济让利约 6 250 亿元，通过中小微企业延期还本付息和普惠小微信用贷款这两个直达工具让利大约 2 750 亿元，这两个渠道加起来共让利 9 000 亿元。再加上通过减免服务费用、支持企业进行重组和债转股等措施，金融系统合计向实体经济让利大约 1.25 万亿元，完成了全年让利 1.5 万亿元的序时进度。另据报道，2019 年前三季度，21 家全国性银行服务收费减费让利 1 873 亿元，预计银行业全年可实现减费让利 3 600 亿元左右；超过 3.7 万亿元企业贷款本息已获延期。

商业银行肩负着帮助企业特别是中小微企业纾困和渡过难关的光荣使命，通过减费让利主动承担社会责任，为国家分忧解难，也做出了巨大牺牲。据银保监会数据显示，2020 年前三季度，商业银行累计实现净利润 1.5 万亿元，同比下降 8.3%，降幅较上半年收缩 1.1 百分点。平均资本利润率为 10.05%。商业银行平均资产利润率为 0.80%，较上季末下降 0.02 百分点。

面对新冠病毒感染疫情带来的冲击，我国商业银行主动承担社会责任，积极发挥服务职能作用，及时出台与实施了一系列减费让利的纾困措施，有效地推动了我国经济恢复正常循环，防止了公共突发卫生事件引发重大金融风险。

资料来源：根据谢玮. 金融业"让利"与"风险攻坚战"[J]. 中国经济周刊. 2020，(12): 52-53 整理.

服务定价策略是服务企业市场营销组合战略的重要组成部分。服务定价，不仅决定服务企业的盈利能力，也是企业参与市场竞争的重要手段。正确运用定价策略，要求服务企业既要遵循市场规律，又要遵纪守法，维护企业经济效益、顾客合法权益和社会长远利益三者的高度统一。在服务市场上，应用于有形产品的各种定价方法与定价策略均可适用于服务定价，但由于受服务自身特征的影响，服务产品定价也有其特殊性。因此，必须重视服务定价策略的研究，高度关注传统定价策略和方法在服务领域的推广与应用。

8.1　影响服务定价的因素

8.1.1　服务定价的特殊性

服务定价的特殊性，源于服务区别于有形产品的特性。服务与有形产品的差异性，使得服务产品的定价更为复杂，更为困难，也更富弹性。服务定价的特殊性，具体体现在以下几方面。

1. 服务的无形性和不可感知性，影响顾客对服务价格的认知和判断

对大多数服务产品来说，服务自身的形态具有无形性，顾客凭借感官难以对服务的质量和效果做出准确判断。从服务提供方来看，服务的无形性，为服务企业提供具体服务形态，制定多样化的服务组合带来了更大的灵活性。由此，服务企业会提供多种多样的服务套餐来供顾客选择，各种服务套餐会因提供服务的生产成本以及质量与数量不同而价格不同。从服务需求方来看，服务的无形性又使顾客在选购服务时，难以通过感官直接判断服务产品的内容和质量，只能根据自身经验进行判断和猜测。在这种情况下，顾客就缺乏一种客观依据来准确判断服务价格的合理性。尤其是第一次购买某个服务产品的顾客，由于服务自身无形无色，他可能对所选购服务的内容一无所知，或知之甚少，对该服务所产生的效果也不了解。此时，顾客不仅对服务质量无从感知，服务效果的呈现也往往滞后，顾客在对服务内容、服务质量和服务效果的猜测中，臆断服务价格的合理性，或对服务价格提出质疑。在此过程中，顾客可能通过对同一企业提供的不同服务组合的价差比较以及与同类竞争品牌服务价格的横向对比，对所选购服务价格的合理性做出初步判断，从而影响顾客的后续决策。面对服务的无形性和对服务质量的不可感知性，服务提供商的主要任务就是提高顾客对企业服务质量的认知，想方设法说服顾客接受价格，购买服务。

比如，某电信公司给顾客提供了不同价格的多种通讯套餐服务，不同套餐享受不同的免费通话时长和上网流量。作为一名新顾客在第一次选择套餐时，他可能无法预知所选购的某种套餐的通讯服务数量、质量和上网流量能否满足其日常需要，也难以对套餐价格的合理性做出准确判断，而往往需要经过一段时间的使用和体验后，才能知晓效果，才能做出切合实际的正确判断。

2. 服务的不可分离性与不可储存性，使得服务价格波动较大

服务的不可分离性决定了服务生产过程与消费过程往往同时进行。如果服务企业歇业、不提供服务，顾客就无从购买和消费服务。同样地，如果没有顾客，或者顾客无须购买和消费服务，企业提供的服务也将毫无意义。服务的不可分离性，限制了服务企业提供服务的时间和空间，大大减少了服务产品的产出数量和规模，尤其在服务旺季会造成服务供不应求，从而推高服务价格。

服务的不可储存性，导致服务企业不能通过在淡季增加库存、旺季释放库存的方式来平衡服务供给，所以大多数服务产品在消费旺季价格上涨，消费淡季价格下降。相对于有形产品，服务价格更易受季节波动，是服务企业制定服务定价策略时必须考虑的重要因素。

比如，旅游产品因具有不可分离和不可储存性，游客必须到景点现场去感受美景，不同季节旅游市场的供求关系变化大，导致旅游产品在不同季节价格波动也较大。旅游企业应顺其自然，适时调价吸引游客，以实现旅游业务淡季不淡、旺季更旺的目标。

3. 服务的同质性和低门槛，可能会加剧市场竞争，压缩企业定价空间

对于技术密集型服务企业来说，如心脏外科手术、整形整容医疗服务等，由于具有较高的技术门槛，能够较长时间维持高价格，实现高收益。而绝大多数劳动密集型服务企业，如理发、洗浴、餐饮、快递和传统零售等行业，产品高度同质，市场准入门槛较低，企业数量众多，市场竞争激烈，服务定价以薄利多销或低价经营为主，大多数企业处于微利经营状态。高度同质的服务企业，因其进入门槛低，市场竞争激烈，极易陷入价格战，行业内企业尤其是中小服务企业要价格自律，避免相互压价，以"精细化"和"差异化"谋出路和发展。

以商业快递业为例，作为中国电商之都的义乌，2019年以前，快递业每单最低价为1.9元。2019年春季，顺丰、中通发起新一轮降价，所有巨头加入战局。申通每单最低降至0.9元，圆通1.2元，顺丰特惠3.3元。2020年3—4月，义乌一度出现"8毛快递全国"的"屠杀价"，价格战之惨烈可见一斑，而行业公认运营成本为1.4元。[①]持续的价格战，大大压缩了快递企业的利润空间，小企业加速被淘汰，行业巨头也伤筋动骨。

4. 服务需求的差异性和服务所有权不可转让，也严重影响服务定价

顾客对服务需求往往呈现出较大的差异化，比如美容美发、教育培训、餐饮美食、观光旅游、金融理财产品等，可谓众口难调，个性化需求更加突出。需求的差异性必然会倒逼服务企业研发、设计和提供差异化的服务，满足顾客的个性化需求。这样一来，企业必然实施服务差异化营销战略，个性化的服务与差异化的价格，既是服务企业市场定位的主要依据，也有利于服务企业实现精准营销。

另外，服务交易不涉及服务产品所有权的转移，使得不少顾客在选购服务时心存疑虑，左顾右盼，严重影响服务的成交与推广。如教育培训、医疗康复和美容整形等服务项目，顾客往往提出延期付款，或先支付部分费用，认可效果后再支付余款等要求，这

---

① 王俊峰. 商业快递，价格战催生了什么？[N]. 江苏经济报，2021-08-09(A01).

可能给服务企业制定、实施与执行价格策略带来困难与挑战，要求企业服务定价更具灵活性和艺术性。

8.1.2 影响服务定价的因素

服务定价，除了考虑服务产品自身的特性以外，还应研究和重视国家政治与法律、企业定价目标、生产成本、供求关系、市场竞争状况等因素的影响。

1. 政策与法律因素

国家颁布与实施的有关政策和法律是服务企业制定价格策略的最大约束，也是企业给服务产品定价应遵守的政策底线。这些规定，有限制性的，有监督性的，也有保护性的，服务企业必须全面、及时了解相关政策和法律及其变化对企业定价的影响，以便正确制定和及时调整服务定价策略。《中华人民共和国价格法》《中华人民共和国反不正当竞争法》《中华人民共和国反垄断法》《中华人民共和国消费者权益保护法》和《价格违法行为行政处罚规定》等法律法规，是服务企业给产品定价和管理价格的法律遵循，也是保护企业自身合法权益的法律保障。

由于服务定价关系到服务企业的盈利水平，也关系到顾客的根本利益，同时影响到社会公平与秩序，企业服务定价必须遵纪守法，杜绝价格欺诈、哄抬价格和不明码标价等违法行为的发生。自新冠病毒感染疫情爆发以来，绝大多数企业能够遵纪守法，主动承担社会责任，稳物价、保畅通，极大地满足了我国对抗疫物资和基本生活用品的需要。但也有极个别不法商贩见利忘义，投机倒把，哄抬物价，失去应有的道德和良知，受到了国家法律法规的严厉制裁。

2. 企业定价目标

根据服务企业在不同发展阶段面临的任务不同，企业定价目标也各不相同。

（1）以取得盈利为目标

以盈利为目标是服务企业在生产经营步入正轨后正常情况下的定价目标。服务产品进入成长期和成熟期，是服务产品取得

扩展阅读 8-1 《中华人民共和国价格法》

盈利、回报企业的关键阶段。此时，服务定价以取得利润为目标，企业为服务制定较高价格。根据服务企业品牌大小和服务自身盈利能力不同，盈利目标又分为高额利润、平均利润和微小等。很多服务性企业，如大型观光游乐、美容整形、医疗康复和中医保健等企业，一旦进入成熟期，不仅企业业务量大增，而且盈利丰厚。

（2）以占有市场为目标

对一般企业来说，服务项目刚刚投放市场，进入服务市场生命周期的导入期，或者企业需要将服务产品打入新市场时，服务定价往往以占领市场为目标。在这种情况下，服务企业往往低价销售，甚至微利经营。以低价打开服务市场、向市场渗透，可能是许多实力不强的中小型服务企业在定价时的不二选择。否则，就难以被市场认同或接受。某市场商海林立，一家新商户考察后发现市场上什么都不缺乏，很难求得一席之地。后

来脑筋一转，决定在商场开一家"一元店"，所有商品标价均是一元，而且货真价实，经营商品大多都是生活日用品和快消品，周边顾客很喜欢，经常光顾，因货物周转快，小店赚钱一点不少，同时也牢牢地站稳了市场。

（3）以保本或击败竞争对手为目标

在企业经营不善或遇到激烈的市场竞争时，企业生存受到严峻的挑战，保本经营甚至亏损就成为服务企业不得不做出的选择。这时，服务定价往往等于或低于生产成本，企业处于零利润或亏损状态。企业要生存，就必须从材料采购与消耗、人工费用和管理成本等方面节省开支，努力取得低成本优势，争取盈利，摆脱被动局面。

一些强势服务企业为了击败竞争对手，或把对方挤出市场，也会采用不断降低服务定价的方式，使竞争对手无利可图，最终被迫退出市场。最近几年，随着电子商务和网络营销的发展，顾客在淘宝、京东和拼多多等线上购物的次数越来越多，交易额也越来越大，导致线下实体店大量顾客流失。究其原因，主要还是线上购物流通环节少、成本低，价格便宜。

3. 生产成本

生产成本是服务企业产品定价的基础，是服务价格构成中的最基本、最重要的组成部分，也是服务企业产品经营的保本底线。服务企业在给服务确定价格时，首先考虑的是通过销售服务对各项生产成本及费用进行补偿，以维持服务企业生产经营的正常进行。生产成本的控制对服务定价显得非常重要，较低的生产成本能够使服务企业取得成本领先的竞争优势，为服务企业赚取更多利润，掌握价格竞争主动权。在激烈竞争市场上，相同的服务卖相同的价格，较低成本的企业盈利空间更大；如果降价促销，价格降至成本线，低成本企业可以实现盈亏平衡，依然勉强维持，以待东山再起；而成本高者会因持续亏损，最终被迫退出市场。因此，服务企业要想方设法降低生产成本，以取得更大的成本优势和定价主动权。比如，大型连锁超市，因经营规模大，实行集采分销，可以大大降低进货成本，为企业定价争取主动。这也是许多大型超市的商品售价普遍低于小型超市和便利店的重要原因。

4. 供求关系

在服务市场上，服务价格是在一定的供求关系状况下形成的。也就是说，服务价格的形成受一定时间、地点条件下服务供求关系的制约和影响。在某个特定时期，市场上某种服务的供求关系相对稳定，则该服务的定价也是确定的，而且变化不大。但市场是动态的，当某种服务供大于求时，市场价格就会下降，企业为了规避风险，就会减少服务供给；当服务供不应求时，价格就会上涨，为取得更高利润，企业会增加服务供给。可见，供求关系是服务价格变化和波动的最主要诱因。服务企业在经营过程中，要时刻关注服务供求关系及其变化对服务定价的影响，以便及时调整服务价格。

5. 需求价格弹性

服务企业在制定价格政策目标时，应考虑需求弹性的影响。需求价格弹性是指因价格变动而相应引起的需求变动比率，反映了需求变动对价格变动的敏感程度。服务需求价格弹性通常用弹性系数 E_d 表示，用公式表达如下：

$$E_d = \frac{\Delta Q}{Q_0} \bigg/ \frac{\Delta P}{P_0}$$

式中：E_d——服务需求价格弹性系数；

Q_0——服务基期需求量；

ΔQ——服务需求量变动差的绝对值；

P_0——服务基期价格；

ΔP——服务价格变动差的绝对值。

上述公式表明了服务价格变动对服务需求量变化的影响。由于价格与需求量变动方向一般相反，所以需求价格弹性系数常为负值。为方便分析，通常对相关变量取绝对值，使弹性系数为非负值。需求价格弹性对服务企业产品定价的影响，分以下三种情况进行分析。

当 $E_d > 1$ 时，称为价格有弹性或弹性强，说明该服务需求量变动的幅度大于服务价格变动的幅度。此时，降低服务售价，服务需求量增加更快，该种服务可以降价促销。一般情况下，某些高端娱乐服务和享受性服务的需求价格弹性较强，适度降价可以提高服务业绩，增加盈利。如儿童游乐、健康保健和旅游餐饮等服务项目，可以适度降价，实现薄利多销。对于弹性强的服务项目，一般不宜提高价格。否则，会导致服务销量锐减，降低企业服务收入。

当 $E_d < 1$ 时，称为需求无弹性，或弹性弱，说明服务需求量变动的百分比小于服务价格变动的百分比。此时，降低服务售价，对企业不利。对于城市生活供水、供电和公共交通等服务项目，由于市场需求相对稳定，需求价格弹性普遍偏弱，降价对企业增收效果有限，一般不适宜降价销售。相反，适度提高售价，企业销售业绩还可能有所增加。如黄金周旅游，即使景点提高门票价格，游客人数也不会明显减少，门票收入还会增加。

当 $E_d = 1$ 时，说明该服务需求量变动的百分比等于服务价格变动的百分比。也就是说，服务价格变动引起该服务需求量的同幅度变动，即服务价格降低百分之几，服务需求相应提高百分之几。在此种情况下，服务企业的总收入保持不变，因为服务需求量虽然减少，但服务价格的提升使得总收入基本不变。

6. 市场竞争状况

价格是企业参与市场竞争的重要手段。在垄断服务市场上，企业具有较高的定价权，比如金融银行业，客户存贷款的利息价格主要由银行来确定；城市中水、电、暖、天然气和收视费等的定价，也主要由政府部门和服务提供商来确定，用户仅仅是价格的接受者。在充分竞争的服务市场上，由于服务提供商和用户数量都众多，服务定价由供求双方的力量对比来决定，也就是由市场机制来决定。这样的服务市场，价格一旦形成，短期内是比较稳定的，供需双方的个体都难以改变服务定价。比如，理发、洗浴、教育、旅游和客运等服务行业，即使企业有一定定价权，也不敢轻易变动服务价格。因为在市场竞争处于均衡的状态下，企业提高服务定价，顾客会拒绝购买服务。降低服务价格，企业会失去应得利益，还会遭受竞争对手反击。在日益开放的服务市场上，市场竞争越激烈，竞争态势对服务企业定价的影响就越大。因此，服务企业定价时，必须时刻关注和研究市场竞争因素的影响。

8.2 服务定价方法

服务产品定价与有形产品定价有较大的相似性，有形产品的定价方法和原则也基本适用于服务产品的定价。鉴于服务产品自身的特殊性，服务产品的定价更具弹性和灵活性。下面介绍几种常用的服务定价方法。

8.2.1 成本导向定价法

成本导向定价法是指企业依据提供服务的成本决定服务的价格。一般情况下，企业首先要核算出服务的成本，再加上希望获得的特定水平的利润，这样可以确保价格能完全弥补成本并获得预期利润。这种定价方法由于以生产成本为定价基础和定价依据，要求企业服务成本核算一定要精准。成本导向定价法主要有成本加成定价法和目标利润定价法。

1. 成本加成定价法

成本加成定价法就是企业在服务的生产成本之上加上适当的毛利来确定服务定价的方法。生产成本是企业在服务生产与提供的过程中产生的各种成本的总和，包括变动成本和固定成本等。变动成本是服务成本总额随服务提供数量的变化而改变的成本费用，如原材料、低值易耗品和生产工人工资等。固定成本是指总额是固定的，不随服务数量的变化而改变的成本费用，如管理人员工资和固定资产折旧费、房屋租赁费等。运用成本加成定价法，既能保证服务企业通过售卖服务及时赎回成本，又能使企业取得一定的利润，其实施的关键是首先了解和掌握企业服务的单位生产成本。用公式表示为：

$$单价 = 服务单位生产成本 \times (1 + 加成率或毛利率)$$

其中，单位生产成本等于单位变动成本加上单位固定成本。单位变动成本等于企业生产和提供服务产生的总变动成本除以生产的服务数量而得到。通常，短期内单位变动成本具有相对稳定性，不易受服务数量的增减变化的影响。单位固定成本是生产与提供服务的总固定成本除以生产服务数量所得的结果。单位固定成本受提供服务数量的增减而变化，一般情况下，提供的服务数量越多，则单位平均固定成本就越低，提供服务的单位生产成本也会下降。而服务加成率或毛利率，则由服务生产企业根据企业经营目标和服务市场具体情况来确定。

2. 目标利润定价法

目标利润定价法是以实现服务企业确定的目标利润为首先考虑的一种定价方法，这是企业在正常生产经营情况下常用的一种定价方法。服务企业在给服务产品定价时，首先考虑企业要实现的目标利润,反映了服务企业对实现目标利润的强烈愿望。当然,服务定价中也必然包括生产与提供服务的完全成本,仅仅是处于其次考虑而已。其定价公式为:

$$价格 =(目标利润 + 服务完全成本)/服务预期销量$$

可见,这是一种非常简单易行的定价方法。这种定价方法是在假设企业服务销量在达到一定预期规模时,以企业拟实现的目标利润为前提的,带有一定的主观色彩。可以理解为企业内部确定的服务价格,与服务市场上可以实际成交的服务价格可能存在差距,但它可以为企业制定服务定价策略,提供重要参考和依据。与成本加成定价法不同的是,目标利润定价中的服务完全成本,不仅包括服务的生产成本,还包括服务产品的推销活动和广告宣传等产生的销售费用。由于二者定价依据不尽相同,两种定价方法的结果也不相同。

8.2.2 需求导向定价法

需求导向定价法就是根据顾客对服务产品需求的强烈程度以及顾客对服务价值的认知水平来确定服务价格的一种定价方法。需求导向定价法着眼于顾客的态度和行为,服务的质量与成本则为配合价格而进行相应的调整。

在激烈竞争的服务市场上,顾客是服务需求的发动者和决定者,服务提供商是服务市场的推动者。企业确定服务价格,理所当然,同时需要征求顾客意见,取得顾客对服务定价的理解、认可与支持,甚至会动员顾客参与企业服务定价过程。由于顾客服务需求的差异性以及不同顾客对企业服务质量与价格的认知度不同,服务定价往往会有较大的弹性,服务定价常常随着顾客对服务的不同需求及时进行调整。目前,企业常用的需求导向定价法,主要包括感知价值定价法和需求差异定价法等。

1. 感知价值定价法

一直以来,感知价值定价法在服务营销领域都有很广泛的应用。感知价值,也被称为感受价值、认知价值,是指顾客对某种服务价值的主观评判。感知价值定价法是指企业以顾客对服务价值的感知为定价依据,运用各种营销策略和手段,影响顾客对服务价值的认知,形成对企业有利的价值观,再根据服务在顾客心目中的价值来制定价格的定价方法。由于感知价值定价法不以服务成本作为定价依据,而以顾客对服务价值的理解和认知程度作为定价依据,及时了解和掌握顾客对服务价值感知的准确信息就成为感知价值定价法成功的关键。

除此之外,正确使用感知价值定价法,还需要企业引导顾客建立一种正确的服务价值认知标准。企业在向顾客推介和提供服务时,要让顾客明白某些服务项目为什么便宜,高质量的服务为什么价格昂贵。提高企业服务定价的透明度和顾客知情权,让顾客充分理解企业服务定价的依据和理由,是感知价值定价法成功实施的难点,需要服务企业做出不懈的努力。

扩展阅读 8-2 高价值服务案例

2. 需求差异定价法

服务产品与有形产品不同，服务需求更具个性化，企业需生产和提供多层次的服务产品满足顾客多样化的服务需求。差异化的服务需求，需要多样化的服务，也同样需要差异化的定价以满足个性化的市场需求。需求差异定价法是指服务企业根据不同时间、地点条件下，顾客对服务产品的不同需求来制定不同价格的定价方法。需求差异定价法实施的条件是服务细分市场发育成熟，顾客的服务需求已经呈现出多层次、多样化和全方位的态势，顾客具有相应的支付能力。常用的需求差异定价法包括地点差异定价、时间差异定价、服务式样差异定价和顾客细分定价等。

（1）地点差异定价法。地点差异定价法是根据服务提供的地点或地域差异来确定不同价格的方法。比如，观看体育比赛的门票，位置靠前、视野开阔的座位票价就高一些，距离赛场较远的位置票价就便宜，甚至免费赠送。地点差异定价还可能应用于同一服务在不同地区或区域的定价中，比如在一个县级小城镇理发的价格为 20 元/人，而在北京、上海等城市，就需要 100 元/人，原因在于北京等大城市的房租和人工费用要比其他地方高一些。

（2）时间差异定价法。它是指企业对同一服务在不同的时间点上制定不同价格的一种定价方法。在不同的时间制定不同的服务价格，可以满足顾客在不同时段上的服务需求，其目的是在消费低谷时段实行低价促销，吸引顾客消费，从而实现服务在不同时段的均衡销售，避免服务消费大起大落和资源闲置浪费。时间差异定价法在旅游、餐饮、娱乐等服务行业受到了广泛应用。比如，一家 KTV 的分时段报价为：小包厢白天段（12:00—17:00）68 元，夜晚段（18:30—00:00）138 元；大包厢白天段（12:00—17:00）108 元，夜晚段（18:30—00:00）218 元。时间差异定价要保证各不同时段服务内容、质量与数量大致相当，否则，时间差异定价法就会失去魅力和吸引力。

（3）服务组合差异定价法。也叫服务式样差异定价法，是指服务企业针对不同服务组合、不同服务式样或不同服务套餐来制定不同服务价格的一种定价方法。这种定价方法，要求企业提供服务的基本类型相同，但因服务组合或服务套餐不同，服务质量、数量及服务效果存在一定差距。在此种定价法中，往往组合服务或套餐服务比单项服务价格更优惠，不同组合服务或服务套餐之间服务定价也不相同，享受的利益也不相同。比如，某电信运营商给顾客提供不同的手机话费套餐服务：月费 19 元的套餐，每月免费通话 80 分钟，另有 5G 的省内上网流量；月费 29 元的套餐，则每月免费通话 300 分钟，另有 20G 的省内上网流量和 5G 全国流量；月费 49 元的套餐，每月免费通话 500 分钟，上网流量不限。这显然是根据用户不同需求设计的手机套餐，为小用户提供 19 元的低价套餐，为大用户提供费用较高、通话质量更好的话费服务组合。

（4）顾客细分定价法。企业可以根据顾客细分市场对服务的不同需求，设计和提供不同服务，制定不同价格满足顾客不同需求。对服务产品来说，顾客细分市场有男性市场和女性市场、儿童市场和成年人市场、高收入市场和中低收入市场、南方市场和北方市场、国内市场和国际市场等。不同的服务细分市场对服务的质量、品质、功能和效用等要求不同，服务成本与定价也应该不同。

8.2.3　竞争导向定价法

竞争导向定价法是根据服务市场竞争态势，并参考竞争对手定价来确定本企业服务价格的一种定价方法。依据服务市场竞争程度不同，服务产品定价可能高于、低于或等于竞争对手的服务价格。与此相对应，竞争导向定价法包括高垄断服务定价、主动竞争型定价和通行价格定价法等。

1. 高垄断服务定价

高垄断服务行业中，由于竞争对手有限，行业集中度高，垄断企业往往具有较强的定价权，形成垄断价格，获取高额利润。它主要应用于以盈利为目的的高端服务产品定价，如高档游乐、美容整形等。

比如，北京环球影城总投资高达上百亿元，是截至目前最大的环球影城主题乐园。影城于 2021 年 9 月 20 日正式开园，正式开园后实行四级票价：淡季日、平季日、旺季日和特定日门票分别为 418 元、528 元、638 元和 748 元。[①]北京环球影城票价甚至高于上海迪士尼乐园的目前定价。北京环球影城的成功运营，标志着我国旅游行业日益成熟，开始走向高品质。在为企业赚取丰厚利润的同时，更好地满足了我国人民日益增长的美好生活需求和精神享受。

2. 主动竞争型定价

服务企业为了维持或击败竞争对手获取更大的市场份额，往往会推出低价服务或降低现有服务价格，采取更积极主动的进取性定价方法。采取主动竞争型定价，要求服务企业有足够的竞争实力，不仅对服务市场有较强的影响力和控制力，而且服务生产成本较低，具备低成本优势，能够在与竞争对手的激烈角逐中占据有利地位。否则，一旦陷入价格战，必然两败俱伤，得不偿失。

近年来，我国快递龙头企业为了追求更高的市场份额，不惜屡次发动价格战，多地出现"屠杀价"和"低价倾销"，导致整个快递行业微利经营，甚至亏损，实力弱小者加速淘汰，个别巨头也曾面临着出局的危险。主要原因是快递行业人工费用上升较快，刚性成本增加，不具备发动价格战的条件，最终导致为压缩"软成本"，服务滑向"低配"，服务质量降低，顾客满意度下降，申诉率上升。事实证明，价格战也是一把双刃剑，在加速行业洗牌的同时，也牺牲了利润、品质和品牌，抑制了新的中高端需求，延缓了整个行业的良性发展。

3. 通行价格定价法

通行价格定价法，又叫随行就市定价法，就是以市场上大多数服务企业通行的市场价格作为定价依据的一种定价方法。这是服务企业最常用的定价方法之一，广泛应用于美发、洗浴、餐饮、住宿、家教、零售、装饰装修和客运服务等竞争性强的服务领域。通行价格定价法并不适应所有的服务类产品，主要适用于竞争性较强的同质性服务产品

---

① 张阿嫱. 北京环球影城客单价或超 1 000 元[N]. 中国城市报. 2021-09-06(017).

的定价。通行价格的形成往往是服务市场供求双方长期博弈的结果，价格一旦形成，服务供求双方都是价格的接受者。

8.3　服务定价策略

服务定价既是一门科学，又是一门艺术。定价方法解决了服务产品的基本定价问题，面对服务市场的复杂性和顾客需求的差异性，还需要制定更加灵活和富有弹性的服务定价策略，以增强服务产品的市场竞争力。

8.3.1　折扣定价策略

折扣定价策略是企业在原有价格基础之上按照一定百分比打折出售服务的一种定价策略。实施折扣定价的目的是通过折扣让利，吸引顾客更多地购买和消费服务。折扣定价策略既是一种价格策略，又是一种促销手段。每年"双十一"各大电商业绩爆棚，使用的就是折扣定价策略。当前，服务企业常用的折扣定价策略主要有数量折扣、季节折扣、现金折扣等。

1. 数量折扣

顾名思义，数量折扣就是根据顾客购买服务的数量来确定价格折扣比例的一种定价策略。通常情况下，顾客购买服务达到企业规定的数量标准即可享受价格折扣，一般原则是购买数量越多享受折扣越大，购买量小折扣就小，甚至没有折扣。数量折扣的目的是鼓励顾客多购买、多消费。例如，某家电商场"十一"黄金周促销活动规定：当天购买商场家电，满1 000元退100元，满5 000元退800元，满10 000元退2 000元。由于折扣力度大，能吸引顾客大量购买，促销效果自然很好。

2. 季节折扣

季节折扣是服务企业在消费淡季，通过降低服务价格来维持或增加销售业绩的一种定价策略。许多服务企业可以常年生产和提供服务，但服务消费具有较强的季节性，导致淡季服务业绩明显下滑或造成资源闲置、浪费。如休闲旅游、宾馆住宿和民航服务等，在消费淡季，企业往往大幅打折促销，以防止业绩下滑。比如，焦作市云台山景区门票，平时每人120元（另购60元/人交通费），春节寒假期间实行门票半价优惠，即门票60元/人（另购60元/人交通费），门票连续三天有效。[①]这种季节折扣，能吸引大量游客在冬季光顾景区，在一定程度上弥补了过节期间外地游客客源不足问题。通过季节折扣，可以错峰调节游客的需求，有利于旅游市场的长期稳定和均衡发展。

3. 现金折扣

现金折扣，又称付款折扣，是指顾客达到服务企业规定的付款条件后享有的一种价

---

① 云台山景区官网门户. 关于云台山实行冬游门票半价政策的公告[EB/OL]. http://www.yuntaishan.net/news-list2.html?typeCode=ggtz.

格折扣。服务企业为了及时收回款项，避免服务款项被拖欠，往往向顾客承诺，如果在双方约定的时间内结清服务费用或提前支付服务款项，可以享受一定的价格折扣或价格优惠。实行现金折扣的目的，是鼓励顾客消费服务时及时结清服务费用，避免发生债务纠纷和财务风险。现实中，有的服务企业，如饭店、小卖铺、经销商等，常常因为大量款项被拖欠，导致企业现金流断裂，影响企业正常经营，甚至被迫关门歇业。现金折扣的实施，在一定程度上可以有效减少或避免类似问题的发生。

4. 功能折扣

功能折扣，又叫交易折扣，是指服务企业根据各类中间商在服务营销中承担的责任、风险和功能不同，给予不同的价格折扣或让利。采取此种折扣的目的在于利用价格折扣鼓励各种中间商努力工作，充分发挥各自功能和作用。通常情况下，企业对责任大、贡献突出、在服务分销与促销中起着关键作用的中间商提供较大的让利与折扣，比如企业往往给批发商安排较大的折扣，给零售商的折扣就少一些。因为相对于零售商，批发商的作用大得多。功能折扣在债券推销、股票发行、物流快递和传统批发零售业务等领域都有较好的应用。

8.3.2　组合定价策略

组合定价策略，又叫套餐定价策略，是将顾客经常在一起使用的几种服务项目组合在一起，来综合确定服务价格的一种定价策略。不同的服务套餐，由于组合的服务内容不同、服务质量与数量不同，服务价格也不相同。由于套餐定价或组合定价策略有较大的价格优惠，顾客往往愿意选择与消费。这种定价策略广泛应用于移动通讯、餐饮美食、休闲旅游、美发洗浴和美容康复等服务领域的定价。套餐定价策略有助于满足不同顾客对服务的不同需求，也有助于服务企业业绩的提升。某酒店在新年到来之际，推出了年夜饭五大套餐：①四季发财套餐，定价500元，供3～4人使用；②五子登科套餐，定价1 000元，供5～7人使用；③六六大顺套餐，定价1 500元，供8～10人使用；④八仙过海套餐，定价2 000元，供11～12人使用；⑤十全十美套餐，定价2 600元，供13～15人使用。各种套餐名称不同，价格不同，食材内容、品质与数量也不尽相同，供不同家庭自由选用。

8.3.3　撇脂定价策略

撇脂定价策略，是指在市场上以远高于成本的价格投放新产品或新服务，以期短期内获取丰厚的利润并尽快收回投资的一种策略。这一定价策略就像从牛奶中撇取所含的奶油一样，取其精华，所以称为撇脂定价。就其实质而言，撇脂定价策略就是高价策略，目的是以高价格为服务企业赚取高额利润，并在短期内快速收回服务投资和成本。一般而言，实行这种定价策略的服务产品，需要具有以下条件：①有较强的竞争优势，在满足顾客需求方面具有独特性和垄断性，服务产品供不应求，没有便宜的可替代品；②顾客为追求高质量的服务与效果，对高价格不敏感，愿意且有足够的支付能力购买此类服务。从市场定位视角看，此类服务往往是技术含量较高、价格昂贵的稀缺、高端服务产品，且目标顾客通常收入较高，有时也可能是对服务有刚性需求的普通用户。

8.3.4 渗透定价策略

渗透定价策略，又叫薄利多销策略，或低价策略，是指服务企业以较低的价格，或低于市场平均价格出售服务的一种定价策略。其目的是以低价向服务市场快速渗透，在短期内迅速提高企业服务销量和市场占有率。

实行薄利多销策略的服务产品，需要具备以下条件：①服务商家众多，市场竞争激烈，服务产品供大于求；②需求价格弹性充足，大于1，通过低价促销能够扩大服务市场需求。适宜此种定价策略的服务众多，诸如移动通讯、零售商业、洗浴理发、快递服务、图书出版和餐饮旅游等。但要提防企业为提高自己市场份额恶意降低服务定价，容易引起服务价格战，这样于己于人都会不利，也不利于服务市场的长期健康发展。

扩展阅读 8-3 郑板桥售卖书画更倾向于薄利多销

8.3.5 批零定价策略

近些年来，批零定价策略在许多服务行业得到了广泛的应用。服务批零定价策略是指服务提供商根据顾客购买服务的次数和规模来决定服务价格的一种定价策略。批零定价策略与数量折扣不同，前者强调顾客对同一服务项目的多次或长期消费，后者则偏重于对顾客购买数量的要求。批零定价策略的原则是单次零星消费服务价格高，长期多次、持续消费享受较低批发价或会员价。目的是鼓励顾客多购买多消费服务，使顾客从零星散客转变成企业常客或老顾客，密切与顾客的长期服务合作关系，所以也叫做关系定价策略。比如，某理发店规定单次理发收费20元，一次交满195元可以理发15次，享受每次13元的会员优惠价格。又如，某美容院的营销方案是一次美容单价为200元，交年费16 888元，办理贵宾卡，即可享受一年贵宾待遇，无限次美容，而且可以免预约。

8.3.6 心理定价策略

心理定价策略就是根据顾客或用户对服务价格的心理认知来进行服务定价的一种策略。这种定价策略主要利用顾客心理活动，来引导顾客接受服务定价，包括声望定价、招徕定价、尾数定价和整数定价等策略。

1. 声望定价策略

声望定价策略是服务企业根据自己提供的服务和品牌在顾客心目中的声望高低来制定服务价格的策略。通常情况下，顾客愿意对声望高、质量好、品牌大的服务产品支付高价格，因为这样能显示顾客与众不同的高贵身份。服务企业运用声望定价策略，对声望高的大品牌服务制定高价格进行销售，迎合了部分高端顾客对高品质服务的炫耀心理。

如上海迪士尼乐园和北京环球影城等，尽管票价昂贵，但是其高品质的娱乐服务与响彻全球的声誉，依然获得游客信任，人流如潮。

2. 招徕定价策略

招徕定价策略是指服务企业利用顾客的求廉心理，故意将一种或几种服务的价格定得很低（甚至低于成本）或免费赠送，希望顾客在购买或消费便宜服务的同时，也顺便能购买其他正常价格的产品。企业不图在低价或廉价服务上赚取利润，而是寄希望于顾客购买的其他正价服务上取得经营利润。近年来，一些超市、大卖场等经常使用这种策略为企业招揽顾客，比如某超市每天推出若干特价商品，如鸡蛋、绿豆、小米等，招徕顾客购买肉类、面条、蔬菜和水果等其他产品。再如，上海开市客给会员提供儿童免费游乐、免费验光、免费更换轮胎等服务项目，深得顾客喜欢。

3. 整数定价策略

整数定价策略是将服务的价格有意定为整数，以显示服务企业与品牌的声望，彰显高品质服务的地位与实力。这种定价策略主要用于服务企业针对求名心理的顾客而采取的定价策略。对于高档服务，顾客往往对服务质量与品位非常关注和重视，而把价格高低看成是衡量一个服务质量的重要指标。因此，这种定价策略，容易在顾客心目中树立高档、高价和优质的服务形象，极易取得高端顾客的信任，有利于高端服务产品的销售。五星级酒店、高级会所和高级文化娱乐场所（如高尔夫球馆、保龄球馆）等，整数定价策略可以大行其道。

4. 尾数定价策略

尾数定价策略是指服务企业利用顾客贪图便宜的心理，将服务制定一个与整数有一定差额的价格，从而使顾客产生一种价格便宜的心理错觉，增加服务购买的一种定价策略。这种定价策略常用于旅游、住宿、餐饮以及民航机票等的报价。比如某宾馆的三种房间定价分别为 198 元、298 元、398 元，就是这种定价策略的具体运用。采用这种定价策略，向市场传递一个信息，那就是服务定价精准，货真价实，使人放心消费。

8.3.7　保证定价策略

保证定价策略，又叫先用后付价格策略，是指企业承诺"当供需双方共同约定的某种效果产生以后再行付款"的一种服务定价策略。由于服务的效果具有滞后性，常常影响顾客对服务的选择，顾客因怕上当受骗不敢轻易购买服务产品。服务企业为了争取顾客，可以给顾客承诺，先不付费或先交纳部分费用，在服务消费取得一定效果后再支付服务费用余款。这种定价策略，既解决了顾客的后顾之忧，又扩大了市场，促进了服务销售，可谓"双赢"。保证定价策略在医疗保健、肢体功能康复、就业培训、升学辅导和网店购物等服务领域都有重要应用。这种定价策略顺利实现的条件是：①服务企业有足够实力，确保服务货真价实，达到预期服务效果；②服务需求方诚实、守信，及时兑现其付款承诺。

本章小结

服务定价策略是服务企业市场营销组合战略的重要组成部分。在服务市场上，应用于有形产品的各种定价方法与定价策略均可适用于服务定价，但由于受服务自身特征的影响，服务产品定价也有其特殊性。服务与有形产品的差异性，使得服务产品的定价更为复杂，更为困难，也更富弹性。服务定价，除了考虑服务产品自身的影响以外，还应研究和重视国家政治与法律、企业定价目标、服务生产成本、供求关系、服务需求价格弹性和市场竞争状况等因素的影响。服务企业经常使用的定价方法主要有成本导向定价法、需求导向定价法和竞争导向定价法等。服务定价既是一门科学，又是一门艺术。定价方法解决了服务产品的基本定价问题，面对服务市场的复杂性和消费者需求的差异性，还需要制定更加灵活和富有弹性的服务定价策略，以增强服务产品的市场竞争力。在长期的服务营销实践中，已经被广泛使用的服务定价策略和技巧包括折扣定价策略、组合定价策略、撇脂定价策略、参透定价策略、批零定价策略、心理定价策略和保证定价策略等。

服务定价，不仅决定服务企业自身的盈利能力，也是企业参与市场竞争的重要手段。正确运用定价策略，要求服务企业既要尊重市场规律，又要遵纪守法，努力实现企业经济效益、顾客合法权益和社会长远利益三者的高度统一。

核心概念

需求价格弹性：因价格变动而相应引起的需求变动比率，反映了需求变动对价格变动的敏感程度。需求价格弹性对服务定价有重要的影响。

成本导向定价法：企业依据提供服务的成本决定服务价格的一种定价法。这种定价方法可以确保企业制定出的价格能完全弥补成本并获得利润。

需求导向定价法：根据市场上顾客对服务需求的强烈程度来确定服务价格的一种定价方法。需求导向定价法着眼于顾客的态度和行为，服务的质量与成本则为配合价格而进行相应的调整。

竞争导向定价法：根据服务市场竞争态势，并参考竞争对手定价来确定本企业服务价格的一种定价方法。

撇脂定价策略：在市场上以远高于成本的价格投放新服务，以期在短期内获取厚利，尽快收回投资的策略。

渗透定价策略：又叫薄利多销策略，是指服务企业以较低的价格，甚至接近成本线出售服务的一种定价策略。

本章思考题

1. 面对服务的无形性和不可感知性，服务企业如何说服顾客接受企业服务？
2. 为什么薄利不一定多销？简述服务企业实施薄利多销策略的注意事项。
3. 简述主要的服务定价策略？
4. 低成本优势对企业服务定价有何影响？服务企业怎样为自己争取成本领先优势？

本章案例

开市客究竟有什么魔力

思考题：

1. 开市客的定价策略有何特色？
2. 开市客的商业运营模式对我国零售企业经营有何启发？

即测即练

参考文献

[1] [美]加里·阿姆斯特朗，菲利普·科特勒，王永贵.市场营销学（第12版全球版·中国版）[M]. 王永贵，郑晓莹等，译. 北京：中国人民大学出版社，2017.

[2] 王俊峰. 商业快递，价格战催生了什么？[N/OL]. 江苏经济报. 2021-08-09(A01).

[3] 王永贵. 服务营销[M]. 北京：清华大学出版社，2019.

[4] 王永贵. 市场营销（第二版）[M]. 北京：中国人民大学出版社，2021.

[5] 疫情防控期间价格违法典型案件[J/OL]. 消费指南. 2020, (2).

[6] 云台山景区官网门户.关于云台山实行冬游门票半价政策的广告.
http://www.yuntaishan.net/news-list2.html?typeCode=ggtz.

[7] 张阿嫱. 北京环球影城客单价或超1000元[N/OL]. 中国城市报. 2021-09-06(017).

第 9 章

服务促销策略

本章学习目标

1. 了解什么是服务促销，并对服务促销策略有一个全面、系统的认识；
2. 了解人员推销、广告的含义、原则、作用；
3. 理解服务整合营销传播的策略；
4. 掌握服务促销策略的实施过程。

引导案例

海底捞：聚焦于取悦式服务

我们知道海底捞的主要特色就在于它的"取悦式服务"。海底捞致力于为顾客提供"贴心、温心、舒心"的服务。海底捞的服务不仅体现在某一个细小的环节中，还体现在从顾客进门到就餐结束离开的一套完整的服务中。我们将其服务产品分为两个阶段：等位时和进餐中。

等位时，生命不再虚度，让等待充满快乐。一家餐馆想火爆或许不难，难的是让那些"用生命在等位"的顾客面对以小时为单位的无聊等待时仍旧等得安心。海底捞的服务之所以让顾客印象深刻，就在于它将其他同类人气餐厅所普遍存在的等位问题通过服务的形式予以很好地解决，如为等候的客人提供一些让人感觉很温暖、很温馨的服务，通过一系列创新性举措，让这个原本怨声载道的苦闷过程变成了一种洋溢着快乐期待的过程。也正因为如此，排队等位成了海底捞的特色和招牌之一。

就餐中，生命不再卑微，让服务成为专属。在海底捞就餐能够享受到很多特色服务，例如星级般的如厕服务、及时到位的席间服务。有人喜欢加糖的豆浆，服务员会递上一袋用密封袋装好的糖，而不是通常看到的油腻腻的到处都粘着糖的罐子。

在海底捞还能不时地享受到意料之外的小惊喜。有一位朋友去海底捞就餐，想将未吃完的切片西瓜打包带走，服务员说："对不起，打开的西瓜不能打包。"于是朋友只得作罢。临走时，服务员提来一整个西瓜，对这位朋友说："对不起，打开的西瓜不能打包，给您一个没打开的。"当时朋友惊讶极了，不敢相信居然有如此慷慨的企业。服务人员的舍得会在我们心里留下满意、欣喜和感动，会在我们心里种下"下次还来"和"告诉朋友"的种子。

资料来源：杜鹏，樊帅. 人人学点营销学[M]. 北京：机械工业出版社社，2020.

这个案例说明：做好服务促销，可以提升顾客的服务价值。海底捞靠取悦式服务赢得顾客，使顾客获得精神层面的愉悦，进而提升顾客体验和价值。

9.1 影响服务促销策略设计的因素

9.1.1 服务营销的特性

1. 过程性和过程消费

服务最重要的特性就是过程性，其他特性都是从这一特性派生出来的。因此，服务是一种过程消费而不只是结果消费。顾客或使用者将服务过程视为服务消费的重要组成部分，而不是像在有形产品的营销中那样，将结果消费作为消费的全部。在有形产品的消费中，顾客只是使用和消费作为生产过程结果的产品。与此相对应，在服务消费过程中，顾客不仅视服务过程为服务消费的有机组成部分，还会参与服务过程。消费过程对于顾客来说就是一种结果，而且是消费的一个重要组成部分。

2. 互动、关系与生产消费同时性

在很多情况下，我们无法感受到顾客与服务提供者的互动关系，但事实上二者之间是一定存在互动关系的。例如，汽车修理工在修理汽车时，顾客并不在现场，好像顾客与维修工之间并不存在互动关系。但是，在汽车被送进维修间和驶出维修间的时候，二者的互动关系是存在的。这种互动关系是服务不可分割的组成部分，而且它可能对顾客感知和服务质量的形成起到至关重要的作用。顾客对维修间内的汽车维修服务，也许无法直接做出评价，但可能依据进入和驶出维修间的这两项互动性的活动，对整个服务质量进行评估，并得出相应的结论。因此，在服务中，互动现象是经常出现的，服务过程表现为一系列的互动关系。

顾客与企业之间的互动表现为生产与消费的同时性。因此，服务营销的核心是如何将服务的生产过程与服务的消费过程有机结合起来。

3. 无形性和感知

服务是由一系列或多或少的具有无形性的活动所构成的过程，顾客通常以主观的方式来感知服务，在对服务进行描述时，顾客使用最多的词汇是"体验""信任""感受"和"安全"之类的形容词，这就是服务的无形性。

虽然很多服务中需要包含高度有形的要素，如酒店中必须有床和其他设施，饭店中要有食物，修理厂必须有看得见的零部件等。但是，服务依然具有无形性，也正因为这一特征，顾客对服务的衡量是非常困难的。实际上，顾客经常使用的一些描述服务质量的词汇的含义并不十分明确，如究竟什么是"信任"，什么是"感觉"，有时甚至连顾客

也不是十分清楚。

因此，企业在设计服务营销促销策略的时候，要深刻把握其内涵，充分体现服务营销的优势。服务是一方向另一方提供的、基本上无形的任何活动或利益，其中涉及顾客、员工与服务系统之间的互动过程。在这一过程中，至少包括三层含义：①服务提供的方式是无形的；②服务是在顾客、服务人员、有形资源产品或服务系统之间发生的；③服务是可以解决顾客问题的一种或一系列行为。

9.1.2 服务营销三阶段模型

服务营销的三阶段模型认为，为了满足目标市场的需求，服务机构必须考虑顾客关系生命周期的三个阶段，因为在每个阶段，营销目标和营销职能都是不同的。

（1）初始阶段。当潜在顾客对企业和服务没有清晰的概念并在脑海中存有旧的概念时，此时的营销目标就是培养顾客对组织和服务的兴趣。传统营销活动是达到此目的的最佳途径，如广告、销售都是不错的选择。口碑的作用也不可小视。

（2）购买阶段。顾客的兴趣应该转化为销售。企业应该做出一些顾客可以接受的承诺，并利用传统营销活动，比如现场销售等互动营销活动，刺激顾客最后决定购买。

（3）消费（使用）阶段。营销的目的是达到重复销售、交叉销售和持久的顾客关系。在本阶段，企业的承诺应予以兑现，这样使顾客意识到企业能满足他们的需求并值得信赖。这时，传统营销活动对顾客服务偏好的影响较小，互动营销过程决定了整个服务的成败。如果不想在该阶段失去顾客，企业要重视生产过程中的营销导向、服务过程与资源的服务思维。传统营销活动，如人员销售、广告，在此时只起到很小的作用。

在现实中，营销常常被定义在传统营销活动的范围内：①企业在承诺时说得天花乱坠，却很少以营销导向管理这些承诺，于是造成了低的感知质量；②企业在顾客关系生命周期的前两个阶段做得很成功，但在第三个阶段却无人对营销或顾客负责。因此，营销应作为三个持续的过程在整个顾客关系生命周期中进行规划，否则顾客关系就会破裂，进而产生坏的口碑。有的企业用新顾客弥补流失的顾客，这必然增加传统营销投入的预算。因此，在设计服务营销具体的促销策略时，应该站在服务营销的三阶段的视角，针对不同阶段设计适合且具体的促销策略。

扩展阅读 9-1 海尔基于
大数据支持的互动营销

在目前大数据技术的加持下，营销活动，尤其是互动营销得以精准有效地开展。优秀的企业满足需求，伟大的企业创造需求。在进行数据挖掘时，核心的是预测，即预测顾客接下来会发生什么样的行为，会有什么样的需求，或者对已有的产品、方案有什么新的需求。

9.1.3 服务促销与有形产品促销的差异性

为了正确有效地设计和实施服务促销活动，首先就要了解服务促销与产品促销的差异。一般而言，服务促销主要在以下三个方面有别于有形产品的促销。

1. 无库存

服务具有易逝性，生产出来的服务如果不被消费掉也不能储存起来，这就与有形产品不同。很多情况下有形产品促销都是为了将企业库存转移到顾客那里，这样既减轻了企业的库存成本，又避免了顾客选择竞争品牌。而服务没有库存，因此当供应商提供服务的能力一定时，过多的需求无法被满足，而需求不足又会使得服务资源白白浪费。因此，服务促销的主要目的就在于在服务的非高峰期刺激顾客增加服务用量。

当服务的正常售价与变动成本之间的差距较大时，促销的余地就很大。企业可以将促销信息通过广告、平面媒体等途径传递给顾客。尽管服务没有库存，但是某些服务企业仍然可以通过一些手段来刺激顾客增加服务消费，从而提高顾客的支付水平。例如公园年卡、博物馆套票、游乐场家庭卡等，在一年的时段内提供了诱人的折扣，这就使得顾客去公园、博物馆或游乐场的次数比原来单独购票时要多。

2. 中间商作用的削弱

因为服务具有流程性，许多服务需要顾客和服务人员一起参与服务产品的制造流程，所以相较于有形产品，服务很少通过中间商渠道进行销售。在服务的销售渠道中，类似"批发商""中转商"等环节很少出现，尤其是对于定制化程度较高的服务来说，服务企业必须与顾客直接接触，才能保证提供服务的质量和水准。

正是因为中间商作用在服务销售渠道中的削弱，服务营销人员在进行促销活动时可以较少考虑广告、顾客促销和商业促销之间的资金分配问题，也不用担心中间商收取促销补贴却不提供促销支持，这些在有形产品促销中常常发生的问题在服务业中发生的可能性都很小。尽管如此，仍然有一些服务，如理财或是旅游企业需要雇用代理人或经纪人，这样企业进行促销活动就需要得到中间商的配合与支持。不过在服务业，中间商的利益通常是与供应商的利益结合在一起的，如购买理财产品可获得一定礼品，顾客觉得合算，理财经理人也就更容易达成业务。对于这种情况，服务机构给予中间商一些激励也是十分必要的。

3. 服务企业员工的重要性

服务的流程性虽然削弱了中间商的作用，但加强了员工在服务企业中的重要性。对服务行业来说，服务人员与顾客的互动是服务交付的重要组成部分。相对于产品营销，服务人员在影响顾客满意度方面扮演着更为重要的角色。服务的质量、服务交付的效率及服务沟通的有效性很大程度上取决于公司企业的表现。因此，服务企业制订针对员工的激励计划就十分重要，为员工提供必要的培训，聚餐、表彰活动、现金奖励或奖品等可以作为促销性激励手段提供给那些保证了服务质量、完成促销任务或是维持了高度顾客满意度的服务企业员工。

9.2 人 员 推 销

9.2.1 人员推销的含义

人员推销是服务企业的工作人员在与顾客的交往中向对方传递有关信息，刺激其购买欲望的活动。由于服务的非实体性及不易感知的特点，人员推销在服务促销中是很活跃的因素。例如，保险业就十分重视人员推销，并且采取培训制度提高保险推销员的业务水平。推销员要考试合格，领取证书才能上岗，推销员的薪资也与其销售业绩直接挂钩。

正如广告一样，推销的原则、程序和方法在服务业和制造业的运用大致类似。但在服务业市场上，这些工作和活动的执行手段与制造业市场的执行手段却有相当大的差异。其中一项差异是，在某些服务业市场，服务业者必须雇用专门技术人员而不是专业推销人员来推销其服务。

9.2.2 服务企业推销人员的作用

1. 服务人员代表服务企业的形象

服务企业通过服务人员向顾客提供服务，通过他们把服务观念生动、形象地传递给顾客，服务人员实际就是服务企业的化身，其行为、素质和形象代表着服务企业，肩负着给顾客留下良好印象的重任。

服务人员是顾客感知服务质量的关键因素，而其在服务过程中传递的态度、行为和专业技能等则是顾客关注的焦点。没有顾客不喜欢热情、积极、善于倾听、愿意解决问题、知道如何解决问题的服务人员。当顾客同一位友好、和善且技能娴熟的服务人员打交道时，会获得信心和安全感。

2. 一流的服务人员是服务营销与管理的生力军

一流的服务人员才能提供一流的服务。一位高素质的服务人员，往往能够弥补由于物质条件的不足可能使顾客产生的缺憾感；而素质较差的服务人员，不仅不能充分发挥服务企业拥有的物质设施优势，还可能成为顾客拒绝再次消费的重要因素。

名牌服务人员在顾客中享有声望，对提高服务企业的知名度和美誉度有重要的意义，一些顾客往往就是因为某个服务人员而选择某个服务企业的。

3. 服务人员最了解服务对象与服务系统

服务人员直接接触顾客，他们了解顾客的愿望和需求信息，当服务质量发生问题时，也只有他们才能及时采取纠正措施。此外，服务人员又是最频繁使用服务系统的人员，他们对服务系统提出的各种建议很有价值，鼓励他们反馈服务信息是提高服务质量的有效途径之一。

扩展阅读 9-2 难忘的购车经历

9.2.3 服务人员推销的优缺点

1. 服务人员推销的优点

（1）可与顾客直接对话，进行信息的双向沟通

一方面，服务人员可以向顾客介绍服务企业的现状，介绍服务的特点、价格等信息，增加透明度；另一方面，顾客也可以向服务人员反馈对服务质量、服务价格、服务效果是否满意及要求等信息。

（2）针对性强，促成购买

服务人员可直接观察顾客的态度和反应，及时调整推销策略，可以根据顾客的特点和反应调整自己的工作方法，深入浅出地介绍专业性较强、内容较复杂的服务，还可以及时答复和解决问题，消除顾客的疑虑和不满意，从而促成顾客的购买行为。

（3）有利于建立良好的合作关系

面对面的接触交易使双方从单纯的买卖关系发展到建立个人友谊，进而保持长期的业务关系。

2. 服务人员推销的缺点

（1）对服务人员的要求较高

服务人员推销的效果直接取决于服务人员素质的高低，而要挑选、培养出理想的服务人员比较困难。

（2）服务人员的培训和激励成本较高

为了使服务人员胜任推销工作，相关的培训成本比较高。另外，为调动其积极性的激励成本也比较高。

扩展阅读 9-3 星巴克的人员推销

9.2.4 人员推销的原则

1. 发展与顾客的个人关系

服务企业员工和顾客之间的良好个人接触可以使双方得到满足。服务企业以广告方式表达的对个人利益的重视，必须靠市场真实的个性化关注才能得以实现。

2. 采取专业化导向

在大多数服务交易中，顾客总相信卖方有提供预期服务结果的能力，其过程若能以专业方法来处理会更有效。销售服务即表示卖方对于服务工作能彻底胜任（如对该项服务非常了解，具备丰富的专业知识）。在顾客的眼中，服务提供者的行为举止必须表现出他是一个地道的专家，因此他的外表、动作、举止行为和态度等都必须符合顾客心目中一名专业人员应有的标准。

3. 利用间接销售

（1）推广和销售有关的产品和服务，并协助顾客更有效率地利用现有的各项服务，以创造延伸需求。例如，航空公司可销售"假日旅游服务"，旅馆可销售"当地名胜游览"，

将相关的服务和其他服务或产品互相联系起来，对于许多服务企业，如保险、银行、干洗和旅游企业等，都可以带来更多的销售机会。

（2）利用参考群体与意见领袖来影响顾客的选择过程。在许多服务企业，顾客必须依赖他人给予协助和建议（如保险代理员、旅行社、投资顾问、管理顾问咨询、观光导游）。因此，服务机构的销售者应该多利用有关的参考群体、舆论意见主导者与其他有影响力的人，以增进间接销售。

（3）自我推销。这种方式在某些专业服务领域使用相当普遍，包括非正式的展露方式，例如对公众演讲、参与社区事务、加入专业组织以及参与各种会议讨论和课程等。

4. 建立并维持有利的形象

有效的营销依赖于良好形象的创造与维持。营销活动（如广告、公共关系）试图达到的目的就是，发展出一种希望被顾客看到的个人或企业形象，而且这种形象与顾客心目中所具有的形象相一致。

5. 推销多种服务而不是单项服务

在推销核心服务时，服务企业可从包围核心服务的一系列辅助性服务中获得利益。同时，这也使顾客购买时较为简易、便利并省去许多麻烦。假期承包旅游服务就是一个明显的例子，即一系列的多种服务可以从顾客的立场出发合并为只需要一次购买的服务。事实上，目前保险公司、航空公司、银行和零售业公司都已经扩展了其所能提供的服务项目范围（如财务处理），所有这些补充性服务都具有强化核心服务（如旅行、风险分散、信用）购买驱动力的作用。

6. 使购买简化

顾客可能不太了解某些服务。其原因可能是顾客并非经常购买某些服务（如房子），也可能是顾客利用服务时处于某种重大情感压力之下（如使用殡仪馆服务）。在这类情形下，专业的服务销售人员应使顾客的购买流程简化，也就是说，以专业的方式处理好一切该处理的事务，并告诉顾客服务进行的过程即可，尽量减少对顾客提出要求。

9.3 广 告

9.3.1 服务广告的媒体

广告是打造服务品牌常用的手段。如今"酒香不怕巷子深"的年代已过去，服务企业想要提高知名度，离不开做广告。随着信息技术的发展，品牌传播渠道越来越多，各种新型渠道层出不穷。

1. 传统广告媒体

传统广告媒体包括电视、广播、报纸、杂志、户外广告等，传统广告的费用比较高。此外，还有一些企业选择通过自己的印刷品进行宣传。例如，为了节省费用，麦德龙超市一般不通过大众媒体进行广告宣传,而是自己印刷广告册《麦德龙邮报》,利用直邮广告进行促销。《麦德龙邮报》每两周会向所有会员邮递一份详尽的全彩页的商品目录,介绍半个月内商品的最新价格、新增商品以及近期开展促销的信息。进入该报的商品都是特卖商品,麦德龙事先与供货商谈好推广计划,双方各给出一定的折扣,使特卖商品价格大大降低。《麦德龙邮报》不仅使会员及时了解商品信息,而且帮助会员有效地降低采购成本。麦德龙就是通过这种形式不断吸引顾客来购买商品,同时也带动其他商品的销售。

2. 网络广告媒体

传统媒体是自上而下的单向信息输出源,而融入互联网后的媒体形态则是以双向、多渠道等形式进行内容的传播与扩散,此时顾客参与到内容传播当中,并且成为内容传播介质。伴随着信息技术及移动互联网的发展,以搜索引擎、社交网络、微博、微信、团购等形式出现的网络广告媒体层出不穷,这些新型传播媒体具有传播迅速、反馈及时、目标对象明确、影响面较广等优点。在移动互联网时代,每个人都是媒体,既可以发布信息,也可以传播信息,以个人博客、微博、微信、空间主页、群组等为平台。

3. 程序化购买及程序化广告

程序化购买(programmatic buying)是指通过广告技术平台,自动执行广告资源购买的流程,即资源的对接、购买过程都呈现自动、自助功能,通过实时竞价(real-time bidding,RTB)和非实时竞价(non-RTB)两种交易方式完成购买。与传统人力购买广告方式不同,程序化购买通过编写程序建立规制和模型,在对数据进行分析的基础上,依靠机器算法自动进行广告购买并实时优化,"人力"在广告投放中的作用明显减弱。从媒介形态来看,传统广告所依托的媒介形式(如报纸、杂志等)逐渐走向衰落,互联网尤其是移动互联网成为主流。

从广告主来看,越来越多的广告主开始意识到,被动等待顾客注意到自己的广告形式已经与大数据时代脱节,他们转而通过分析顾客的兴趣爱好及消费习惯,主动为其推荐"可能需要的产品"。

程序化广告是互联网技术发展的结果,它通过技术手段实现对广告的交易和管理。广告主在进行媒体资源采购的时候可以实现程序化,媒体资源购买变得更加方便易操作,不再像以前一样烦琐复杂,而且可以通过算法和技术实现精准的目标受众定向,只把广告投放给"对的人"。这样不仅节省了信息搜集成本,还可以节省广告投放成本。广告的效率不但不会降低,反而会大大提高,这就是所谓的"四两拨千斤"。同时,这种程序化广告也体现了营销价值观中的以人为本。企业的一切活动都要以顾客为中心,要去了解顾客的需求和习惯,抓住顾客的心理,为顾客提供贴心的服务。这种广告投放方式对于顾客也是十分有利的,因为顾客同样可以节省搜索成本。

9.3.2 服务广告的主要任务

1. 树立企业形象

包括说明企业的经营状况，各种活动、服务的特殊之处，企业的价值观等。

2. 展示企业个性

改善顾客对企业及其服务的了解和期望，并促使顾客对企业产生良好的印象。

3. 建立顾客认同

由于服务的非实体性，服务广告应集中介绍服务机构所能够提供的利益，宣传顾客从中可以得到什么好处、满足什么需要，而且其强调的利益必须与顾客寻求的利益相一致。通过描绘顾客利益来说明服务的消费价值，这样才能确保广告的最大效果。

4. 引导员工行为

服务企业所做的广告有两种诉求对象，即顾客和企业员工。因此服务广告也必须能表达和反映企业员工的观点。唯有如此，才能让员工支持与配合公司的营销活动。

5. 支持业务代表推销

服务广告能为服务企业业务代表的更佳表现提供有利的背景。顾客若能事先就对企业及其服务有良好的印象，则会给销售人员的工作带来很大的帮助。

9.3.3 服务广告的指导原则

由于服务业所具有的特征，即生产和消费的无形性、多样性和不可分制性等，使得顾客在购买服务时面临各种困难，并承担较大的风险。因此，服务广告必须有自己独特的指导原则。

1. 使用明确的信息

服务广告的最大难题在于，要以简单的文字和视听形象传达所提供服务的领域、深度、质量和水准。有些服务广告可以使用图像或符号等来协助传送信息，有些则必须更详尽地解释其服务（例如专业服务机构），然而这么做的结果很可能会形成冗长的广告进而影响广告效果，并增加成本。因此广告公司面临的问题是：如何创造出简明、精炼的广告语和相关形象，贴切地把握服务内涵的丰富性与多样性。

2. 强调服务的利益

能引起注意的、有影响力的广告应该强调服务的利益，而不是强调一些技术性细节。强调利益，不仅符合营销的观念，也与满足顾客的需求有关。不过，其所强调的利益应与顾客寻求的利益相一致。因此，广告中使用的利益诉求必须建立在充分了解顾客需求的基础上，只有这样，才能确保广告产生最大、最有利的影响效果。

3. 只宣传企业能够提供的与顾客能够得到的允诺

提出服务可获得利益的承诺时应当务实，而不应提出让顾客产生过度期望而企业又无力实现的承诺。服务企业必须兑现广告中的诺言，这对于劳动密集型企业而言是较为困难的，因为这类服务企业的表现往往因服务传递者的不同而具有差异性。这也意味着有必要使用一种可以确保表现的最低一致性标准的方法。对不可能完成或维持的服务标准所做的承诺，往往会造成员工的不当压力。最好的做法是，只承诺"最起码的服务标准"，如果能做得比标准更好，顾客通常会更高兴。

4. 对员工做广告

服务机构雇用的员工很重要，尤其是在劳动密集型服务企业以及必须由员工与顾客互动才能满足顾客需求的服务企业。服务企业的员工也是服务广告的潜在对象。由于顾客购买的服务是由员工表现出来的，因此服务广告者不仅要关心如何激励顾客购买，更要关心如何激励自己的员工去表现。

5. 在服务生产过程中争取并维持与顾客的合作关系

在服务广告中，营销者面临两项挑战：一是如何争取并维持顾客对该服务的购买，二是如何在服务生产过程中获取并保持顾客的配合与合作。这是因为顾客本身在服务的生产与表现中扮演着相当积极的角色。因此，构思周密的广告总能针对服务生产过程中如何争取和维持顾客的配合与合作的问题。

6. 注重口碑传播

口碑传播是一项营销者所不能支配的资源，对服务企业及服务的购买选择有着较大的影响。服务广告必须注重该沟通方式的效果，可使用的具体方法有：

（1）说服那些满意的顾客，让他们把自己的感觉告诉其他人。

（2）制作一些资料，供顾客转送给非顾客群体。

（3）针对"意见领袖"进行直接的广告宣传活动。

（4）激励潜在顾客与现有顾客进行沟通交流。

7. 提供有形线索

服务广告发布者应该尽可能地使用有形线索作为提示，增强促销的效果。这种较为具体的沟通展示可以变成非实体性的化身或隐喻。

8. 发展广告的连续性

服务企业可以通过在广告中持续使用象征、主体、造型或形象，克服服务企业的两大不利之处，即非实体性和服务的差异化。有些品牌的特点非常鲜明，顾客甚至可从其象征符号辨认出是什么公司。一项对于服务企业使用的各种广告主题的研究调查发现，有些主题最突出，包括效率、进步、身份、威望、重要性和友谊等内容。

9. 消除顾客购买后的疑虑

购买产品或服务的顾客经常会对购买行动的合理性产生事后的疑惑。对于有形产品可通过对产品客体的评估解除顾客的疑惑，但对于服务则不能如此。因此服务营销中，必须在对顾客保证其购买选择的合理性方面下更多的工夫，并且应该鼓励顾客将服务购买和使用后的利益转告他人。而广告也是达到此目的的一种手段。不过，最好也最有效的方式是在购买过程中，顾客在与服务企业人员接触时，得到体贴的、将心比心的、合宜的和彬彬有礼的服务。这时，人员推销方式的重要性就显示出来了。

9.3.4 服务广告的策略

服务机构要做好广告宣传，就必须注意广告的制作。精良的广告会被人们当作艺术品来欣赏，并给人们留下深刻的印象，而粗制滥造的广告则只会让人厌烦，即使给人留下深刻的印象，也必然是负面的。当然，广告若平淡无奇，则难以引起人们的注意。此外，企业在运用广告策略时，应更多地考虑如何通过广告来提高品牌的美誉度而不只是知名度。

1. 要增强服务的"有形性"

服务的非实体性特点使顾客认为服务具有不确定性，为了增进顾客对服务的信心，在服务广告中要尽量使服务"有形化"，要运用容易被感知的有形线索来创造深刻而富有特色的服务形象。此外，还可以持续运用象征、主题、造型或形象，把服务同某种有形的物体联系起来进行宣传，从而在顾客心目中塑造公司的形象、特色、价值。比如设计一个代表服务企业的吉祥物或徽章等，选择惹人喜爱和引人注目的标识可以加深顾客的理解和记忆。

2. 要强调服务能够带来的利益

由于服务的非实体性，服务广告应集中介绍服务机构所能够提供的利益，宣传顾客从中可以得到什么好处、满足什么需要，而且其强调的利益必须与顾客寻求的利益相一致。通过描绘顾客利益来说明服务的消费价值，这样才能确保广告的最大效果。

3. 要重视宣传服务机构的形象与特色

服务广告要宣传服务企业的形象与特色，以帮助顾客认识服务机构，增强顾客对该服务机构的信心与兴趣。

例如，西班牙是世界旅游胜地，"阳光、海水、沙滩"是其最丰富的旅游资源，因此西班牙旅游部门宣传的口号是"阳光普照西班牙"，并且用著名画家米罗的抽象画《太阳》作为旅游标志，使世界各国的游客一见到"太阳"就想到西班牙。

4. 要能唤起美好的联想

服务广告要能唤起顾客美好的联想，给顾客以美的享受。

例如，泰康人寿曾率先在首都机场的36座廊桥发布1 000多条广告，广告连续投放三年，累计受众上亿人次，加深了公众对泰康人寿及其所倡导的现代"新生活"的理解。"真情爱家，国泰民康"的广告赢得了公众的共鸣。此后，泰康人寿再次率先发布机场最新广告形式——悬挂式看板广告，广告直面人流，视觉冲击力强，公众反响强烈，"一张保单保全家"的口号深入人心。不仅如此，泰康人寿还在中央电视台黄金时段发布了持续全年的"幸福时光"新版广告，激发了大众对幸福的思考和渴望。其广告语"一张保单，一辈子的幸福"表达了让人们过上有保障而无忧虑的幸福生活的美好愿望，包含着泰康人寿与顾客相伴终生的责任与承诺，为整个保险业塑造了良好的行业形象。之后，泰康人寿宣布签约中国首位网球大满贯冠军李娜担任其全球形象代言人，这是泰康人寿首次启用形象代言人。

5. 要重视宣传服务提供者

服务质量与效果的好坏很大程度上取决于服务提供者。为了增强顾客对服务的信心，服务广告应当重视宣传服务者的服务技能、服务水平、服务信誉。甚至服务广告中可以使用本机构的服务人员来做广告，这样有利于塑造一个专业的形象，同时也有利于内部营销，激励服务人员。

6. 名人广告

服务企业可以采取聘请形象代言人等策略，借助名人的名气和光环效应，迅速拉近与顾客之间的距离，增强顾客对服务企业的信任，带动喜爱名人的顾客对服务企业产生兴趣，因而名人广告是服务企业常用的广告手段。

但是，名人广告、名人代言是一把"双刃剑"，具有一定的风险性。如果服务与名人之间没有什么关联，那么服务与受众之间很难建立起紧密联系，名人名气再大也不能实现有效传播。另外，如果名人做的广告代言过多，就会产生"稀释效应"，很难在顾客心中留下深刻的印象，甚至还会使各种广告相互混淆。因此，服务企业使用名人广告时，要注意以下两点：一是在选择名人代言时一定要考虑其与自己的品牌定位是否一致或吻合，只有名人个性与服务品牌相一致，其影响才能有效强化；二是应注重名人自身的形象、亲和力、可信度、专业度、受欢迎程度等因素，名人的美誉度越高其可信度就越高。

应当看到，由于服务的非实体性和过程性，以及其具有经验特征和可信任特征，媒体广告往往很难有效传递服务信息，而且广告的成本太高。例如，餐饮行业主要靠烹饪服务，但烹饪过程很难以平面广告来表达，餐馆的人文气息与氛围也很难通过广告表达出来。另外，烹饪的菜肴品种很多，除非拥有很多的广告经费和时间，否则很难将所有品种的菜肴都做广告推销，所以大多数餐饮店只能做一些店堂环境和少数菜肴品种的广告，难以全面体现餐饮服务的实质水平。因此，服务企业除通过广告进行宣传外，还可以通过参加展销会、展览会、博览会、订货会等来提高品牌的知名度，也可以通过体验店、体验馆、展销中心等向顾客提供体验机会，给顾客以真切的感受，其效果不亚于广告的作用。

扩展阅读 9-4 网易云音乐把"开酒店"的愚人节玩笑变成了现实

9.4 服务的整合营销传播

9.4.1 整合营销传播的特点

在以大数据、移动互联网、人工智能为代表的先进技术的高速发展背景下，营销传播更加多样化、智能化和精准化，营销传播领域充满变革和创新。整合营销传播作为一种综合性的营销传播方法，对各种媒体的使用进行了整合和创新，使营销传播的面貌焕然一新。整合营销是有别于传统营销的一种新的传播过程，主要表现在三个方面。

第一，整合营销传播的目标是促进营销人员与顾客之间的对话与沟通。传统的营销传播往往是单向的，由营销人员主导；整合营销传播则是双向的，要在营销人员与顾客之间营造一种新型关系。在营销实践中，一方面，营销人员会积极主动地搜寻顾客的相关信息，并通过数据挖掘等研究手段加强商品品牌与顾客之间的联系；另一方面，顾客会搜寻有关品牌的信息，并努力改善与该品牌的关系。也就是说，顾客会对大众媒体传播的品牌信息进行适当的加工，然后据此做出购买决策，或者在决策之前更多考虑亲戚或朋友的意见。因此，营销人员可以通过改善品牌与顾客之间的关系来增加品牌的附加值。营销人员应该为顾客提供更多的与品牌互动的机会，如为提高品牌忠诚度而实施会员制度，以及激励顾客在消费过程中提供反馈意见等。

第二，整合营销传播更强调品牌信息的连续性与一致性。在编码及传递过程中，整合营销传播更加注重连续性的品牌信息（如品牌名称、包装、广告等信息）并努力确保顾客能够相对容易地接收相关信息。在今天这样高度分化的媒体环境下，顾客只能接受并保留有限的品牌信息。因此，相对于试图传递更多、更复杂的品牌信息的商家，努力传递简单的、统一的品牌信息的商家往往更容易获得竞争优势。例如，对快速消费品行业来说，广告的目的不是劝说顾客购买商品，而是强化顾客对品牌的满意度。因此，整合营销传播的目的是创造一种与顾客对品牌的期望相一致的信息，并通过各种传播与展示活动，最终在顾客心目中为企业及品牌成功地创造出"一种形象和一个声音"。

第三，整合营销传播涉及品牌与顾客沟通的所有方面，而不只考虑传统的促销工具（如广告、公共关系、销售促进、人员推销等）所涉及的因素。一方面，整合营销传播把传播过程从促销这个环节延伸到了产品（如品牌名称、标识与商品包装等）、定价和分销渠道等各个环节，即企业在整个营销过程中的每一个环节都需要与顾客进行沟通。除了众所周知的传统促销组合（如广告、公共关系和销售促进等）以外，其他环节（如商品设计、包装、店堂陈列和企业标识等）也是整合营销传播流程中的重要环节，甚至售后服务也是整合营销传播的构成要素之一。另一方面，人们需要把顾客的概念从消费者扩展到利益相关者，即把内部员工、管理者、供应商、经销商、股东和债权人等直接或间接影响顾客与品牌关系的人员或组织，都视为整合营销传播的对象来进行管理。

9.4.2　服务的整合营销传播策略

1.　宣传服务

顾客在面对一项新的、复杂的甚至专业性很强的服务项目时，没有额外的帮助，将很难对这项服务的功能、特色、质量等有清楚的认识。服务营销沟通对于消除这种服务陌生感、提供服务购买信息具有决定性作用。

2.　说服尝试

在购买不可触知的服务时，仅靠简单的服务内容介绍无法消除顾客消费的感受风险。服务机构不仅需要提供完备的信息，还需要提供消费的信息保证，而最有效的方式就是亲身尝试。所以免费试听、健身体验分别是说服顾客接受全程培训和加入健身俱乐部的最好沟通方式。

3.　明确定位

服务应该以一定的形象被企业的目标顾客接受。这个形象是战略性的，应该与竞争对手的定位区别开来。企业需要通过服务沟通来明确这种形象定位，让顾客在沟通中体会并认同。

4.　展示差别

顾客往往希望了解企业的服务与竞争对手的服务之间甚至同一企业现在提供的服务与以往提供的服务之间的差别，以便为自己的消费选择提供充足的理由。服务沟通的一大任务就是展示本企业服务的差异化优势和特征，帮助顾客比较鉴别，尽快作出购买决定。

5.　纠正偏差

受某些原因的影响，顾客感受到的服务缺陷经常比实际上的严重。这种感受上的偏差往往会影响顾客对服务和服务机构的印象。通过服务沟通，纠正顾客感受上的偏差，表达企业努力改进业务的决心，会给顾客留下真诚的感觉。

6.　培养忠诚

服务感受风险的存在使得顾客每一次消费都会小心谨慎。一旦跨越了这道障碍，对风险的回避便转向对品牌的忠诚。因此，通过服务沟通定期消除顾客刚刚萌生的不满，将有利于培养并维持顾客对品牌的忠诚度。

7.　强化记忆

营销沟通的第一层目的在于让顾客了解服务，第二层目的在于向顾客保证他们选择的正确性，第三层目的在于不断强化顾客对服务的记忆。如果顾客相信自己体验过的服务具有比较优势，那么不时的强化会树立起他对服务品牌的忠诚。

9.5　服务促销策略的实施

如前所述，服务促销往往可以帮助服务企业获取竞争优势，并获得盈利。但是为了确保服务促销的有效性，在服务供应商选定了促销方法之后，还必须考虑促销执行中的具体问题。

9.5.1　服务促销中的注意事项

作为一种在服务业中尚未被企业熟练掌握并加以应用的营销沟通工具，服务营销人员很可能会在服务促销中走入误区。一般而言，过多使用促销，或是对促销投入太多的精力，很可能分散对其他营销工具的关注，从而影响企业的发展。因此，服务供应商在服务促销的实施中必须认识到以下现象。

1. 服务促销可能会提高价格敏感性

尽管服务促销能够刺激顾客，但同时也会提高顾客对价格的敏感性。频繁的促销会逐渐使得许多顾客不愿意在非促销价格时购买产品。如果企业的大部分销售都是在促销情况下发生的，那么实际正常的价格在顾客看来就像是涨价了，从而变得毫无意义。

2. 服务促销无法取代其他方面的创新

在促销活动中投入太多的人力或是资金，很可能会分散企业在其他方面的创新能力，如非价格差异化或销售渠道的构建等，而这些能力正是大部分企业长期健康发展的基础。

3. 服务促销很可能演化成一场零和博弈

当竞争对手能够轻易发起促销活动时，促销大战就可能变成一场零和博弈，最终所有参与企业都会遭受损失。在促销不能为行业带来额外的需求增长时，更是如此。因此，服务企业必须精心设计促销活动并谨慎地加以执行。

9.5.2　设计具体的促销策略

服务促销既是一门科学，也是一门艺术。在设计具体的服务促销策略时，服务企业必须坚持权变管理的观点，综合考虑产品、市场、价值、时间、受益人和竞争等关键要素。

1. 产品

促销的具体服务是什么?如果促销的目的是抵御竞争，那么企业的选择就应该是那些处于竞争压力下的服务；如果促销的目的是吸引新顾客，那么风险低、价格又不贵的服务就能用来吸引顾客；如果促销的目的是在竞争中占据主动，那促销就应选择那些能使顾客与供应商建立长期关系的服务项目。一般而言，服务产品线越宽，企业作出决策就越困难。例如，航空公司只能促销飞机上的座位，除非它与酒店、旅行社或汽车租赁公司等联合起来提供服务包。而一家餐厅则可以有多种选择，如不同的菜色、套餐、甜点、特别服务等。

2. 市场

该促销是否针对特定的细分市场?服务定价较产品定价更易实行价格歧视，服务供应商在价格制定上的灵活性也更高。例如，一家酒店想要实施周期性的全国性促销活动，以建立其市场形象，那么它就可以根据各个细分市场的市场份额、入住率等设计相应的价格促销策略。此外，服务供应商还能针对特定的人群进行价格促销，这在有形产品促销中几乎是不可想象的。例如，交通运输业经常为学生和儿童提供价格优惠，一些机构为老年人提供半价或免费的服务。

3. 价值

正如我们之前提到的，价值增长类的促销，如价格、数量的促销为顾客提供了即时的现金价值，顾客能够以更低的价格购买到同等的服务；而价值附加类的促销，类似有奖销售或赠品等，则给予了顾客延时的价值，这种价值通常不与促销的服务直接相关，顾客付出同样的价格获得了更多的产品。服务营销人员在决定促销为顾客提供何种价值、提供多大价值的时候，必须充分考虑顾客偏好、成本和促销目标。当顾客的消费跨度可能很大时，促销价值可以设置多个等级，不同的消费额度对应不同的价值。实际上，可以把大多数促销看作在正常价格基础上提供了折扣。服务营销人员在设定折扣时，应考虑到所促销的服务在折扣价上的竞争能力。通常市场领导者不必提供与跟随者一样的折扣率便能取得同样的消费者回应，这是因为品牌放大了折扣的效果和顾客对价格的敏感性。不过，诱人的折扣确实可以吸引那些在正常价格下不会再购买服务的顾客。

4. 时间

服务营销人员在设计促销策略时必须面对三个问题：何时促销？促销持续多久？多久促销一次？在实践中，大多数促销都是为了平稳需求。因此，促销的目的在于平衡而不是放大季节性销售。在决定促销的持续时间时，应掌握目标顾客的购买周期和此次促销所提供的价值。购买时间间隔越长，促销的持续时间也相应越长，以保证促销活动触及所有的目标顾客。同样的，促销的频度也应该考虑竞争压力和顾客的购买周期。服务营销人员应注意避免让消费者觉得每个季度都会出现促销，从而尽量在促销期间购买产品。

5. 受益人

既然促销是为了影响和强化顾客的行为，那么企业确定正确的促销目标群体就非常重要。例如，支付宝为了鼓励顾客使用其作为支付方式，并且鼓励商户用支付宝进行收款，在顾客向商家支付时会适当的减价。

在有些情况下，使用服务的人并不是自己付款，像酒店业和交通业中的商务旅客。他们的旅行费用通常由公司支付，因此折扣对他们的吸引力是有限的。

此外，还存在着更为创新的方式——联合促销。例如，航空公司和连锁酒店合作，持航空公司当日机票可以在该连锁酒店享受贵宾折扣；或是旅行社与礼品店联合，报名旅行可获目的地礼品店现金抵用券等。这种促销方式，不仅为顾客提供了价值，而且服务机构可以分摊促销成本，并共同建立企业的知名度和形象。

6. 竞争

设计促销策略的最后一个要素便是争取在促销中形成能够与竞争者差异化的持续竞争优势。许多服务企业发现竞争者很快便能模仿自己的促销，如航空公司折扣券满天飞，银行业礼品战打得不可开交。营销人员经常很沮丧地看到自己所设计和发起的促销活动就这样被竞争者"绑架"了。在实践中，大多数的促销活动都很容易开展起来，而且一个企业很可能不能做什么来阻止竞争者抄袭自己的促销活动。此时，服务企业可以设计较为复杂的促销活动使竞争对手无法在短期内立即模仿，或者更为有效的方式是，寻找一个或更多知名的企业作为自己的促销合作商，并使自己成为它们的独家合作伙伴。

扩展阅读 9-5　Today 便利店利用大数据设计服务促销策略

9.5.3　有效管理服务促销

对于服务营销人员来说，如何有效管理企业的促销活动，也许不如他们在有形产品行业中的同行来的熟练。为了避免误用促销这一重要的营销沟通工具及因此造成的、在企业资金和营销人员努力方面的浪费，企业必须通过以下方式来有效管理服务促销。

1. 计划促销战略

计划年度促销战略，不要将促销作为应对竞争者的仓促选择。制订一个企业促销计划表，注明什么服务用来促销，何时促销，针对哪个市场，期望达到的目标及采用何种促销方法和手段。这样一个计划表能够保证企业促销的多样性、内部持续性和协调性。企业可以建立一个计划小组或是部门来保证计划流程的持续性。

2. 限制促销目标

服务营销人员不应对促销带来的效果寄予过高的期望，也不要试图在一次促销中实现过多的目标。估计促销预算并选择能够带来最大效果的目标，将人员和资金集中起来实现一到两个这样的目标。

3. 考虑捆绑促销

许多服务，尤其在旅游业中，都是以打包或者捆绑的形式销售给顾客的。服务营销人员可以通过同时促销多种服务或者与其他服务企业联合促销来扩大自己的促销资源，形成影响更大的促销活动。航空公司可以与酒店联合举行有奖销售，提供度假服务包。联合促销的每一方都能从对方的参与中获得益处。服务企业还可以与有形产品企业联合促销，借助其在产品市场中的有利资源接触到新的顾客。

4. 考虑复合促销

为了从市场上逐渐升级的促销大战中突围，企业可以经常同时使用数种促销技巧以制造出引人注目的事件，如，签约返利、提供折扣券、进行有奖销售。在"双十一"购物节时，顾客既可以享受到较低的价格，也可以在选好商品的基础上满额减款。

5. 激发整个营销系统

有效的促销措施能够在销售流程的所有相关者——顾客、服务人员甚至中间商中同时创造出"推"和"拉"的效果。例如，对顾客开展有奖销售，在销售人员和中间商中进行同主题的销售竞赛并为各个等级提供相应的奖品。

6. 在创新和简洁间寻求平衡

促销活动的设计给了营销人员很大的创新空间，并且，为了使企业促销能够充分与竞争者的促销形成差异，创新也是十分必要的。尽管如此，营销人员不能一味追求创新而使促销活动过于复杂，在制定促销规则时应该考虑顾客的理解和接受程度。

7. 评估促销的有效性

服务营销人员应该衡量每种促销方法能够给销售量带来的影响，估计在促销流程中哪种服务可能供应不足，检验是否达到了促销的目标，考虑产生差距的原因，为将来的促销活动积累经验。

本章小结

本章首先分析了影响服务促销策略设计的因素，然后具体论述了如何设计服务促销策略，即人员推销（人员推销的含义、服务企业推销人员的作用、服务人员推销的优缺点、人员推销的原则）、广告（服务广告的媒体、服务广告的主要任务、服务广告的指导原则、服务广告的策略）、服务的整合营销传播（整合营销传播的特点、服务的整合营销传播策略），最后系统分析了怎样实施服务促销策略，即服务促销中的注意事项、设计具体的促销策略（产品、市场、价值、时间、受益人、竞争）、有效管理服务促销。

核心概念

人员推销：服务机构的工作人员在与顾客的交往中向对方传递有关信息，刺激其购买欲望的活动。

传统广告媒体：包括电视、广播、报纸、杂志、户外广告等。传统广告媒体的费用比较高。此外，还有一些企业选择通过自己的印刷品进行宣传。

网络广告：融入互联网后的媒体形态以双向、多渠道等形式进行内容的传播与扩散，此时顾客参与到内容传播当中，并且成为内容传播介质。

口碑传播：口碑传播是一项营销者所不能支配的资源，对于服务机构及服务的购买选择却有着较大的影响。

整合营销：把传播过程从促销环节延伸到了产品（如品牌名称、标识与商品包装等）、定价和分销渠道等各个环节，即企业在整个营销过程中的每一个环节都需要与顾客进行沟通。

复习思考题

1. 简述服务人员推销的优缺点。
2. 服务广告的主要任务有哪些？
3. 设计服务广告的策略有哪些？
4. 服务的整合营销传播策略内容是什么？

5. 如何设计具体的促销策略？

本章案例

尚品宅配的服务营销

思考题：

1. 尚品宅配服务营销的特点是什么？
2. 为什么尚品宅配主动将家居咨询服务前移到网络？

即测即练

参考文献

[1] [美]克里斯托弗·洛夫洛克，约亨·沃茨，帕特里夏·周. 服务营销精要[M]. 李中，等译. 北京：中国人民大学出版社，2011.
[2] 王永贵. 服务营销[M]. 北京：清华大学出版社，2019.
[3] [瑞士]布鲁恩，等. 服务营销：顾客价值链的卓越管理[M]. 王永贵，译. 北京：化学工业出版社，2009.
[4] [美]菲利普·科特勒. 市场营销学（中国版）[M]. 王永贵，等译. 北京：中国人民大学出版社，2017.
[5] [美]菲利普·科特勒，凯文·莱恩·凯勒. 营销管理（全球版第 14 版）[M]. 王永贵，等译. 北京：中国人民大学出版社，2012.
[6] 王永贵，焦冠哲，洪傲然. 服务营销研究在中国：过去、现在和未来[J]. 营销科学学报，2021，1（01）：128-154.

第四篇

交付服务价值

第 10 章

服务流程策略

本章学习目标

1. 了解服务流程的概念及其影响因素；
2. 掌握服务流程设计工具——服务蓝图的概念、特点及开发步骤；
3. 理解高接触与低接触服务系统设计的差异；
4. 熟悉和掌握服务流程的生产线方法及其适用原则；
5. 掌握服务供给能力与需求匹配的策略，以及恰当的顾客排队等待策略；
6. 理解顾客参与服务交付的角色和方式，掌握管理顾客有效参与服务交付的策略。

引导案例

可靠的隔夜送达：联邦快递的服务交付系统

重要包裹隔夜送达——对于今天的物流快递公司来说并不是什么难事。然而，在 20 世纪 70 年代，联邦快递（FedEx）公司率先推出"保证将包裹和信件隔夜空运送抵目的地"的承诺及相应的服务系统，还是颇具创新性的。首先提出"可靠的隔夜送达"快递服务概念的，正是联邦快递创始人弗雷德·史密斯。尽管他的想法在当时看来有些荒谬，因为那时的货运物流行业是以一个完全不同的步调来运行的——日程不精确，货物信息很难跟踪。可是，联邦快递公司却因此而成为该行业的典范。

当时，空运主要承担人员的运送，信件只是航空公司的次要业务，因为传统的观点认为，空运既慢又不可靠。然而，作为一名电子工程师，史密斯在大学时就敏感地认识到了空运货物类似于由多个接口与一个功能盒相连接的电子网络。基于这种想法，诞生了联邦快递公司的"中心—辐射"传递网络，即将孟菲斯市作为公司的大本营，负责分发所有的包裹。从美国的任何一个城市夜间飞抵孟菲斯市的飞机卸下货物后，只需等待大约 2 个小时，就可以装上已准备好次日早晨运走的包裹并飞回所在城市。因此，从洛杉矶发往圣地亚哥的包裹要先空运到孟菲斯市，再飞抵圣地亚哥。除了极为恶劣的天气和分发出错外，网络设计保证了所有的包裹都能在一夜之间运到目的地。因此，联邦快递的服务交付系统设计本身就具有战略优势，而该优势正是联邦快递公司与其他空中货运公司的区别所在。今天，该公司已经延伸出了若干个中心（如纽瓦克和洛杉矶），并用卡车在临近的大城市间运送包裹（如波士顿和纽约）。

联邦快递的服务理念看似简单，却极具务实性和说服力。这种服务承诺需要企业可靠地整合各种业务资源，平稳无缝地衔接各个服务流程节点。

资料来源：贾丽军. 可靠的隔夜送达——联邦快递的承诺[J]. 广告大观（综合版），2005（06）：142-143；根据联邦快递公司公开的网络资料整理编写而成，https://v.qq.com/x/page/q33005azg7d.html。

10.1 服务流程设计

10.1.1 服务流程的概念与影响因素

1. 服务流程的概念与重要性

（1）服务流程的定义

所谓流程，按照国际标准化组织 ISO 9000 的定义，简单而言就是一组将输入转化为输出的相互关联和相互作用的活动。服务流程（service process），也称服务过程，是指与服务生产、交付和消费有关的程序、操作方针、组织机制、人员配备和使用的规定、对顾客参与的说明、对顾客的指导、活动的流程等。

（2）服务流程管理的重要性

①由于服务的不可分离性，服务交付与服务生产、服务消费融为一体，服务不可能脱离这个整体过程。相反，服务只有经过这一整体过程才算完成。流程管理涉及服务的生产、交付和消费环节，既影响服务的效率，也影响服务的效果。

②服务的易变性也对服务过程管理产生了影响。由于多数服务是非机械化生产，其服务过程难以标准化，因此服务营销只有预先设计好流程，特别是把握好"过程"，才能把握好服务的易变性，保证服务质量。

③服务的不可储存性也要求服务营销要重视对"过程"的计划与管理。由于服务无法库存，服务营销只有对"过程"精心策划，才能有效利用好服务时间和设备，调节服务的供求。

④服务过程还关系到顾客的参与感和责任感，设计和实施良好的服务过程，有助于增强顾客对服务的参与感和责任感，从而满足顾客特殊的行为要求。

2. 影响服务流程的因素

（1）服务"接触面"上的因素对服务流程的影响

服务系统的互动部分反映了顾客与服务组织的接触，"接触面"上的因素对服务流程的影响表现为下面几点：

①服务过程中的顾客。服务生产与消费的同步性决定了顾客或多或少都要参与到服务过程中来，因此，顾客的服务体验具有即时性、瞬间性、实地性。服务过程中顾客的角色行为是否恰当，直接影响服务流程的流畅性，甚至决定服务最终能否执行完成，从而影响顾客和接触员工的服务体验。其中任何一个小差错都可能引起顾客对服务的不满意。

②与顾客接触的员工。接触顾客的员工即服务一线人员的地位很重要，他们不仅要执行服务表现，还需要在关键时刻通过观察、问答及对顾客行为做出反应来识别顾客的愿望和需求，他们还能进一步追踪服务质量，在发现问题时及时采取对策。他们是服务过程的控制者，决定着服务过程质量和最终服务质量。

③服务系统和运行资源，具体包括排队系统、客户服务呼叫中心、自动柜员机系统或在线服务系统等。服务系统和程序会影响服务和执行任务的方式，并且对服务质量有双重影响。一是顾客必须和这些系统互动，所以它们直接影响顾客对服务质量的感知。例如，当顾客被要求填写的文件太烦琐时，就会感觉服务质量较差。二是服务系统和程序对员工作业也有影响，如果服务系统太陈旧或太复杂，操作此系统的员工会因此产生较差的服务体验，进而导致服务质量下降。

④有形资源和设备，它们构成了服务过程中的服务环境组合。比如宾馆大堂的地毯、柜台、灯光装修、背景音乐等，一切对服务接触有影响的氛围和有形因素共同构成了服务过程的可视部分。顾客、员工、运行系统及资源在此服务环境中相互作用，从而影响服务流程的效率和效果。

（2）服务支持系统对服务流程的影响

支持系统虽然不能为顾客所直接见到，但服务组织不能因为顾客看不见而有所忽视，反而应该将其纳入服务流程的整体设计之中，因为支持系统会直接影响服务互动部分的效率和效果。

①系统支持。系统支持是强调在可视线后的后台支持系统，与前面互动部分中的系统和运行资源有所不同。例如，银行如果购置了一套速度很慢的计算机系统，就无法满足及时进行快速决策及日常的现金调拨的要求，数据库也无法为接触顾客的营业员方便快捷地提供服务信息，这样可视线后的支持系统影响了服务过程质量。但如果是出于柜台风险控制而增加顾客从银行提取现金的手续，则是可视线以内的管理系统影响了服务过程质量。

②管理支持。管理支持程度决定着组织提供服务的共享价值、思考方式以及工作群体、团队合作和部门协作情况。如果管理人员没有为服务团队树立一个好典范，也没有能力鼓励团队关注顾客和培养服务意识，整个服务组织为顾客提供优质服务的动机、兴趣和协作能力就会减弱，进而损害服务流程质量。

③物质支持。与顾客接触的员工要正常完成工作，常常要依赖无法被顾客直接看到的各后台职能部门及其所提供的物质支持。这些提供支持服务的职能部门的员工必须将与顾客接触的一线员工视为自己的内部顾客，使内部服务质量与提供给最终顾客的外部服务质量一样出色，否则，一线员工的工作积极性会受挫。后台职能部门的物质支持出现差错，也将影响服务流程的效率和顾客感知服务过程质量。

10.1.2 服务流程设计工具——服务蓝图

1. 服务蓝图的概念及构成

服务是一种过程，而服务过程本身就是产品。为了使服务过程和服务系统具体化和可视化，营销学者肖斯塔克（G. L. Shostack）研究了工业流程设计和工作流程控制的技术后，设计出了服务蓝图（service blueprint）这样一种服务流程设计工具。

服务蓝图是一种有效描述服务提供过程的可视技术，它"是一种整体观察方法，可使人们在类似定格的照片的形式下，看到实质上是动态的、活生生的现象"。服务蓝图不仅要考虑创造和传递服务所需要的每一项活动，还要详细说明这些活动之间的联系。为了实现过程设计的目的，一张蓝图要记录一项特定服务过程中的所有步骤和发散点，这种记录所需达到的详尽程度要能用于区分任何两种互相竞争的服务。因此，服务蓝图使服务能在画板上被"设计"出来，使蓝图成为识别差距、分析竞争者、辅助市场调研和控制实施过程的工具。①

服务蓝图从以下四个方面展示服务的提供过程：服务实施的过程，服务的接触点，顾客和员工的角色、服务中的可见要素。服务蓝图通常包括顾客行为、前台员工行为、后台员工行为和支持过程四个构成要素。图 10-1 描绘了顾客在一个高档宾馆住宿一夜所经历的服务的整个过程。

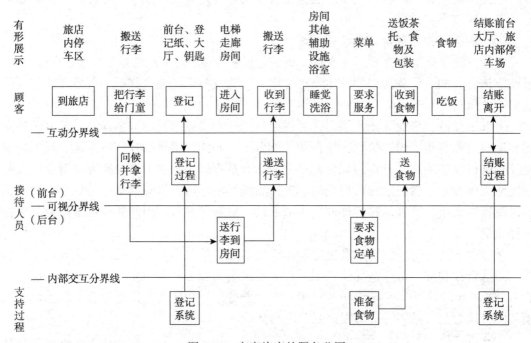

图 10-1　夜宿旅店的服务蓝图

资料来源：BITNER M J . Managing the evidence of service[M]. New York: Amacom, 1993: 363.

顾客行为包括顾客在购买、消费和评价服务过程中的行动、互动和选择等活动。例如住宿登记、接受行李、接受食物、结账离开等。与顾客行为平行且同时发生的是服务人员的行为。那些顾客能够看得见的员工活动是前台员工行为，例如，门童问候并接送行李，前台员工进行住宿登记和服务员将食物送到房间等。那些发生在幕后的支持前台员工工作的行为称为后台员工行为，如旅店洗衣房员工为顾客清洗整理衣物等。而酒店预订系统的运行，为满足顾客订餐厨房准备和加工食物等都属于服务支持过程。

---

① SHOSTACK G L. Service positioning through structural change [J]. Journal of Marketing, 1987, 51:34-43.

以上四个主要的行为部分由三条分界线隔开。最上端的是互动分界线,它表示顾客与服务组织之间直接的互动接触。每一条垂直穿过这条互动分界线的直线,都表明顾客与服务组织发生了一次服务接触。中间的分界线是可视分界线,它把前台员工和后台员工的工作区分开来,前台员工的行为是顾客能够看得见的,而后台员工的行为是顾客观察不到的。最下端的是内部交互分界线,用以区分服务人员的工作和其他从事支持服务的工作和人员。有垂直线穿过内部交互分界线,代表该处存在内部服务接触。在服务蓝图的最上方,每一个接触点的上面都列出了服务的有形展示。例如,在"登记"这一服务接触的上方列出了前台、登记纸、大厅和钥匙等物品和设施。

图10-1是一张简化的服务蓝图,肖斯塔克(G. L. Shostack)认为,严格意义上的、有效的服务蓝图必须具备三个基本条件:

①规定服务的时间框架,以图解的形式把时间向量表示出来。

②服务蓝图必须确定和处理服务过程中出现的错误(失败点),识别系统中的瓶颈等。潜在服务失败点一般有三个特征:

a. 潜在的发生运营故障的高危点;

b. 故障所导致的后果是顾客可以见到的;

c. 顾客认为该系统故障特别重要。

③服务蓝图必须以研究和经验为依据,精确地界定执行过程中所允许出现的绩效偏离标准的程度,这以不影响顾客对质量和活动时间表的评价为条件。

2. 服务蓝图的特点和作用

服务蓝图涵盖了服务提供系统的全部处理过程,包括信息处理、顾客接触和需要特别强调的步骤和关键服务失败点。服务蓝图与其他流程图最明显的区别是它将顾客纳入服务系统,强调顾客看待服务的视角。因此,在设计服务蓝图时,应该从顾客看待服务过程的视角出发,逆向思维,导入服务提供系统,这种视角设计的服务蓝图必将是以顾客为导向的。从这个视角设计出来的服务蓝图可以使服务企业较容易了解到顾客对服务过程的观点,并跟踪顾客的行为。服务企业进而可以思考这样一些问题:顾客是如何使服务产生的?顾客有什么选择?顾客是高度介入服务过程,还是只表现出有限的行为?从顾客的角度看,什么应该是恰当的服务有形展示?这与组织的战略和定位一致吗?

当然,服务蓝图也可以使我们了解服务人员的角色,这表现在可视线上下的员工行为中。从这个视角,服务企业要思考的问题是:服务流程合理吗?谁来接待顾客?何时接待?如何接待?频率怎样?

一方面,通过服务蓝图,有利于企业用以分析和管理服务运营过程,提高运营效率;另一方面,通过分析流程中的接触点和失误点,并采取相应的措施予以改进,可以提高服务质量。

3. 开发服务蓝图的步骤及注意事项

服务蓝图的作用并不只是对服务过程的指导意义,更重要的是在开发服务蓝图的过程中帮助服务企业识别各种问题。它有助于澄清概念、开发共享的服务规划、识别在服务设计之初无法认识到的复杂性问题以及确定服务人员的角色和责任等。值得注意的是,服务蓝图的开发不是一个人或一个部门所能单独完成的，它需要诸多职能部门的通力合作。图 10-2 展示了开发服务蓝图的基本步骤。

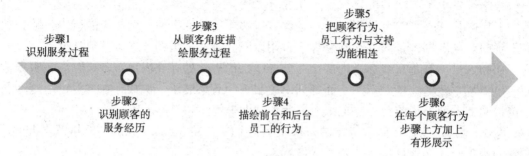

图 10-2　开发服务蓝图的基本步骤

资料来源：V. 泽丝曼尔，等. 服务营销[M]. 第 7 版. 张金成等，译，北京：机械工业出版社，2018：205.

步骤 1：识别服务过程。开发服务蓝图的目的，在于使各种不同的生产要素有条不紊、循序渐进地沿着顾客需求的方向流动。服务蓝图可以有不同的开发层次相对应，不同服务的服务蓝图的复杂程度和深入程度也各不相同。图 10-1 描绘的是顾客在一个高档宾馆住宿一夜的服务蓝图，服务流程和步骤都相对简单。但如果需要描绘为期一周的旅店度假或历时几天的商务会议，则整个过程会复杂得多，互动行为也会成倍式增加，此时服务蓝图的复杂程度也将随之增加。实际工作中，如果需要的话，针对服务蓝图中的任何步骤都可以进一步细化为更为深入细致的服务蓝图，即子过程蓝图。

步骤 2：识别顾客的服务经历。理论上，服务企业可以将不同的顾客纳入同一幅服务蓝图之中，但如果服务过程因为细分市场而有所不同，就应该为某类特定的细分顾客群单独开发服务蓝图。此时，一定要避免设计时对细分市场的划分含糊不清，从而保证服务蓝图效能的最大化。

步骤 3：从顾客角度描绘服务过程。包括描绘顾客在购买、消费和评价服务中经历的选择和行为。从顾客的角度识别服务流程，可以避免把注意力集中在对顾客没有影响的流程和步骤上，这要求服务企业必须明确顾客到底是谁，进而确定顾客如何感知服务流程。如果细分顾客群以不同的方式感知服务流程，则要为每个不同的细分顾客群单独绘制服务蓝图。然而，服务企业对顾客所感知的服务的认识可能同顾客的实际感知有差异。比如，在去医院就诊的服务中，患者可能把开车去医院、停车和寻找挂号处及诊室也看作医院服务过程的组成部分，而医生却并不把这些环节视为服务已经开始。这种认知差异所导致的结果是，医院和医生对某些环节服务质量的忽视必然会影响患者对整体服务质量的感知。由此可见，从顾客角度描绘服务过程是非常重要的。

步骤 4：描绘前台与后台员工的行为。画出互动线和可视线，然后从顾客和员工的视角绘制服务过程，在可视线上下分别绘制前台员工和后台员工的行为。在这一阶段，可以向一线员工具体询问他们的服务行为，分辨出哪些行为是顾客可见的，哪些行为是发生在幕后的。同时根据调研和竞争需要，设定服务主要环节实施的时间框架和执行标准。

步骤 5：把顾客行为、员工行为与支持功能相连。在服务蓝图的下端画出内部交互分界线，它可以反映出员工行为和支持部门之间的联系。若干垂直的直线穿过三条分界线，把相关联的顾客行为、员工行为和支持功能连接起来。

步骤 6：在每个顾客行为步骤上方加上有形展示。这些有形展示列出顾客可以看到的事物，以及顾客在服务过程的每一步骤中所得到的有形物品。有形展示必须有助于识别服务企业提供服务的过程，并且能够与服务企业的整体战略及服务定位相一致。

4. 服务蓝图中的失败点及预防

已有研究指出，简单的、基本的服务蓝图可以描绘出服务设计的特性，却不能保障服务过程与事前的服务设计相吻合。运用故障预防程序（poka–yokes，来源于日语，意为"避免错误"）可以有效解决这一问题。为此，在设计服务蓝图时，首先要识别服务过程中每一个步骤上可能出现的故障（失误点），并以Ⓕ字符标示，做好预防和补救服务失败的准备。其次，针对这些故障制定出可以避免故障发生的预防措施，即故障预防程序。最后，设计人员要将这些可能的故障和故障预防程序一一记录在服务蓝图的上、下两端。

故障预防程序不仅完善了服务蓝图的功能，而且在实际的企业运营过程中也得到了大量的直接运用。例如，外科医生用来检验是否有器械留在病人体内的锯齿盘，维持排队秩序的铁链，自动取款机上提醒人们操作结束后取回银行卡的信号装置等，都属于故障损防程序。

10.2　服务流程管理

10.2.1　分离技术核心，高接触与低接触服务提供系统分离作业法

顾客接触是指顾客出现在服务提供系统之中。顾客接触度可以用顾客出现在服务提供系统中的时间与服务总时间的百分比来表示。在高度接触的服务中，顾客通过直接接触服务过程而决定了需求的时间点和服务的性质。顾客对服务过程的感知是决定服务质量的一个重要因素。在低度接触的服务中，顾客因为不出现在服务提供系统中，因而不会对服务交付过程产生直接影响。

根据这一分类，蔡斯（R. B. Chase）主张在对服务运营进行设计时，将一个服务提供系统分为高接触作业和低接触作业两部分，然后在每一个领域内单独设计服务流程。表 10-1 解释了高接触服务与低接触服务的不同设计思想。低接触服务像制造业的工厂一样运营，所有的生产经营观念和自动化设施均可使用；而高接触度服务要求员工具有较高的人际技能，因为顾客在一定程度上参与了服务生产过程，所以服务的水平和任务存在很大的不确定性。

将服务提供系统按顾客接触程度分为两个部分，既可以让顾客感受到个性化的服务，又可以通过批量生产实现规模经济。这种方法的成败取决于服务生产过程中顾客接触的程度，以及在低接触度服务中分离核心技术的能力。

事实上，在高度接触服务和低度接触服务之间存在很多中间状态，由此形成服务系统设计矩阵（见图 10-3）。按照顾客与服务接触程度的差异，服务系统设计分为隔离核心

表 10-1　高接触服务与低接触服务的设计思想

设计思想	高接触服务	低接触服务
设施地址	接近顾客	接近供货、运输、港口
设施布局	考虑顾客的生理和心理需求及期望	提高生产能力
产品设计	环境和实体产品决定了服务的性质	顾客在服务环境之外
过程设计	生产环节对顾客有直接影响	顾客不参与大多数处理环节
进度表	顾客包括在生产进度表中且必须满足其需要	顾客主要关心完成时间
生产计划	订单不能被搁置，否则会丧失许多生意的机会	出现障碍或顺利生产都是可能的
员工技能	直接人工构成了服务产品的大部分，因此必须要能够很好地同公众接触	员工只需要一种技能
质量控制	质量标准取决于评价者，是可变的	质量标准是可测量的、固定的
时间标准	由顾客需求决定，时间标准不严格	时间标准严格
工资支付	易变的产出要求计时付酬	固定的产出要求计件付酬
能力规划	为避免销售损失，生产能力按满足最大需求为准设计	储存一定的产品以使生产能力保持在平均需求水平上
预测	短期的、时间导向的	长期的、产出导向的

资料来源：CHASE R B. Where does the customer fit in a service operation[J]. Harvard Business Review, 1978(11-12): 137-142.

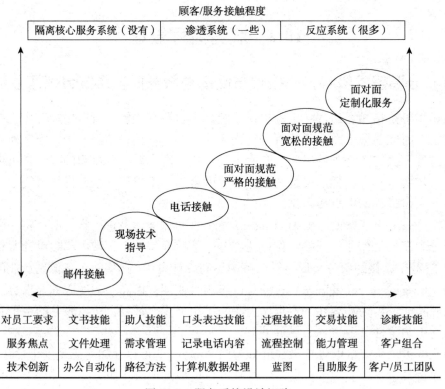

图 10-3　服务系统设计矩阵

资料来源：改编自 CHASE R B, AQUILANO N J. A matrix for linking marketing and production variables in service system design[M]. Production and Operation Management, 6th ed., Richard D Irwin, Inc. Homewood, Ill.，1992: 123；蔡斯，等. 生产与运作管理：制造与服务[M]. 宋国防，等译. 北京：机械工业出版社，1999：146-147.

服务系统方式、渗透系统方式和反应系统方式。顾客接触度由邮件接触到面对面定制化服务而渐次提高，销售的机会也逐渐增多。与此同时，服务组织的生产率却在不断下降，因为它所能给予服务的顾客数量在减少。因此，在选择服务交付方式时，应在营销和生产之间进行权衡。

该矩阵的下半部分表示，随着顾客与服务接触程度的变化，在对员工要求、服务焦点和技术创新方面所发生的变化。例如，邮件接触要求员工具备文书处理的技能，服务焦点是处理文件，技术创新集中于办公自动化方面；而面对面规范宽松的接触要求员工具有交易技能，运作上强调企业的能力管理，在自助服务方面需要进行技术创新。

一个好的服务系统设计应该符合如下标准：

（1）服务系统的每一个要素都与企业运营的核心相一致。

（2）系统对用户是友好的。顾客可以很容易地与系统进行交流，系统有明确的标志、可理解的形式、逻辑化的过程，以及有能够解答顾客疑问的服务人员。

（3）系统具有稳定性，能够有效应对需求和可用资源的变化。

（4）系统具有结构化的特点，保证服务人员和服务系统提供一致性的服务。

（5）系统为后台和前台之间提供有效的联系方式。

（6）系统具有显示服务质量的证据，以使顾客了解系统所提供服务的价值。

（7）在服务提供过程中，系统对时间和资源的浪费应达到最小。

10.2.2 生产线方法

生产线方法（production-line approach）指服务企业像制造业企业一样，以流水线作业的方式大规模提供标准化的服务产品。这一方法包括软、硬技术在服务运作系统"前台"和"后方"的应用。通过这种方式提高运营效率相对来说还是少见的，事实上，快餐店提供了一个经典的例子。服务流程设计的生产线方法在实践中需要注意以下几点。

（1）服务标准化。不仅要求限制服务项目的数量有利于控制服务过程，而且要使顾客定制化压缩到最小限度。这样服务变成了事先已规划好的常规工作，便于顾客有序流动。问题的关键就是如何以某种可接受的质量水平提供高效率、标准化的服务，同时为每位顾客提供符合其意愿的特殊服务。标准化有利于稳定服务质量，而特许加盟服务方式正是充分利用了标准化的好处，建立全国性的组织，克服了服务半径有限带来的需求受限问题。

（2）员工权限有限。对标准化的常规服务而言，顾客更关注服务行为和过程的一致性。例如，连锁美发厅的每一家加盟店都将提供质量和水平相同的洗发服务流程，从而使洗发服务的顾客满意度达到一个相似的水平。这同制造业生产标准化产品的情况是一样的。

（3）合理的劳动分工。生产线方式要求将全部工作分为若干项简单的工作。这种劳动分工使员工可以发展专门化的劳动技能，提高劳动生产率。

（4）用新技术和新设备替代人力。企业不断开发新技术并用新设备来替代人力服务，以提高效率并保持服务质量稳定。例如，物流行业大量使用智能机器人进行仓储分拣业务，银行利用自动柜员机（ATM）替代办理存储业务的人员，减少了人工和劳动成本。

10.2.3 顾客合作生产法

顾客合作生产法是指企业鼓励顾客积极参与，允许顾客在服务过程中扮演积极的角色，将一些本来由服务组织承担的工作转交给顾客来完成的一种服务系统设计方式。一方面，顾客变成了合作生产者而使服务企业的生产力得到提高；另一方面，顾客的参与提高了服务定制的程度，进而提高了顾客的满意度。由此，顾客合作生产给服务企业和顾客都带来了利益。典型的例子是瑞典宜家在设计服务系统时采用了顾客合作生产法。

从服务组织的角度来看，顾客合作生产的方式有如下优点：

（1）降低劳动力成本。随着员工工资的上升，劳动力成本增加，促使服务企业用顾客参与来代替个性化的服务。

（2）合作生产实现一定程度的定制。如果一家服务企业把目标集中在那些愿意进行自我服务的顾客群，那么，让顾客参与到服务过程中来可以以某种程度的定制来支持成本领先竞争战略。

（3）缓解暂时性的员工短缺。当服务企业面对需求高峰而出现人手相对短缺时，顾客参与可以起到一定程度的缓解作用。

（4）利用顾客参与管理服务需求。通常，服务需求会有高峰期和低谷期，为了平衡需求，实施顾客提前预约是顾客进行合作生产的典型方式。服务企业通过价格优惠等措施鼓励顾客进行预约，或提供打折把顾客引导到需求低谷期进行消费。当这些管理顾客需求的策略失效时，服务企业仍然需要顾客的合作，使他们愿意等待，从而达到较高的服务能力利用率。

许多新技术的诞生使顾客能够完成以前由服务人员从事的工作，进而使顾客同服务企业合作生产的可能越来越大。如自动柜员机（ATM）和自助加油服务系统，以及网络时代逐渐普及的网上银行、手机银行等。

10.2.4 服务供给能力与需求匹配策略

1. 改变顾客需求时间以适应生产能力

下面是一系列可以用来改变或提高顾客需求的方法，企业可以使用这些方法或方法的组合，改变顾客需求时间，以适应生产能力，如图 10-4 所示。

（1）在高峰时段降低需求

对于服务商来说，匹配服务能力和需求的一个重要方法是在顾客需求达到高峰时段时努力降低需求。

①与顾客沟通。通过与顾客沟通，使其了解需求的高峰时间，并建议他们选择其他时间获得服务，以避免拥挤或等待。

②改变服务传递的时间和地点，以更好地适应顾客的需求。如银行在工作日开业更早，并一直营业到下午 6 点，而且在星期六也开放，这就很好地满足了需求。另外，在大卖场和超市开设的支行，旨在为顾客提供办理银行业务的多种选择。

需求高	转换需求	需求低

（降低峰值时段的服务需求）

- 将繁忙时段告知顾客
- 改变提供服务的时间和地点
- 非高峰期的激励机制
- 为忠诚客户和高需求的顾客提供优先权
- 为服务提供全价——没有折扣

（增加服务需求量与服务能力相匹配）

- 从目前市场细分中增加商机
- 用广告说明高峰时间和使用非高峰服务的益处
- 改变设施使用方式
- 改变服务的供给
- 价格差异

图 10-4 改变顾客需求时间以适应生产能力的策略

资料来源：V.泽丝曼尔，等著. 服务营销[M]. 第 7 版.

张金成，等译. 北京：机械工业出版社，2018：324.

③激励非高峰时间的使用。一些企业设立激励机制，鼓励顾客调整他们的需求时间，如泳池承包商在淡季提供额外的娱乐设施（如免费的跳板、免费的烘干机和更大的泳池）给那些愿在淡季前来游泳的客人。

④设置优先顾客。当服务的需求很高但能力有限时，服务提供商可以为忠诚顾客和高需求顾客提供优先权。

⑤收取全价。当企业知道自己的服务处于需求高峰时，其往往对服务收取全价。如美国航班一年中最忙的时段之一是感恩节假期前后，因此大多数航班优先为那些付了全款的顾客安排座位，且不允许使用飞行里程换取免费座位。

⑥增加需求匹配能力。服务供给商在服务能力没有全部使用时应增加需求匹配能力。

⑦培养顾客的消费习惯。在需求低且价格低的时候，可以通过广告或促销信息告知顾客。还可以宣传在峰值和非峰值的不同时间段内，顾客会有不同的服务体验。

⑧改变设施使用方式。可以依据一年中的某个季节、一周中的某一天等改变服务设施的使用方式。例如，如果拍摄电影或电视剧需要真实的医疗设施，医院可以为剧组在设施使用率低的时间段提供设施租赁服务。

⑨改变服务交付的方式。例如，由顾客到服务场所改为送货到顾客需要的地点。麦当劳提供食物外卖服务也是改变服务交付、增加服务需求的一种方法。

实施改变服务供给策略时，一定要仔细考虑，因为这些变化需要相关的营销组合变量做出相应的变化以形成新的供给，如促销、价格和员工服务策略等。

（2）差别定价

指企业通过差别化定价来调节顾客对服务的需求。为保证策略的有效性，该策略要仔细分析需求曲线和顾客对价格的刚性敏感度。例如，对于那些刚性需求的商旅顾客，酒店淡季降价的作用就不大，但对于有家庭旅游计划的顾客却具有较大的刺激作用。

不过，过度使用差别定价策略来适应需求也存在很大的风险。一旦顾客习惯了低价格，就会希望在其他时间也获得相同价格的服务。如果与顾客的沟通不清楚，顾客会不理解，并希望在需求高峰时支付同样的价格。过度依赖或者排他使用价格作为匹配需求的策略，会对企业形象造成伤害，也可能使企业吸引到其并不想要的细分市场，还会造成高付费顾客的不公平感。

2. 改变供给能力以适应需求

第二种策略方法是改变供给能力，以达到供给与需求的匹配。基本思想是改变和扩展已有的能力，并与顾客需求相匹配。在需求的高峰时期，将尽可能扩展能力；在需求低谷时期，将努力压缩能力，以避免浪费资源。下面将讨论四种改变基本服务资源（时间、劳动力、设备和设施）的策略，如图10-5所示。通常，这一系列策略可以同时使用。

需求高　　　　　调节能力　　　　　需求低

（扩展现存能力）　　　　　　　（使资源与需求保持一致）
- 增加人员、设施、设备的工作强度　　　- 在低需求期安排修整时间
- 雇用临时工　　　　　　　　　　　　- 维修设备和修复
- 交叉培训员工　　　　　　　　　　　- 安排休假和开展员工培训
- 外包　　　　　　　　　　　　　　　- 改造或移动设施和设备
- 租赁或共享设施或设备

图 10-5　改变能力适应需求的策略

资料来源：V.泽丝曼尔，等. 服务营销（第7版）[M]. 张金成等，译. 北京：机械工业出版社，2018：326.

（1）扩展现有能力

在不增加新的资源的前提下，通过增加人力、设施和设备工作时间和强度，以适应顾客需求。

①增加人员、设施、设备的工作强度。可以暂时延长工作时间以满足需求。例如诊所可以在感冒多发季节延长工作时间，零售店可以在假期购物期间延长营业时间，会计师事务所可以在纳税临近的时候增加咨询预约时间（晚上和周六）。电影院、餐厅、会议设施和教室有时可以增加桌子、椅子或其他顾客所需的设备。或者如通勤火车一样，通过设置站立车厢满足顾客的需求。同样，电脑、电话线、旅行巴士或维护设备可以在最大能力范围内短期增加工作负荷，以满足顾客的需求。

需要注意的是，使用扩展策略应该仅持续比较短的时间，以保证设备和设施的维护，以及使超负荷的工作员工能够恢复精力。

②雇用临时工。组织的人力资源应该与需求相适应。如零售店在假日期间会雇用临时工，会计师事务所在纳税期间会招聘辅助人员，旅行社在高峰季节会招聘更多的员工。

③跨岗培训员工。员工经过跨岗培训，就可以接受不同的任务到临时需要他们的岗位上去工作，这样可以提高整个系统的效率，避免某些部门的员工很清闲而有些部门的员工超负荷工作。

④服务外包。例如，近几年许多企业发现它们没有能力满足自身的技术支持、网页设计及软件相关服务方面的需求，于是这些企业求助于专业化的企业，来外包这些工作，作为暂时性的（或者长期的）解决方案，而不是设法雇用并培训额外的员工。

⑤租赁或共享设施或设备。对一些组织而言，在需求的高峰时刻可以租用额外的设备和设施。例如，快递服务在假日运输的高峰时期可以租用卡车，几家医院可以共享某

台大型医疗设备。

（2）调整使用资源

这一策略有时被称为"追逐需求"策略。通过创造性地改变服务资源，包括时间、劳动力、设施、设备，组织可以追踪需求曲线，使其能力与顾客需求模式相匹配，具体方法如下。

①在低需求期间，安排服务系统休整、维护和技术更新。例如，网络银行服务经常在周日早上（4—6时）定期进行软件升级，以使服务中断的影响降到最低。

②在需求淡季定期对服务环境、设备和设施进行维修和翻新。

③在需求低谷时，合理安排员工休假和开展培训。

④改造或移动设施和设备，创造性地改造现存能力以应对需求的波动。比如饭店可以对房间进行改造，以适应高峰和非高峰的需求。另一个策略是在一个新地点提供服务，以满足顾客的需求，或者把服务送到顾客那里。流动训练设施、宠物照料车、接种流感疫苗和献血设施是这种追踪顾客、提供服务的典范。

10.2.5 采用运营原理，制定恰当的顾客等待策略

由于服务供给能力与需求不可能匹配，或者匹配成本很高，顾客等待常常是必须的。为有效处理顾客等待的问题，组织可采用四个比较普遍的策略。

1. 采用运营原理合理安排顾客排队

如果顾客等待很普遍，那么企业就应该首先分析运营过程以消除所有无效率的工作。如可以重新设计系统，以便顾客能够尽快获得服务。

当排队不可避免时，企业应考虑采用何种排队系统以及怎样设计排队结构。排队结构是指队的数量、地点、空间要求以及它们对顾客行为的影响。图10-6列出了几种可行的方法。在多队系统中，顾客到达时必须选择排哪个队等待，如果其他队等待时间变短，选择是否要换队。在单队列系统中，排队规则是先到先服务，该系统可以从整体上减少顾客等待的平均时间。然而，如果顾客感觉队伍太长，或许就会离开。图10-6中最后的一种方法是取号排队，这样，顾客到来就能获得一个表明其排队位置的编号。其优点除与单列排队系统相似之外，顾客还可以到处转转或与其他人交谈。其缺点是顾客必须注意倾听喊号，否则会错过。

2. 建立预订系统和预约制度

当排队不可避免时，预订系统可以帮助扩展需求。预订系统可以保证顾客到来时获得及时服务。除此之外，预订系统还可以通过转移需求到低需求时段而获得潜在利润。然而，预订系统的挑战在于如何处理违约问题，因为总会有顾客预订了却不能赴约。有些企业处理这类问题的方法是根据过去违约的概率使预约的数量稍稍超过其能力。如果预测准确，超额预订是一种很好的解决办法；而当预测不准确时，顾客就不得不等待，或根本得不到服务，比如当航班超额预订数超过其空余座位数时。在这种情况下，因超额预订得不到服务的顾客必须得到及时补偿。

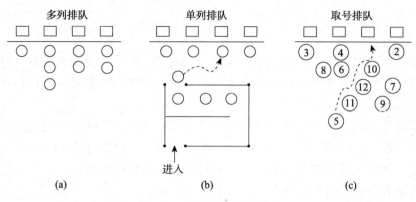

图 10-6　排队系统示意图

资料来源：V. 泽丝曼尔等. 服务营销（原书第 7 版）. 张金成等，译. 北京：机械工业出版社，2018：333.

3. 区分安排不同的等待顾客

为获得服务，并非所有顾客都必须等待相同的时间。根据顾客的优先级，一些企业把顾客分成不同的部分，允许一些顾客等待的时间比其他顾客短。虽然最普遍的规划是先到先服务，但服务企业还是可以灵活运用其他规则，其依据是：

（1）顾客的重要性。那些经常光顾的顾客或长期顾客可以获得优先权，提供给他们单独的排队区域或特殊服务。

（2）工作的紧急程度。可以优先为那些急需获得服务的顾客提供服务，该策略被应用于急救中心等。

（3）服务交易的时间。用时不长的服务可通过"快速通道"获得优先权，如超市快速通道。

（4）支付溢价。那些额外支付溢价的顾客（如航班上的头等舱）可以获得优先权，如单独的检票口或快速通道。

4. 减少顾客感知等待时间，使等待变得愉快或至少可以忍耐

当顾客不得不等待时，他们在等待中的满意度取决于组织对等待过程的处理方法。研究表明，不是等待的实际时间，而是顾客在等待期间的感知影响其满意度。下面是一些常用的减少顾客感知等待时间的方法。

（1）为等待的顾客提供一些活动或利益，如书籍、资料、相关视频，或者娱乐项目。

（2）让顾客等待的时间被那些与服务相关的活动所占用，顾客可能会感觉服务已经开始，甚至会觉得已经不在等待了。

（3）为解决顾客等待过程中的焦虑问题，可以提供关于等待时间的信息。这就是迪士尼在主题公园里采用的方法，沿着队伍每隔一段距离就给出标记，顾客就会知道从此地起等待时间将有多长。使用单队列策略，既可减少顾客对等待的不公平感知，也可以避免顾客选择了"错误的队列"产生的焦虑。

（4）为顾客提供关于期望的等待时间或者在队列中的相关位置信息，使顾客获得较为积极的感受并对服务质量产生更正面的评价。

（5）向顾客提供合理的解释，减少等待的不确定性，帮助他们了解将被延误的时间预期及其原因，获取顾客的谅解。

10.3 顾客参与服务交付

10.3.1 顾客参与服务交付的角色和重要性

1. 顾客的角色

在服务交付中，顾客常常扮演三种主要角色：顾客作为生产资源，顾客作为质量、满意度和价值的贡献者，顾客作为竞争者。

（1）顾客作为生产资源

服务中的顾客被看作企业的"部分（兼职）员工"，是增加企业生产能力的人力资源。一些管理专家建议，考虑到顾客作为服务系统的一部分，企业的边界应该扩展。

顾客投入和由此产生的服务产品的质量和数量，会影响到企业的生产力。对此有两种不同的观点：一些专家认为，服务传递系统应尽量和顾客投入相隔离，以减少顾客给生产带来的不确定性。这种不确定性主要表现在顾客投入时间的多少、顾客态度和顾客行为的难以控制。其建议是，对于任何不要求顾客接触和介入的服务活动，服务生产过程都应远离顾客，顾客和服务系统的接触越少，该系统效率运行的潜能越大。另外一些专家则认为，如果顾客真的被看作部分员工，并依据顾客对生产过程的贡献最大化来设计顾客的参与角色，可以最有效地提供服务。这一主张的逻辑是，如果顾客学会相关服务活动，或者指导他们更有效地完成服务活动，企业的生产能力就能提高。例如，许多航空自助服务技术的引入，如自助包裹登记、自助购票等技术，能够提高顾客的自我服务效率，并能空出员工去执行其他任务。通过把顾客作为可替代员工的一种人力资源，企业生产力能够得到提高。

尽管企业可以通过把顾客当作合作生产者来获得显而易见的生产利润，顾客却不总是喜欢或接受他们的新角色，特别是当他们认识到这样做是为企业尽可能地节约成本后。如果顾客从合作生产中不能看到清晰的利益（例如，低价格、更快接触、更优秀的质量产出），他们可能会讨厌或是排斥合作生产者的角色，特别是当他们意识到这样做只是为公司带来效益时。同样，员工有时会因顾客的参与而感到沮丧。正如银行业的一项研究显示，顾客参与虽然增强了顾客的体验和价值，但这种参与打断了员工的正常工作程序，从而给员工带来了压力。

（2）顾客作为质量、满意度和价值的贡献者

顾客在服务传递中扮演的另一个角色是其满意度及最终质量和他们所体验的服务价值的贡献者。顾客或许不那么关心他们的参与是否提高了企业的生产力，但是他们肯定非常关心自己的需要是否得到满足。有效的顾客参与会提高满足顾客需要的可能性，而且顾客实际上也得到了他们期望的利益。特别是保健、教育、个人健康和减肥这样的服务，服务的产出高度依赖顾客的参与。

一些金融和医疗服务机构的研究表明，相较于服务提供者而言，由顾客带来的有效

产出更能提高服务满意度和品牌忠诚度。有效的顾客参与对于 B2B（企业对企业的电子商务模式）服务商同样重要。例如，运输行业的企业发现，许多情况下，由于寄件人没有恰当地包装物品，导致了物品破损，或者由于物品需要重新包装而耽搁了时间，从而使顾客对服务不满。研究表明，在服务过程中，那些有效完成了属于自己的一部分任务的顾客更容易对服务感到满意。研究显示，顾客质量感知随着参与水平的增加而提高。例如积极参与俱乐部活动的顾客要比较少参与的顾客对服务质量的评分更高。

顾客会以多种方式贡献于服务交付中，主要表现为顾客会提出许多问题，对其满意度负责，在服务失误时投诉等。不同程度的顾客参与导致了服务质量和顾客满意度的不同结果。负责任的顾客与鼓励顾客成为合作伙伴的服务供应商，双方能够共同实现较高的服务质量。

（3）顾客作为竞争者

顾客扮演的最后一个角色是潜在的竞争者。使用自助服务的顾客在某些情况下可以部分或全部地为自己提供服务，而不再需要服务供应商。在这种情况下，顾客就可能成为提供该服务的企业的竞争者。是自己为自己提供服务（内部交换，如照顾孩子、维修住宅、修理汽车），还是让其他人为自己提供这些服务，对顾客来说是一个普遍的两难选择。类似的，采用内部交换还是外部交换也是企业会遇到的问题。企业常常选择外部服务资源来完成以下工作，诸如工资发放、数据处理、研究、会计、维修和设备管理等。企业集中于核心业务，把这些基础的支持服务留给具有更多专业知识的人会对企业更为有利。但作为一种选择，企业也可以决定停止购买外部服务，由企业内部完成这些基础服务。

2. 服务交付中顾客的影响

在任何服务中都不可避免地有不同程度的顾客参与。由于服务的生产和消费同时进行，在许多情况下，员工、顾客，以及服务环境中的其他人员相互影响，生产出最终的服务产品。由于顾客的参与，顾客成为服务组织生产过程中必不可少的因素，他们实际上能控制或增加自己的满意度。这种顾客参与是符合以服务为主导的市场逻辑的，并印证了顾客可以共同创造价值的观点。

（1）接受服务的顾客的影响

由于接受服务的顾客参与了服务传递过程，其会通过适当或不适当的，有效或无效的，活跃或不活跃的行为对质量差距产生影响。顾客的参与水平或低，或中，或高，在各类服务中是不同的，表10-2展示了不同的顾客参与水平下对顾客的要求及其影响。顾客在各种水平的参与有效性将影响企业的生产力，最终影响服务质量和顾客满意度。

特别是复杂的或者是长期的 B2B 咨询服务，属于顾客高度参与的服务，顾客必须参与如下活动：识别问题，解决共同的难题，不断沟通，提供设备和工作空间，执行方案等。

（2）其他顾客的影响

在大多数的服务环境中，顾客可能与其他顾客同时接受服务，或者和其他顾客按顺序接受服务。这两种情况下，其他顾客会影响服务结果——可能增加或降低顾客满意度和服务质量感知。

表 10-2 不同服务中的顾客参与水平

顾客参与水平	特点	最终顾客举例	B2B 顾客举例
低：服务传递时要求顾客在场	商品是标准化的 服务提供时不考虑顾客的购买 付款可能是唯一要求的顾客投入	航空旅行、汽车旅馆、快餐店	统一的清洁服务、虫害控制、室内草木维修服务
中：完成服务需要顾客投入	顾客投入（信息、材料）使标准产品定制化，要求顾客购买 顾客投入是必需的，但是由服务企业提供服务	理发、年度体检、全方位服务的餐厅	创造性的广告代理活动、工资代发、货物运输
高：共同生产服务	积极的顾客参与，指导定制化服务 需要顾客的购买和积极参与 顾客投入是必需的，并一同创造结果	婚姻咨询、个人培训、减肥计划	管理咨询、行政管理培训、计算机网络安装

资料来源：A. R. HUBBERT. Customer co-Creation of service outcomes: effects of locus of causality attributions[D]. Arizona State University, Tempe, A Z, 1995.

其他顾客所表现出来的行为方式，如破坏性的行为、引起延误、过度拥挤等，会消极地影响服务体验。在餐厅、饭店、飞机上和其他的环境里，顾客接受服务时紧挨在一起，哭泣的婴儿、抽烟的同伴，以及高声喧哗、不守秩序的群体，都会破坏或减损其他顾客的服务体验。不同细分顾客群在同一场景中接受服务时也可能使顾客有不愉快的服务体验，如吸烟与不吸烟的顾客混在一起时。另外，研究发现，当顾客不能遵守明确的或暗含的"行为规则"时，彼此之间会产生消极影响。同时，顾客的不当行为会传染给别的顾客。

当然，有关其他顾客会增加同伴顾客满意度的案例也不少。有时，仅是其他顾客的出现就会增强顾客的服务体验，比如在比赛现场、电影院和其他一些娱乐地点。在另外一些情况下，其他顾客为服务体验提供了一个积极的、欢乐的空间，顾客之间可以互相帮助，共同达到服务的目标。顾客之间互相帮助的作用在一些网络环境服务中表现得更加明显，顾客们在同一网络环境中共创服务。

10.3.2 顾客参与服务交付的方式

1. 顾客扮演部分员工角色合作生产

这种方式是指顾客参与服务交付过程中，充当部分员工的角色，协助服务员工或与服务员工合作完成服务的生产和交付。如前所述，这显然会对服务过程和服务产出的数量和质量产生影响。将顾客当作部分员工的策略需要服务企业采用与员工人力资源管理相同的管理战略，需遵循以下四个步骤：

（1）对顾客的现有角色进行"工作分析"，并与企业希望顾客扮演的角色要求进行对比。

（2）确定顾客是否了解被期待完成的工作并具有相应的能力。

（3）向顾客保证他们将获得更好的服务，从而激励顾客。例如，顾客将获得更高质量的服务，更快速或更低成本的服务等。

（4）定期表扬顾客的表现，如果顾客的表现不令人满意，企业就应试图改变他们扮演的角色或工作程序，同时考虑"终结"这些顾客的使命（当然要以委婉的方式），并寻找新的顾客。

有效的人力资源管理是从招募和选拔员工开始的，同样的方法也适用于"部分员工"。总而言之，顾客参与合作生产服务需要特殊的技能，服务企业应努力招募那些具有工作能力的新顾客。

2. 利用自助服务技术，顾客自助服务

自助服务技术（self-service technology，SST）中，服务完全由顾客自行生产，没有任何的员工直接介入或顾客与员工之间的互动。该技术代表了从完全由企业生产服务到完全由顾客生产服务演化序列中的极端形式。图 10-7 描述了这一服务生产的演化序列，以税务代理公司的报税服务为例，在序列的最右端，税务顾问需要完成从纳税准备到报单提交的所有工作，在序列的最左端，则由顾客完成所有的工作，二者之间是各种级别（程度）的顾客参与。不同行业的许多服务交付均可列于从完全由顾客生产服务到完全由企业生产服务的序列上。格罗鲁斯（C. Gronroos）和他的同事们把价值创造的这种连续性和多样性称为"价值创造分层"，其中，在企业侧，由企业生产潜在的价值；在顾客侧，则由顾客独立创造价值，重合部分为二者共创的价值。

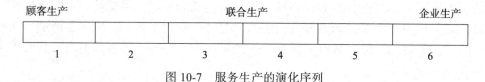

图 10-7　服务生产的演化序列

资料来源：M.L. MEUTER, M.J. BITNER, Self-Service Technologies:Extending Service Frameworks and Identifying Issues for Research, in Marketing Theory and Applications, ed. D. Grewal and C. Pechmann (American Marketing Association Winter Conference, 1998), pp. 12-19.

随着科技的进步，特别是互联网技术的发展，企业大范围采用图 10-7 中顾客参与系列最左端的自助服务技术。当企业看到技术带来的潜在的成本优势、效率优势、潜在的销售额的增加和顾客满意度的提高时，这些技术就会扩散。

需要注意的是，顾客是否愿意采用新的自助服务技术受很多因素的影响，包括顾客的准备情况、个性特征、技术的易用性等。成功的自助服务技术往往提供更易于理解的、更简便、可靠的技术，顾客理解其角色，也有能力采用这些技术，并最终获得合适的利益。

扩展阅读 10-1　适合采用自助服务技术的例子

10.3.3　管理顾客有效参与服务交付的策略

1. 准确定义顾客角色

开发顾客参与战略，企业首先要决定需要哪种类型的顾客参与，明确顾客能够做什

么和期望顾客怎样参与。明确目前的顾客参与水平可以作为开发战略的起点。顾客参与的角色可能部分是由企业所提供服务的特性决定的，这种服务可能仅仅要求顾客在场（如音乐会、航空旅行），也可能要求顾客付出一定精力或提供信息（如理发、税收准备），还可能要求顾客实际参与服务生产（如健康训练、咨询服务提供物）。有时候，服务可能依赖于顾客的互相合作，才能达成一致目标，如社交网络服务。服务企业应考虑在现有参与水平上如何使顾客参与的结果更有效。

2. 教育顾客参与

企业在教育顾客之前，首先必须吸引合适的顾客担任那些角色。服务企业应在其广告、人员推销和其他的企业信息资料中清楚地描述期望的顾客角色和相应的责任。顾客通过预知他们的角色和在服务过程中对他们的要求，可以选择是否进入（退出）这种服务关系。

教育顾客参与服务过程，首先必须教会顾客扮演服务企业希望他们扮演的角色，从而便于服务企业在服务生产和消费的过程中对顾客参与水平进行选择。其次，需要教育或者"社会化"顾客，使其认同服务企业的价值观，培养特定情形下完成角色所必需的能力，理解对他们的期望和要求，并获得与员工及其他顾客互动的技巧和知识。最后，教育顾客更好地使用自助服务技术和新的服务项目，新的服务项目的广告通常也包括明显的顾客教育内容。

顾客教育计划可以采取各种形式，如上门推广活动、编写顾客手册、提供顾客教育印刷品、在服务环境中设置直接提示或标识、让顾客向员工或其他顾客学习、通过公司网站展开教育【许多网站都设立了常见问题区域（frequently asked questions，FAQ）】。

3. 激励顾客参与

如果顾客因为有效地完成自己的角色而得到回报，他们将更喜欢自己的角色并积极参与。激励顾客参与的方式可以是提高顾客对服务交付过程的控制、节约顾客的时间、节约金钱和精神回报。例如，一些会计师事务所在与顾客见面之前会让顾客填写各种表格。如果顾客完成了这些表格，会计师事务所将以减少收费来回报顾客。在网上预订机票，乘客也能得到相应的票价折扣，或者一部分现金奖励。

除非服务企业能给予顾客显而易见的利益，否则顾客可能意识不到有效参与带来的好处或回报。换言之，服务企业需要明确阐明能够给予顾客的行为回报和可能的利益，就如同对员工解释这类利益一样。组织也应该认识到，同样类型的回报不能激励所有的顾客。一些顾客可能重视获得更多的权利和时间的节省，另一些顾客可能重视金钱的回报，还有一些顾客可能追求对服务结果的更大范围的个人控制。

本章小结

本章首先介绍了服务流程的概念、流程管理的重要性及影响因素。服务蓝图是服务流程设计和管理的重要工具，本章对服务蓝图的概念、特点、设计开发步骤和注意事项展开了具体详细的说明。接着，介绍了服务流程管理的方法和策略，包括高接触与低接触服务系统分离作业法、生产线方法、顾客合作生产法，还专门介绍了匹配服务供给能力与需求的策略，包括改变顾客需求以适应生产能力和改变供给能力以适应需求的一系列具体做法。顾客排队等待是服务流程管理中经常不得不面对的现实情境，本章也介绍了如何制定恰当的顾客排队等待策略，以减少顾客的感知等待时间。

另外，本章还介绍了顾客参与服务交付的角色和方式，以及管理顾客有效参与服务交付的策略。

核心概念

服务流程：也称服务过程，是指与服务生产、交付和消费有关的程序、操作方针、组织机制、人员配备和使用的规定、对顾客参与的说明、对顾客的指导、活动的流程等。

服务流程管理：是指对服务过程的计划与管理。企业通过流程图分析和管理服务运营过程，识别流程中的接触点和失误点并予以改进，以提高运营效率和服务质量。

服务蓝图：是一种有效描述服务提供过程的可视技术，它"是一种整体观察方法，可使人们在类似定格的照片的形式下，看到实质上是动态的、活生生的现象"。

顾客参与：是指与服务生产和传递相关的顾客精神和物质方面的具体行为，顾客的努力和卷入程度。

顾客合作生产：是指企业鼓励顾客积极参与，允许顾客在服务过程中扮演积极的角色，将一些本来由服务组织承担的工作转交给顾客来完成的一种服务系统设计方式。

顾客自助服务：是指服务完全由顾客自行生产，没有任何员工的直接介入或与员工之间的互动。

复习思考题

1. 影响服务流程的因素有哪些？
2. 服务流程设计的生产线方法在实践中需要注意哪些问题？
3. 顾客参与服务交付对服务企业和顾客有什么重要的影响？
4. 选择一种你熟悉的服务，绘制其服务蓝图，并说明怎样运用服务蓝图对服务质量进行管理与控制。
5. 判断并说明理由：服务生产系统设计是否应该尽可能采用生产线方式？

本章案例

服务创新走向边界

思考题：

1. 为了提供无缝服务，服务企业必须平衡运营、营销和人力资源部门的需要。讨论塔可·贝尔公司的这三个部门是如何分担改进的。

2. 塔可·贝尔公司所采取的行动与服务利润链中各构成部分是如何关联的？

即测即练

参考文献

[1] SHOSTACK G L. Service positioning through structural change[J]. Journal of Marketing, 1987, 51: 34-43.

[2] BITNER M J.. Managing the evidence of service[M]. New York: Amacom, 1993: 363.

[3] SHOSTACK G L. Service design in the operating environment[M].Chicago: American Marketing Association, 1984: 27-43.

[4] 王永贵. 服务营销[M]. 北京：清华大学出版社，2019.

[5] V.泽丝曼尔，等著. 服务营销（原书第 7 版）[M]. 张金成，等译. 北京：机械工业出版社，2018.

[6] 蔡斯，等. 生产与运作管理：制造与服务[M]. 宋国防，等译. 北京：机械工业出版社，1999.

[7] CHASE R B. Where does the customer fit in a service operation[J]. Harvard Business Review, 1978(11-12): 137-142.

[8] CHASE R B, AQUILANO N J. A matrix for linking marketing and production variables in service system design[M]. Production and Operation Management, 6th ed. , Richard D Irwin, Inc. Homewood, Ill., 1992: 123.

[9] M. K. Hui and D. K. Tse, What to tell consumers in waits of different lengths: an integrative model of service evaluation[J]. Journal of Marketing 60 (April 1996), pp.81-90.

[10] P. K. Mills, R. B. Chase, and N. Margulies, Motivating the client/employee system as a service production strategy[J]. Academy of Management Review 8(1983), pp. 301-310.

[11] K. W. Chan, C. K. Yim, and S. S. K. Lam, Is Customer Participation in Value Creation a Double-Edged Sword? Evidence from Professional Financial Services across Cultures[J]. Journal of Marketing 74(May 2010), pp. 48-64.

[12] S. Auh, S. J. Bell, C. S. McLeod, and E. Shih, Co-Production and customer loyalty in financial services[J]. Journal of Retailing 83(2007), pp.359-370.

[13] SCHNEIDER B, BOWEN D E. Winning the service game[M]. Boston: Harvard Business School Press,1995: 92.

[14] 王永贵. 客户关系管理（精要版）[M]. 北京：高等教育部出版社，2018.

[15] K. D. Hoffman, J. E. G. Bateson. 服务营销精要：概念、战略与案例（第 2 版）[M]. 北京：北京大学出版社，2004.

第 11 章

服务渠道策略

本章学习目标

1. 了解什么是服务渠道，对服务渠道有全面、清晰的认知；
2. 熟悉和掌握价值网络的含义、要素；
3. 熟悉和掌握服务渠道的设计；
4. 理解服务渠道管理。

引导案例

新媒体时代,《三联生活周刊》服务渠道的突围与创新

新媒体时代，杂志广告下跌，终端消失。道路何在？如何破局？《三联生活周刊》开始电商化，进入互联网赛道。

2009 年，《三联生活周刊》开通了官方微博。

2011 年 4 月 2 日，推出了自己的 App，但当时仅是将纸质内容进行了数字化呈现，在数字化转型上还不够深入。

2012 年，开始运营公众号，是最早进入公众号渠道的传统杂志之一。

2016 年，推出"松果生活"App，采取"线上+线下"的模式，线上聚合读者，线下开展沙龙。

2017 年，三联生活传媒公司成立，开始独立经营广告，发行尝试转轨互联网渠道。2017 年 1 月，拿到三联生活传媒公司的营业执照；2017 年 9 月 12 日，与今日头条达成战略合作；2017 年 11 月 11 日，发行启动电商转型。

三联生活传媒公司的成立标志着《三联生活周刊》转变成一家传媒公司。三联推进内容的互联网化，以微信、微博等渠道为突破，成为公域流量的头部品牌。以音频产品进入知识付费的赛道，上线三联数字刊，开办播客，使之成为知识付费内容之外的收益来源。

2018 年 7 月 1 日，中国出版集团第一笔募投款到位，《三联生活周刊》"中读"App 开始实质性运营，四年时间，开始盈利。

2020 年 1 月 24 日，《三联生活周刊》开办抖音号。

2021 年，电商订阅带来 30%的增量，互联网渠道真正成型。

互联网不是敌人，是传统媒介必须进入与适应的生存空间。《三联生活周刊》的服务渠道完了一次次华丽的转身，其他知识服务媒体可以借鉴。

11.1 渠道与价值网络

美国营销协会（AMA）对渠道（channel）的定义是：企业内部的组织单位和企业外部的代理商或经销商、批发商与零售商共同构成渠道。相对于产品营销，服务的特殊性决定了服务渠道的特殊性，服务体验、有形展示，以及解决方案都不能通过实体形式进行运输和储存。在"ABCDE"时代，企业通过增加提供服务的渠道数量，提高运营效率和成本收益。越来越多的企业成为多渠道服务提供商，越来越多的服务通过电子渠道来完成。

11.1.1 服务渠道

服务的参与性、无形性、顾客参与、流程性、异质性特征决定了其营销渠道不同于产品营销渠道。服务特别是涉及需要人体处理（如美发）或者物体处理（如快递）的服务，需要有实体设施才能提供，即伴随产品的服务。这类服务分销渠道需要建立拥有当地站点的实体网络。对于信息处理而言，例如，网上银行、远程教育、新闻广告、娱乐行业，服务产品流动可以通过电子渠道，使用一个或多个中心站点来完成。

1. 服务渠道内涵

安德森（Anderson）和考夫兰（Coughlan）则认为营销渠道的界定应该从顾客视角出发，每个渠道成员都被认为是以某种方式增加顾客价值。

TW 认为服务渠道（service marketing channel）是指服务产品顺利地从服务生产者转移到消费者手中被使用，设计的一整套相互依存、相互协调的有机系统组织。服务渠道是将特定类型和范围的服务直接或分配给代理的一种手段。企业可以配置基础系统服务通道来设置定义在通道中处理的工作的上下文和服务通道属性，也可以创建自定义服务通道。

王国顺等采用全渠道服务蓝图的视角，认为"服务渠道"不是指（但包括）营销组合的第三个"分销"要素，而是指营销渠道，包括服务生产设计渠道、服务提供渠道、服务定价渠道、服务销售渠道、服务环境渠道和服务传播渠道等。

渠道在服务营销中的角色：①连接服务生产者和顾客；②影响企业的价格策略；③通过品牌、政策、库存意愿影响产品战略；④确定利润、安装、维护，提供信用等。

2. 服务渠道类型

顾客市场的国际化，竞争水平的提高以及技术的进步，特别是"ABCDE"时代的到来，导致渠道成员的数量、类型和地理位置更加多样化。关于服务渠道的分类，相关学者从不同视角进行了划分，从而为进一步寻找不同种类的服务差异和营销策略提供了思路。

（1）基于是否有中间商的视角进行划分。根据巴顿（Barton）的观点，分为直接分销渠道和间接分销渠道。

①直接分销渠道，即不需要其他中介组织，服务企业就能直接为顾客提供服务的渠道类型，是最适合服务产品的分销形式。直营店、医院、社区服务、殡葬业、服务生产企业自己的网络店铺等大多数销售就是属于此种类型。由于服务的特殊性，服务型企业多采取的是这种渠道。企业直接通过自有的渠道为顾客服务，了解顾客的真实需求，进行个性化服务。

直接分销渠道的优势：第一，企业可以对服务水平进行很好的控制。该渠道的服务人员、服务设施等直接属于企业，方便管理和标准的统一。第二，对服务过程中的问题能够及时反应，采用直接分销渠道的服务企业可以直接接触顾客，了解顾客的需求变化与顾客满意水平，使服务企业即时做出变化。

直接分销渠道的劣势：需要大量人员、资金。企业业务的扩充会遇到种种问题，尤其是在人的因素所占比重很大的服务产品中。

②间接服务分销渠道，即指经由中介机构的分销渠道。与直接分销渠道相比，该类型渠道有中间商。服务企业大多数采取直接分销的方式，然而不排除有间接分销方式的存在，如在某些发展阶段，服务无法直接覆盖所要服务的顾客，就可能采用间接分销的方式。中介机构的主要形式有特许服务商、服务代理商和服

扩展阅读 11-1　京东电商自建物流系统

务经纪人。特许服务商是指接受某个服务企业的服务特许权的服务商。特许服务商在餐饮业、健身中心、旅馆业、汽车租赁、旅游、广告等行业比较常见。服务代理商是指受服务企业委托与顾客签订服务合同的中间商。服务经纪人与服务代理商在许多职能方面是一致的，但也存在差别，服务经纪人一般从事短期或一次性工作。

间接服务分销渠道的优势：第一，中间商承担了供应商的生产任务，减缓了服务生产的压力。第二，提高了供应商的资金周转速度，降低了资金压力。第三，中间商可以使企业覆盖更大的区域，扩大市场占有率。

间接服务分销渠道的劣势：第一，服务质量的不稳定性增加。由于服务由中间商提供，导致服务人员的管理不受企业的约束。中间商和服务企业的目的存在不完全一致性，因此对服务的重视程度也不同。另外，技术培训经过中间商的二次加工导致服务存在差异性。第二，经营风险增加，形象与服务质量的不稳定会导致整个价值网络的崩溃。

（2）根据服务渠道是实体还是网络进行划分。依据安德森（Anderson）和考夫兰（Coughlan）的分类方法，可以分为店铺中分销渠道和电子渠道，而电子渠道又可分为自助服务分销和网络分销渠道。

①店铺分销渠道。顾名思义，指服务在店铺中进行传递。这种分销渠道需要顾客走向生产商。常见的银行网点、KTV 等都是店铺分销的形式。

店铺分销渠道的优势：第一，真实性体验，实体店铺顾客的感受是真实的，沉浸式的，顾客的买单率也更高。这种优势对于需要亲身体验的、亲自触摸的服务就更加有优势，比如休闲娱乐场所。这一点是网络渠道无法取代的。第二，店铺分销渠道更有利于

推销，推销方式也更加多元化，增加了服务人员与顾客之间的信任感。面对面的信任感也是网络渠道解决不了的。第三，店铺分销在当今更是线上服务的补充和体验，为线上电商增加了知名度和口碑。

店铺分销渠道的劣势：第一，运营成本高，店铺租金较高，提高了经营成本；店铺需要更多的员工客服，也进一步提高了管理成本。特别是在网络渠道的快速发展下，线下店的客流大幅降低。第二，店铺营销的影响因素更多，比如新冠病毒感染疫情，让店铺渠道受到重创，例如线下服装店承担房租的同时还需要承担无法营业的风险。

②自助服务分销渠道。人工智能使自助服务从原来的自助售货机等初代自助服务发展到如今的智能人工互动服务。机器自动化渠道是指服务机构运用技术设备，如自动售货机、自动银行、自助缴费系统等先进的技术设备为顾客提供服务。自动服务机可以放在自办营业厅，也可以设置在政府机构、大型服务机构、居民小区等固定人口较多的地区，还可以设置在商业中心、车站和码头等流动人口密集的地段。例如，银行业在运用自助银行、自动柜员机、销售点终端、手机银行方面是佼佼者。自助银行使商业银行可以在不增加人力成本的前提下扩充营业点，将24小时存取款服务延伸到社区。

自助服务分销渠道的优势：第一，自助服务渠道，如自动售货机可以24小时提供服务，为当地市场提供了便捷的购物服务。第二，节省了服务机构的人力，弥补了服务机构网点的不足和死角。例如，航空服务机构可以在机场、银行、高级宾馆等地方使用自动售票机。这样起到分流的作用，缓解了服务企业的压力。第三，减少人际接触，使得自助服务机在年轻人群中受到欢迎。

自助服务分销渠道的劣势：第一，故障问题。机器会存在不工作的风险，影响顾客的使用体验。第二，被损坏的风险。自助服务很多时候是在室外环境，设备遭到破坏的可能性增加。这不仅增加了服务成本，也损害了企业形象。第三，机器互动会造成缺少沟通。虽然人工智能的兴起大大提高了自助服务的逼真程度，但是仍然存在差距，特别是对于一些复杂任务，分流到自助服务，让顾客有被敷衍的感觉。

③网络分销渠道。它是指通过网络渠道进行服务传递。网络分销渠道是一种不需要直接的人际互动的服务分销渠道。其功能对象是那些事先设计的服务，并由网络媒介传递这类服务。通过这些媒介，可以为顾客提供服务，一般是视频、知识服务、金融、远程健康服务等。

顾客与服务企业远距离完成服务传递时，顾客看不到服务场所，不能面对面与服务人员进行交流，也不需要设备的远距离派送。传统的网络分销通过电话、邮件、传真、邮寄等渠道进行服务。这些方式比较耗时，过程很漫长。随着社交网络的引入，服务网络渠道可以是自建的网页、App，也可以是在某平台设立的账号，如淘宝、微信、QQ、微博、小红书、抖音等。也许在不久的将来会有其他的网络服务方式。

越来越多的服务通过网络的形式提供给顾客，技术不仅改变了服务可以传递的方式，也同时改变了人们的消费习惯。电子商务活动增长的核心是服务部门组织迅速采用电子分销渠道，作为提高消费者无障碍购物和降低服务交付成本的一种手段，互联网已成为服务提高和消费的主要领域。在电子商务渠道发展迅速的行业中，金融业和旅游服务业尤为突出。这也进一步解释了服务企业总是努力把业务经历网络化的现象。比如通过抖音购买游乐园门票、通过美团找旅游线路已经成为人们生活的一部分。

网络分销渠道的优势：第一，提升服务品质，无须排队，省去路程的奔波，甚至有些业务在工作间隙就可以轻松在线办理。第二，降低人工成本。在线服务的提供，可以实现很多功能的自助服务，从而降低人工成本，增加企业利润，也减少服务窗口的服务压力。第三，提高企业服务与顾客接触面。店铺销售甚至是自助服务渠道都是有覆盖范围的，而网络渠道是无限延伸，既包括目标顾客可能使用的每个媒体，也包括顾客服务消费的所有流程。

网络分销渠道的劣势：第一，提高了准入门槛。一些在线服务需要顾客具备一定的操作能力，这样便阻碍了一部顾客进入该服务，特别是部分老年人。第二，个人信息安全问题。在线购买服务不可避免地需要提供个人信息，对信息安全产生了很大的隐患。信息泄露导致陌生电话、诈骗电话、推销电话对正常生活的侵犯。第三，增加了服务难度。相较于传统的线下渠道，网络服务人员不能像线下服务一样对顾客的心理活动判断是多维的，而网络服务对顾客的判断是单维或二维的。同时，顾客的服务反馈也是单维或二维的。

除了上述分类之外，也有学者认为服务渠道类型迄今为止经历了三个发展阶段：第一阶段（1982—1992），关注省时体验的线下服务渠道阶段。在该时期，服务企业与顾客接触大多在实体店铺完成，也存在部分线上渠道，比如电话、电视和邮寄等方式。第二阶段（1993—2008），关注感官体验的线下线上渠道并存的服务蓝图阶段。这一阶段的服务渠道是线下渠道和线上渠道并存的阶段。1994年网上店铺出现，之后实体店铺并未消失。当时线上企业与顾客接触基本采取线上服务渠道（仅有配送采取线下渠道），线下店铺基本采取线下服务渠道，也存在着两种渠道并用的情况。第三阶段（2009—2021），关注情感体验，线下线上跨越的服务渠道阶段。

11.1.2　价值网络

由于顾客的需求增加、互联网的冲击和市场高度竞争，企业应改变业务设计，将传统的供应链转变为价值网。帕斯旺、古兹曼和布兰克森认为，由于顾客越来越依赖多重信息来源，越来越倾向于在服务消费过程使用多个渠道，因此渠道往往是复杂的价值网络。

1. 价值网络的内涵和分类

（1）价值网络的内涵。价值网络（value network）是亚德里安·斯莱沃斯基（Adrian Slywotzky）提出的，指公司为创造资源、扩展和交付货物而建立的合伙人和联盟合作系统。价值系统既包括公司的供应商和供应商的供应商以及它的下游顾客和最终顾客，还包括其他有价值的关系，如大学里的研究人员和政府机构。

布兰德伯格（Brandenburger）和纳尔波夫（Nalebuff）提出的价值网络（value network）解释了所有商业活动参与者之间的关系。他们认为价值网络主要包括：消费者（consumers）、竞争者（competitors）、供应商（suppliers）和补充者（complements），如图11-2所示。

维纳·艾莉（Verna Allee）认为，价值网络是指在企业或部门中，人们创建计划或销售有利于企业的产品和服务的互动。价值网络包括在企业中工作的个人、组织内的职位或两者的组合。价值网络是一系列互动，为整个企业带来有形和无形的利益。

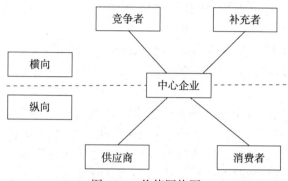

图 11-1　价值网络图

资料来源：根据布兰德伯格（Brandenburger）和纳尔波夫（Nalebuff）提出的
价值网络（valuenet）整理而成，https://wiki.mbalib.com/wiki/Value_net

价值网络是企业围绕顾客价值重构原有价值链，通过网络中不同层次和不同主体之间的互动关系而形成的多条价值链在多个环节上网状的联系和交换关系。也就是说，价值网络是由利益相关者之间相互影响而形成的价值生成、分配、转移和使用的关系及其结构。价值网络强调"以顾客为中心"，在专业化分工的生产服务模式下，把处于"价值链"上不同位置并存在密切关联的企业或者相关利益者整合在一起，建立一个以顾客为核心的价值创造体系，共同为顾客创造价值。综合以上界定可知，服务企业价值网络是中心企业以顾客价值为核心，与供应商、合作伙伴、顾客等利益群体建立的价值创造体系。

（2）价值网络分类：①内部网络，当业务中执行角色的人之间存在有效的互动时，就会创建内部价值。例如，研发部门是一个内部价值网络，当研发人员与其他部门互动，以创建新产品或服务，以增加企业的盈利能力或解决社会问题时，它就会创造价值。②外部价值网络，包括企业外部成员之间的互动。外部价值网络可能包括业务中介机构、顾客、业务合作伙伴、利益相关者。外部价值网络的参与方之间资源互补，并且会从其他参与方之间的互动中获益。如果一个参与者没有受益，网络的其他部分将受到影响。

2. 价值网络与传统价值链的比较

（1）与供应商、竞争对手关系不同。传统价值链把与供应商的关系看成交易关系，二者是对立的，常常以供应商利益为代价，达到降低成本、提高利润的目的。而价值网络把供应商看作经营一体化的合作伙伴，价值网络在战略思维上发生了巨大的变化，它强调竞争和合作两个方面，这种竞争和合作的结合被称为合作竞争。价值网络打破了传统价值链的线性思维和价值活动顺序分离的机械模式，围绕顾客价值原有价值链，使价值链各个环境以及各不同主体按照整体价值最优的原则相互衔接、融合、动态互动，利益主体在关注自身价值的同时，更加关注价值网络上各节点的联系，冲破了价值链各环节的壁垒，提高了网络在主体之间的相互作用及其对价值创造的推动作用。

（2）与顾客关系变化不同。传统价值链把顾客看成营销对象，而价值网络把顾客看作价值共同创造者，甚至是半个员工。比起传统价值链，价值网络更多是"以顾客为本"，很少以线性方式运作。这些由多价值链组成的体系能够灵活适应供求的变化，各成员之间的关系可以根据对市场的反应要求或紧或松。企业可以通过优化价值网络来快速决定谁能以合适的价格提供顾客所要求的产品和服务，从而加速其进入市场和缩短对顾客响应的时间。

（3）数字化的关系网络是支撑体系。数字化的关系网络可以迅速协调网络内的企业、顾客及供应商的种种活动，并以最快的速度和最有效的方式来满足网络成员的需要和适应消费者的需要。

（4）网络效应，当顾客出现新的价值需求时，网络成员也可以联合起来进行共同研发，迅速满足顾客的需求。通过充分整合价值网络中相关成员的价值创造能力，可以更好地为顾客提供个性化的价值。价值网络成员建立的相互关系不是零和博弈下的背弃式竞争，而是基于双赢思想的紧密合作，成员公司之间建立合作关系能够实现核心能力优势互补，共担风险和成本，共享市场和顾客忠诚。由这些关系形成的网络将产生网络效应，处于每个网络节点上的个体或组织可以从这种聚合作用中创造或者获取更多的价值。

11.2　服务渠道设计

服务渠道设计就是服务企业为目标顾客提供服务时对所使用的时间、位置和渠道所做的决策，它包括何时、何地以及如何把服务交付给顾客。例如，在提供服务时企业需要考虑：顾客是否需要与企业服务人员、服务设施和服务场所发生接触？如果需要与服务人员或者服务设施发生接触，是顾客前往服务地点还是需要企业将服务人员或设施派送到顾客所在处提供服务？企业是否可以通过间接的方式将服务交付给顾客，比如通过网络渠道或实体分销渠道？何时、何地与如何提供服务对于顾客的服务体验具有重要的影响，它们决定了顾客与服务人员的互动类型以及在服务过程中需要支付的成本。

斯特恩（Stern）等学者总结出"用户导向的分销渠道设计模型"，服务渠道设计中，同样需要用户导向。如同前面论述，服务分销渠道以直销为主，且基本都是多渠道战略。因此渠道设计需要思考服务渠道设计的影响因素、服务地点以及如何进行多渠道设计。

11.2.1　服务渠道设计的影响因素

企业在设计服务渠道时，并不是完全以自己的意志为转移的，往往会受到内部和外部多方面因素的影响。

1. 内部因素

影响企业服务渠道设计的内部因素主要有服务产品因素企业的市场定位战略、财务及融资能力、企业对渠道的控制程度。①服务产品因素。服务营销的核心是服务，因此服务性质、种类、形式、档次的不同都会影响服务渠道的设计，直接决定了服务企业与顾客之间的连接类型。②企业的市场定位战略。该战略与渠道设计是相辅相成的。③财务及融资能力。它决定了企业是否有能力来实现其设计的渠道。④企业对渠道的控制程度。企业对渠道和渠道成员的整合情况，对渠道设计有很大影响。

2. 外部因素

服务渠道设计除了需要考虑企业自身因素以外，还需要考虑企业的外部环境因素，否则设计出的渠道就是空中楼阁。通常来说，外部因素一般有以下几个方面：

①购买者因素。购买者的消费习惯直接决定了服务分销渠道。针对不同群体采取不同的渠道，针对不同时代的群体采取不同的策略。②竞争者因素。制造商要尽量避免和竞争者使用一样的分销渠道。如果竞争者使用和控制着传统的渠道，制造商就应当使用不同的渠道或途径来推销其产品。③互补者因素。与互补者建立长期的合作关系，关系的维持与合作的展开需要在渠道中进行，因此互补者的经营模式也会影响企业的渠道设计。④市场因素。包括潜在顾客的状况、市场的地区性、商品的季节性、消费者购买习惯、销售量的大小。⑤环境因素。包括社会文化环境、经济环境、竞争环境等。

11.2.2　服务地点设计

服务渠道的设计需要考虑场所的便利性，在顾客前往时尤为重要，它贯穿了服务的全过程，甚至能起到引发和终止服务传递的作用。服务地点不仅影响客流量，而且影响服务企业的形象。

（1）服务地点的确定需要首先考虑服务是否与位置有关。第一，与位置无关的服务业，如上门服务的家政公司、道路救援及公用事业等，其所在的位置是无关紧要的。因为这些服务是在顾客所在地进行服务的交付。但是这种服务最重要的是，顾客需要服务时能够第一时间快速提供服务，因此该类服务企业需要发展分支事务所，以接近顾客和快速响应顾客需求。第二，集中的服务地点选择。有些服务经常是集中在一起的，主要原因是供应条件和传统两项因素。第二，分散的服务地点选择。分散的服务业所在的位置取决于市场潜力、需求特性及其服务本身的特征，必须分散于市场中，比如菜鸟驿站、银行网点。具体如表 11-1 所示。

（2）在不涉及身体接触的服务业位置设计，让顾客前往服务场所接受服务的传统方式日益受到互联网发展的挑战。越来越多的服务努力实现网络传递，甚至所有的实体传递也都附加网络服务。因此，网络平台的选择也成为服务地点决策的重要部分。例如共享单车在城市的合理分布，以及单车使用程序的便利性，显示了"ABCDE"时代服务的特点是"线上＋线下"相互配合、相互补充。

表 11-1　服务互动方向

顾客与服务企业的互动方向	服务点的可行性	
	单一地点	多个地点
顾客前往服务场所	剧院、影院、演唱会	公共汽车服务
	理发店	快餐连锁店
服务提供商前往顾客处	家政服务	快递、物流
	汽车美容	企业俱乐部的付服务点
顾客与服务组织远距离传递	信用卡公司	知识服务类型公司
	本地广播电台	通信公司
自助服务设备	银行 ATM 机、按摩椅	共享单车、自动售卖机

资料来源：根据克里斯托弗·洛夫洛克，约亨·沃茨. 服务营销[M]. 谢晓燕，译. 第 6 版. 中国人民大学出版社，2013，86 改编整理。

11.2.3　多渠道设计

在内容、渠道、管理等方面进行新旧媒体渠道的融合。新媒体是当下服务企业的重要服务渠道。

所谓多渠道，即为顾客提供与企业进行交互并获取服务替代的方式。例如，顾客与航空公司的联系，可以是通过使用技术帮助顾客的一线员工（例如，在值机柜台的公司员工）进行面对面的交流，也可以通过后台服务代表（如航空公司的呼叫中心员工）或没有员工出现（网站或自助服务亭）的方式来获得。正如卢什（Lusch）和瓦戈（Vargo）指出的，价值只能由用户在消费过程中创建和确定。在服务营销中采用两种或两种以上的营销渠道接近、服务顾客群体。因此，多渠道战略在改善服务和提高成本效率方面是有吸引力的。

1. 多渠道设计驱动因素

（1）技术环境的变化。商家、服务机构的渠道不是单一的也不是不变的，企业应该根据技术发展、顾客需求、环境变化、企业发展及时调整服务渠道。这也是为什么越来越多的企业、单位发展"互联网+"的原因，如医院、博物馆开展在线预约功能。他们也根据服务顾客的不同，开展不同的服务渠道。如何设计合理的渠道矩阵是当今企业要思考的问题，矩阵应该是相互补充、相互促进的，而不应该盲目增加渠道，提高企业的运营风险。

（2）顾客消费习惯的驱动。顾客在整个服务消费过程习惯于采用多渠道模式。有调查结果显示，顾客虽然对使用互联网表示高度赞赏，但是在整个旅行消费过程也经常会使用传统的离线渠道。事实上，制定整个旅行计划的过程中，大部分顾客都采用了多渠道进行旅行准备。在前期信息收集环节，顾客更倾向于在网络上进行信息查询，查询后电话使用频率增加。在最后消费阶段顾客又倾向于线下渠道。

（3）弥补单一渠道的服务渠道不足，以确保与顾客进行流畅的对话。例如，大多数现代渠道都能为顾客提供服务，然而在自助服务出现故障时，或者新顾客有疑惑时，可能需要电话沟通。

多渠道能使顾客更积极地参与服务，服务的设计必须使顾客能够发挥作用。这就要求顾客了解可用的服务渠道、感知到好处以及如何使用这些渠道。这还要求员工通过不同渠道进行功能培训和教育，以便顺利有效地实施服务交付。企业需要确保顾客数据集中，所有服务渠道都能实时访问顾客数据。

2. 多渠道设计注意事项

在每个节点和真实场景下，考虑顾客最真切的需求和最希望得到的服务，是顾客服务渠道的要点。

（1）渠道间连接的流畅性。用户消费通常可以拆解为看到前、咨询前、付款前、使用中、使用后这几个阶段。在整个服务消费过程的每一个阶段，顾客侧重使用的服务渠道不同，并且在渠道之间转换。在不同阶段，企业通过与顾客的接触点为顾客提供服务，每个阶段的渠道偏重不同，应该根据顾客消费的心理进行确定。企业应确保顾客在渠道之间切换时企业的服务渠道能够无缝衔接。

比如，应该根据不同的阶段对应着不同顾客的心理特征和旅游企业的服务重点采用不同的渠道（见表 11-2）。

（2）多渠道顾客以更全面的方式评估服务界面。衡量单一渠道的营销投资回报率（ROI）[1]有多种方法，但是多渠道归因却一直是难点，由于顾客购买旅程中涉及诸多接触点，很多时候很难确定一个特定的渠道对收入的影响。此外，多渠道营销还有一点不容忽视，即还需要提前预估，确定每个渠道在多渠道中的占比及重要性。

表 11-2　用户旅游类消费完整路径

关键阶段	看到前	咨询前	付款前	出游前	出游中	出游后 30 天
用户心理	不知道怎么选	不知道怎么选	买的对不对	不安、兴奋、心理上希望被服务	兴奋，无意识和期望进行对比	忘记，弱联系
企业渠道关键	展现渠道的全覆盖，如抖音、微信公司号	产品表达渠道，如网站、公众号	构建信任，增加员工接触渠道	渠道简单化，流程信息、订单等信息通过短信渠道形式发送	渠道对产品力的保驾护航，如，通过短信行前通知顾客；员工负责机场接团、酒店入住手续、酒店退房、送团告别等	增加接触点，如微信公众号文章推送、短信推送等

资料来源：根据 https://www.niaogebiji.com/article-23609-1.html 等资料整理。

传统的单通道服务质量视图仅限于评估整体的顾客体验。在设计服务交付系统时，公司不仅需要独立解决每个服务渠道的质量问题，还需要在顾客旅程中处理跨接触点信息的准确性。成功的多渠道服务需要关注服务的所有阶段，包括服务前阶段。例如，在预订飞机票之前，顾客会在线注册并提供付款选项的信息。顾客以后可以使用新的数字身份来启动服务交付。这是当所有服务渠道实时更新顾客的数字身份时，确保记录准确性的第一步。

（3）多渠道程度的确定。跨渠道服务也是通过多个渠道销售服务的一系列活动，但并非所有广泛的渠道，由顾客可以触发互动的多渠道和零售商控制的多渠道组成。企业应该根据目标群体、企业自身情况进行多渠道数量的确定。

（4）多渠道数据的整合共享。大多数公司都会通过多种渠道与顾客进行互动，但现状是，虽然企业使用了多种营销渠道，但渠道之间是独立、互不相关的，缺乏统一的数据视图。然而，顾客的全面画像是为其提供个性化营销内容的核心，对于理解哪些渠道与用户沟通更广、更有效是非常宝贵的。

3. 服务蓝图

服务蓝图（service blueprint）是服务设计和管理的重要工具，在零售、旅游等服务领域被广泛应用。服务蓝图有两个重要元素：目的（顾客体验）和接触点范围（服务渠道）。有关服务蓝图的具体内容，可参见本书第 10 章。

---

① 投资回报率（ROI）是指通过投资而应返回的价值，即企业从一项投资活动中得到的经济回报。它涵盖了企业的获利目标、利润和投入经营所必备的财产相关，因为管理人员必须通过投资和现有财产获得利润。

4. 多渠道战略挑战

整合良好的多渠道战略包括高度整合的促销活动，跨渠道的产品一致性，共享顾客、定价和跨多个渠道的库存数据，以及对顾客线上购买，线下取货过程的支持。但是多渠道对企业也是一种挑战。

（1）跨渠道的数据集成。想要对跨渠道的数据进行整合，则需要更多的外部技术的支持，以及了解多渠道环境中的顾客行为。

（2）渠道评价，跨渠道分配资源，协调渠道策略的制定，以及评估和绩效指标。可以顾客为中心的重要性来补充说明驱动多渠道买家行为的原因。

由此可见，渠道的多样性取决于流程数据，从零售商的角度来看是集成的。跨渠道零售是通过多个渠道或全部渠道来销售商品或服务所涉及的一系列活动。

11.3 服务渠道管理

科学技术的蓬勃发展、顾客需求的变化等因素共同驱动了服务渠道的快速拓展，企业逐步从单渠道模式走向多渠道模式。如今顾客购买产品和服务已经不再局限于单一渠道，而是根据自身需求综合运用多种渠道。因此，对企业来说，如何管理、整合、运用不同的服务渠道，成为影响服务质量的重要因素。新型服务渠道管理能力不仅是企业面临的重大挑战，也是企业竞争力的重要来源。营销渠道的发展趋势是规模化、微利化和专业化。

11.3.1 服务标准的设立

无论是线下的实体店还是线上的网络商店都需要重视服务标准，对设施设备、工作人员进行标准化管理，有助于企业专业形象的树立，例如，统一的装修风格，统一的着装和员工行动，标准化的服务程序等。服务过程的标准化直接影响顾客对服务的正规化、专业化的感知，因此企业需要设立严格的服务流程标准，同时也需要雇佣并培养专业的员工，以提高服务质量。

关于服务标准的设立，伯曼（Berman）认为服务渠道标准包括渠道产品一致性、跨渠道定价与库存、促销整合、顾客信息系统整合、线上购买线下取货过程整合。而有学者则认为服务渠道标准包括产品名誉价格信息、促销信息、交易信息、信息获取、订单履行、顾客服务。还有学者认为整合营销沟通、整合订单履行、整合信息获取、基础配置、后台中心化、组织转型、店面外貌、美观设计等均属于服务渠道标准。

总的来说，无论服务标准如何设立，服务新鲜感和创新对吸收新顾客和留住老顾客，提升顾客体验都是很有帮助的。标准的设立也有利于对中介机构的管理。

11.3.2 服务渠道开放化管理

渠道管理是一个独立的渠道管理部门，与传统的销售部、市场部并驾齐驱。自上而下原则决定了其对渠道从定义到最终结果的完整过程进行全程追踪与监控，确保管理的系统性。

建立价值网络的主要办法是开放，渠道管理也是在价值网络中展开的。价值网络需要共享、共创、共治。开放背后的逻辑是，单个人（企业家）、单个企业的能力和资源都是有限的，开放的策略却能通过整合企业内外甚至整个社会的资源，起到神奇的聚合作用。服务渠道的开放化管理包括三个要点。

（1）产品形态的开放。让一般用户生产内容，而不是让少数特定的人生产内容，由此造就了社交媒体。典型的例子有抖音、微博、朋友圈。

（2）产业链的开放。把产业链上不同位置的人整合到"平台"上，丰富平台的产品和服务。典型的成功案例是平台型电商（或者叫网上商业地产）。苹果 App Store、腾讯的"开放平台"战略，也是很好的案例。

（3）治理结构的开放。有开放特征的企业，能够聚拢具备不同特质、专长的人才，在日常的运营中能把决策权交给他们，并给予他们足够的激励，有时员工会创造老板个人无法创造的奇迹。

11.3.3　服务渠道中间商管理

有中间商的多层渠道具有很多优势，比如，中间商更熟悉本地的经营环境，可以帮助服务品牌快速进驻中间商所在区域，同时也省去很多的人力资本。因此中间商的管理也是服务渠道管理的重要部分，因为中间商的形象与企业的形象息息相关，如果管理不善，会导致整个价值网络受损。

（1）中间商的选择，相比具体产品的分销，服务分销中介机构质量尤为重要，这也是为什么服务企业多采取直接分销的原因。中间商的选择标准主要包括：销售业绩、财务绩效、竞争能力（销售能力、市场占有率）、应变能力（态度、适时调整）、本产品竞争力（持有竞争品或本产品份额）和服务水平（顾客满意或抱怨）等。

（2）建立评估体系，并根据条件的变化对渠道进行调整。评估条件需要由服务生产企业和中间商共同制定，并换位思考中间商的立场。只有这样才会让中间商重视品牌形象的维护，认真履行企业的营销宣传策略，并准确记录销售情况。制定奖励措施，在评估中对获得优异成绩的中间商给予鼓励，并保证激励措施的多元化，能够充分调动中间商的积极性。多元化的激励措施，不仅能够帮助企业获得高额的利润，也能帮助企业在困难时期有中间商来共渡难关。

（3）建立支持，加强对中间商广告、促销的支持，提高中间商的销售能力，促进销售，提高资金利用率。分销渠道经理与分销渠道管理部门合作，以确定渠道成员需要什么支持，从而使分销渠道更有效。

（4）渠道成员的冲突管理。冲突是渠道结构中的一种自然存在。冲突管理的挑战在于如何确保冲突不至于严重到减少渠道成员，降低对企业服务的分销。管理渠道冲突要将其保持在一个可接受的水平，并将其对每个人的时间、期望和利润的影响降到最低。

本章小结

本章讨论了时代服务营销渠道与价值网络。由于服务具有无形性，企业传递服务的渠道与实体产品的分销渠道存在很多共同点，同时存在很多差异。本章还讨论了在"ABCDE"时代，顾客对服务形式需求的多样化，导致服务传递的方式也更加的多样化、智能化和整合化。因此，服务分销渠道的设计不仅要考虑渠道的覆盖率、有效性，更需要结合企业自身的发展战略、企业能力、企业对渠道的控制程度。服务渠道的设计更需要考虑在智能化时代顾客对多渠道融合的需求，不仅做到线上线下融合，更需要做到多个平台的融合。

核心概念

服务营销渠道：服务企业为目标顾客提供服务时所使用的位置和渠道。

网络分销渠道：服务企业通过网络进行服务分销，一般不需要人际互动的分销渠道。

店铺分销渠道：是指服务在店铺内进行传递。

自助服务渠道：该渠道中，顾客通过服务地点的智能技术设备进行消费，如自动售卖机、自动银行。

多渠道分销系统：该系统中，企业从多种渠道为顾客提供服务。

复习思考题

1. 网络服务渠道是传统网络的替代方式吗？
2. 为什么在电子商务时代，一些企业却选择店铺经营？
3. 未来会出现哪些新的服务分销渠道？

本章案例

电信营销服务渠道体系

思考题：

1. 中国电信服务渠道如何变革？
2. 电信集团的价值网络是怎样的？

即测即练

参考文献

[1] 王永贵. 服务营销[M]. 北京：清华大学出版社，2019.

[2] 王树祥, 张明玉, 郭琦. 价值网络演变与企业网络结构升级[J].中国工业经济，2014,（03）：93-106.

[3] 胡大立. 基于价值网络模型的企业竞争战略研究[J].中国工业经济，2006（9）.

[4] 李飞. 全渠道服务蓝图——基于顾客体验和服务渠道演化视角的研究[J]. 北京工商大学学报：社会科学版，2019，34（3）：1-14.

[5] SOUSA, R., VOSS, C.. 2006.service quality in multichannel services employing virtual channels[J]. Journal of Service Research, 2006, 8(4): 56-371.

[6] 丁永贵, S. Fiona Chan, Zhilin Yang. Customers' Perceived Benefits of Interacting in a Virtual Brand Community in China[J]. Journal of Electronic Commerce Research, 2013, 14(1): 49-66.

[7] ASSAEL, H. A demographic and psychographic profile of heavy internet users and users by type of internet usage[J]. Journal of Advertising Research, 2005, 45(1): 93-123.

[8] ATKINSON, R., FLINT, J. Accessing hidden and hard-to-reach populations: snowball research strategies[J]. Social Research Update 2001, (33): 1-4.

[9] BLACK, N.J., LOCKETT, A., ENNEW, C., WINKLHOFER, H., MCKECHNIE.Modelling consumer choice of distribution channel: an illustration from financial services[J]. International Journal of Bank Marketing, 2002, 20(4): 161-173.

[10] BOBBITT, L.M., DABHOLKAR, P.A. Integrating attitudinal theories to understand and predict use of technology-based self-service. The internet as an illustration[J]. International Journal of Service Industry Management, 2001, 12(5): 423-450.

[11] SIVAJI, A., DOWNE, A. G., MAZLAN, M. F., SOO, S. T., & ABDULLAH, A. Importance of incorporating fundamental usability with social & trust elements for e-commerce website. In 2011 International Conference on Business, Engineering and Industrial Applications, 2011(6): 221-226.

[12] RIPPÉ, C.B., WEISFELD-SPOLTER, S., YUROVA, Y., DUBINSKY, A.J. AND HALE, D., Under the sway of a mobile device during an in-store shopping experience[J]. Psychology & Marketing, 2017, 34(7): 733-752.

[13] SOUSA, R., AMORIM, M., PINTO, G. M., & MAGALHÃES, A. Multi-channel deployment: a methodology for the design of multi-channel service processes[J]. Production Planning & Control, 2016, 27(4): 312-327.

第 12 章

服务员工管理

本章学习目标

1. 了解服务员工在服务交付中的关键作用；
2. 了解内部营销的内涵；
3. 理解内部营销策略。

引导案例

服务员工是服务组织品牌形象的塑造者

著名服务专家莱纳德·贝里（Leonard Berry）认为，把员工当成企业的资本进行投资可以推动许多企业持续获得成功。为了找到公司选择向员工进行大力投资的原因，我们先看一下下面这些真实的案例。

故事 1：在新加坡航空公司（Singapore Airlines）的一次长途跨国航班上，一名调皮好动的两三岁的儿童，总是不经意地把含在嘴里的橡皮奶嘴掉在地上。每次奶嘴掉落，孩子都会哭闹，为了息事宁人，此时必须有人（母亲、其他乘客或是乘务员）为他找到橡皮奶嘴。孩子的哭闹让周围的乘客不得安宁，并因此产生了厌烦。最后，航班的乘务员捡起了橡皮奶嘴，用丝带系住橡皮奶嘴，并将丝带缝到儿童的衬衫上。孩子和母亲以及坐在周围的乘客都非常高兴，向这位乘务员致以热烈的掌声。

故事 2：在一机场的候机楼里，一名商务舱乘客在他的航班起飞前饥肠辘辘，并且他又不喜欢吃快餐。于是，他在网络上对他最喜欢的莫尔顿（Morton's）餐厅发了一条玩笑似的留言："你好@莫尔顿，我的航班在两小时后着陆，你能在纽瓦克（Newark）机场的餐厅给我准备一份牛排吗？谢谢。"尽管他是这家牛排馆的老顾客，但是没对网上的留言抱什么期望。在他留言后，因为飞机要起飞，他就关了手机。然而令这名乘客感到意外的是，当航班着陆后，他在机场见到了从 23 英里外驱车到机场为他送上丰盛晚餐的莫尔顿员工。

故事 3：多年前，在帕纳拉（Panera）餐厅的停车场，一位女士试着抓住一名失去平衡的顾客（患有多发性硬化症），结果这两位顾客同时摔倒在路面上，并且这位女士摔伤了右臂。在这位女士被救护车接去医院之前，一名帕纳拉餐厅的员工把他的名片给了这位女士，并告诉她如果有需要的话可以给他打电话。几个小时后，那名女士将电话打了过去，问是否可以接送她到餐馆去取她的车。当她到了那里，她发现她已经不能驾驶汽车了，因为她的车是手动挡的，她不能用她受伤的胳膊进行换挡，这位帕纳拉餐厅的员工先是为她提供了一顿免费的美食，在确认这位女士无法找到别人送她回家后，帕纳拉餐厅的这位员工便开车将她送回了有一小时车程的这位女士的住处。这位餐馆员工做的这一切让这位女士非常感动，她无法相信一名餐馆员工竟然能为一个普通顾客做这么多的事。

资料来源：L.L. BERRY. Discovering the Soul of Service[M]. The Free Press, 1999.

在上述例子中，服务员工都对其所代表的组织的成功起到了重大作用，他们实时理解顾客需求，并提供高质量的服务，在创造顾客满意和建立顾客关系过程中，充分发挥了服务员工在塑造组织品牌形象上的重要作用。

12.1　服务员工的关键作用

服务员工是指在服务交付中发挥作用，并因此影响买方感知的直接与顾客互动的一线服务人员，所以他们也被称为边界跨越者。跨边界作用是外部顾客和环境与组织内部运营之间的一条纽带，服务员工在理解、过滤和解读往来于组织及顾客间的信息和资源的过程中起着至关重要的作用。

12.1.1　服务员工在顾客眼中代表服务企业

在许多情况下，服务员工和服务是不可分割的，或者说服务员工就是服务。例如，在大多数个性化专业服务（如理发、私人健身教练、育儿保姆、清洁/维修、个人理财、律师和法律服务）中，一线服务人员单独一人为顾客提供全套服务。因此，对服务员工进行投资以改善服务，类似于直接投资改进制造业的产品。

在顾客眼中，即便不是一线服务人员提供服务，他可能仍然代表着企业。如律师事务所或健康诊所，从为顾客提供服务的专业人员到接待者和办公职员，对于顾客来说，他们都代表着企业。这些人所做的每一件事、所说的每一句话都会影响顾客对组织的看法。甚至歇班的员工，如正在休息的航空服务员或饭店员工，也反映着他们所在组织的形象。如果他们表现得不够专业或言辞不恭，即使他们没有上班，顾客对组织的看法也会大打折扣。迪士尼要求其员工只要出现在公众面前，就必须永远保持台上的工作态度和行为，只有在顾客看不到的真正的幕后或"后台"，才可以放松其行为，其原因就在于此。

12.1.2　服务员工形象代表着服务企业品牌形象

顾客对企业所形成的最初印象都来自于为其提供服务的员工。如果接触到的服务员工是知识渊博的、有专业技能且善解人意的，关心顾客的个性化需求和目标的，顾客将会把服务员工所在的企业视为优秀提供商。同样的，顾客通过与专业的销售人员接触，而将其对应的企业视为专业的且负责任的企业。比如，航空公司喜欢招聘开朗风趣的员工，美容美发公司喜欢招聘颜值较高的员工，他们在招聘流程上都注重体现公司的品牌战略，并对招聘员工担任品牌大使的能力进行评估。这些公司明白，品牌形象不仅依靠产品销售和广告来建立和维持，更靠员工的工作来建立和维护。认可员工建立品牌形象的战略被认为是"顾客服务品牌"战略。对于使用这种战略的企业来说，员工才是真正的品牌，体现在每个员工都试图在顾客心目中塑造企业的品牌形象。

12.1.3　服务员工是营销人员

由于服务人员代表着组织，能够直接影响顾客满意度，他们也就扮演了营销者的角色。实际上他们是产品的一部分，从促销的角度看，他们是活的公告栏。有些人员也可能扮演更多的传统销售的角色，例如，银行柜员经常被要求销售多种银行产品，这与传统柜员只专注特定职能的角色有所不同。

12.2　内 部 营 销

内部营销是把服务员工看成企业的内部市场。在多数情况下，顾客购买服务，其实是在"买"服务员工。因此，服务员工在交付服务价值时能否兑现服务承诺，取决于员工对所提供服务承诺的理解，而企业内部营销是为了帮助服务员工兑现服务承诺而开展的一系列管理活动，包括招聘、培训、激励以及提供设备和技术，使服务员工交付服务价值时能兑现的服务承诺与企业管理人员和服务员工的期望保持一致。

12.2.1　内部营销的内涵

内部营销是企业或营销组织的一种营销思维方式和行动体系，即把组织内部员工看作顾客，通过选择、培养和激励内部员工以提高其满意度，确保每一个内部员工都能遵循企业的营销准则和理念，从而协调高效地服务外部顾客，最终达到提高外部顾客满意度的目的。内部营销作为一种全面的管理流程，在以下两个方面整合了服务企业的各项职能：一是它确保企业各阶层员工，包括管理者，在有利于提高顾客服务意识的环境中，理解和体验业务以及相关的各种行为和活动；二是它有助于确保所有员工都能够随时准备以服务导向的方式参与到管理流程中来。

12.2.2　内部营销策略

内部营销的假设是，在企业与外部市场成功达到预定目标前，企业与内部员工群体的内部交易必须有效地进行，其宗旨就是把员工当成顾客来看待，其最终目标就是建立这样一种营销组织：员工能够而且愿意为企业创造真正的顾客，并鼓励高效的市场营销行为。内部营销的实施，涉及服务员工的情绪劳动管理策略、冲突来源分析、人力资源管理策略和内部营销传播策略。

1. 情绪劳动管理策略

（1）情绪劳动的内涵。情绪劳动（emotional labor）一词最早由阿里·霍克希尔德（Arlie

Hochschild）提出，意指提供优质服务所需的体力与脑力技能之外的劳动。一般来说，与顾客直接接触的服务员工被期望通过他们的情绪劳动使他们所显示的情绪与组织所期望的情绪相一致。这种劳动是针对那些陌生人以及或许不会再见的顾客，包括微笑、视线接触、表示真诚并进行友好的交谈等。这都要求服务员工付出大量的情绪劳动。情绪劳动利用人们的情感（通常要求他们压抑真实的感情）来有效进行工作。即使服务员工心情不好，在与顾客打交道时，也要面带微笑。

服务员工的工作体验与传统制造业工人的工作体验存在明显的不同。装配线上的工人能够公开讨厌他们的工作，讨厌他们的上司，甚至讨厌他们的同事，虽然这是不愉快的情绪，但只要他有效完成了分配给他的工作，他的情绪就是他自己的问题。但对服务员工来说，做这份工作意味着至少要假装喜欢它，最高境界就是完全将自己投入到工作中去，爱这份工作，并真诚地关心与他们接触的人。

（2）管理情绪劳动的策略。情绪劳动经常发生在频繁接触顾客并与顾客的交谈中。在为顾客提供服务的过程中，服务员工通常需要表达出不同的情绪，这就要求服务员工能够针对不同的情境自如地应对情绪表达问题。比如，员工在面临苛刻、讨厌、无理的顾客时如何管理他们的情绪。这些策略包括精心挑选能够处理情绪压力的人，训练他们所需的情绪劳动技能（如倾听和解决问题），教授他们情绪应对策略（如工作轮换、定期休息、团队合作等）。

①挑选有情绪劳动能力的员工。雇用那些能够很好地适应工作中有情绪劳动要求的员工。在聘请服务员工的面试中设计一个真实的工作情景，向未来的雇员表明情绪劳动的要求。在此过程中，面试的主要目的是找出那些对未来工作的特定情绪劳动需求感到满意的应聘者，因为这些员工在未来工作中要定期与有特殊需求的顾客互动，首先要让应聘者判断自己是否适合这一工作。同时，在面试中识别应聘者的价值观、教育背景、性格以及情绪能力是否能适合相应的情绪劳动的需要。

②培训员工的情绪管理技巧。大多数与顾客接触的员工都需要对顾客彬彬有礼。然而，顾客却没有义务对员工以礼相待。在"顾客永远是对的"的市场环境下，员工经常面临压制自身情绪的挑战。然而企业很少提供培训来帮助员工应对这些挑战。阿里·霍克希尔德（Arlie Hochschild）指出，服务企业员工存在着两种情绪劳动行为：一种是表面应付行为，即员工假装表达出对顾客的积极情感，这样做，既可以抑制自身的情绪，也可以假装某种友善；另一种是深度应对行为，员工会尽力表现出他们被期望（或被要求）的情绪状态，包括积极调用思维想象、情境、过往的回忆以诱导产生相关的积极情绪。比如想象顾客是朋友，或理解顾客是初次接受该服务而正在承受着某种焦虑，比如患者可能正承受着病痛的折磨。显然，增加深度应对行为技巧的培训可以更有效地提高员工的情绪劳动能力。同时，企业培训员工使之避免受到顾客坏心情的影响，让员工通过几个小时的角色互换和扮演来理解顾客的心情，压制影响顾客情绪的消极反应。

③为员工营造轻松的工作环境。服务环境能够影响员工的行为和感情。为了减轻服务员工面临的工作压力，可以通过改善服务环境使服务员工能够更好地处理工作中的消

极情绪，比如将办公室设计为开放式，让所有员工可以透过窗户看到树木、花草、经过的汽车；航空公司可以允许订票代理在家中办公，而不用整日坐在呼叫中心的办公室中。

经常进行情绪劳动的员工需要一个发泄的渠道，因为允许员工发泄可以使他们摆脱情绪失控。这种发泄可以在团队中进行，团队成员可以为需要情绪控制管理的员工提供情绪支持和鼓励，不可以让他们看到其他团队成员也经历类似的问题；同时向他们传递一个信息：公司是意识到并认可他们所做出的情绪劳动的。著名的零售商业巨头沃尔玛以及一些其他公司经常会为有这种发泄需要的员工创造机会。另外，这种宣泄带来的额外好处是，能为其他员工提供一些有用的情绪调整。

当员工与顾客交流或面对面接触一段时间后，让员工进行短暂的休息是一项特别有用的策略。比如，许多拥有呼叫中心的公司会让其员工轮岗，不使他们把全部工作时间花在与顾客的电话交流上，即使这些员工只是休息了几分钟的时间，或进行文书工作，也可以重新振作精神。比如澳大利亚的一家呼叫中心在员工工作区附近设有一张台球桌，再比如一些企业的员工可以在办公桌前一边工作一边看电影，以减轻与顾客互动的压力，等等。

2. 冲突来源分析

由于服务员工在顾客面前代表着组织，并且经常需要同时应对多个顾客，他们不可避免地要应对各种冲突，包括员工自我概念与员工角色冲突，企业目标与顾客需求不一致产生的冲突，以及不同顾客的需求不一致产生的冲突。如果对这种一线服务员工因面对冲突而产生的挫折感和困惑置之不理，将导致他们的工作压力加大、对工作不满意、服务顾客的能力变弱并最终感到精疲力竭。

（1）员工自我概念与员工角色冲突。在某些情况下，服务员工感到他们被要求做的事与其个性、方向或价值观之间存在冲突。比如在信奉"顾客永远正确，即使他们错了"的企业中，服务员工在遇到蛮不讲理的顾客时，员工自我形象或自我尊重的需求与作为服务员工的角色发生严重冲突。比如，在要求员工穿特定的服装或改变形象以符合工作要求时。再比如，雇主要求一位刚从学校毕业的年轻律师剪去长发，只能穿三件套西装而不能穿休闲服时，律师可能会觉得与他的新角色有着内在的冲突。

（2）企业目标与顾客需求冲突。服务员工在为顾客提供服务时，冲突可能产生在两个"老板"之间：企业和顾客。服务人员通常需遵守组织标准、规章。如果这些规章与标准是基于顾客制定的，冲突就会较少发生。如果规章与标准没有如此制定，或者顾客提出苛刻的要求，员工就要做出决定，是遵守规章还是满足顾客的要求。当员工认为组织在政策上有问题时，冲突就更为严重，他们必须决定是冒着失去工作的危险来适应顾客，还是照章办事。如果服务人员的收入直接取决于顾客，那么这种冲突就会尤为严重，比如收入来自于小费或佣金的员工极可能面临更高的企业与顾客的冲突，因为他们认同顾客的动机更大。

（3）不同顾客间的冲突。当服务员工同时为两个或更多的顾客提供服务时，遇到的冲突产生于两个或更多的顾客对服务有着不同的期望和要求。比如，依顺序为多个顾客提供服务的银行出纳员、售票员或医生，为使顾客满意，通常花费额外的时间，按顾客要求定制服务，以及灵活地满足顾客的要求，而等待着的顾客会由于其需求不能及时得到满足而感到不满。再比如，同时为众多顾客服务的教师、演艺人员，由于是为众多顾客同时提供服务，经常会众口难调。这种冲突在任何大学的课堂上都是经常发生的，授课教师被要求必须同时满足不同学生对授课方式与风格的各种期望和不同的喜好。

3. 人力资源管理策略

为建立以顾客为导向的、服务理念强的员工队伍，一个企业的人力资源管理策略应包括五个方面的内容：招聘和雇用正确的服务员工，技术技能和情绪劳动能力培训，授权给员工，提供必要的支持系统，留住最好的员工。

（1）招聘和雇用正确的服务员工。为了使服务员工有效传递服务质量，人力资源部门应将相当大的注意力集中在招聘和雇用服务员工上。要求在招聘时，不仅要关注应聘者是否具备相关专业技术资格，更要关注应聘者的顾客服务价值观。

为获得最好的长期员工，企业需要把招聘当作营销活动来看待。通过员工细分，识别出什么样的员工是组织潜在的最佳员工，并与其他企业竞争以雇用到这些员工；通过岗位设计，提供工作晋升机会来吸引那些潜在的长期员工。

一旦识别出潜在员工，企业就需要认真进行面试和挑选，以便从众多的应聘者中挑选出最佳人选。在面试过程中，需要重点考查应聘人员两方面的内容：服务能力和服务意愿。服务能力是指从事工作所必备的技能与知识。通常情况下，雇员通过获得相应专业的学位或者职业技能资格证书来证实自己的能力，如获得法律博士学位和通过国家律师资格的相关考试等。在其他情况下，服务能力或许与学历证书无关，但需要一些基本的技能或充沛的体力。比如，零售店的服务人员必须具备基本的语言表达能力及计算能力。最近的一项研究表明，许多一线服务员工也需要具备情绪劳动能力，即察觉、理解、调节顾客情绪的能力，以使他们的服务工作做得更好。服务意愿是指应聘人员对从事相关服务工作的兴趣，这反映了他们对服务价值的认知以及在与顾客或其他同事接触时的态度意向。研究表明，服务效率与服务员工的个性相关，比如乐于助人、细心和喜欢交际的服务员工的服务效率更高。最佳的服务员工面试过程应该对应聘者在服务能力和服务意愿两方面同时做出评价，从而雇用正确的服务员工。

（2）技术技能和情绪劳动能力培训。大多数服务组织需要有意识且有效地对服务员工进行技术技能的培训。技术技能涉及诸如酒店中的顾客服务系统、零售店里的各种应用程序、保险公司中的承保程序以及企业运营所必需的任何操作规则。除上述技能培训外，服务人员还需要接受情绪劳动能力方面的培训，包括与顾客进行语言交谈的技巧、与顾客共情的能力以及倾听技巧等。比如，企业可以通过培训员工如何进行愉快的谈话、如何恰当的提问或者采用幽默的语言交流，使顾客在愉快的气氛环境中接受服务，从而提高顾客满意度。除此之外，培训员工如何读懂顾客肢体语言，如何与顾客建立更好的眼神交流，并通过描述一个特定的场景，要求员工找出调节顾客的情绪的方法等。

（3）授权给员工。授权给员工是指赋予员工技能、工具和权力。一线服务员工要真正做到对顾客需求及时反应，就必须获得授权，使他们能对顾客需求做出及时反应，并在出现差错时及时补救。授权的关键是把决定顾客利益的权力交给员工，但只赋予权力是不够的，员工需要掌握相应的知识技能和工具才能保证正确使用权力，而且要有激励措施以鼓励员工正确使用权力。授权给员工不是告知员工"你现在有权做任何可以使顾客满意的事"。首先，员工通常不相信这些话，尤其是在等级制度森严的组织内；其次，如果员工没有受过相关的培训和指导，他们通常不清楚"做任何可以使顾客满意的事"意味着什么；最后，并非所有员工愿意被企业授权。授权可以减轻员工一些工作上的压力，提高工作满意度，同时使其有更强的灵活性和更有创意的想法为顾客带来更好的结果。然而，正确的授权也需要企业承担高额的培训费用，还会出现员工担心因错误使用授权而丢失顾客以使企业承受损失的情况。因此，只有部分企业能真正利用或恰当地执行成功的授权。

授权的收益包括：①服务员工在服务过程中对顾客要求做出快速反应，减少与上司沟通讨论的时间；②对不满意顾客及时做出服务补救，获得顾客谅解并最终收获忠诚顾客；③员工有决策权可以增强他们的控制力，从而增加工作责任感，提高工作满意度；④员工对工作满意进而会更热情地与顾客互动，把工作满意感带入对顾客的服务中；⑤被授权的员工有更高的创新热情，积极解决顾客问题。授权的成本包括：①员工招聘与培训方面需要花费更大的投资；②授权意味着被授权员工可以通过自己的判断为顾客提供服务，服务交付的质量会因人而异，这可能会损害顾客得到公平服务的权益，也可能会增加企业管理的难度；③企业需要承担被授权员工不当使用授权而带来的额外费用。

（4）提供必要的内部支持系统。要想服务员工高效地为顾客提供服务，需要一个以顾客为中心的、与顾客需求相一致的顾客导向内部支持系统。没有以顾客为中心的、满足顾客需求的内部支持和顾客导向系统，无论员工的服务意愿如何强烈，服务能力都将无法施展，也就几乎不可能传递优质的服务。比如，一位银行柜员要在处理各种纷繁复杂的银行业务中分毫不差并使顾客满意，需要方便得到顾客近期的资信资料，有足够人手进行分配，避免出现排着长队的不耐烦的顾客，以及愿意支持他以顾客为导向的上司和后勤人员。来自主管上司、团队同伴的内部支持以及他们对员工工作中所使用技术的评价都与员工满意度及其服务能力高度相关。

①建立有效的内部服务质量评估制度。建立鼓励支持性的内部服务系统的方法之一是评估并奖励内部服务。首先，企业中的每个人均为内部顾客。企业通过建立内部质量文化，培养组织员工的内部顾客意识，评估内部顾客对服务质量的感知。为了给员工提供尽可能好的服务，企业需要建立制度，以评估各部门的服务质量。内部服务审计成为实施内部服务质量文化的一种工具。通过审计，企业内部组织可以识别他们的内部顾客，确定他们的需求，评估自身服务情况以及做出改进。这种过程与针对外部顾客使用的市场调研实践相类似。

在评估和关注内部服务质量与内部顾客时，企业不仅专注于满足内部顾客的需求，更要关注最终的外部顾客的需求，内部服务质量评估要服从于外部顾客服务的质量要求。因此在评估内部服务时，一定要注意时时把内部的服务传递与如何支持外部顾客的服务传递联系在一起。

②开发顾客导向的内部服务流程。为了更好地支持服务人员在一线为顾客传递优质的服务，内部服务流程必须支持优质服务的传递，这就要求企业设计内部服务流程要兼顾成本效益、内部员工需求的同时，需要更多地考虑顾客价值和顾客满意度，避免官僚规章制度驱动的内部服务流程设计。

（5）留住最好的员工。在服务员工管理方面，企业不仅要招聘正确的员工、对员工实施培训，以提高他们的服务能力，并提供必要的内部支持使其传递优质的服务给顾客，同时还要想方设法留住那些优秀的员工。员工的流失，尤其是优秀服务员工的流失，会对顾客满意度、员工士气和整体服务质量造成严重影响。

①将员工纳入企业愿景。为了保持员工的积极性和对组织目标的兴趣，员工需要理解他们的工作是如何与组织目标相适应的，这就需要将员工纳入企业的愿景当中，与他们分享对企业愿景的理解。员工的工作热情在某种程度上受工资和其他福利的激励，但是最好的员工是致力于企业的愿景当中，是企业愿景为他们提供源源不断的动力。在实践中，企业的愿景要经常传达给员工，并最好由高层经理（通常是首席执行官）来传达。比如星巴克的霍华德·舒尔茨（Howard Schulz）、联邦快递的弗雷德·史密斯（Fred Smith）、亚马逊的杰夫·贝佐斯，都因能经常并明确地与员工沟通其愿景而闻名。

扩展阅读 12-1 将员工
纳入组织愿景

②把员工当顾客。员工是否愿意留在组织中，取决于员工能否感到他们有价值，以及他们的需求能否得到重视。在策略选择上，许多企业选择"把员工当作顾客"作为企业的员工管理理念，把营销策略直接应用于员工。企业提供给员工的产品是一份工作，员工可以从这份工作中获得高质量的工作生活满足感。为确保员工对工作岗位及工作生活的需求得到满足，企业要定期进行内部市场调研，评估员工的需求和满意度。比如，谷歌公司总部启动了一系列将员工视为顾客的计划，公司为员工提供免费理发、游泳池、视频游戏、干洗、医疗保健、按摩等。谷歌和其他许多公司发现，为确保员工的满意度、生产力和保留率，公司需要更多地帮助其员工的私人生活和家庭。这样，员工会感激公司所做的一切。

③建立高效的员工奖励与提拔机制。奖励机制必须与企业愿景和真正重要的成果挂钩。只有员工的工作目标与企业愿景相一致，才能为员工提供源源不断的创新动力。如果认为顾客满意度和保留顾客是关键的结果，就需要认可和奖励那些能增加顾客满意度和顾客保留率的服务行为。比如，酒店员工的薪酬中设定有一部分奖金与顾客满意度分数挂钩，这部分"绩效奖金"能激励员工更加关注如何为顾客提供更好的服务以达到更好的服务水平。除金钱奖励外，企业还可以为杰出的员工设立荣誉奖励，比如"总裁奖"，并且将获得此项殊荣的员工的名字登在企业年报上，并定期公开。除了对服务员工设立奖励之外，也要有针对管理层的奖励机制。管理层奖励的设置与顾客服务目标挂钩，以鼓励经理们的工作目标与顾客服务目标相一致。比如，企业部门经理如果想换岗调动，只有其所在部门的顾客满意度明显高于企业其他部门才被允许。这种奖励机制的设计，针对的是部门管理工作的绩效奖励，鼓励部门管理制度的设计以及制度背后的所有分析和服务改进措施，都使服务员工的行为促进顾客满意度和顾客保留率。

除了上述提到的绩效奖金、荣誉奖励和针对管理层的提拔奖励这些常用的奖励外，一些奉行"顾客服务至上"的企业还开发出一些新型的奖励方式。比如，颁发"同行奖"给表现优秀的同事，实现对其优质服务的认可；为顾客满意度指标或顾客保留目标的阶段性目标的达成举办特别的小型庆祝活动，以使员工始终处于持续努力之中。也就是说，激励不仅需要重大成果目标的牵引，这种在重大成果达成过程中对"小胜利"的认可，也可以起到很好的推动作用。

在许多情况下，尽管企业能够认识到优秀员工对顾客满意度和留住顾客至关重要，也采取了相应的奖励与提拔制度来培养长期员工，但仍无法避免有些优秀员工的离开。如果企业不能挽留与顾客有密切关系的优秀员工，企业应该考虑如何减少优秀员工的离开给顾客带来的影响。首先，员工实行轮岗制，员工可以时常被调换岗位，以保证顾客接触多个员工，同时保证顾客有一如既往的优质服务体验，减少顾客对某位员工的严重依赖。另外，组成与顾客互动的员工团队，由员工团队为顾客提供优质服务。以上两种做法的主要意图是让顾客与组织内的多位员工接触，避免企业因任何一名员工的离开而带来顾客的流失，同时有利于在顾客心目中树立起积极的企业形象，并且传达其所有员工都有为顾客提供优质服务的能力。

4. 内部营销传播策略

企业内部营销传播是使企业传递给员工的信息是准确的、完整的，且与顾客听到或看到的相一致。内部营销传播管理是使服务企业内的各个职能部门和所有员工在信息共享的基础上相互配合，以达到为顾客提供高质量服务的目的。内部营销传播包括三个方面的内容：内部垂直沟通、内部水平沟通和品牌内部推广。内部垂直沟通是发生在各职能门与一线服务员工之间的信息沟通，为保证服务员工传递优质的顾客服务，企业必须告知服务员工相关信息，以使他们提供顾客期望的服务。比如，了解顾客期望的市场，若销售人员不向实际提供服务的员工传播这些信息，提供服务的员工就会由于缺少信息影响到提供的服务质量。内部水平沟通是职能部门之间和内部员工之间的信息沟通，为保证职能部门之间相互配合，为企业提供高质量服务，职能部门之间必须经常进行有效的沟通。比如，生产运营部门没有参与企业广告及其他服务承诺活动，为顾客提供服务的员工则可能无法提供符合生产部门描述的服务。为提供优质服务，内部协调的最终形式是各部门和各分支机构在政策和程序上的一致性。如果一个服务企业在同一名号下运营许多分支机构，不管是特许经营的还是企业自营的，顾客都期望获得相同的服务。如果分支机构的管理者在政策和程序上有充分的自由决策权，那么顾客很难在不同分支机构获得相同质量的服务。品牌内部推广是面向内部员工进行的品牌营销，通过不间断传播相关的品牌信息，使企业品牌形象在内部员工意识中保持鲜活性，并使员工与顾客之间产生品牌共识，保证内部营销与外部营销的一致性。

（1）建立高效的内部垂直沟通。内部垂直沟通包括向下沟通和向上沟通。向下沟通是指向企业前端服务员工提供充足的信息、工具和技能，以保障他们提供高质量的服务给顾客。服务技能可以通过人力资源部门的培训来实现。向下信息沟通的主要方式有企业内部刊物和宣传册、企业有限电视网络、电子邮件、简报、内部推广活动以及表彰活动等。向下沟通的关键是让一线服务员工获得与外部营销一致的信息，了解企业在做什么，如果在外部营销中广泛传播的服务缺乏有效的内部传播，会令一线服务员工在面对顾客时不知所措。

向上沟通是指一线服务员工向组织内的信息传递。一线服务员工最了解企业服务承诺是否可以实现，而哪些服务承诺又是不切实际的，哪些服务会失败，失败原因是什么。建立员工与管理层之间的沟通渠道可以把这些信息及时传递给管理层，以便在服务失败时尽可能减小服务失败带来的不良影响。因此，有效的向上沟通可以弥合企业服务承诺与实际服务之间的差距。

（2）建立高效的内部水平沟通。内部水平沟通包括职能部门之间的沟通和内部员工之间的沟通。企业内各部门由于目标、理念和视角不同，内部沟通任务非常艰巨，但是沟通回报很高。比如，营销和人力部门的沟通可以更好地提高员工的服务能力，以便更好地传递服务承诺；营销和财务部门的沟通可以帮助企业恰当地制定符合顾客价值认知的服务价格。企业所有部门需要整合起来确保信息的一致性，以缩小服务承诺与实际服务之间的差距。建立高效的内部水平沟通的策略是建立市场营销部门和运营部门之间的沟通渠道，比如通过记录服务员工提供服务的全过程，协调广告创意与实际服务之间的一致性，以服务员工对服务加以说明的方式让员工参与广告制作也能获得相同的效果。另外，企业采取年度计划会议、集体进修、团队会议或研讨会，让来自不同部门的员工聚在一起，相互沟通，以理解其他部门员工的工作。

一线服务员工和企业内部支持系统员工之间也需要沟通。由于内部支持系统员工不直接与顾客接触，在为一线服务人员提供服务支持时，如果不能准确获得顾客需求方面的信息，就无法提供相关的服务支持给一线服务员工。为此，企业通过在服务现场安装摄像头以真实记录顾客在接受服务过程中的需要和要求，以便于后勤支持系统员工了解一线服务员工在服务顾客时需要他们提供的支持。企业也可以建立评测系统，用来评价内部支持系统员工在服务价值链上服务内部顾客的服务质量。为了清晰地向后勤支持员工传递服务失败的原因等信息，企业再设计出关联指标，将服务失败的原因追究到每个内部部门。比如，企业的信息技术部影响了服务质量指标，那么次级关联指标反馈出这一部门的工作是如何影响这一服务质量指标的。

（3）品牌内部推广。品牌内部推广是指面向内部员工进行品牌营销和传播相关的品牌信息，以使员工与顾客之间产生品牌共识。品牌内部推广可以从以下三个方面入手：首先，选择合适的时机对员工进行品牌教育。员工不是总能够接受品牌信息的变化，因此时机选择很重要。企业一般会选择企业发生重大事件时借机对员工进行品牌教育。其次，保证内部营销与外部品牌承诺相一致。比如当员工被告知节约成本是最重要的，而企业的品牌承诺却是顾客至上，员工就会感到困惑。最后，将员工和顾客同时作为企业品牌广告的受众，使企业提供服务以获得更多的支持，使品牌形象在员工意识中始终保持鲜活。这意味着企业与员工之间有强烈的情感连接。比如，航空公司允许员工在非正式场合穿着制服即兴进行乘机安全展示，这让员工体会到鲜活的公司品牌形象。

本章小结

服务员工在组织服务交付中扮演着重要的角色，服务员工在顾客眼中代表着企业，服务员工的个人形象代表着服务企业的品牌形象，服务员工就是营销人员。基于服务员工的重要性和他们在企业中的角色，服务企业将员工当成顾客开展内部营销，并将内部营销策略应用到服务企业中，包括情绪劳动管理、冲突来源分析、人力资源管理和内部营销传播四个方面。实行这些策略的目的，是使服务员工能够有效地满足顾客的要求，并在工作中提高服务能力和效率。

核心概念

服务员工：服务员工是指在服务交付中发挥作用，并因此影响买方感知的直接与顾客互动的一线服务人员，所以他们也被称为边界跨越者。

内部营销：内部营销是企业或营销组织的一种营销思维方式和行动体系。即把组织内部员工看作顾客，通过选择、培养和激励内部员工以提高其满意度，确保每一个内部员工都能遵循组织自身的营销准则和理念，从而高效地服务外部顾客，最终达到提高外部顾客满意度的目的。

情绪劳动：指提供优质服务所需的体力与脑力技能之外的劳动。

复习思考题

1. 授权是否始终是提供有效服务的最好方法？为什么员工授权如此有争议？

2. 描述四种基本的人力资源策略要点，并指出为什么每个要点在建立顾客导向的组织中都至关重要。

3. 为什么服务员工对任何服务组织而言都是关键因素？

4. 什么是情绪劳动？与脑力劳动或体力劳动相比，有哪些特点？

本章案例

海底捞的员工管理智慧

思考题：

海底捞的员工管理智慧体现在哪些方面？

即测即练

参考文献

[1]   夏征农，陈至立：大辞海·管理学卷（修订版）[M]. 上海：上海辞书出版社，2015.

[2]   ARLIE, HOCHSCHILD. The Manager Heart: Commercialixcition of Human Feeling[M]. Berkeley: University of California Press, 1983.

[3]   T. HENNIG-THURAU, M.GROTH, M. Paul, and D. D. Gremler. Are All Smiles Created Equal? How Employ-Customer Emotional Contagion and emotional labor impact service relationships[J]. Journal of Marketing, 2006(7): 58-73.

[4]   ARLIE. Hochschild. Emotional labor in the friendly skies[J]. Psychology Today, 1982. 06: 13-15.

[5]   ARLIE. Hochschild, The Managed Heart: Commercialization of Human Feeling[M]. Berkeley: Univcrsity of California Press, 1983.

[6]   B. F. ASHFORTH, R. H. HUMPHREY. Emotional labor in service roles: the influence of identity[J]. Academy of Management Review, 1993(18): 88-115.

[7]   S. D. PUGH. Service with a Smile: Emotional Contagionin the Service Encounter[J]. Academy of Management Journal, 2001(44): 1018-1027.

[8]   A. A. GRANDEY. When "The Show Must Go On": surface acting and deep acting as determinants of emotional exhaustion and peer-rated service delivery[J]. Academy of Management Journal, 2003(46): 86-96.

[9]   DELCOURT, GREMLER, VAN RIEL, and VAN BIRGELEN. Employee Emotional Competence[M]. Lexington Books, 1991.

[10] D. T. DONAVAN, T. J. BROWN, and J. C. MOWEN. Internal benefits of service-worker customer orientation: job satisfaction, commitment, and organizational citizenship behaviors[J]. Journal of Marketing, 2004(68): 128-146.

[11] B.FRYER. High tech the old fashioned way[J]. Harvard Business Review, 2001(79): 119-125.

第五篇

维护服务价值

第13章

服务关系管理

本章学习目标

1. 了解顾客开发的不同途径和各种策略；
2. 了解顾客信息和顾客互动管理；
3. 熟悉顾客维护与顾客价值之间的关系；
4. 掌握关系营销的本质和价值。

引导案例

联想公司的成功之路

2020年7月10日全面开启的联想暑期促销活动，围绕官网、乐呗、智生活门店，打造了一场线上线下全方位融合的购物新场景体验。每年的夏天，都有这样一场热闹的暑期大促（以下简称"暑促"），而随着技术创新、用户需求等多方面的变化，暑促已成为厂商们综合实力比拼的战场。

值得关注是，今年联想暑促的产品除了消费PC（个人计算机）全线产品上阵以外，还有众多"SloT"新品及跨界联合产品参与其中。而与此同时，今年的暑促受众也发生了很大变化，除了以往给孩子买电脑的家长们，更有"05"后的"新新人类"。可以说，联想暑促火爆的秘密在于"抓人心"，也就是客户直达战略的全面推进，这是联想智慧零售变革的核心所在。2020年暑促，更是检验联想智慧零售变革阶段成果的一场"大阅兵"。暑促是中国市场的老传统了，有着多年的历史，年年暑年年促，而且每家厂商每个平台都在做暑促，联想是如何吸引住顾客的呢？

想顾客所想，给顾客想要，这是获得顾客认可的第一步，也是建立顾客关系的重要环节。2020年的暑期，因为联想暑促，更是多了一份特殊的味道在其中。联想推出的各类优惠活动和潮品，设计心思缜密，花样百出，不由得让人眼前一亮。首先，联想推出了很多抽奖和福利活动，来吸引顾客和粉丝，用户可以直接领取官网优惠券及电竞鼠标垫、小新斜挎包、联想智能体脂秤等诸多礼品。同时，在乐呗小程序或联想线下消费门店购机，用户还能参与抽奖活动，100%中奖，甚至还有免单大奖，可谓诚意满满。

当然了,这些活动和福利只是联想暑促的一些花絮和鲜活形式,真正打动用户的潮品,才是暑促核心所在。没错,PC是今年联想暑促的主体,围绕用户需求打造的"拯救者2020"和"小新2020"系列产品是市场上的"硬通货"。坦白地讲,这两年联想在产品端持续发力,打造了一批人无我有,人有我优的人气爆品,圈粉无数。

更加值得关注的是,联想通过对市场的洞察,清晰了解顾客群体的变化:"后浪"和"05后"的"新新人类"正成为消费主体。所以在2020暑促中,联想特意加大了对这类人群的关注,在产品和活动等方面都进行了专门布局。针对"05后"的"新新人类",联想推出适合其学习应用的笔记本、平板电脑、一体机及周边产品,为其打造开学必备"套装"。在外界看来,过去三年联想中国区的转型惊天动地,甚至还有些不被人们理解,其实个中的精髓就是围绕顾客做文章。联想提到"顾客直达",其实就是顾客在哪里,联想员工就在哪里。在今年暑促中,这种理念体现得淋漓尽致,这是获得顾客认可的第二步。

可以看到,联想在暑促中更加积极主动,将与用户拉近关系作为社交营销的主要目标。这个效果也是十分明显的,目前联想已经初步建立了700个店面社群,顾客达14万人。当然,除了了解用户喜好,走进用户群体外,联想还时刻为消费用户着想。暑促期间,联想推出了爱心水站活动,全国23个省,40个城市,百家联想智生活门店为夏日高温劳动者准备爱心水站,夏日高温劳动者可以到店免费领取冷饮。这个举动,让消费者在获得优质产品和贴心服务之外,更体验到了精神的关怀。

资料来源:根据"联想暑促火爆的背后,客户直达成为联想融合零售战略核心驱动力[EB/OL]. https://baijiahao.baidu.com/s?id=1676610754660498896&wfr=spider&for=pc"整理。

13.1 关系营销与关系价值

服务过程在本质上是具有关系营销属性的。一般情况下,顾客与服务提供者之间的互动需要持续一定的时间,顾客需要对服务进行连续性的消费和使用。顾客与服务提供者之间会重复接触,如果企业不能意识到服务的关系属性,而是继续以获取利益为目的,就可能出现问题,导致服务管理失败。在服务竞争中,关系营销模式会取得更好的效果。因为市场日趋成熟,争取新顾客越来越困难,与其花费很大的精力和成本去获取新顾客,还不如维护好企业与现有顾客的长期关系。这对于企业来说是至关重要的,企业必须开发整体的服务,为顾客提供具有竞争力的价值。下面将具体介绍关系营销的内涵和重要性。

13.1.1 关系营销的含义

1. 关系营销的定义

许多学者对关系营销进行了研究,给出了不同的关系营销的定义。格罗鲁斯(Gronroos)认为,"关系营销的目的就是要识别、建立、保持和强化与顾客的关系,在必要的情况下,还要中止与某些顾客的关系，以确保关系双方的经济和其他利益。这是通过在双方不断做出和履行承诺的过程中实现的"。摩根（Morgan）认为，"关系营销是指建立、发展和保持一种成功的关系交换"。摩根将企业面临的关系分为供应商合伙关系、购买者合伙关系、内部合伙关系和隐性合伙关系，将企业与内外部利益相关者的关系都纳入关系营销的范围中，扩展了关系营销的范围。

综合上述定义，关系营销是指为实现企业目标，而与利益相关者建立联系、保持并形成合作关系的过程。下面介绍关系营销的几个要点。

（1）关系营销是一种营销理念

关系营销是一种企业与顾客合作、共同创造价值的理念。这种营销理念非常重要，它决定了企业与顾客的关系以及企业如何管理顾客关系。从交易营销转变为关系营销，实质上是一种营销理念的转变，即以交易为中心到以关系为中心的观念的变化。在交易营销中，顾客被当作企业要征服的对手，企业竭力说服顾客购买其产品；而在关系营销中，企业将顾客视为一种创造价值的资源，与其保持一定的信任依赖关系，共同创造价值，实现双赢。

（2）关系营销的核心内容是与顾客建立合作关系

关系营销要求企业与各个利益相关者建立长期的关系，这些利益相关者包括顾客、员工、供应商、中间商、竞争者、政府和其他相关组织。其中，顾客是最重要的利益相关者。要成功实现商品或服务的交换，企业要以顾客关系为核心，处理好企业内部的员工关系和外部的供应商、分销商、竞争对手以及其他影响者之间的关系，从而获得良好的关系营销效果。

（3）关系营销的重点是保留现有顾客

关系营销涵盖了吸引新顾客、建立顾客关系、维护顾客关系和终止与某些顾客的关系。吸引新顾客只是企业发展的第一步，企业营销的重点应该在维护与增进现有顾客关系上。

2. 关系营销与交易营销的区别

关系营销与交易营销有很多不同的地方。关系营销以长期关系为导向，注重保留住老顾客，着力于提高顾客的忠诚度，以获得持久的竞争优势；交易营销看重短期利益，以获取新顾客为主，关注一次性的交易，营销的目的就是赢利。两者的主要区别如表 13-1 所示。

3. 顾客关系管理

顾客关系管理，是指企业通过与顾客建立起有利可图的关系和不断强化顾客关系，来提升顾客价值的管理过程。通常，顾客关系管理是企业总体战略的一种，它采用先进的数据库和其他信息技术来获取顾客数据，分析顾客的行为偏好，积累和分享"顾客至上"的理念，对顾客提供个性化的产品或服务，发展和管理顾客关系，培养顾客的长期忠诚度，以实现顾客价值最大化和企业收益最大化之间的平衡。

表 13-1　交易营销与关系营销的主要区别

交 易 营 销	关 系 营 销
企业强调市场份额	企业强调顾客回头率、忠诚度和满意度
市场风险大	市场风险小
着眼于单次交易	着眼于顾客利益
产品特色导向	产品利益导向
短期利益	长远利益
对顾客服务重视较少	高度重视顾客服务
有限的顾客承诺	高度的顾客承诺
中等的顾客接触	高度的顾客接触
质量主要涉及产品	质量意味着一切
认为没有必要了解顾客的文化背景	认为非常有必要了解顾客的文化背景

资料来源：王悦梅. 服务营销[M]. 杭州：浙江大学出版社，2016.

13.1.2　顾客关系价值

1. 顾客关系价值

价值是一个难以理解的概念，从不同的角度，价值有不同的定义。在有些情况下，价值是可以用货币来衡量的。在一些市场上，价值是一种感知，特别是在消费者市场上。在企业中，所有的资源都可以作为服务来提供给顾客。只有顾客使用，才能创造价值。企业与顾客之所以能够保持长期关系，重要的原因是关系的建立与维持能够为双方带来价值。顾客关系价值是从顾客在其生命过程中给企业带来的收入和利润贡献的角度来看待顾客的概念或计算方法。

有学者指出顾客价值是通过顾客自己的流程创造出来的，服务提供者的作用就是提供相应的资源和流程，帮助顾客实现价值。顾客价值的计算要建立在顾客现状贡献的净利润基础上，而不是销售收入的基础上。应当将向每一个顾客或每一个顾客群体提供服务的成本，包括关系成本，从收入中剔除。关系管理关注的焦点不是资源，而是顾客价值生成的过程。

要想对顾客价值有全面的认识，还需要对顾客为企业提供的价值类型进行全面的分析。顾客价值可以分为顾客购买价值、顾客口碑价值、顾客信息价值、顾客知识价值、顾客交换价值。顾客终身价值是这五个价值的总和。不同顾客有着不同的价值。对于企业来说，识别顾客价值，找到最有价值的顾客，提供更优质的服务，是很有必要的。

发展新顾客（数量增长）、延长顾客生命周期、挽留老顾客（持续时间增长）和交叉销售（深度成长），都是顾客关系管理的策略方法。顾客关系管理的终极目标是实现顾客资产的最大化。

2. 顾客资产

国外有学者认为企业要赢得高价值的顾客、获得高收益的回报，就要将顾客作为资产来看待，实行资产化管理。顾客资产，就是指企业的当前顾客与潜在顾客的货币价值潜力，即在某一计划期内，企业现有的与潜在的顾客在忠诚于企业的时间里，所产生盈利的折现价值之和。企业要真正实现以顾客为中心的发展理念，就必须把顾客作为企业最重要的资产来看待，从而加强顾客关系，提高顾客的满意度和忠诚度，来获取竞争优势和持续的超额收益。顾客资产的质量，不仅与顾客提供的每一类价值大小相关，还与顾客资产的结构和数量有关。

综合来看，顾客资产的关键驱动因素有三个：价值资产、品牌资产和关系资产。价值资产是顾客对某个品牌的产品和服务效用的客观评价，主要由产品服务质量、价格、便利性等因素构成。品牌资产是顾客对品牌的客观评价，是超出客观感知价值的部分，其构成要素包括顾客对品牌的认知度、对品牌的态度和对企业伦理的感知等。关系资产是指顾客偏爱某一品牌的产品和服务的倾向，在顾客挽留、促使顾客购买成熟品牌的产品方面有决定性影响，涉及顾客忠诚项目、特殊认可项目等。

顾客资产的驱动因素之间既相互影响又相互制约，有很密切的关系。价值资产、品牌资产和关系资产之间相互作用，动态地决定了企业的顾客资产。通过创造和交付强大的价值资产，企业不仅可以更有效地挽留顾客，鼓励他们投资更多类型和数量的资源，从而延续关系资产，还可以帮助自身建立强大的品牌和良好的企业形象，提升品牌资产。但是对不同的行业，顾客资产的侧重点有所不同。因此，企业要根据自身所处的行业来了解哪些才是重要的驱动因素，制定出有效的策略来提升顾客资产价值。

3. 顾客资产最大化管理

有学者认为，顾客资产和终身价值管理可以用于优化目标营销活动的规划和预算，以最大限度地提高营销投资回报。内龙恩（Nenonen）等人认为顾客资产管理应关注股东价值的四个驱动因素：收入、成本、资产和风险。企业进行顾客资产管理的最终目标是顾客资产最大化。因此，企业在经营管理中制定的生产、经营、投资等任何战略决策都必须参考能否达成顾客资产最大化这一标准。具体来讲，要使顾客资产最大化，可以从以下几个方面着手。

（1）实施顾客终身价值管理

顾客对企业的价值贡献在关系发展的不同阶段是不同的。新顾客对企业的贡献很小，长期顾客对企业的贡献水平则会随着关系的发展而不断攀升。因此，企业应该根据顾客关系生命周期中各个阶段的特点来进行深入的研究。一般顾客关系生命周期包括四个阶段：获取期、成长期、成熟期和衰退期。企业可以通过了解顾客不同生命周期的不同需求来开发商品或服务，满足顾客在生命周期的不同阶段表现出的差异化需求。

（2）实施顾客基础管理

企业需要吸引新顾客来扩展企业的顾客群，并维护现有顾客，从而提升顾客份额。例如，现在很多银行常常会通过交叉销售或组合销售来提高顾客份额。银行客户经理不仅可以向个人顾客提供储蓄账户服务，还可以同时提供信用卡、消费信贷、保险、住房贷款和财务咨询等业务方面的服务。

（3）建设以顾客需求为导向的差异化销售渠道

随着销售渠道在顾客购买决策中的作用越来越大，从顾客资产管理的角度来看，企业也应该从成本效率、顾客偏好和顾客关系构建能力等方面出发，构建渠道差异化和渠道资源的优化配置。

（4）以顾客为导向的内部业务流程重组

只有实现内部业务流程与顾客需求取向相匹配，才能使企业获得更高的顾客满意度，进而使自己在营销和顾客服务上的投资卓有成效，从而实现企业的顾客资产最大化。

（5）利用数据挖掘技术进行数据库动态管理

利用数据挖掘技术有助于提高企业识别和满足顾客需求的能力，有助于实现顾客资产最大化。为此，企业首先要构建综合的、一体化的、动态的顾客数据库。通过构建和维护顾客数据库，企业可以不断挖掘现有顾客的潜力，并且随着顾客的成长演进和变化不断更新对顾客的理解。例如，通过记录顾客的购买历史及企业的营销活动，企业可以生成当前顾客的简要信息，如顾客的特征、偏好和价值潜力等信息。这样就可以更好地掌握顾客的购买情况，识别具有盈利能力的顾客，进行有效的沟通，促进交叉购买和购买升级等。

企业与顾客的关系就如同其他社会关系一样，会随着时间而发展变化。企业与顾客之间的关系往往具备从陌生人到熟人再到朋友，直至发展为合作伙伴的潜能。接下来，本书将探讨企业与顾客关系演变的过程和策略。

13.2　顾客关系开发

企业要想持续发展，必然要不断扩展顾客。寻求和开发新顾客是企业进行发展的第一步，特别是对于发展初期的企业。因而，开发新顾客是企业生存发展的重要条件，是对未来顾客资产的重要投资。

13.2.1　顾客的开发获取

1. 顾客获取的含义

顾客获取工作针对的是那些尚未与企业发生过交易的新顾客。这些新顾客可能包括竞争对手的顾客、还不知道这家企业的人等。因此，企业的首要目标就是使这些潜在顾客熟悉公司的产品或服务，然后促进其购买。

2. 顾客获取管理

顾客在进行再次购买之后才会被视为成功获取。为了更好地促进顾客的开发，让更多的顾客知晓、了解企业的产品或服务，让企业更好地开展顾客建立和维护工作，应该对企业的顾客获取工作进行管理。可以从以下几点展开：

（1）针对行业特征

企业可以根据自己行业的特征来制定获取策略。对于不同的产品，可以看其适合哪个群体，有针对性地做出营销策略。再者，不同行业之间的技术特征也会影响顾客的消费行为。因而，企业应该根据行业特征和所处的环境来满足顾客的需求。

（2）吸引潜在顾客

吸引潜在顾客，首先需要让顾客注意到企业的产品或服务。这个阶段最常用的手段就是广告。投放一定规模的广告，有助于提高产品或服务的曝光度，使产品或服务进入顾客的视野。有效的广告是引起顾客注意的关键手段。除此之外，企业还可以打造口碑，通过口碑传播，让新顾客知晓企业。

（3）促进再购买

仅仅因为顾客尝试进行购买并不意味着购买已经完成。从第一次购买到第二次购买，顾客还处于对产品的观望和评价中。现阶段需要加强的是产品体验和服务，而不是继续使用促销策略，因为顾客已经选择了试购买，促销刺激会不如第一次购买时。在顾客使用产品的过程中，企业必须努力为顾客提供比其他竞争产品更好的体验。否则，顾客将很难再次购买。

（4）评估有效性

企业的最终目标是建立长期的顾客关系。在顾客获取阶段，企业应结合具体的行业前景，在深入了解顾客行为的基础上制定营销策略。布莱特伯格（Blaberg）叙述了顾客获取的不同阶段中企业的营销策略与顾客获取的可能性及获取效率的相关关系，见表 13-2。

表 13-2 顾客获取指标与营销组合关系

市场营销组合变量	获取可能性	获取效率
广告		
引起注意	+	
定位／期望	+	
口碑	+	
顾客细分／锁定	+	
定价	+	
促销	+	
产品质量		
质量		
类型	+	
渠道	+	+
销售力	+	+
数据库营销		+

资料来源：BLATTBERG R C, GETZ G, et al. Customer equity: building and managing relationship as valuable assets[J]. Long Range Planning, 2002, 35(6): 657-661.

从表 13-2 来看，企业获取效率与顾客细分、消费力、渠道密切相关。一些企业可能过度关注提高新顾客的数量，而忽略了获取效率和效果。因而，企业要进行适当的舍取，关注点要适当转移。企业不可能不计成本地去不断获取新顾客，想要获得 100% 的获取率是不可能的，可以参照所处行业的平均水平。

3. 移动互联网环境下的顾客获取

通过网络和应用软件传递服务，越来越专业，用户的界面也做得越来越好，导致用户的体验感也越来越好。有些技术可以模仿消息灵通的销售助理，将顾客引导到他们感兴趣的产品上，甚至有些平台可以根据顾客的浏览情况，来帮助企业推广他们的产品，一些平台还会为顾客提供及时回复邮件或者利用与顾客人员进行对话的机会，为顾客及时提供服务。搜索引擎也是许多网站提供的另一种有效的服务，可以通过搜索列出顾客想要购买的产品或者服务。如今社交媒体广告渠道日益发展，已经成为主要的广告渠道。社交媒体广告，不但具有随时参与、互动的特点，还能有效进行传播，增加了企业产品或服务的曝光度。虽然社交媒体平台确实为企业推广产品或服务带来了很多便利，但是也有弊端。信息技术的高速发展使得市场竞争更加激烈，导致顾客的获取也将更加激烈，顾客的选择更多了，企业争取顾客的难度就加大了。无论是正面还是负面的消息都会在网络平台上传播，企业更应该依赖更加直接有效的沟通，保持良好的口碑。但总的来说，社交媒体带来的价值是大于风险的，企业需要把握市场动向，不断调整自身战略，做到在大数据时代不断创新发展。

一些学者认为，顾客获取成本依赖于市场环境，会因市场地位（即市场份额领先者与跟随者）和产品生命周期阶段而大相径庭。不同竞争强度水平的顾客保留成本相对稳定。但是，随着竞争对手数量的增加，获取成本显著增加。随着市场竞争公司数量的增加，竞争随着越来越多的营销举措而加剧，以获得新顾客。利文（Liven）的研究表明，顾客获取成本可能是一个坚定的价值驱动因素，顾客获取成本与顾客保留、未来利润和当前市场价值有正相关关系，但是，与未来收入无关。再者，顾客保留和使用在将顾客获取与产生利益联系起来方面起着重要的中介作用。与此一致，一些证据表明，顾客保留和维护可以提升市场价值。

13.2.2　顾客开发的策略

《孙子兵法》中说："不战而屈人之兵，善之善者也。"顾客开发方面，"不求人"的营销导向开发是顾客开发的首选之策。所谓营销导向的开发策略，就是企业通过有吸引力的产品策略、价格策略、分销策略和促销策略，吸引目标顾客和潜在顾客产生购买行动的过程。

1. 有吸引力的产品策略

营销导向的开发策略的特点是"不求人"，企业需要在产品质量上做得更好，才能让企业从良好的顾客体验中获益。罗卡（Rocca）等人表示：新企业在开发顾客时，由于其营销功能和提供的服务尚未完善或者尚未开发，因而对新企业而言，建立顾客关系是一个严峻的挑战。因此，重要的是新企业的初始顾客和供应商中的非营销角色的个人被带入关系发展过程，以提供可行的产品。制定有吸引力的产品策略，必然要将企业的产品做好，让企业具有竞争力。

2. 有吸引力的价格策略

对于顾客来说，价格不是利益的载体，而是一种牺牲。因此，较低的价格不仅可以表达企业对顾客的关心，还可以给顾客带来获利感。如果企业要开发顾客，就应该制定有吸引力的价格策略。一般情况下，顾客在购买某件产品或服务时，内心会有一个预期价格，当产品价格过高时，会导致顾客放弃该企业的产品或减少购买量。而产品价格比顾客的期望价值低时，顾客又会产生其质量没有达到内心的标准的感觉。因此，价格定得太高或太低都不合适。企业应该根据市场环境、行业特点、顾客心理等因素，来制定具有竞争优势的价格。[洛塞勒（Laussel）等人认为企业可以收集顾客的信息，并利用这些信息实施越来越复杂的价格策略，而在其他一些市场（例如社交平台），企业也可以坚持相当简单的定价策略。] 这两种策略都可能有意义。

3. 有吸引力的分销策略

顾客在购买物品时除了考虑质量、价格之外，还会考虑到购买的便利性、快捷性等因素。因而，一个好的分销策略也会提升顾客的好感度和满意度。一方面，一个好的销售途径尤为重要。顾客获得的价值和付出的成本会因提供产品的渠道是否便捷、快速而变动，也因此确定选择哪家企业。因此，一般离顾客群体近的购物商圈会吸引到更多的顾客。而且，企业选择的地理环境便捷且有优势，可表现企业的形象和品位，即使离顾客较远，也会有顾客愿意购买。另一方面，由于信息技术的不断普及，人们在家就能点单收货。企业应更注重技术的发展，不断改善企业的下单、配送等服务，让顾客的线上体验接近线下购物。

4. 有吸引力的促销策略

制定一个促销策略，有利于加深顾客对品牌的印象。一个很有力的促销策略就是广告。广告可以在各种地方出现，引起人们的关注。广告传播范围广，形式多种多样，对于引起顾客的注意，激发其购买欲有着非常强大的功能。如今兴起的社交媒体广告尤为重要，其传播速度更快、时效性更强，对企业的宣传推广更为适合。合理利用广告，把控传播内容，会吸引到更多的顾客。

另一个有效的促销策略是公共关系。公共关系是指企业运用各种沟通技巧、公关宣传等形式，加强与公众沟通的活动。其目的是建立或维护企业的良好形象，建立或改善企业与公众的关系，并控制和纠正对企业不利的舆论，引导各种舆论向有利于企业的方向发展。与广告相比，公关更客观、更可信，对顾客的影响也更深远。其类型有服务性公关、公益性公关、宣传性公关等。

销售促进能吸引顾客，是促销策略的好帮手。销售促进是企业利用短期诱因，刺激顾客购买的促销活动。一般手段有：为顾客提供免费试用、免费服务，在顾客购买时给予奖金或礼品，赠送代金券等，以调动顾客的购买欲。许多报纸、杂志采取在一定时间内请顾客免费试阅，由此吸引了一些读者，而一旦读者满意，便会进行订阅。

扩展阅读 13-1　"野性消费"鸿星尔克

13.3　顾客关系建立

在获取新顾客之后，企业要想获得持续的收益，就必须深入了解顾客，与顾客建立稳定的关系。而与顾客建立稳定的关系，就必然要对顾客信息颇为重视和了解，为重要的顾客提供更多的资源和服务。

13.3.1 顾客的信息收集

1. 信息的重要性

（1）信息是决策的基础。每个企业都不得不做一些信息收集工作，要想了解顾客需求、推行新产品等，必然要对市场上顾客的偏好进行了解。因此，全面了解企业顾客的消费偏好和顾客变化情况尤为重要，需要企业对顾客的信息有准确、全面的了解。

（2）顾客信息是顾客分级的基础。要想对顾客进行有效快速分级，就必然要了解哪些顾客是关键顾客，能给企业带来价值。只有全面收集顾客信息，弄清楚哪些顾客在企业的消费是有益且价值高的，才能准确分辨优质顾客，更好地进行顾客分级。

（3）顾客信息是做好顾客沟通的基础。只有对顾客的消费习惯、消费需求等有全面的了解，才能更加有效地与顾客进行沟通，产生更多的顾客价值。

（4）顾客信息是顾客满意的基础。在激烈的市场竞争中，企业要想满足顾客的需求、期望，使顾客满意，就必须了解顾客的需求特征、交易习惯等，从而调整战略。

2. 掌握的顾客信息

对于不同的顾客，企业需要掌握的信息是有区别的。对个人顾客，应当掌握其基本信息（包括个人特征、电子邮箱、所在单位的名称等）、消费情况（消费的金额、规模、档次、偏好等）、事业情况（以往工作、在目前单位的情况、对事业的态度等）、家庭情况（教育程度、对婚姻的看法、对子女教育的看法等）、生活情况（生活状态是什么、长期目标是什么等）、教育情况（最高学历、所修专业、在校期间所获奖励等）、个性情况（喜欢的事物、为人处事的风格等）、人际情况（身边的人际关系、对人际关系的看法等）。

对于企业顾客，应当掌握的信息内容有：基本信息（企业的名称、地址、创立时间、资产等）、顾客特征（经营观念、企业形象等）、业务状况（销售能力、发展潜力等）、交易状况（信用状况及出现过的信用问题、与顾客的关系及合作态度等）、负责人信息（所有者、法人代表及其素质等）。

3. 收集顾客信息的渠道

收集顾客信息只能从点点滴滴做起，可通过直接渠道和间接渠道来完成。

（1）直接渠道，是指直接收集顾客信息的渠道，主要是指顾客与企业直接接触的各种机会。以电信业为例，顾客信息的直接收集渠道包括营业厅、呼叫中心、网站、顾客经理等。也有很多企业通过展会、市场调查等途径来获取顾客信息。直接收集顾客信息的渠道如下：

①在调查中获取顾客信息。即调查人员通过面谈、问卷调查、电话调查等方法得到第一手的顾客资料，也可对顾客的消费行为进行记录并分析。优秀的营销人员往往善于收集、整理、保存和利用各种有效的顾客信息，并对重点顾客进行长期的信息跟踪。

②在营销活动中获取顾客信息。在与顾客的谈判中，顾客对企业的态度、经营理念都会得到展现，因而，要及时在此收集信息。另外，可以成立一些顾客联谊会、会员俱

乐部等，收集有效的顾客信息。

③在服务过程中获取顾客信息。在服务的过程中，免不了要与顾客进行面对面的直接沟通，此时是收集顾客信息的绝佳时机。顾客一般会表达对企业产品和服务的看法，也有可能提出一些建议。企业要想满足顾客，形成竞争优势，获取这些顾客的反馈十分重要。

④在销售终端收集顾客信息。记录顾客的消费记录，企业就能分析出顾客喜欢哪种类型的产品或服务，喜欢的价格范围如何等。不仅可以据此分析确定产品或服务，进一步确定发展的方向，还可以借此推出顾客可能会喜爱的新产品。

⑤网站是收集顾客信息的新渠道。网购的普及，让企业收集顾客信息的方式不再局限于以前的模式，还能进一步利用互联网来收集信息。企业可以通过让顾客在网上进行注册，建立顾客信息档案。此做法成本低，效率高。

在以上这些渠道中，顾客与企业接触的主动性越强，顾客信息的真实性和价值就越高。同时，顾客与企业接触的频率越高，顾客信息的质量就越高。

（2）间接渠道，是指企业从公开的信息中或者通过购买获得顾客信息，一般可通过以下渠道获得。

①各种媒介。在国内外各种报纸、图书、社交平台等公开发布的信息。

②工商行政管理部门及驻外机构。工商行政管理部门一般会掌握顾客的注册情况、经营历史等，是可靠的信息来源。对国外顾客，可委托我国驻各国大使馆等进行了解。另外，也可以通过一些驻外业务机构来了解顾客的资信情况、经营能力等。

③国内外咨询公司及市场研究公司。国内外咨询公司及市场研究公司具有业务范围较广、速度较快、信息准确的优势，可以充分利用这个渠道对指定的顾客进行全面调查，获取顾客信息。

④其他渠道。从战略合作伙伴或者老顾客，以及行业协会、商会等渠道也可以获取相关的顾客信息。另外，还可以与同行业的一个不具有竞争威胁的企业交换顾客信息。

总之，顾客信息的收集有许多途径，在具体运用时要根据实际情况灵活选择，有时也可以把不同的途径结合在一起综合使用。阿吉雷（Aguirre）等人研究证实，企业从社交媒体网站收集信息的策略是决定顾客对在线个性化广告的反应的关键因素。建立信任的营销策略，可以抵消企业的负面影响。

13.3.2 顾客关系管理系统中的数据仓库和数据挖掘

以前，市场营销工作的开展是在对顾客信息并不完全了解的情况下进行的。为实施关系营销策略，这种对顾客不甚了解的情况就必须加以改变。而了解和管理顾客的一个比较好的方法就是建立顾客数据仓库。顾客数据仓库包含了营销所需要的顾客所有的信息。如果没有数据仓库，企业与顾客就不会发生完全意义上的互动。一个科学的顾客数据仓库对于交叉销售和新产品的推广都会起到积极作用。除了用于与顾客保持关系以外，数据仓库也被用于其他的市场活动，如顾客的分类、促进服务质量等。顾客信息资料还应该包括盈利性资料，以便员工了解与顾客建立长期关系的盈利水平。如果缺乏长期的盈利信息，企业有可能将非盈利的顾客信息纳入数据仓库中。

1. 数据仓库的定义

全球的各行各业早已成功应用了 MIS（management information system，管理信息系统）。这一系统帮助用户积累了大量的数据和经验，满足了他们对数据存储、查询和统计的基本需要。可以说，数据库技术的进一步完善加速了 MIS 的成功。遗憾的是，MIS 未能帮助用户从大量的数据中获得自己需要的信息，尤其是决策者需要的信息。受 1997 年全球数据库市场不景气的传言影响，各大数据库厂商将注意力锁定在对象关系数据库技术上。而到了 1998 年，各厂商又将数据仓库视为新的经济增长点，使得数据仓库（data warehouse，DW）技术在短时间内从思想走向应用，继而逐步走向成熟和具体化。

自从数据仓库的概念出现以来，不同学者从不同的角度为数据仓库下了各式各样的定义。目前，人们普遍接受的且最具权威性的定义源自 1992 年恩门（Inmon）所著的《建立数据仓库》一书。他认为，数据仓库是面向主题的、集成的，是随时间推移而发生变化的数据集合，可用来支持管理决策。统计分析系统软件研究所把数据仓库界定为一种管理技术，旨在通过通畅、合理、全面的信息管理，达到有效的决策支持。当然，也有人认为数据仓库是一种对不同数据进行过滤和处理而形成的单一的、完整的、一致的数据存储，从而可以在业务范畴内以一种最终用户能够理解和使用的方式向他们提供有效的信息。

同时，数据仓库也是一套在询、分析和表达信息的工具，是发布数据的场所，其数据是业务效率提升的原动力。因此，数据仓库能够满足把信息分发给最终用户以支持决策和管理报告的需要。

2. 数据仓库设计与开发

建立一个数据仓库，一般需要依序完成以下五个方面的工作：

（1）评估任务和环境

数据仓库是基于原来的数据库系统建立的，因此必须深入了解业务现状及数据分布情况。这就需要对数据的数量和质量以及建立数据仓库预期所利用的网络技术及环境状况进行评估。另外，建立数据仓库的目标任务必须加以阐明，从而评估数据仓库项目实施的可行性，并对项目实施可能会遇到的障碍进行预测。

（2）收集和分析需求

数据仓库是为决策支持服务的，所以其建立的目标之一就是获取决策支持所需要的最优、最完整的信息。在做出决策之后，必须使决策转化为行动，这就要对顾客的具体需求进行分析。此外，数据仓库的建立，还必须考虑到当前业务存在哪些问题、处理这些问题又需要哪些功能模块，尤其要重视数据数量与质量问题。

（3）构建数据仓库

构建数据仓库需要考虑到如何实现数据仓库的管理、组织和决策支持信息的可视化。其中，数据仓库管理包括增强数据的可用性和系统的稳定性，对数据仓库生命周期进行管理，对未来容量需求进行规划等。数据仓库的组织包括规划数据仓库的初始装载，建立所需要的索引以及这一阶段所有的管理数据等。一般而言，通过数据挖掘等工具，可以分析许多常规的信息项目，也可以利用这些工具直接对主题数据进行加工，从而为管理决策提供支持信息。

（4）数据仓库技术培训

在数据仓库建成之后，对最终用户进行认真的培训，帮助他们了解数据仓库的全部情况，是保证项目成功的必备条件。其中，数据是向用户介绍的重点，不仅要介绍详尽的数据内容，而且要介绍系统如何保障数据的质量、完整性和可靠性，并明确今后使用中需要进一步注意的问题，这很可能就是日后进行维护和改进的地方。

（5）回顾、总结与再开发

在数据仓库的开发过程中，要不断完善可以继续改进的地方。如何获取业务部门的支持？如何进一步促进合作？如何让开发部门最快获得收益？如何利用它更好地为用户服务？一旦开发取得一定的进展，就要慎重地研究是否恰当确定了主题的范围，合作中应该参与的部门是否全都积极主动参与了，取得了哪些阶段性成果，这些成果发布后的影响如何，初步成果是否被企业高层领导看到了，若存在问题应如何及时加以改进等。

在数据仓库开发完成之后，还要检查数据仓库的采用是否助推了企业的发展，是否提高了企业的竞争优势，是否使得投资的回报达到了预计水平，是否令企业的其他部门得以利用数据仓库来获得更大的甚至是未曾期望过的效益。实际上，数据仓库的开发往往始于简明且重要的主题，并在经验积累过程中结合用户被激发出的新需求，不断扩大数据仓库的内容和规模。在实践中，只要按照既定程序扎实推进，一定能够建立起相应的数据仓库，并为有关部门带来巨大的效益。

3. 数据挖掘概述

（1）数据挖掘的定义

数据挖掘不同于数据仓库，因此有些观点认为，数据挖掘是数学和计算科学的合集，与数据仓库无关，即数据挖掘不需要也不可能从数据仓库中受益。这种观点并不是十分正确。数据挖掘的主要任务是对数据的分析处理，因此，集成的、完整的、高质量的数据对成功进行数据挖掘至关重要，而且高质量的数据正是数据挖掘的关键所在。

毋庸置疑，多数数据挖掘工具出自统计学领域。但统计方法大都需要专业训练，如果想发挥统计方法的效用，就必须降低使用门槛并提高解决现实问题的效率。作为多学科融合的产物，数据挖掘工具的出现，在很大程度上解决了这一问题。通过对用户界面的包装，普通用户经过很少的训练就能够灵活运用数据挖掘工具。迄今为止，尽管数据挖掘的历史仍然较短，但从 20 世纪 90 年代以来，它的发展速度却相当快。实际上，数据挖掘就是使用模式识别技术、统计和数学技术，在大量数据中发现有意义的新关系、新模式和新趋势的过程，即在大型数据库中寻找有意义、有价值的信息的过程。因此，数据挖掘可以定义为从大量的、不完全的、有噪声的、模糊的、随机的实际应用数据中提取隐含于其中的、人们事先不知道但又具有潜在用途的信息和知识的过程。

表 13-3 概括了数据挖掘技术的发展历程：从 20 世纪 60 年代的数据收集阶段，到 20 世纪 80 年代的数据访问，到 20 世纪 90 年代的数据仓库与决策支持阶段，再到当下十分流行的数据挖掘阶段。

表 13-3　数据挖掘技术的发展历程

进化阶段	商业问题	支持技术	产品厂家	产品特点
数据收集（20 世纪 60 年代）	过去五年中，总收入是多少？	计算机、磁带和磁盘	IBM 和 CDC	提供历史性的、静态的数据信息
数据访问（20 世纪 80 年代）	在新英格兰分部，去年 3 月的销售额是多少？	关系数据库、结构化查询语言（SOL）ODBC	甲骨文、Sybase、Informix、IBM 和微软	提供历史性的、动态的数据信息
数据仓库与决策支持（20 世纪 90 年代）	在新英格兰分部，去年 3 月的销售额是多少？波士顿可以据此得出什么结论？	联机分析处理、多维数据库、数据仓库	Pilot、Comshare、Arbor、Cognos 和 Microstrategy	在各种层次上提供回溯性的、动态的数据信息
数据挖掘（当下）	下个月波士顿的销售会怎么样？为什么？	高级算法、多处理器计算机和"海量"数据库	Pilot、Lockheed、IBM、SGI 和其他新创企业	提供预测性信息

注：ODBC 为 Open Datalxssc Commecting 的缩写，即开放数据库互联。

资料来源：HAN JAWEI, KAMBER M. 数据挖掘概念与技术[M]. 范明，孟小峰译，北京：机械工业出版社，2012.

（2）数据挖掘的主要特征

作为一门新兴的数据处理技术，数据挖掘有不少新特征。例如，数据挖掘面对的是简量数据；数据可能是随机的、不完全的、有噪声的、多维的、结构复杂的。而在大数据时代，数据挖掘需要借助算法、工具和平台的共同支撑，将发现的量化、合理且可行的信息和知识最终运用到实践中去，从而产生巨大的价值。可想而知，这是一个一体化和系统化的过程，也是最关键且最具有价值的工作。它源自实践当中的各类应用的需求，是一个集合数据的准备和管理、数据的预处理和转换、相关挖掘算法的开发和应用、分析结果的展示和检验以及知识的积累和使用等多个程序的过程，而且这个过程循环往复，是不可能一次性完成的。

总的来说，实际中的应用需求激发了数据挖掘领域相关理论方法的提出和发展。无论是最开始的顾客交易数据分析、多媒体、隐私保护、文本和 Web 数据挖掘，还是后来的社交媒体挖掘，都是由应用需求驱动的。系统性和工程性决定了数据挖掘在研究方向和内容方面的广泛性，而学科的交叉性则在极大程度上促成了研究脉络和设计方法的多样化。

物联网、云计算、大数据的出现与发展，对数据挖掘任务带来了新的冲击。简而言之，物联网就是物物相连的网络，是物理世界和数字世界的高度融合。其底层的大量传感器不断产生新的数据，是一种新型的获取信息的方式。伴随着各式各样的终端设备的接入，物联网所能采集的数据数量骤增，且数据的类型和格式也愈发复杂。这些复杂的数据特性在很大程度上给数据挖掘任务带来了挑战，其经常会受限于服务器的承载能力。而基于云计算的系统可以有效解决这一问题，并在挖掘过程中能够明显提高性能。

4. 顾客关系管理者利用数据挖掘所形成的商业价值

前面介绍了数据挖掘以及如何利用数据挖掘，下面将主要考察这些技术运用之后所形成的商业价值。

（1）顾客盈利模型

许多情况下，普通顾客的盈利情况是企业进行数据挖掘的第一步，通过理解和提高顾客盈利能力，将会使数据挖掘在顾客关系管理中发挥重要作用，企业需要考虑顾客的终身价值，区分有利可图和无利可图的顾客，对不同盈利情况的顾客，提供不同程度的服务或定制化产品，改善自身运营流程或减少成本。这些都需要先了解顾客的盈利状况，管理人员可以通过数据挖掘技术，努力尝试实现顾客盈利状况。一般而言，管理人员可以通过数据了解顾客信息，实现顾客盈利能力最大化的各种途径，并对顾客盈利能力进行预测。

（2）顾客获取模型

在实践中，市场部经理可以用新方法来获取新顾客，例如利用数据挖掘技术进行顾客获取的方式明显区别于传统方式。数据挖掘在获取新顾客时，是以数据为中心的，从已获取的顾客中进行分析和预测顾客可能的消费习惯、行为等，大大提高获取效率。

（3）顾客挽留模型

随着市场竞争变得日益激烈，新顾客的获取成本也越来越高。与之相对，挽留老顾客就显得十分重要。利用数据挖掘工具对不同顾客进行分析，构建有效的顾客挽留模型，在整个顾客挽留行为中具有十分重要的地位。通过数据挖掘工具，还可以深入剖析顾客转换供应商的主要原因。

除此之外，顾客关系管理系统利用数据挖掘所形成的商业价值还包括顾客细分模型和交叉销售模型。

13.3.3 顾客的分级

顾客对自己接受服务的方式有不同的需求或希望，因此组织不可仅用相似的方式满足每个潜在顾客的需求，也不应该试图解决每个潜在顾客的问题，支持每个顾客的价值生成过程。企业应将顾客按不同的性质分成多个目标顾客群，每个细分群体之间一定要存在差异。尽管每个顾客都属于一个大的顾客群体，但在与服务提供者的关系中，他们仍然渴望以单个个体的身份被认可和对待，需要个性化对待。顾客分级是企业依据顾客的不同价值，将顾客区分为不同的层级，然后分别对不同级别的顾客进行管理与服务的过程。

1. 对顾客分级的重要性

（1）不同顾客带来的价值不同

尽管企业不能因为顾客购买力、服务成本等方面的差异而低估每个顾客的重要性，但每个顾客给企业带来的价值是不同的。对于企业而言，有些顾客比其他顾客更有价值。有些顾客可能提供 10 倍、100 倍或更多的价值，但有些顾客可能不会给企业带来很大的好处，甚至还会吞噬其他顾客带来的利润。

（2）企业有限的资源不能平均分配

任何公司的资源都是有限的，将公司资源平均分配给不同价值的顾客，不仅不经济，而且会导致关键顾客的不满，容易造成服务成本增加，效益降低。

（3）顾客分级是顾客沟通、顾客满意的基础

给企业带来更多收益、实现更多价值的顾客会期望得到区别于其他顾客的待遇，如

优良的赠品、实惠的折扣等。总的来说，处于顶端的约 20% 的顾客为企业创造了 80% 的利润，支撑着企业的运营。如果企业对重要的顾客采取有效的沟通互动，把更多的资源与精力花费在为他们提供优质的产品和服务上，将会增强顾客的满意度，带来更大的收益。

2. 对顾客分级的方法

企业也希望对所有顾客都提供令顾客满意的服务，但是由于每个顾客的价值是不一样的，要满足所有顾客的需求，是不切实际的，而且会影响企业的收益。一些企业试图细分市场，更确切地说是细分顾客，这种细分标准来自于顾客未来带给企业的利润，即顾客的价值体现在其为企业创造价值的大小上。区分顾客为企业创造的价值大小可以用一个金字塔模型来展示，如图 13-1 所示。

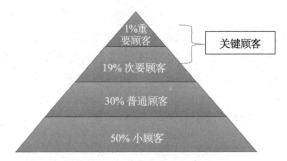

图 13-1　顾客金字塔模型

资料来源：苏朝晖. 客户关系管理[M]. 北京：清华大学出版社，2018.

顾客金字塔模型可以划分为三个层级，分别是关键顾客、普通顾客和小顾客。关键顾客是企业的核心顾客，一般占企业顾客总数的 20%，企业 80% 的利润靠他们贡献，是企业的重点保护对象。

（1）关键顾客

关键顾客由重要顾客和次要顾客构成。重要顾客是顾客金学塔中最高层的顾客，是能够给企业带来最大价值的前 1% 的顾客。重要顾客为企业创造了绝大部分和长期的利润，他们对于价格不是过度敏感，愿意尝试和购买新的产品或服务，提供新顾客，是企业的忠实顾客。重要顾客是最有吸引力的一类顾客。可以说，企业拥有多少重要顾客，决定了其在市场上的竞争地位。

（2）普通顾客

普通顾客一般占顾客总数的 30%。普通顾客包含的顾客数量较大，但他们的消费水平、忠诚度、回报率却远比不上重要顾客与次要顾客，还不足以让企业去特殊对待。

（3）小顾客

小顾客是顾客金字塔中最底层的顾客。小顾客的购买量不高、忠诚度低，他们要求更高的关注度。有时候他们是问题顾客，向他人抱怨企业，并占用企业的资源。

3. 管理各级顾客

顾客分级管理是指企业在依据顾客带来价值的多少对顾客进行分级的基础上，并非平等对待顾客，而是区别对待不同贡献的顾客，同时，积极提升各级顾客在顾客金字塔中的级别。

（1）关键顾客的管理

关键顾客是企业可持续发展重要的保障之一，因而关键顾客的管理在企业管理中处于重要地位，关键顾客管理的成功与否，对整个企业的经营业绩具有决定性的作用。应该意识到，企业与顾客之间的关系是动态的，企业识别关键顾客也应该是一个动态的过程。一方面，现有的关键顾客可能因为自身的原因或企业的原因而流失；另一方面，会有新的关键顾客与企业建立关系。因此，企业应对关键顾客的动向做出及时反应，既要避免现有关键顾客的流失，又要及时对新出现的关键顾客采取积极的行动。为此，企业要做好以下几项工作。

①成立为关键顾客服务的专门机构。目前，许多企业对关键顾客都比较重视，经常由管理高层亲自出面处理与这些顾客的关系，但是这样势必分散高层管理者的精力。如果企业成立一个专门服务于关键顾客的机构，便可一举两得。一方面，可使企业高层不会因为频繁处理与关键顾客的关系而分散精力，而能够集中精力考虑企业的战略和重大决策；另一方面，有利于企业对关键顾客的管理系统化、规范化。

②集中优势资源服务于关键顾客。由于关键顾客对企业的价值贡献最大，因而关键顾客对服务的要求也比较高，但是目前有些企业没有为关键顾客提供特殊的服务，以至于关键顾客的不满情绪不断增长。肖（Xiao）等人认为顾客分级应广泛用于顾客关系管理。在顾客分级中，一个重要但具有挑战性的问题是数据分布的不平衡。为了进一步提高企业的盈利水平，要为20%的顾客花上80%的努力。即企业要将有限的资源用在前20%的最有价值的顾客上，用在能为企业创造80%利润的关键顾客上！

当然，也许有些关键顾客并不看重优惠，而看重企业带给他们的超值服务，他们更需要的是对其地位和身份的"特别关心"。如在机场的贵宾候机室里找到"贵族"的感觉，优先免费体验新服务等，都会使关键顾客觉得自己与众不同，有一种优越感。为此，企业可实行VIP制，创建VIP顾客服务通道，更好地为关键顾客服务，让关键顾客尽享荣耀，这对巩固企业与关键顾客的关系，提高关键顾客的忠诚度将起到很好的作用。

③通过沟通和感情交流，密切双方的关系。企业应利用一切机会加强与关键顾客的沟通和交流，让关键顾客感觉到双方之间不仅是一种买卖关系，还是合作关系、双赢关系。

有计划地拜访关键顾客。一般来说，有着良好业绩的企业营销主管每年大约有 1/3 的时间是在拜访顾客中度过的，其中关键顾客正是他们拜访的主要对象。对关键顾客的定期拜访，有利于熟悉关键顾客的经营动态，并且能够及时发现问题和有效解决问题，有利于与关键顾客搞好关系。

经常性地征求关键顾客的意见。为了随时了解关键顾客的意见和问题，企业应适当增加与其沟通的次数和时间，并且提高沟通的有效性。及时有效地处理关键顾客的投诉或者抱怨。充分利用多种手段与关键顾客沟通。企业要充分利用包括网络在内的各种手段与关键顾客建立快速、双向的沟通渠道，不断主动地与关键顾客进行有效沟通，真正了解顾客的需求，甚至了解影响他们购买决策的群体的偏好。

（2）普通顾客的管理

根据普通顾客给企业创造的利润和价值，对于普通顾客的管理，主要强调提升级别和控制成本两个方面。

①针对有升级潜力的普通顾客，要努力培养其成为关键顾客。

②针对没有升级潜力的普通顾客，减少服务，降低服务成本。

（3）小顾客的管理

①针对有潜力的小顾客，要努力培养其成为普通顾客甚至关键顾客。

②针对没有升级潜力的小顾客，可提高服务价格，降低服务成本。

4. 坚决淘汰劣质顾客

实践表明，顾客并非永远正确，有时候终止一些关系对企业是有益的。服务错误顾客，除了产生货币成本，还会投入时间成本。有些顾客对企业来说没有盈利性，可以及时终止与他们的关系。只有将更多的时间、精力和资源集中在优质顾客上，才会有利于企业的发展。

总之，企业针对不同级别的顾客采取分级管理和差异化的激励措施，可以使关键顾客自豪地享受企业提供的特殊待遇，并激励他们努力保持这种尊贵的地位；同时，刺激有潜力的普通顾客向关键顾客看齐，鞭策有潜力的小顾客向普通顾客甚至关键顾客看齐，坚决淘汰劣质顾客，这样就可以使企业在其他成本不变的情况下，产生可观的利润增长——这就是对顾客进行分级管理的理想境界。

13.3.4 顾客的互动

通常，顾客可以从不同的渠道获取能够支持其购买决策的信息，而并不只是单一地与企业员工进行面对面的互动。有时，顾客可能更相信智能系统，如企业网站。不过，从经济学的角度来看，顾客与企业的接触并非总具有可觉察性和可获取性。因此，对于企业而言，如何让企业与顾客的互动满足顾客的真正需要就成了一项重大的挑战。

1. 顾客互动的内涵

为了在市场上能够为顾客提供具有优异价值的产品和服务，企业需要充分利用信息的潜在内涵，并通过掌握各种互动技巧，努力在顾客的购买流程中发展与顾客的合作关系。相应地，企业关注的焦点也逐渐从产品观念向顾客观念转变。在实践中，除了向顾客提供定制化的产品和服务以外，顾客观念还包括与顾客互动的类型和风格。一般来说，人类关系中的沟通与互动常常会对企业财务绩效产生直接影响。从社会科学的角度来看，人际互动是人际关系的一种表征。从这个意义上说，互动不可避免地要受到个性特征和人际因素的影响。基于此，企业可以降低互动的复杂程度而专注于互动的实际效果，这样往往可以从中发现有规律性的东西，从而有助于开发出有效的互动管理模型。

一般而言，互动需要经历互动方所开展的一系列清晰、连续的活动。实际上，这些活动的实施常常源于人们对因果关系的认知，而这些认知往往又是主观层面的。企业必须认识到，企业与顾客之间的互动过程中是伴随着冲突的；企业应在理解顾客认知的基础上，有针对性地采取解决措施。[学者梅内拉（Mainela）认为顾客互动是项目和关系层面顾客关系管理的决定因素，认为顾客互动通过两个特定的功能将两个层次连接起来：存在和专业知识。]存在功能源于项目公司需要与顾客保持密切关系，并在不断、系统和偶尔的互动中实现。专业知识功能源于为代表顾客解决问题而部署的具体能力和知识。

2. 有效的顾客互动管理

随着顾客角色的转变和竞争的加剧，大多数企业都逐渐对以围绕顾客为中心的互动管理重视起来。然而企业要想进一步获得竞争优势，还需要注重顾客互动管理的有效性，从而与其他竞争对手区分开来。而对于如何提升顾客互动管理的有效性，企业首先要深刻认识到，顾客与企业的互动并不只是简单的信息交换，它更强调企业与顾客之间建立一定的联系，并由此来实现有效互动。有效顾客互动管理具有一系列特征，见表 13-4。

表 13-4　有效顾客互动管理的特征

特　　征	描　　述	失败互动举例
尊敬	不浪费顾客的时间，只在需要时才打扰顾客并提出问题，同时针对顾客问题提供一套建设性的方案	网站反复拒绝顾客提交的表格，表示顾客必须完成每个问题
帮助	能提升顾客完成任务的效率	顾客已经按照在线银行系统的要求输入账户号码，而操作员重复询问同样的问题
移情作用	互动界面能满足不同顾客的偏好和个性化需求	网站设计的过于简单或过于冗杂
社会适应	交易或互动以顾客的实际需要为依据，并能根据具体的顾客情境予以调整	对于某些不需要邮寄的顾客，仍只采用单一的邮寄方式
可信任性	向顾客提供令人信服的信息（不会引起困惑的）	网站不提供任何联系电话或邮寄地址等信息反馈渠道
明确性	企业要对每条发布的声明或要求赋予唯一的含义	有歧义或模糊的承诺和规则
预想的	在对顾客预测的基础上展开进一步的互动内容及方式等	顾客在完成线上注册后，在后续的互动活动中仍然要求顾客重复输入原先注册时相同的信息
有说服力的	应用社会技能来说服顾客以采取特定的行动	网站内容无法引发顾客注意或促使其采取进一步的行动
反应性	对顾客反馈的信息做出反应	对顾客的咨询不及时回答或不给予回答
情感的	互动环节中，以能积极影响顾客情感的方式做出回应	仅提供机械自动化的电话问询和应答系统与顾客互动

资料来源：BERGERON B P. The eternal e-customer: How emotionally intelligent interfaces can create long-lasting customer relationships[M]. New York: McGraw-Hill, 2001.

综合以上各种特征来看，顾客互动技巧及员工的培训、顾客体验流程的优化、互动渠道的整合优化等都是实行有效顾客互动管理的重要组成部分。在实践中，企业应识别出对提升顾客互动管理有效性有重要影响作用的因素，并在此基础上因地制宜地采取互动策略。

3. 有效顾客互动管理的关键要素

在顾客关系管理实践中，企业以与顾客达成长期持续的关系为目标，而这又以反复多次的双向互动为基础。从企业的角度来看，企业通过互动的方式向顾客提供服务或解决问题。因此，企业要达成与顾客的这种关系目标，对顾客互动的管理是不容忽视的。虽然存在着众多的影响顾客互动的因素，归结起来，关键的还是参与互动的员工、流程和信息技术这三个因素。只有对这三个主要的因素进行整合管理，才能实现有效的顾客互动管理。

（1）员工的有效性

员工是直接与顾客接触的人员，对顾客互动的效果有十分重要的影响。企业应该对员工进行培训，让员工了解顾客互动技术和流程。

（2）流程的有效性

流程的有效性能够帮助员工更好地进行顾客互动。流程的设计应该要具有人性化，能够反映出顾客的需求、态度等。

（3）信息技术的有效性

信息技术有为企业带来竞争优势的潜力。这些技术可以让企业调整企业营销行为，使之适用于顾客需求，还可以显著改变企业的流程和人事。正确使用技术，可以让流程和人事制度更富有柔性，更加快速，更加有效。

4. 电子商务时代顾客互动中心的特点

电子商务时代顾客互动中心的特点有：它是企业业务人员专门处理顾客反馈信息的沟通系统，也是在对顾客信息分析的基础上实施的有针对性的、主动的、个性化的顾客关系管理服务系统，是整合销售、配送、售后等流程于一体的互动系统。

若要实现高效的顾客互动，则需要做到：①建立高效、完整的业务流程模式，以提升效率；②加强服务人员的培训，提升顾客互动能力；③统一市场与销售功能；④依靠顾客关系系统建立顾客模型；⑤维系和扩展企业顾客群；⑥优化业务组合；⑦对呼叫中心后续资源进行开发。

13.4　顾客关系维护

顾客的流失对企业的损失很大，因为企业需要开发新顾客来替代流失的顾客，而开发顾客的成本往往更高。如果知道顾客丢失的真正成本有多大，企业就会进行精确的评估以保留顾客。以往有研究表明，顾客保留或顾客忠诚度每增加5%，企业总体利润增加25%～95%。总之，与顾客保持的关系越久，为企业带来的价值越大。因此，要维护顾客关系，需对流失的顾客进行赢返。

13.4.1　顾客保留

当今企业，尤其是服务企业已经逐渐认识到顾客关系的重要性，因此企业多采用基于关系导向的现代营销理论，强调顾客挽留策略。顾客挽留（customer retention）是指顾客与服务提供者之间交易关系的长期维持，包括顾客购买行为和对未来保持的态度倾向，主要针对现有顾客基础。关系营销理论认为，以关系为导向的顾客关系保留策略不仅能够将顾客与企业长期联系起来，还能够为企业提供超出单一销售交易价值的利益。韦尔霍夫（Verhoef）等人调查了顾客关系感知和关系营销工具对顾客挽留发展的影响。顾客关系感知被视为对关系强度和供应商产品的评估，结果显示，有利于经济激励的情感承诺和忠诚度计划对顾客保留产生了积极影响。

1. 主要内容

关系是通过频繁、高质量的沟通逐渐建立起来的。在所有的营销关系中，相关者都在一定程度上体验和参与了经济、资源和社会的交换。这三方面是顾客关系保留策略的主要内容，也是影响企业与顾客关系质量的三个重要因素。

（1）经济内容

关系的经济内容包括参与关系的经济收益和成本。良好的关系能够为关系双方带来预期的互惠利益，这对关系双方来说是非常重要的。只有双方预期关系的维持能为其带来经济回报，合作才更有吸引力。并且，关系双方也会在重复的交易中不断寻求降低成本的方法，以追求更大的经济利益。优质的经济关系内容鼓励了关系质量的提升。

（2）资源内容

各方参与长期关系是为了保证得到他们在别处无法获得的更有效率的资源。例如，顾客希望在企业处获得其他企业无法提供的宝贵的品牌、稀有的产品、感觉合适或最便利的服务、符号象征意义等。而企业则希望寻求宝贵的分销机会、反馈和信息等。关系各方都在寻求其伙伴所能提供的独特资源。在企业与顾客的关系中，虽然企业与顾客能为对方提供的资源内容不同，但是重要性是一样的。具体而言，企业希望顾客有很强的购买力并付出行动，而顾客则想要在关系中得到可靠性、地位、安全感、有形价值等。

对于服务企业来说，其在顾客关系保留策略中可以从为顾客提供的资源内容下手。一是企业应该识别出哪些是最有可能为企业带来价值的顾客；二是企业应该为这些有价值的顾客提供在别处难以得到的宝贵资源，从而促进顾客与企业保持长期关系。举例而言，企业为老顾客或有价值的顾客提供 VIP 服务，为他们提供比普通顾客更加优质、人性化的服务，如果这位顾客在其他企业无法享受到 VIP 服务，那么该顾客在未来的服务中仍然选择这家企业的可能性就会提高。

（3）社会内容

顾客关系保留策略的社会内容是指为关系提供社会性回报。只有关系各方处于一个培养沟通、诚实、公平交易的社会环境，才有可能达成优质的关系。关系的各方应该注重在长期的交易行为中培养出商业友谊，互相尊重和理解对方，相互认同对方的身份、努力和价值，培养关系各方伙伴间更根本的默契。此外，关系管理者应该为参与组织的成员创造交流机会，尤其是非正式场合下的交流机会，这更有助于友谊的养成，因为良好的人际关系是组织间关系的基础。

2. 顾客挽留的期望结果

顾客挽留活动是否有效，能否将顾客变为企业的忠诚顾客是企业所关心的问题。有些企业或学者将顾客忠诚等同于再购买、购买顺序和购买概率之类的行为，然而，有时这些行为只能反映顾客在短时期内重复购买行为的增长，并不能说明顾客是否忠诚。有时顾客有着较高的重复购买率，是因为顾客只有这一种选择，一旦其有了其他的选择，将果断中断这种重复购买行为；有时顾客是因为企业的定价策略或促销导致了重复购买行为，一旦企业改变价格，顾客就会流失。企业进行顾客挽留所能带来的效益是多方面的：

（1）顾客忠诚度

成功的顾客挽留，能够将忠诚的顾客与企业长久地紧密结合起来，这些顾客能够为企业的长远发展做出极大的贡献，并且随着时间的推移会带来越来越多的利润。顾客挽留本身不是一种可持续的竞争优势，只有当顾客对企业的产品或服务产生经济联系和心理归属感时，顾客挽留才能成为一种可持续的竞争优势。

（2）顾客份额

一个顾客可以与多家企业保持长期关系，然而其购买力却是有限的，顾客在其消费计划中可能不断改变对不同企业的支出比重。只有企业在顾客的消费支出中占据较大的比重时，才能说明顾客挽留产生了作用。企业期望通过顾客挽留活动，增大顾客份额，使企业在顾客的消费中占据重要地位。

（3）正面口碑

正面口碑是良好的营销关系为企业带来的好处之一。有些顾客与企业保持着长期的关系，企业在其消费支出中也占据着较大的比重。然而，这并不代表着顾客对企业就是满意、没有抱怨的。只有企业的顾客挽留活动真的有所成效，顾客才会向他人诚心推荐，向其他顾客分享自己的经验等信息。顾客推荐不仅有利于已有顾客间的经验交流，更为企业树立良好的形象、开发新顾客做出了贡献。

（4）新产品开发

企业进行顾客挽留活动的好处之一是能够降低新产品开发的成本。忠诚顾客比一般顾客更愿意提供新产品和服务的反馈意见，提出他们未获得满足的需要和需求，并对新产品的改进提出建议。企业利用忠诚顾客进行新产品开发，可以降低从概念构思到产品导入的相关成本。此外，在新产品进入市场后，这部分忠诚顾客往往为新产品的推广做出进一步的贡献。

13.4.2 顾客赢返

1. 顾客赢返的含义

在顾客关系管理实践中，企业重点关注的通常是现有顾客的关系维系、新顾客的获取两个方面。而实际上，因竞争对手吸引或对现有企业服务不满等原因，还存在着老顾客流失的情况。若未对这些顾客特别是能为企业带来高价值的顾客实施赢返工作，对企业来说是一种非常大的损失。一般而言，企业在获取新顾客方面比赢返老顾客要更加复杂困难，因为企业与老顾客之间存在历史交易关系和信息，企业对老顾客要更加了解；同时，在关系及信息的优势下，挽回一个老顾客的成本通常比获取一个新的顾客要低得多。因此，对流失顾客进行挽回是非常有必要的，而为恢复老顾客与企业已经中断的交易关系而实施的管理行为通常就被称为顾客赢返。

2. 实施顾客赢返的重要性

获取新顾客和维护老顾客是顾客关系管理的两个重要环节。前者带来了获取利润的新途径，后者则巩固了现有的利润空间。但是，在处理流失的顾客时，大多数企业可能采取冷漠或被动的态度，并没有系统完整的赢返管理措施。2001年，格里芬在一项零售销售数据调查中发现，20%～40%的销售额来自重复交易，从而赢回了顾客。在管理实践中，企业之所以低估了顾客的退货管理，没有对流失的顾客给予足够的重视和必要的资源，可能主要是因为他们没有意识到流失的顾客可以带来巨大的收益。事实上，实施赢返管理对提高企业顾客资产甚至顾客满意度有很多好处：

（1）比获取新顾客更容易成功。企业对老顾客更为熟悉，有更多老顾客的购买信息，可以从中了解顾客的购买频率、购买习惯等。因而，企业对老顾客的赢返会比获取新顾客更加容易。相比对于新顾客信息的不了解，需要进行揣摩，企业对老顾客的行为消费习惯更为清楚，实施策略会更为方便，沟通也会更加有效。

（2）赢返成本低。从成本的角度来看，赢返老顾客的成本要低于获取新顾客。在获取信息方面，相比新顾客，企业拥有老顾客的资料更加全面详尽。更能针对小回的老顾客实施精准的策略，降低了获取信息的成本，并节约了企业资源。

（3）赢返的老顾客会有更高的忠诚度。老顾客流失的原因有很多，可能是被竞争对手吸引、对之前的服务或产品不满意等。无论是哪种原因，顾客选择该企业的产品自然有该企业独特、吸引人的地方。也就是说，顾客对企业是有好印象的。那么，企业就可以通过了解顾客流失的具体原因，实施顾客赢返策略，加强顾客喜欢的地方和改进顾客不满的地方，让顾客对企业重拾信心，加强对企业的忠诚度。

3. 顾客赢返的销售策略

企业应该在战略目标的基础上从多个方面来评估赢返策略，从而选择实施最有效率和效益的赢返策略。一般而言，企业可采取的赢返策略有三种：价格赢返、关系投资赢返和建立预防机制。

（1）价格赢返

利用价格优惠吸引顾客重新购买是最简单、也是最常用的赢返策略，尤其是对一些价格敏感的顾客。但是，价格回扣也有很大的限制。竞争对手也会运用此方法，长期来看，这种策略只会培养以价格为导向的顾客，不利于企业长期盈利。在竞争激励的市场环境下，市场价格变化太多，顾客的选择越来越多，价格竞争在短期内可能会带来一些利润，但价格折扣无助于打造强势品牌，从长远来看不可避免地会降低品牌价值，企业迫切需要进一步的竞争优势。

（2）关系投资赢返

企业不仅要在价格上取得优势，更要力求赢得更多的顾客情感投入，建立更加牢固的企业-顾客关系。企业可以采用会员制等个性化服务，为顾客提供更周到、温暖的服务，例如在顾客生日当天送上小礼品或者折扣等特殊服务，注重顾客的情感体验。让顾客感受到企业的用心，体验到企业服务的贴心，与顾客建立黏度更高的关系。通过关系投资，让顾客在每次的交易活动中投入情感，会大大促进顾客忠诚度。但这也要求企业具有更高的综合能力，需要考虑各方面因素，制定有利于顾客情感体验的服务。

（3）建立预防机制

前面两种因素都是在顾客流失之后采取的措施，最好的办法自然是进行事前赢返——建立预防机制。要清楚企业顾客关系管理是一个持续动态的过程，在与顾客日常的互动中，就会出现很多问题。因而，不管是出于对顾客的赢返管理，还是企业日常关系管理，建立一定的预防机制都是必不可少的。具体来说，要对日常与顾客交流过程中出现的问题及时调查并进行纠正。对于高频率出现的管理事件，可以制定更有效的处理流程并以文件形式记录，便于实行。对于偶然事件，就要视情况而定，实施恰当的补救措施。

本章小结

总体来说，本章分析了与顾客关系发展的相关阶段和关系的重要性：顾客关系的开发、顾客关系的建立、顾客关系的维护和关系营销与关系价值。具体来看，本章对这几个方面结合现代技术进行了全面详细的论述：首先是对顾客的获取（定义、重要性、策略），其次是顾客信息（信息的重要性、数据仓库）、顾客分级（定义、重要性、层级）、顾客互动（内涵、管理），接着是顾客保留和赢返（定义、重要性、结果、策略等），顾客满意和支持与价值管理（定义、重要性、衡量等），最后是关系营销和关系价值（定义、特点等）。

核心概念

顾客分级：企业依据顾客的不同价值，将顾客区分为不同的层级，然后分别对不同级别的顾客进行管理与服务的过程。

顾客互动：企业与顾客之间产品与服务的交换，信息的交流和对业务流程的了解等。可以说，顾客与企业双方的任何接触，都可被视为互动。

顾客挽留：顾客与服务提供者之间交易关系的长期维持，包括顾客购买行为和对未来保持的态度倾向，主要针对现有顾客基础。

顾客赢返：为恢复老顾客与企业已经中断的交易关系而实施的管理行为。

复习思考题

1. 在移动互联网环境中如何进行顾客获取？
2. 顾客满意度和忠诚度的重要性及其与顾客价值的关系如何？
3. 如何进行有效的顾客互动管理？
4. 什么是关系营销？关系营销和交易营销的主要区别在哪？
5. 为什么要实施顾客保留和顾客赢返？

本章案例

华为公司的关系营销战略

思考题：

1. 上述案例中，华为与谁建立了关系？

2. 华为的关系营销对我国企业有何启发？

即测即练

参考文献

[1] MIN S, ZHANG X, KIM N, et al. Customer acquisition and retention spending: an analytical model and empirical investigation in wireless telecommunications markets[J]. Journal of Marketing Research, 2016, 53(5): 728-44.

[2] LIVNE G, SIMPSON A, TALMOR E. Do customer acquisition cost, retention and usage matter to firm performance and valuation?[J]. Journal of Business Finance & Accounting, 2011, 38(3-4): 334-63.

[3] LA ROCCA A, FORD D, SNEHOTA I. Initial relationship development in new business ventures[J]. Industrial Marketing Management, 2013, 42(7): 1025-32.

[4] AGUIRRE E, MAHR D, GREWAL D, et al. Unraveling the personalization paradox: the effect of information collection and trust-building strategies on online advertisement effectiveness[J]. Journal of Retailing, 2015, 91(1): 34-49.

[5] MAINELA T, ULKUNIEMI P. Personal interaction and customer relationship management in project business[J]. Journal of Business & Industrial Marketing, 2013, 28(1-2): 103-109.

[6] ZHANG H, LIANG X, WANG S. Customer value anticipation, product innovativeness, and customer lifetime value: The moderating role of advertising strategy[J]. Journal of Business Research, 2016, 69(9): 3725-3730.

[7] IGLESIAS O, MARKOVIC S, BAGHERZADEH M, et al. Co-creation: a Key link between corporate social responsibility, customer trust, and customer loyalty[J]. Journal of Business Ethics, 2020, 163(1): 151-66.

[8] STEINHOFF L, ARLI D, WEAVEN S, et al. Online relationship marketing[J]. Journal of the Academy of Marketing Science, 2019, 47(3): 369-393.

[9] PERSSON A, RYALS L. Customer assets and customer equity: management and measurement issues[J]. Marketing Theory, 2010, 10(4): 417-36.

[10] NENONEN S, STORBACKA K. Driving shareholder value with customer asset management: moving

beyond customer lifetime value[J]. Industrial Marketing Management, 2016(52), 140-150.

[11] 王永贵. 客户关系管理[M]. 北京：清华大学出版社，2021.

[12] 王永贵. 服务营销[M]. 北京：清华大学出版社，2019.

[13] 克里斯托弗·洛夫洛克，约亨·沃茨. 服务营销[M]. 韦福祥，等译. 7 版，北京：机械工业出版社，2014.

[14] [美]瓦拉瑞尔·A. 泽斯尔曼，[美]玛丽·乔·比特纳. 服务营销(原书第 7 版)[M]. 张金城，等译，北京：机械工业出版社，2018.

第 14 章

服务失误与服务补救

1. 了解服务失误及其性质；
2. 认识服务失误与归因的关系；
3. 熟悉服务失误时顾客的反应和行为；
4. 掌握服务补救的策略。

引导案例

"双 11" 狂欢后电商迎投诉高峰

在网络购物节 "双 11" 期间，各式降价促销依旧刺激着消费者的购买欲望，电商平台销售额再创新高。然而，随着网购商品陆续到货，退款问题、商品质量、售后服务等问题的出现，也令部分消费者的期待转为烦恼。网经社电子商务研究中心发布的《2019年 "双 11" 网购消费投诉与体验报告》显示，"双 11" 期间，退款问题、商品质量、发货问题再次成为投诉热点。具体来看，全国网络消费前十大热点投诉问题依次为：退款问题（21.21%）、商品质量（11.81%）、发货问题（10.55%）、虚假促销（7.94%）、网络欺诈（7.63%）、霸王条款（7%）、售后服务（5.64%）、订单问题（5.43%）、退换货难（4.18%）、网络售假（3.87%）。

首先比较显著的问题是物流服务。12345 投诉平台报告称，"双 11" 之后的网购投诉明显增加，其中三分之二涉及快递物流，投诉的物流企业包括申通、圆通和邮政 EMS 等，投诉内容是未发货、快递物流不更新、包裹破损或丢失等。

其次是售后服务问题。邵女士 "双 11" 在网上购买了一款保温壶，标价 189 元，下单时邵女士使用商家优惠券减免 40 元，同时又使用了商家活动期间发放的支付宝红包 93 元，也就是说邵女士实际支付的是 56 元。划算倒是挺划算，可是退货却有了麻烦。商家只退 56 元，让邵女士很不满意，她认为自己使用的支付宝红包，虽然是抢来的，但也视同于实际现金。商家认为自己只收到了邵女士支付的 56 元,没理由把红包也退回来。双方争执不下,找到了天猫客服,最终客服把 93 元红包退还给邵女士,并延长了红包的使用期限。

最后,高退货率让真实销售大打折扣。数据显示,2019 年日常网购退货率为 10%,"双 11"期间退货率可达到 30%,部分商家的退货率更是达到 40%。高退货率的出现,不仅与顾客冲动消费有关,还与各类服务问题及产品质量问题有关。

资料来源:东方财富网. 双 11 狂欢后电商迎投诉高峰[EB/OL]. http://finance.eastmoney.com/a/201911221300028047.html. 2019 年 11 月 22 日.

企业在服务交付流程中,难免因为各种因素而导致服务交付流程受阻或失败。在一般情况下,服务交付的失败都会导致顾客的不满,进而引发顾客的某种反应或行为。企业应该在了解顾客反应的情况下及时做出服务补救,以便成功地实现服务交付并培养顾客的忠诚度。

14.1 服务失误与归因

当企业在服务交付流程中出现了失误、问题或者犯了错误,没能达到顾客对服务的最低要求,从而使顾客感到不满时,就可以认为发生了服务失误。例如,餐厅服务人员不小心把咖啡洒到了顾客的衣服上、快递公司弄丢了包裹或者服务人员心情不好而与顾客发生了争吵等,都是服务失误的现实案例。服务失误处理得当,有助于服务企业与顾客修复和建立良好的信任关系,也会提高顾客对企业的信任度。服务失误处理不当,则可能破坏服务企业与顾客之间的关系。

14.1.1 认识服务失误

服务的无形性、异质性和不可分离性等特征,使服务型企业或服务人员在服务价值传递过程中极易造成失误,影响服务效用或利益的最终传达。即使服务设计得再科学、服务标准再翔实、服务人员训练再严格、服务过程再严谨,也很难达到服务价值创造及传递的零缺陷。因此,科学认识服务失误及其引发的顾客反应,并有效指导服务补救是服务型企业在服务价值维护过程中必须承担的重任。

服务失误(service failure)也称服务失败,是指服务型企业或服务人员所提供的服务未达到顾客可以接受的最低标准,不能满足顾客的要求和期望而导致顾客不满意或失望的负面状况。在服务价值传递过程中,任何顾客接触或互动环节,无论服务人员是否认为自身的行为或活动存在不足,只要顾客产生不满情绪,服务失误就发生了。这意味着,服务失误超越了服务企业或服务人员的主观认知和客观判断,是一种基于顾客认知的主观体验,它与产品设计缺陷或质量不足等可以进行客观评价的质量判断存在本质的不同。

服务失误的严重程度可以表述为由于服务失误而给顾客带来的损失的大小程度。服务失误的严重程度会对顾客满意和行为意向产生影响。随着失误程度的上升，顾客的损失越来越大，顾客就越有可能认为其参与的交换是不公平的，从而更加不满意。服务企业需要根据失误程度选择不同层次的服务补救策略。

14.1.2　服务失误难以避免

显然，所有企业都希望能够向顾客提供令其满意的服务，从而拥有忠诚的顾客。但不幸的是，尽管企业在培训服务人员时极尽细致、在提供服务时足够小心，努力与顾客建立良好积极的关系，但服务失败等负面事件仍然是不可避免的。因此，任何企业都不应该抱有侥幸心理，认为自己做得足够好，服务失误就不会发生。服务失误之所以难以避免，主要基于以下两大原因。

1. 某些不可控因素对服务的影响

某些服务能否交付成功，往往受到一些不能控制的因素的影响。其中，比较典型的有交通运输业和物流业等。例如，飞机晚点可能是因为极端天气情况，如暴风雨或大雾，而天气情况是航空公司不能掌控的；运送货物的船只在海上突遇风暴而丢失了货物，也不能认为都是运输公司的责任。尽管企业可以通过建立应急系统等手段来减轻这些因素对服务交付的损害，但企业和顾客都不得不承认：在类似自然灾害这种人力所不能控制的因素发生时，服务失误是难以避免的。

2. 服务本质特征决定了服务失误无法完全避免

如前所述，服务具有无形性、异质性、流程性和易逝性，这些独特性都决定了服务失误的发生在所难免。

（1）服务的无形性使其难以用统一的标准来衡量。服务与有形产品不同，它没有一个确定的实体可供评判，也很难建立统一的标准进行评价。例如，一个歌手唱的歌，有些人很喜欢，有些人却很排斥；一家店的餐品，有些人很爱吃，有些人却觉得不合口味。也就是说，服务是否能让顾客满意，不仅取决于提供商，也受顾客认知水平、文化传统、个人偏好和现场情境等因素的影响。从某种意义上讲，只要顾客觉得不满意，服务就失败了。

（2）服务的异质性使服务供应商难以保证其服务的稳定性。同样的服务在不同的交付流程中可能会表现出不同的服务质量。这是因为：服务质量要受到服务人员、顾客和现实条件等多种因素的影响。企业在培训服务人员时可能已经很到位，但某位服务人员却可能由于心情或者身体方面的因素而在服务流程中情绪低落或反应迟钝，这都有可能招致顾客的不满。

（3）服务的流程性意味着顾客也可能成为服务失误的责任人。有很多服务需要顾客的参与来共同完成。例如，在家居设计中，设计师需要根据其专业水平与经验为顾客提供设计建议，但若顾客坚持自己的意见、一定要按照自己的想法来装修，结果影响了最终的装修效果的话，那么顾客在这种服务失误中就有很大的责任。企业可以引导顾客，却永远无法替代顾客，从而使某些服务失误不可避免。

（4）服务的易逝性使供需之间难以平衡。服务是不能存储的，在餐厅的用餐高峰，顾客可能就不得不面对没有座位、长时间等待和嘈杂的用餐环境等容易引发不满的因素。相应地，餐厅也能预见到这些因素有可能会使顾客感到不满，但餐厅却无法把闲时的座位和服务人员挪到忙时来使用。

既然服务失误不可避免，而服务失误又会影响顾客对服务供应商的满意度，管理人员就有必要对服务失误发生的原因进行研究，以便对症下药，尽量减少服务失误发生的机会。

14.1.3 服务失误的类型

服务失误根据失误的性质分为结果失误和过程失误。其中，结果失误是核心服务失误，主要是指服务提供者没有实现基本服务内容；过程失误是指服务传递方式上的缺陷和不足，使顾客感知受到影响。从资源交易理论的角度来讲，结果与过程失误分别属于顾客效用与交换经历中的问题。服务失误的结果维度涉及顾客实际从服务中得到或损失的经济利益，而过程维度涉及的是顾客如何获得服务及其获得服务的方式。

帕拉苏拉曼（Parasuraman）等人曾提出服务质量理论模型 GAP 模型，认为服务失误的原因可以归纳为以下几类：服务本身造成的，服务提供者或员工造成的，顾客与服务提供者之间互动造成的，顾客造成的。与此类似，比默（Bimer）和波姆斯（Booms）等人在对服务接触的研究中，将服务失误分为三类。第一类是服务传递过程所造成的失败，如服务延迟、无法提供服务等；第二类是顾客与一线员工之间互动造成的失败，如顾客提出额外的要求、顾客自身的偏好、顾客自身造成的失败以及其他顾客的干扰等；第三类是一线员工所造成的失败，如对顾客的疏忽、员工行为异常、文化观念的差异以及受上司责备后的反应等。有学者基于人工智能时代背景，探讨人工智能服务失败对顾客分享负面口碑倾向的影响，与人类员工相比，人工智能推荐系统导致服务失败后，顾客更不愿意分享负面口碑。根据前人的总结，发生服务失败的原因可以归结为以下几种。

1. 服务提供系统的失误

服务提供系统的失误是指企业为顾客提供核心服务时出现了失误。服务提供系统的失误是企业的服务架构缺损而造成的，一般表现为企业的服务系统不完善，服务流程设计粗劣，缺乏有效的监管体系，保障措施不力，员工能力缺失。这些都会影响到核心服务的传递，使顾客获得的服务结果达不到他们的期望，导致顾客不满。核心服务的成功传递对顾客满意度的影响很大。具体来看，服务提供系统的失误包括以下三种。

（1）顾客无法得到服务。企业可能由于硬件设施出现问题、机器出故障、柜台关闭，使顾客不能获得在正常情况下应该得到的服务，从而引发顾客的不满。例如，一位学生急需相关资料，在周五花了一下午的时间到图书馆查找到所需的书籍，在借阅时，却被图书馆工作人员告知由于电脑系统出现问题，要等到下周一才能办理借阅手续，显然，这位学生就没有获得在平时应该得到的服务。

（2）不合理的缓慢服务。企业向顾客提交服务的速度太慢，这种服务速度在顾客看来是慢得超乎寻常了。例如，平时几分钟就可以办理完的取款手续，顾客用了将近半个小时的时间才办完。毫无道理的延迟服务、顾客需要排很长的队来等候服务或服务人员

"磨洋工"，都会使服务提供速度缓慢，无形中增加了顾客的时间成本，顾客通常会因此产生不满情绪或觉得自己被怠慢了。

（3）其他核心服务的失误。这包括了上述两种失误之外的所有核心服务方面的失误。在餐馆中吃到没有炒熟的菜或夹生的米饭；飞机着陆后，乘客取行李时，却发现自己的行李被航空公司弄丢了；到游泳馆游泳时，游泳池的卫生状况很差。诸如此类的失误在生活中很常见。

2. 对顾客服务要求响应的失误

这种指对顾客所提出的服务要求无响应或未及时响应而产生的失误。例如，顾客要求一家蛋糕店按自己的偏好来制作一个生日蛋糕，或者住户要求装修公司按自己喜欢的风格设计新房的装修图。如果服务提供者对顾客的这些要求没有进行回应，或者回应不及时，就会出现服务失误。这种失误具体可以分为以下两类：

（1）对顾客明确提出的服务要求反应失败。有些顾客可能有特殊的需要，如带小孩到餐馆吃饭，要求服务人员提供适合儿童使用的座椅，而服务人员没有搭理顾客。有些顾客有特定的偏好，如就餐时要求坐在某个靠窗的座位上，而餐馆没有满足顾客这一要求。当然，有些是属于顾客自己的错误，如顾客在酒店丢失了房间钥匙，请服务人员帮助而没有得到及时的响应。还有一些是要求服务人员处理顾客之间发生的问题，如要求员工让其他顾客不要在餐馆内抽烟，或者请求馆员让在图书馆中看书的其他人员保持安静。

（2）对顾客隐含的服务要求反应失败。有时候，顾客并没有公开提出自己的服务要求，却希望服务提供者能向自己提供某项服务。例如，顾客不小心弄翻了汤碗，将汤洒在桌子和自己身上，这时顾客希望不用向服务人员提出要求，服务人员就能递一块毛巾给自己，并将桌子擦干净。当顾客具有隐含的服务要求时，如果服务人员没有察觉或未及时察觉到顾客的要求，可能就会引起顾客的不满。

3. 员工的行为不当所致的失误

根据脚本理论，服务价值传递过程中服务人员好比活跃在舞台上的演员，他们的一言一行、一举一动都会影响顾客对服务的质量感知和满意程度。因此，服务人员自身行为的不恰当或不合规会引起服务价值创造和传递活动偏离既定的要求，使顾客产生对服务价值的不认可或不满意状况，即服务人员行为不当导致的失误。服务人员行为不当导致的失误可以分为主观型和客观型两类。

（1）主观型行为不当。主要表现为对顾客缺乏应有的尊重和重视，如言辞刻薄、举止粗鲁、态度傲慢等，主要是由服务人员的不合理心态所致。例如，处于卖方市场或服务意识尚处于卖方市场的服务人员较容易出现此类问题。此外，服务人员在服务价值传递过程中的心态和情绪也会影响其行为，不良心态和情绪状态也可能导致主观型行为不当。主观型行为不当导致的服务失误不仅会影响顾客的服务消费体验，严重的还会给顾客的合理权益和人格自尊带来伤害，损害服务型企业的品牌形象。因此，服务型企业及服务人员应该尽可能避免由主观型行为不当引发的服务失误。

（2）客观型行为不当。指由服务人员的能力、体力或精力不及而导致的行为不当。

例如，在用餐高峰期，餐厅服务人员在顾客点菜时写错桌号、结账时出现收费误差等。大多数情况下，由客观型行为不当引发的服务失误都能够得到顾客的谅解，只要服务人员致以真诚的歉意，并进行及时的补偿。但是，因服务人员能力不足或注意力不足引起的服务失误，例如，教育培训项目因培训师的水平较差而未达到预期效果，超市结算时因服务人员大意将发票单位写错，酒店客房整理没有达到顾客的预期标准等，服务型企业或服务人员要获得顾客的谅解则存在一定的难度。因此，服务型企业应该通过增加服务人员的工作技能培训，强化服务标准意识和执行力等，对服务人员能力不足或注意力不足引起的服务失误给予充分重视。

4. 顾客不当行为引起的失误

这种是指顾客的不恰当行为所引起的失误。服务是一个互动的过程，顾客参与服务的生产过程，顾客不合理的行为同样会导致服务失误。在现实中，这种情况并不少见。在饭店中，醉酒顾客的行为会对在场的其他顾客、员工产生消极的影响。在公交车上，吵架或打架的顾客会让车上的其他乘客感到很厌烦。在银行，不遵守银行的排队规则，对按规定排队等候的顾客和银行职员的工作效率都会产生不利的影响。在医院，医生往往对那些不合作的患者感到十分头痛。有时候，尽管企业提供了完善的服务系统，服务人员也竭尽全力去满足顾客的需求，但有些顾客还是不满意。在这些顾客中，有些会对企业提出苛刻的要求，有些会逼迫企业给予其更多的利益，有些会侮辱或攻击企业员工。当失误由顾客的过失造成时，企业如果让员工承担所有责任，会对员工的情绪和积极性造成消极的影响。企业应该制定专门的处理办法来解决那些因顾客过失所引发的失误。

14.1.4 服务失误归因

尽管服务提供者和顾客都有可能造成服务失败，但是由于基本归因错误和自我服务偏差的存在，加之"顾客永远是对的"的理念深入人心，因此，顾客对服务失败的归因往往是"不公平"的。有学者调查了顾客感知的分配公平在服务补救和补救效果之间的关系中的中介作用。结果表明，心理和有形恢复都与顾客感知的分配公平显著相关。心理恢复分配公平也对恢复后的顾客满意度产生积极的影响，并且心理和有形恢复以及分配公平都对顾客的忠诚度产生积极的影响，同时也证实了分配公平在在线服务恢复和恢复效果之间的中介作用。也有学者认为，顾客参与度也会影响到服务失败的归因，顾客提供高自我效能感的属性在高参与条件下更可能将服务失败的责任归咎于企业，相比之下，自我效能感低的顾客在高参与条件下比在低参与条件下更有可能将服务失败归咎于企业。

总的来说，一般情况下有以下三类因素会影响服务失败的归因。

1. 控制点

控制点涉及谁应该对服务失败负责的问题。这至少存在三种可能：顾客责怪自己、服务提供者和第三方因素。当事情出错的时候，人们总是倾向于责备外在的、情景的因素，而不是责备自己的缺点。对服务失败进行归因的时候，都存在归因偏见。基于此，即使是顾客自身的错误，顾客也倾向于认为企业或者服务提供者应该对服务失败负责。例如，顾客在选择航班座位时希望坐在靠走廊的一侧，但是由于自己表述不清，工作人员为他选择了靠窗的座位。然而，在这种情况下，顾客仍然会将服务失败归因于服务提供者。

2. 稳定性

稳定性指同样的服务失败再次发生的可能性。顾客在对服务失败进行判断时，会依据一些直接或间接的线索。例如，如果一位顾客到一家餐厅吃饭，连续三次碰到其他顾客争吵，那么这位顾客就会认为该服务失败的原因是稳定的。此外，通常情况下，顾客会认为由服务提供者表现较差所导致的服务失败的原因较稳定，即再次发生的可能性较高；而由顾客自己或第三方因素导致的服务失败较不稳定，即再次发生的可能性较低。

3. 可控性

可控性指负责任的一方是否可以采取措施来避免服务失败，即对服务失败的控制能力。如果负责任的一方可以采取措施来避免服务失败，那么在服务失败发生后，负责任的一方就会遭受更多的指责。在服务失败的时候，当顾客认为企业可以控制失败的原因时，他们会更不满意。

在服务失败发生后，企业对失败是否给出解释、给出怎样的解释以及提供何种补偿都会影响到顾客对可控性的归因。当员工为服务失败给出一个外在的解释（责备外部的人或事情）、不给出解释和给出一个内在的解释（责备企业或者自己）时，顾客认为企业对服务失败的可控性依次增大。这也许是因为在不给出解释的情况下，部分顾客把失败归因到外部因素上。此外，当企业提供补偿又不给出解释的时候，顾客就会认为补偿的行为似乎就是承认错误的行为，因此顾客对可控性的归因就会增加，认为企业对服务失败有更大的可控性。

14.2　顾客反应与口碑

14.2.1　顾客反应类型

在服务失误发生以后，顾客通常会产生负面的情绪，如不满、失望、焦虑、生气、自怜等消极情绪，这些情绪会影响到顾客的行为，进而会对顾客是否选择原有服务商的决策产生影响。有学者认为服务失误的经历对顾客行为结果的影响取决于顾客所经历的特定情绪，研究发现，挫折是顾客在服务失败后所经历的主要情绪，但愤怒、后悔和沮丧会影响行为结果，不确定性也会产生一定的影响。当出现服务失误时，不同的顾客会出现不同的反应，如图14-1所示。该图描述了顾客对服务失误的各种反应，从开始时产生负面情绪到采取行为的整个过程。

从图14-1中可以看出，顾客对服务失误的反应是不同的，有的顾客选择沉默，有的采取抱怨行为。尽管服务失误会引起顾客的不满，但在这些不满意的顾客中，大部分顾客并不投诉，真正投诉的顾客在所有不满的顾客中只占了极少部分。研究表明，在对服务不满的顾客当中，平均只有 5%～10%的顾客会真正进行投诉。有学者证实，愤怒、抱

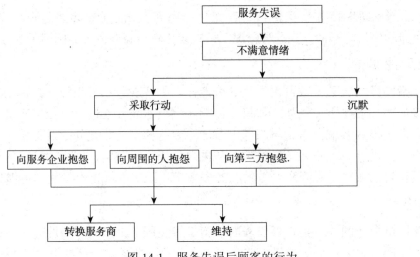

图 14-1　服务失误后顾客的行为

怨与报复意图之间有正相关关系，与企业声誉感知差和沉默忍耐水平较低的顾客相比，具有较好企业声誉感知和较高沉默忍耐水平的顾客表达出较弱的报复意图。即使顾客对服务失误抱怨，不同的顾客也会向不同的人或机构投诉。具体来说，主要分为以下三种顾客反应类型。

1. 不采取行动

当顾客遭遇服务失误并引发不满或消极情绪后，有的顾客可能会保持沉默，即不采取行动。不采取行动是顾客在服务失误中采取的最为消极的态度，造成这种态度选择的原因可能是主观的，如顾客觉得抱怨也于事无补，也有可能是客观的，如缺乏有效的抱怨渠道。无论出于何种原因，顾客在面对服务失误时不采取行动，从长远看对顾客和服务型企业双方都是不利的。一方面，顾客不进行投诉或抱怨，放弃了作为顾客基本主张及权利的表达，是对自身合法、合理利益的一种损害，也会降低顾客再次消费同类型服务的积极性；另一方面，当服务失误时，缺乏顾客抱怨使服务型企业或服务人员丧失了从顾客视角检视本企业所传递服务价值的机会，更有可能在完全不知情的情况下永久地失去顾客。因此，不采取行动也许是顾客面对服务失误的被迫选择，但这应该是服务型企业或服务人员需要尽可能避免的情况。

2. 采取某种形式的私人行动

采取私人行动是指顾客在面对服务失误后，并不进行公开的投诉或抱怨，而是在人际圈中的亲友、同事等面前进行抱怨，或自主更换服务交易方。事实上，当顾客感受到服务品质的低劣或严重低于服务预期时，由于情绪控制、场合不合适或个人性格的原因，有些顾客不会选择通过公开的方式进行抱怨，不会让服务型企业或服务人员了解到负面情绪，而是选择向亲友、同事等发泄不满甚至愤怒的情绪，传播有关服务型企业或服务品牌的负面口碑。顾客在面对服务失误时采取私人行动，不仅会强化顾客自身的负面情绪，还将以负面口碑的形式将负面情绪和信息传播给其他潜在的顾客，因此会给服务型企业的服务营销管理活动带来极大的不利影响。由于私人行动更多局限于人际范围，服务型企业无法有效察觉这些负面信息，便无法对服务失误采取补救措施。久而久之，服务型企业的顾客关系和企业声誉将会慢慢被侵蚀，进而影响企业在服务市场中的竞争力。

3. 采取某种形式的公开行动

采取公开行动是指顾客在面对服务失误后，直接向服务型企业或服务人员进行抱怨，或者向第三方机构，如消费者权益保护委员会、各类大众媒介，进行投诉和曝光，甚至是诉诸法律手段要求进行补偿。采取公开行动是顾客抱怨的核心形式，是顾客对服务不满意甚至愤怒情绪的公开表达。顾客采取公开行动对服务型企业而言是一把"双刃剑"：一方面，意味着顾客对服务失误的不满和愤怒已经达到非常高的程度，也可能意味着服务失误的严重程度已经较高，同时，公开的顾客抱怨也会给企业的声誉和形象带来一定的负面影响；另一方面，公开的顾客抱怨能够使服务型企业或服务人员掌握顾客的不满和要求，为服务型企业进行有效的服务补救提供了契机。如果能够通过及时、恰当的服务补救让顾客满意甚至是感到惊喜，企业不仅可以避免潜在的负面口碑传播，甚至还可能会获得更加忠诚的顾客。

14.2.2 影响顾客反应的因素

在现实中，顾客的表现可能是千差万别的。同样是将身上溅到了咖啡，有人可能责备几句，一笑了之，有人则会暴跳如雷，这其中有许多因素会影响顾客反应。有学者认为，顾客的思维速度在服务失败后会有显著的影响，快速思考导致顾客将失败归因于服务提供者，即表现出自私偏见，且快速思考对回购意图产生负面影响，对传播负面口碑的意图产生积极影响。因此，鼓励服务提供者在遇到服务时激发慢思考。在此前的研究中，一般认为影响顾客反应的因素主要有以下几点。

1. 顾客特征

一些研究表明，顾客的抱怨行为与顾客的特征有关。这些特征包括人口统计特征以及价值观、个性、意见和态度等在内的因素。顾客的抱怨行为同年龄负相关，同收入和教育正相关，并且抱怨行为直接与自信程度相关。研究表明：公开抱怨的通常是年轻的、有较好教育经历的和高收入的顾客。与抱怨的顾客相比，不抱怨的顾客更重视独特性、个性和自主性，且态度与实际抱怨行为之间也存在相关性。

此外，顾客的文化背景会对顾客的抱怨行为产生影响，一项研究证实，在新加坡公开抱怨的顾客具有良好教育、高收入的特点。而在欧美进行的研究证实了这一结果——公开抱怨的通常是接受过良好教育的和高收入的顾客。从跨文化的角度来看，森古普塔（Sengupta）等人的研究表明，在离线零售环境中，相对于一线员工，东方顾客比西方顾客更看重经理提供道歉，但在线零售环境中则不然。在线零售环境中，服务人员的状态对东方顾客很重要，但前提是道歉在社交媒体上公开提供，而不是私下提供道歉。

2. 企业特征

（1）企业服务质量。诸如企业在服务质量方面的声誉、对顾客抱怨的反应、销售压力等，都会影响顾客实施抱怨的行为。一般而言，具有良好的服务质量声誉更容易鼓励顾客在遇到服务问题时寻求赔偿。而企业处理抱怨的反馈越及时，顾客也越倾向于抱怨，因为顾客预见能得到企业的赔偿。当企业向顾客强制性销售某服务时，顾客也越会产生强烈的反应。

（2）企业服务态度。如果企业能够在第一次服务失败时就做出比较完美的补救，那么顾客对企业的满意度、评价和未来的购买意图，完全有可能比没有发生服务失败时还要高。有研究结果显示，只要企业能够有效地解决顾客的问题，80%的顾客会继续维持与该供应商的关系；如果问题能够被快速而有效地解决，那么就能留住95%的顾客，有的顾客还变得更加忠诚。但是，面对这样的顾客时，企业应该更加小心。一旦再次发生服务失败，他们的反应可能要比其他顾客激烈得多。在一项对银行顾客20个月的实地研究中，实验人员发现：顾客的满意程度、服务评价和购买意图虽然会在第一次服务补救之后有所上升，但这种上升在第二次服务失败时就逐渐消失了。而且，该项研究结果还显示：顾客在服务失败之后期望会变得更高。那些经历过成功补救的顾客，其期望升高的幅度也更大。因此，他们在下次服务失败时，往往更容易觉得不满。再者，如果顾客在销售现场能够接触到关于抱怨的提示或者提示标语等，也会促使和增加顾客的抱怨行为。

3. 服务失误的严重性

（1）不满意的强度。服务失误的严重程度或产品的重要程度将直接影响顾客付诸抱怨的可能。如果服务失误的严重程度高或产品很重要时，顾客将抱怨付诸行为的可能性就高；如果服务失误的严重程度低或产品不重要时，顾客将抱怨付诸行为的可能性就低。例如，核心服务的失误很容易引发顾客的投诉，因为影响顾客的核心利益。

（2）顾客利益受影响的程度。顾客对服务失败的反应，往往还会受到该项服务交付失败对顾客利益损害程度的影响。一般来说，服务失败对顾客利益的影响越小，顾客的反应也就越趋于平和；服务失败对顾客利益的影响越大，那么顾客的反应也就越激烈。一架飞机晚点，对某位乘客来说仅是晚到目的地一个小时，对行程没有任何影响，而另一位乘客却因此错过了母亲的生日晚会。显然，同样的服务失误对不同顾客在利益上的影响程度可能不相同，顾客所做出的反应也就可能存在差异。

从前文所述可知，在建立良好服务恢复需求的任何服务交付过程中，服务失败都是不可避免的，因此服务提供方必须认识到失误的严重性程度与顾客反应之间的影响关系。已有研究表明，服务失误的严重程度与满意度呈负相关，而顾客的抱怨行为加强了失败的严重程度和满意度之间的关系。

扩展阅读14-1　带货直播间"翻车"——以诚动人

14.2.3　抱怨与不抱怨的顾客

1. 抱怨者的类型

当服务失败发生时，顾客首先会归因："是谁造成了这个问题？"他可能会把责任归咎于自然原因如恶劣天气等，也可能会认为是企业没有提供高质量的服务。在顾客找到了原因之后，就会对服务企业做出评价。如果他认为企业应该为服务失败负责，那么顾客对企业的满意度就会降低。在评价之后，顾客往往会采取相应的行动，如投诉、抱怨、转换服务供应商等。总的来说，顾客的行为类型可以分为抱怨和不抱怨两种基本情况。

按照顾客对服务失误产生的不同反应，可以将顾客划分为消极型抱怨顾客、建设型抱怨顾客、情绪型抱怨顾客和习惯型抱怨顾客四种类型。

（1）消极型抱怨顾客。消极型抱怨顾客很少会选择公开行动，而是通过私人行动进行。与那些进行负面宣传的顾客相比，消极型抱怨顾客不大可能向服务型企业或服务人员表达不满情绪，也不会向第三方机构（如大众媒介）进行抱怨。此类顾客时常怀疑抱怨是否真的有效，并认为抱怨后的收益和抱怨所花费的时间和精力等各类成本是不成比例的。此外，个人性格或生活态度也会使某些顾客在面对服务失误时选择消极型抱怨。

（2）建设型抱怨顾客。建设型抱怨顾客是指为改善服务型企业或服务人员的服务价值传递水平、优化交易双方价值获取的顾客。建设型抱怨顾客集中表现为面向服务型企业或服务人员进行抱怨，但不会向第三方进行抱怨，也不会主动传播负面信息或轻易更换服务交易对象。这类顾客觉得向第三方或周围亲友进行投诉或抱怨并不能解决问题，自身的利益也不会得到显著的改善。同时，这类顾客更倾向于认为合适的抱怨有益于社会，也有益于企业的进步，因此会以建设型的态度表达对服务传递过程中的某些不满或忧虑，希望服务型企业或服务人员能够借此改善和提升服务质量水平。建设型抱怨顾客对服务型企业或服务人员而言是最有益的，因为此类顾客抱怨不仅不会轻易带来顾客流失，也不会产生一些额外的公共负面影响，还能够为服务型企业提供弥补服务过失、改进服务活动的机会，是服务型企业和服务人员提升服务质量水平的有益信息。

（3）情绪型抱怨顾客。情绪型抱怨顾客在进行抱怨时，更多的是进行不满甚至愤怒情绪的宣泄和表达，以此引起服务型企业或服务人员的重视。与其他类型的顾客相比，情绪型抱怨顾客在向服务型企业或服务人员进行抱怨的同时，更倾向于向亲友、同事传播负面信息，但几乎很少向第三方进行抱怨。情绪型抱怨顾客容易更换服务交易对象，为服务型企业带来顾客流失的风险。同时，由于负面信息的人际传播，服务型企业的声誉和形象会受到潜在的影响。因此，服务型企业或服务人员的及时处理和情绪安抚是处理此类抱怨的优先事项，以防止顾客情绪扩散及其行为失控引起不必要的负面影响和损失。

（4）习惯型抱怨顾客。习惯型抱怨顾客对服务十分挑剔，而且难以让其完全满足的特殊情况。事实上，有的顾客具有抱怨的"习性"，即总期望得到更好的服务，因而对当前的服务更多地表现出质疑和批评的态度。习惯型抱怨顾客不仅面向服务型企业或服务人员抱怨，也可能面向亲友、同事等人际圈抱怨，还可能面向第三方抱怨。此类顾客认为抱怨服务是表现其个人价值观或标准的方式，并对所有抱怨的潜在结果持积极和乐观的态度，即抱怨可以让其获得更好的服务。实际上，习惯型顾客抱怨大多数情况下是问题顾客带来的，服务型企业很难全方位地满足该类顾客的服务需求或要求。

总而言之，服务型企业或服务人员在应对顾客抱怨时，应该对顾客进行分类，有针对性地进行响应。例如，针对建设型抱怨顾客，服务型企业应该鼓励，并以积极的方式回馈顾客；针对情绪型抱怨顾客，服务人员在处理过程中应该以情绪安抚为主，再辅以利益补偿，从而增强服务补救的效果。

2. 顾客抱怨的原因

顾客为什么抱怨？顾客抱怨的原因主要有以下几个方面。

（1）获得退款或补偿。一般情况下，顾客抱怨是要求服务企业通过赔偿来弥补自己的金钱损失。他们认为由于企业的服务失误，自己应该得到某种形式的补偿。企业赔偿顾客的方式有很多，如退款、打折、重新提供服务、在未来提供免费服务等。

（2）泄愤。抱怨成为顾客发泄不满情绪的一种工具。在服务过程中，如果服务人员粗暴无礼、故意冷落顾客或威胁顾客，顾客的自尊心会受到伤害，他们会产生挫败感，会变得很愤怒。这时，抱怨可以使顾客重建自尊，释放压力，发泄他们的愤怒与不满。

（3）帮助改进服务质量。在顾客与服务有较高关联度时，顾客希望服务企业能改善服务质量，使自己可以获得优质的服务，因此，为了促进服务质量的提高，他们会不断努力和贡献力量，积极向服务企业反馈信息。例如，在大学中，学生主动对教学质量、食宿管理提出建议与要求；银行大客户积极对服务改进提出合理化的建议，这些抱怨在一定程度上都是为了帮助相关服务机构提高服务质量。实际上，这类顾客应该是企业欢迎，并应该给予鼓励的顾客。他们往往可以指出企业存在的某些缺点，并能够提供正确的建议，从而在一定程度上推动企业不断提高自己的服务水平。

（4）利他主义。在某些情况下，有些顾客具有利他主义思想，他们在社会责任感的驱动下投诉，他们抱怨是希望其他人不要再遇到类似的问题，以避免他人经历同样的遭遇。他们希望通过投诉来引起公众的关注，使服务企业纠正错误的行为。

（5）证实抱怨者对抱怨评价的合理性。顾客对抱怨事件的评价基本上是主观的。即使遇到相同的服务失误，各个顾客抱怨的内容与程度都会不同。这时，顾客抱怨是为了检验其他人对自己抱怨的认同。他们想了解一下，在同样的情况下，别人的感觉与自己是否一样，别人是否会同情他们。如果他们的抱怨得到别人的肯定，顾客会认为自己提出了正当的抱怨。

（6）重新获得控制。抱怨可以使顾客重新得到某种控制手段。如果顾客通过抱怨可以影响到其他人对服务公司的评价和看法，则顾客就能再次获得控制手段。例如，有些顾客在网络上大量传播某企业的负面信息，采取某种手段引起人们对该企业的关注，从而获得了某种权力，迫使这家企业不得不进行道歉和赔偿。

3. 抱怨者的期望

顾客面对服务失误，可能采取消极的情绪对待，保持沉默；也可能采取积极的行动，向服务提供者、周围的人或者第三方抱怨。当顾客以一种积极的态度花费时间和精力进行抱怨时，一般都抱有很高的期望。他们期望能够得到迅速的帮助，期望在服务失误过程中的不便和不愉快能够得到补偿，期望第二次能够得到公平的对待和良好的服务。在顾客对服务失误进行投诉或者抱怨时，他们最希望得到的是正义和公平。服务补救专家史蒂夫·布朗（Steve Brown）和史蒂夫·塔克斯（Steve Tax）已经总结出三种顾客在投诉后所寻求的公平的类型：结果公平、过程公平和交互公平。拉杜（Radu）等人以三种公平类型为基础，探究了服务失败和恢复后的和解的前因，包括服务人员的好感度、顾客对服务恢复的满意度、互动公平和分配公平。调查结果表明，性格宽恕，服务人员的好感度，顾客对服务恢复的满意度，互动公平和分配公平，都与服务失败和补救恢复后的和解效果呈正相关。

一旦服务失败，人们期望他们得到公平充分的赔偿。但是，最近研究发现，许多顾客感到他们没有被公平对待，并且没有享受到充分的公平。当顾客感到不公平时，他们的反应通常是直接的、情绪化的以及持久的。塔克斯（Tax）和布朗（Brown）发现，与服务补救相关的满意中有85%是由下述三个维度的公平决定的。

（1）结果公平。顾客希望公平或者得到的赔偿与他们遭遇服务失误后的不满意是相匹配的。这种赔偿可以是物质的，也可以是精神赔偿，比如一次正式的道歉或者热情的接待等。顾客认为他们应该得到这种公平的结果是因为服务供应商应该为自己的失误付出同等代价来补偿顾客已经遭受的损失。

（2）过程公平。顾客除了期望得到公平的结果之外，他们期望通过关于投诉或抱怨的政策、规定来实现公平。他们希望服务提供者提供很容易接受投诉的渠道，以便他们简便地进行投诉，拥有公平的关于解决投诉的规定问题可以被快速处理。过程公平的特点包括：清晰、快速和无争吵。勇于承担责任并且能快速解决问题。例如，某些企业要求顾客必须提供证明，也会让顾客感觉到不公平，因为如果他们无法提供证明，就会被认为他们就是错的或者是在撒谎，这显然是顾客无法接受的。

（3）交互公平。顾客除了要求公平赔偿，投诉过程应清晰、快速，还希望得到公平、诚实的对待。如果顾客感到公司及其员工在处理问题时漠不关心并且没有采取任何解决问题的措施，他们将会表现出更加强烈的负面情绪并且感到困惑，同时把失误完全归咎于服务提供方。

4. 顾客不抱怨的原因

顾客为什么不抱怨？顾客不抱怨有许多方面的原因，通常可以归纳为下列几种。

（1）不方便。有时候，顾客发现很难有合适的投诉渠道与程序，他们根本不清楚应该到哪里投诉，不了解有哪些渠道可供他们投诉，甚至不知道该如何投诉。即使知道，有些投诉可能相当麻烦，顾客需要花费时间和精力来写信和寄信，提供相关证明，填写大量表格，查找企业的电子邮箱与写电子邮件。在这种情况下，很多顾客都不愿意去做这些事，他们把抱怨看作一件烦琐的事情，不想浪费自己的时间与精力。

（2）对投诉效果持怀疑态度。不少顾客认为投诉是不会产生什么效果的。尤其是在服务水平较低的行业中，人们不相信企业会关心顾客所遇到的难题，不能确定服务企业是否会解决顾客抱怨的问题。他们认为即使自己向服务企业抱怨，也是白费力气，抱怨不会导致一些对自己或别人有利的事情出现，也不会带来任何好处。

（3）不值得。顾客认为廉价的服务、经常使用的服务对于自己并不重要，不值得花费时间与精力去抱怨，因此，顾客对于这些服务投诉较少。不过，虽然顾客当时不抱怨，但下次需要使用这些服务时，消费者可能会转向企业的竞争对手。相反，顾客对那些高价格、高风险的服务则投诉较多。

（4）不愉快的感觉。很多人认为投诉是一件让人不舒服的事情。有些顾客害怕与服务人员发生冲突与争执，担心受到员工无礼的对待或报复，尤其是在投诉的人与顾客的利益密切相关，顾客还要与之打交道的情况下更是如此。例如，住院的患者即使对主治医生极为不满，也不愿意投诉医生，因为他们惧怕遭到对方的报复。还有些顾客会对抱怨感到尴尬。由于服务的不可分离性，顾客与企业员工经常面对面接触，服务人员就在现场，顾客可能会对当面抱怨感到不舒服。

（5）角色意识和社会规范的影响。有些服务具有较强的专业化或技术性，需要服务提供者拥有专业知识或技能。如果服务人员是这方面的行家，具有影响交易的能力，处于强势地位，而顾客认为自己缺少评价服务质量的专业知识，在这种情况下，顾客投诉的可能性较小。在面对律师、医生、建筑师等专业人士时，情况更是如此。人们普遍认为他们是专家，社会规范也并不倡导顾客指责这些专业服务人员。

14.3 服务补救策略

14.3.1 服务补救的基本含义

当服务失误出现并发生顾客抱怨，特别是顾客以某种形式的公开行动进行抱怨，服务型企业或服务人员就应该展开及时而有效的服务补救。服务补救既可以被看作一项特定情境下的企业危机管理行动，也可以被视为服务型企业的服务价值维护活动。

1. 服务补救的定义

服务补救（service recovery）是服务型企业或服务人员在对顾客进行服务传递过程中出现错误或失败的情况下，对顾客不满、投诉等抱怨行为采取的修复和补偿行动，是服务型企业进行服务价值维护的重要环节。服务补救是服务型企业服务价值管理活动的重要内容之一，旨在维护和提升顾客感知服务质量和满意水平，进而形成和巩固顾客关系和顾客忠诚，推动服务型企业的持续成长。服务补救是服务型企业维护服务价值，在"逆境"中构建长期顾客关系的关键手段。相对于那些遭遇服务失误但问题没有被很好解决的顾客，那些虽经历服务失误但经过服务补救最终感到满意的顾客，更愿意与企业建立长期顾客关系，更可能形成顾客忠诚。

2. 服务补救的重要性

（1）提高顾客忠诚度。服务失误是很难避免的。如果企业能采取有效的服务补救措施，往往可以留住顾客，甚至可以大幅度提高顾客的忠诚度。相反，如果企业不能及时处理顾客的投诉并解决问题，很可能会看到顾客离开企业，转向竞争对手。因此，服务补救是防止顾客流失、提高顾客忠诚度的有力措施。当出现服务失误后，顾客对企业提供的服务会感到不满。但是，有效的服务补救往往可以缓解或消除顾客的不良情绪，将生气、焦虑的顾客转化为满意的顾客，并能提高顾客的忠诚度。也就是说，遭受服务失败经历的顾客如果对企业的服务补救感到满意，将更有可能出现再次向企业购买服务产品的行为。古德曼法则认为，让顾客将不满以抱怨的方式显现出来，并给予令其满意的解决方案，可以提高顾客的再购买率，确保顾客高度的品牌忠诚度。

（2）控制负面口碑传播，塑造良好的企业形象。如果企业没有进行服务补救，或者缺乏有效的服务补救策略，可能会使经历服务失误的顾客更加不满，甚至使其成为极端的发怒者。他们会寻找各种可供利用的机会，夸大企业的失误，不计后果地到处传播企业的负面消息。研究显示，每一个不满意的顾客会向 10～25 个人讲述他们不幸的遭遇。而有效的服务补救可以防止事态升级，避免不利于企业的口头传播的影响。服务补救原本就是为了挽回服务失误给顾客带来的不利影响，将顾客与企业的损失降到最低限度。有效的服务补救会给顾客留下深刻的好印象，使顾客对企业产生好感与信任，并产生良好的口碑效应，从而在社会上为企业树立良好的形象，带来更多的顾客。

（3）持续提高服务质量。服务补救是企业不断改进服务质量的一部分。除了针对顾客的外部服务恢复系统的补救措施，也有针对一线员工的内部服务恢复系统的服务补救，例如一些学者从企业流程指南、行为指南和薪酬指南机制的视角出发，探讨了服务恢复的授权和恢复文化对一线员工的服务恢复效率、责任和绩效的影响。服务补救是高度互动的服务过程，在此过程中，顾客与企业员工面对面接触，企业赔偿给顾客相应的经济损失和精神损失，这些都会涉及服务的过程质量与结果质量。因此，有效的服务补救本身其实就向顾客传递了优质的服务质量。从顾客反馈回来的信息中，还能使企业获得许多有价值的信息，以此为依据，企业能够不断创新服务和改善服务质量。此外，利用服务补救中总结出来的经验教训，调整企业的服务系统和服务流程，可以尽量避免再次出现类似的失误，使企业将来能在第一次为顾客提供服务时就把事情做好，可以降低补救成本并增进顾客的初始满意度，这对企业和顾客都是非常有利的。图 14-2 清晰描绘出服务补救在企业整个服务流程中的地位和作用。

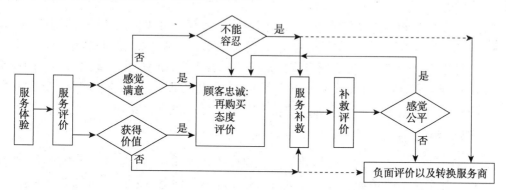

图 14-2 服务补救在服务流程中的价值

资料来源：FRANCIS BUTTLE, JAMIE BURTON. Dose service failure influence customer loyalty?[J]. Journal of Consumer Behavior, 2002, Vol.1, 3, pp.217-227.

14.3.2 服务补救的行动框架

1. 服务补救的阶段划分

服务补救过程可划分为三个阶段：

（1）前服务补救阶段（pre-recovery phase）

指从服务失败到服务提供者意识到失败的发生为止。这个阶段的时间可能很短，也可能很长，取决于服务提供者意识到服务失败的能力。

（2）即时服务补救阶段（immediate recovery phase）

指从服务提供者意识到失败到顾客得到公正的补偿，这个阶段应该越短越好。

（3）后服务补救阶段（follow-up recovery phase）

指顾客得到公正的补偿之后的阶段，时间长短取决于补救的效果和决定性因素的情况（如失败的严重程度）。

除此之外，还可将实施服务补救的类型划分为心理补救和有形补救（经济补救）。前者包括移情和道歉，表现出对顾客需要的关心；后者是指对顾客的补偿（包括确定的和感知的损失），向顾客提供公平的赔偿，对其成本和带来的不便给予补偿，或提供增值的弥补。

2. 服务补救的原则

服务补救是在与顾客建立关系的过程中对服务错误、失误和问题处理的策略。不管企业性质如何，不管企业从事的是什么类型的业务，都可以利用服务补救策略来弥补失误，进而减弱顾客不满意的程度。对于制造企业，乃至公共服务部门来说都是如此。顾客也可以从服务补救中得到好处，而在抱怨处理的情况下，这些好处都是不存在的。与传统的顾客抱怨处理不同，服务补救是建立在顾客导向基础之上的问题处理方式，一般而言，企业实施服务补救时应当遵循以下几项基本原则。

（1）预防性原则。实施服务补救，消除顾客抱怨的最佳时机是在事前。

（2）及时性原则。实施服务补救，快速反应是第一位。企业反应速度越快，补救的效果可能就越好。

（3）主动性原则。主动解决服务失误问题，不要等顾客投诉后才被动地去解决。此外，企业还应为顾客提供轻松方便的抱怨环境和渠道，以便及时发现问题。

（4）精神补救原则。要关心服务失误对顾客精神上造成的损失，要照顾顾客的情绪。

（5）顾客知情原则。在未发生服务失误时，要让顾客明白自己的权利和企业的义务，让顾客明白在发生服务失误时可选择的投诉方式以及处理的步骤。

3. 服务补救流程

为了能够达到服务补救的最佳效果，企业应该在上述原则的基础上确定企业的服务补救流程，并系统、有条理地对服务进行补救。通常，服务补救应该遵循如下流程，如图14-3所示。

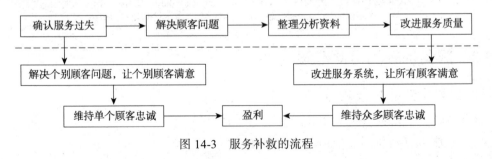

图14-3　服务补救的流程

（1）确认服务过失。企业若想实施优质的补救措施，就需要先了解顾客抱怨产生的原因，发现服务过程存在的问题。只有确认了过失的问题，才能有针对性地进行补救。

（2）解决顾客问题。企业应对顾客的投诉予以快速高效的回应，通过解决问题有助于提升顾客的满意度，能促使抱怨的顾客成为企业的忠诚顾客。

（3）整理分析资料。企业应建立资料库来记录和整理顾客投诉的信息，整合分析抱怨的类型和内容，这样有助于企业区分对待不同的抱怨，继而采取有效的补救措施。导致顾客抱怨的原因多种多样，具体可分为四类：质量问题、服务态度不佳、服务方式不好、对服务设施条件不满意。

（4）改进服务质量。企业应在整理分析资料、分析服务失误原因的基础上采取相对应的管理措施，持续实施服务改进，提升顾客的满意水平。美国哈佛大学的专家在有关服务利润链的研究中发现，在有效服务补救的基础上提高服务质量，可使顾客产生较高的满意度，进而产生较高的顾客忠诚度，最终带来较高的收益增长和利润率。换句话说，服务补救不仅能解决单个顾客的抱怨、维持单个顾客的忠诚度，更重要的是，服务补救还能改善整体服务系统、提高服务质量、培养众多顾客的忠诚、帮助实现企业的盈利目标。

14.3.3 服务补救措施

1. 前服务补救阶段——为服务失误做准备

（1）服务补救预警机制

服务补救预警机制要求在服务失误尚未发生时就采取行动。预警的主要功能有两个方面：一是促使或限制有利或者不利结果的发生；二是为正确、及时地采取应对措施准备条件。因此，服务补救预警机制就是对可能发生的服务失误进行事先预测，在判断和分类的基础上，认真剖析可能服务失误的特点及其影响，并有针对性地采取预防措施。服务型企业应结合自身服务的具体特点，对各类已发生的服务失误进行逐项剖析，对潜在的服务失误进行识别，以便预测和判断有可能发生的服务失败。在对可能发生的服务失误进行识别和分类的基础上，服务型企业应进一步判断各种服务失误对顾客造成的影响，包括这些影响的性质和程度等。

为有效预防服务失误，服务型企业可以采取以下措施：①借助故障树分析找出潜在的服务失误的根源及本质原因；②通过改进服务设计来稳定消除服务失误的根源；③通过内部服务补救将服务失误消灭在给顾客造成损失之前。

（2）鼓励和培训顾客进行投诉

鼓励顾客投诉，为投诉提供快捷的沟通渠道。正如在顾客反应类型中提到的，服务失误发生后，大多数不满的顾客并没有选择投诉，而是向周围人传播企业的负面信息，而且不再购买企业的产品和服务。其原因有多种，诸如顾客认为投诉麻烦或投诉所花费的时间、精力等成本不值得等，还有顾客没有投诉渠道。因此，企业应为顾客投诉开放便利之门，鼓励和简化顾客投诉。这样不仅可以为企业争取挽回顾客的机会，还有助于发现服务体系中存在的问题。

因此，企业不仅要鼓励顾客积极投诉，还要培训自己的顾客如何投诉。首先，企业可以将投诉的途径和方法明白地告诉顾客。例如，在任何顾客可以接触到的企业资料上，写明投诉的热线电话、电子邮件和网址等；其次，为了鼓励顾客投诉，企业应该尽量简化投诉的程序。有些企业把顾客的投诉电话在各部门间转来转去，使顾客一遍遍重复自己的遭遇，结果心情越来越差。让顾客觉得投诉流程简单而又人性化，他们才会主动进行投诉；最后，企业可以鼓励服务人员主动询问，在服务流程的关键时点，员工主动询问顾客是否满意。例如，在上甜点时，询问顾客对主菜是否满意等。这样，不仅可以随时收到顾客是否满意的信息，也能让顾客感觉自己受到了重视。

（3）有效的服务承诺

又称服务保证，指服务组织就自身服务做出的质量承诺和附加型补偿承诺，即承诺在组织的服务质量达不到所承诺的标准水平时，组织愿意为此对顾客进行补偿或赔偿。许多服务性组织意识到，承诺不仅可以作为一种营销工具，也是在组织内对质量进行定义、维护的一种方法。基本的服务承诺应该包括与服务相关的承诺以及没有实现承诺而应承担的合理赔偿。（一些学者调查了在需求不确定性和消费状态不确定性作为主要影响因素的服务业环境中使用这种部分退款承诺策略的可能性，结果表明，部分退款承诺策略能够成为最佳策略。除了战略承诺机制外，预购买家支付的取消费用作为价格承诺机制，也起到了增利作用。）

实施承诺时有一个快捷的机会补救。如果顾客不断得到补救，不满意可以被控制或者不会增长。同时，一个有效的承诺，能够激发顾客的抱怨，较之仅依赖于那些相对较少的爱讲出自己意见的顾客，好的服务保证给企业提供了更有代表性的反馈。承诺使顾客了解到他们有权利抱怨。快速的补救能够在很长时间内既令顾客满意，又有助于维持其忠诚。通过承诺产生的信息可以被跟踪，并汇总在持续的改善行动中。承诺能够提供某种程度上的机制来倾听顾客的声音，然后帮助企业缩小这些差距。顾客和服务运作决策之间的反馈联系可以通过承诺得到强化。

服务是无形的，并且经常高度个性化，顾客希望找到可帮助其降低不确定感的信息和暗示。对于顾客来说，承诺降低了他们的风险感并建立了对服务组织的信任。对企业来说，通过建立顾客忠诚、正面口碑宣传、成本改进和降低补救费用来获益是比较基本的操作。

2. 即时服务补救阶段——解决顾客问题

（1）安抚顾客情绪

出现服务失误时，要快速反应，先从态度上稳定顾客的情绪。如果是服务失误引起的顾客投诉，企业若能在第一时间就真诚地致歉，顾客不满的情绪就能得到一定的缓解。然而，多数情况下，企业并没有这么做，其原因主要是责任意识不足，另外也担心道歉后顾客会缠上自己。而实际上，即便不道歉，顾客依然会要求索赔。因此，企业要认识到，道歉能迅速缓和顾客的情绪，为沟通创造一个良好的氛围。很多时候，顾客不要求其他补偿，只是要一个态度或仅是宣泄不满，所以企业还要做到耐心倾听。一些学者认为，人类提供的服务恢复比服务机器人提供的服务更真诚，从而会有更高的满意度，因此在服务补救中应该重视服务表现的真诚度，以有效安抚顾客的情绪。总之，正确的做法是：企业应在第一时间以稳定顾客情绪为首要任务，待其缓和之后再协商解决的方案。

（2）迅速采取行动

随着市场法规的健全、顾客维权意识的提升，若对顾客的不满处理不当，顾客就有可能将企业曝光甚至拿起法律的武器维权。在移动互联网的市场环境下，企业尤为需要对舆情进行监控，任何负面信息都有可能在短时间内对企业的信誉造成极大的损害，导致公共关系危机。因此，为了防止事态恶化，对待顾客抱怨要第一时间予以迅速解决，使服务失误所带来的负面影响降到最低。即时和经济补救有效提高了低强度负面情绪顾客对服务恢复的评价，而延迟和心理补救有助于高强度负面情绪顾客给予更高的评价。有研究发现，在处理缺货等服务故障时，缺货恢复优于缺货预防机制，例如退货政策，因为缺货恢复降低了渠道范围的缺货风险，并使制造商和零售商之间可以共享降低风险的收益，从而有助于缓解双重边缘化。

如前所述，处理顾客投诉时要十分注意对顾客情绪的把控，在顾客投诉暂时结束后，企业应迅速采取相应的行动。通常，投诉的顾客都希望企业能够快速反应，而这就需要对一线员工进行培训和授权，最好使问题在发生时就立即解决。为了使服务补救尽可能地提升顾客的满意度，企业要利用各种方法使顾客与企业的接触方便而快捷，甚至人性化。例如，公司热线和电话中心的出现，可以使顾客在一天 24 小时中任何时候都能与公司取得联系。显然，这对顾客公平感知的三个维度都有积极的影响。

3. 后服务补救阶段——补偿与跟进

（1）有效的补偿

在服务失误的情境下，如果员工能够根据顾客的处境和要求灵活提供补偿方案，那么顾客对结果公平的感知也会得到增强。有效的补偿也视情况而定，服务型企业对服务补偿的考虑总体上应该遵从"罪罚相称"的标准。在服务失误带来的影响不是很严重的情况下，顾客所期望的补偿也不会很多。但是，如果服务失误对顾客造成了时间、精力、烦恼或焦虑方面的重大损失或伤害，顾客会期望得到更多数量和形式的补偿。因此，建立一个包含负面情绪强度的服务补救策略组合对服务提供方来说是十分有必要的。

如果服务型企业的服务市场定位是提供卓越品质的服务，并且为高质量的服务收取高额的服务费用，那么顾客会期望服务失误极少发生。一旦发生服务失误，服务型企业就必须做出极大的努力，对极少的服务失误给予顾客价值不菲的补偿。如果服务型企业的服务市场定位是低档的大众服务市场，在出现服务失误时，顾客一般认为进行道歉并提供再服务就达到了基本要求。

此外，长期顾客和大量购买的顾客对服务失误补救的期望值更高，服务型企业尽力挽回与其业务关系也是必要的。同时，偶发性消费或一次性消费的顾客要求不会太高，对企业来讲经济价值也比较有限。因此，服务型企业应该秉承公平的准则给予其基本的服务补偿，并在可能的情况下，建立更为长期和紧密的顾客关系。因此，在服务补救中，服务型企业对有效的补偿标准应该遵循"适度慷慨"的原则。过度的服务补偿不仅成本高昂，还可能会让顾客消极地理解这种反应。事实上，与简单的公平补偿相比，过于慷慨的补偿也并不会显著提升顾客关系水平和消费频率。有研究表明，顾客群体和个人对恢复补偿的期望会有所差异，就恢复满意度而言，恢复补偿在补偿规模上表现出递减的影响。也就是说，当恢复补偿发生在群体层面，补偿回报期望减少的速度更快，满意度在较低的经济补偿水平下就能达到稳定水平。

（2）跟进补救进程

跟进补救进程可为现有服务体系的改进提供借鉴。企业在实施完服务补救措施后，还应注重反馈。实施服务补救的目的不仅是要解决投诉顾客的问题，还要注重对现有服务体系的反思和改进。因此，企业还应及时追踪调查服务补救的结果：一是调查顾客对补救措施是否接受，这种措施是否发挥了预期的效果；二是通过对服务补救过程的分析，改进现有的服务体系。

扩展阅读14-2　美国联邦快递——自动跟踪系统

4. 服务补救行动方法

根据服务型企业的服务补救实践，以及进行服务补救的具体方式和过程的差异，服务补救有四种基本方法：逐件处理法、系统响应法、早期干预法和替代品服务补救法。

（1）逐件处理法

强调服务失误发生后顾客的抱怨各不相同，服务型企业或服务人员应该针对不同的顾客抱怨进行差异化处理。这种服务补救方法容易执行且成本较低，但是服务补救行为的随意性也比较高。例如，在服务抱怨及补救过程中，最固执或最激烈的抱怨者或投诉者经常会得到比通情达理的顾客更令人满意的答复和更多的补偿，因此逐件处理法的随意性会产生服务补救的结果不公平。

（2）系统响应法

强调在服务失误发生后使用企业的既定政策或程序对顾客不满及投诉进行处理。系统响应法采用识别关键服务失误点及优先选择适当补救标准的计划性方法，因而比逐件处理法更加标准和可靠。只要服务型企业不断修正和完善服务补救政策和程序规定，系统响应法就能够对服务失误提供一致且及时的补救。

（3）早期干预法

早期干预法是指在服务失误对顾客造成实际影响或损害以前进行干预，以将顾客损失降到最低或及时避免顾客损失。早期干预法本质上是在服务失误影响顾客之前干预和解决服务流程问题。例如，物流企业的发货人员发现因装卸机械故障影响按时发货，服务人员有必要马上通知顾客，在必要时顾客可以采取其他方案，以降低甚至避免故障事件潜在的影响或损害。

（4）替代品服务补救法

替代品服务补救法是指服务型企业通过提供替代品服务补救，从而利用竞争者的服务失误去赢得顾客。事实上，处于市场激烈竞争中的服务型企业会积极支持并努力尝试这种服务补救方法。但是，由于竞争者的服务失误通常是保密的，这种方法实行起来比较困难。当顾客进行公开抱怨后，替代品服务补救法便具有实现的可能性。

总之，由于服务的类型不同（如生产性服务业和消费性服务业），以及服务型企业所处的行业不同（如金融服务行业、教育培训行业、管理咨询行业、物流服务行业），服务补救的模式和方法也存在差异。为了确保服务补救的顺利实施，服务型企业或服务人员可以进行补救方法的组合，以达到服务补救的最佳效果。

本章小结

本章首先从概念、性质、分类及归因影响等方面来介绍服务失误的基本含义，然后具体梳理了顾客反应类型及其行为（不采取行动、私人行动、公开行动），分析了影响顾客反应的因素（顾客特征、企业特征、服务失误的严重性），并从顾客的视角阐述了顾客抱怨或不抱怨的主要原因。最后，在上述基础上阐述了服务补救策略的含义，具体分析了服务补救如何实现：服务补救的行动框架（阶段划分、流程、原则）和服务补救措施（预防、解决、补偿与跟进、行动方法）。

核心概念

服务失误：又称服务失败，是指服务型企业或服务人员所提供的服务未达到顾客可以接受的最低标准，不能满足顾客的要求和期望而导致顾客不满意或失望的负面状况。

顾客抱怨：顾客对产品或服务的不满和责难叫作顾客抱怨，顾客的抱怨行为是针对产品或服务的不满意而引起的，所以抱怨行为是不满意的具体的行为反应。

服务补救：服务型企业或服务人员在对顾客进行服务传递过程中出现错误或失败的情况下，对顾客不满、投诉等抱怨行为采取的修复和补偿行动。

服务承诺：又称服务保证，指服务组织就自身服务做出的质量承诺和附加型补偿承诺，即承诺在组织的服务质量达不到所承诺的标准水平时，组织愿意为此对顾客进行补偿或赔偿。

复习思考题

1. 能否建议服务组织设法避免服务失误？为什么？
2. 简述影响服务失败归因的因素。
3. 在服务失误的情境下，顾客的反应类型主要有哪些？
4. 服务失误中抱怨型顾客的期望是什么？请简述。
5. 为了能够达到服务补救的最佳效果，请简要说明企业应遵循的服务补救流程。

本章案例

星巴克公司服务失误补救案例

思考题：

1. 上述涉及星巴克公司的两次服务补救行动措施，为何成效截然不同？
2. 在星巴克公司的第二次服务补救过程中，你认为有哪些地方可以做得更好？

即测即练

参考文献

[1] 王永贵. 服务营销[M]. 北京：清华大学出版社，2019: 170-182.

[2] Li, ZC., Tao, WT., Wu, LW. The price of good friendships: examining the roles of relationship norms and perceived controllability in service failure encounters[J]. International Journal of Business Communication, 2020, 2(1): 1-25.

[3] Huang, B., Philp, M. When AI-based services fail: examining the effect of the self-AI connection on willingness to share negative word-of-mouth after service failures[J/OL]. Service Industries Journal, 2020, https://www.tandfonline.com/doi/full/10.1080/02642069. 2020.1748014.

[4] Wu, XY ., Du, S., Sun, YB. E-tailing service recovery and customer satisfaction and loyalty: Does perceived distributive justice matter[J]? Social Behavior and Personality, 2020, 48(5): 1-15.

[5] Chen, CY. How customer participation influences service failure attribution: The moderating effect of self-efficacy[J]. Journal of Service Theory and Practice, 2018, 28(3): 298-314.

[6] Harrison-Walker, LJ. The effect of consumer emotions on outcome behaviors following service failure[J]. Journal of Services Marketing, 2019, 33(3): 285-302.

[7] Walsh, G., Deseniss, A., Ivens, S. Buffering the service failure-induced effect of anger on revenge[J]. Kybernetes, 2020, 49(7): 1899-1913.

[8] Pacheco, NA., Geuens, M., Pizzutti, C. Whom do customers blame for a service failure? Effects of thought speed on causal locus attribution[J]. Journal of Retailing and Consumer Services, 2018, 40(1): 60-65.

[9] Sengupta, S., Ray, D., Trendel, O. The effects of apologies for service failures in the global online retail[J]. International Journal of Electronic Commerce, 2018, 22(3): 419-445.

[10] Cantor, VJM., Li, RC. Matching service failures and recovery options toward satisfaction[J]. Service Industries Journal, 2019,Vol.39,13,14, pp.901-924.

[11] Radu, A., Surachartkumtonkun, J., Weaven, S., et al. Examining antecedents of reconciliation following service failure and recovery[J]. Journal of Strategic Marketing, 2020, 28(5): 417-433.

[12] Li, CY and Fang, YH. How online service recovery approaches bolster recovery performance? A multi-level perspective[J]. Service Business, 2016, 10(1): 179-200.

[13] Zhang, ZL., Lim, W., Cui, HT. Partial refunds as a strategic price commitment device in advance selling in a service industry[J]. European Journal of Operational Research, 2020, 291(3): 1062-1074.

[14] Weitzl, WJ., Hutzinger, C. Rise and fall of complainants' desires: The role of pre-failure brand commitment and online service recovery satisfaction[J]. Computers in Human Behavior, 2019, 97(1): 116-129.

[15] Hu, YO., Min, H., Su, N. How sincere is an apology? Recovery satisfaction in a robot service failure context[J]. Journal of Hospitality & Tourism Research, 2021,45(6): 1022-1043.

[16] Dong, Y., Xu, KF.,Cui, TH., et al. Service failure recovery and prevention: Managing stockouts in distribution channels[J]. Marketing Science, 2015, 34(5): 689-701.

[17] Tang, XF., Chang, EC., Huang, X. Timing and compensation strategies in service recovery[J]. Journal of Services Marketing, 2018, 32(6): 755-766.

[18] Albrecht, AK.,Schaefers, T., Walsh, G., et al. The effect of compensation size on recovery satisfaction after group service failures: The role of group versus individual service recovery[J]. Journal of Service Research, 2019, 22(1): 60-74.

第15章

服务体验管理

本章学习目标

1. 了解什么是体验经济、体验营销，对体验经济、体验营销有清晰、全面的认识；
2. 了解服务接触的含义、要素；
3. 熟悉和掌握服务接触的类型、过程，以及服务体验三元组合；
4. 理解服务体验管理的核心、方法。

引导案例

买车、买服务，还是买整体体验？

不少人认为蔚来是一家"以价值观驱动的公司"。站在企业的角度，这正是根基与主线，价值观原本就应该与愿景、使命一道，共同作用于组织发展。如果戏谑地理解为用户主要为企业的价值观"买单"，会过于狭窄。追寻意义就是人们需求的一部分。经过研究发现，实际的用户，更加聪明。他们都在以自己的方式追求"值得"。这种"值得"，既非传统意义上的性价比，也非执念于意义共鸣。买车对绝大多数家庭，不是一件小事。用户知道自己需要什么，在追求更高的体验价格比。买车、买服务，还是买整体体验？

蔚来打造了一个生活方式平台。用户购入车辆后，仿佛拿到了进入社区的钥匙。在社区中与品牌互动，与用户互动，成为用户生活的一部分。大家分享各自的生活体验，40%的内容与蔚来无关，比如新奇的设计、美味的食物、刺激的运动等。与蔚来有关的部分，也是吐槽和称赞都有。整体来说，这里是有别于其他的另一个丰富的世界。蔚来通过包括社群在内的多种方式，全方位了解用户反馈。与此同时，蔚来不断迭代各类服务，也通过整车OTA持续升级。蔚来的服务有三个关键词——"终身""免费""一键"，类似终身免费质保、终身免费换电池、一键呼叫服务无忧等。所有的服务，都在帮助用户更好地与产品进行互动。比如，拥有蔚来的增值服务券，可享受代驾、机场代泊等。当你外出聚会饮酒、出差旅行时，也能减少顾虑，安心用车。通过服务，产品动态地陪伴着用户，用户则全周期、多维度体验着蔚来这个品牌。

蔚来的"整体体验"明显优于燃油车品牌乃至其他新能源汽车品牌。产品体验（ES8、ES6）、服务体验（充电换电、服务无忧 2.0）、环境体验（NIO House、NIO Space）、沟通体验（官网、App、社群、工作人员）都具有相当的差异性。同时，这些体验也并非十全十美。

对品牌而言，换电模式是长期存在、复利积累的竞争优势。随着时间的推移，壁垒日渐高筑。作为国内"唯二"提供商业换电服务的品牌之一，如果能够将潜在用户带入场景，将换电站与加油站同比，呈现费用与效率上的差异，就更容易令用户感受到服务的价值与稀缺性。以此类推，许多车辆到手才能够具体感知的服务，蔚来在前期就通过数字触点和工作人员的沟通来实现场景化，以让用户具象感知。

蔚来汽车体验思维提出的"整体体验"，正是指品牌需要围绕人，打造 360 度一致且可感知的体验。如果一款产品触动人心，它的确会深受喜爱。但今天，依靠单一产品打天下的时代已经一去不复返了。被各类线上线下的优质服务推高了顾客的预期。营销也已经告别了传统以灌输为主的传达，越来越服务化，更多与人的沟通互动，随时在发生。人们每一次与品牌的接触，都在判定分数，也在形成对未来体验的预期。

资料来源：笔记侠，万字案例 | 蔚来，一家用户企业，到底有没有未来？[EB/OL]. [2020-07-13]. https://baijiahao.baidu.com/s?id=16711771891413207324&wfr=spider&for=pc

15.1 服务营销与体验

15.1.1 体验经济的内涵与特征

1. 体验经济的内涵

早在 1970 年，著名的未来学家托夫勒在《未来的冲击》一书中就曾描述过体验经济，在 1983 年的《第三次浪潮》一书中托夫勒再一次重申"服务经济的下一步是走向体验经济，商家将靠提供这种体验服务取胜"。1985 年奥格威（Ogilvy）为 SRI 国际公司撰写了《体验经济》年度报告，指出"生动体验"的需求已经驱动着美国经济的增长。1998 年，"体验经济"这一概念被美国俄亥俄州战略地平线顾问公司的共同创始人派因二世（Pine Ⅱ）与吉尔摩（Gilmord）推出，他们发表在美国《哈佛商业评论》上的论文《体验经济时代的来临》震动了经济界。1999 年出版的《体验经济》一书系统描述了体验经济的内涵。

体验经济是指企业以商品为素材，以服务为中心，为顾客创造出值得回忆的感觉。我们知道，传统经济主要注重产品功能强大、外形美观、价格优势，而体验经济则要求企业从生活与情境出发，塑造感官体验及思维认同，以此来抓住顾客的注意力并且期望能改变顾客的消费行为，为产品找到新的生存价值与空间。

体验经济是继农业经济、工业经济、服务经济之后的第四种经济形态。农业经济在生产行为上以原料生产为主，消费行为以自给自足为原则；工业经济以商品制造为主，消费行为强调功能性与效率；服务经济在生产行为上强调分工及产品功能，消费行为以服务为导向；体验经济在生产行为上以提升服务为首，以商品为道具，消费行为追求感性和情境的诉求，创造值得顾客回忆的活动，并注重与商品的互动。

体验经济的出现改变了企业的生产方式。在工业经济时代下，企业的生产方式是根据对市场的理解进行产品创新，所生产出来的产品与顾客的需求是否吻合，只有等到销售阶段才能知道。服务经济的运行是以企业提供服务、顾客被动接纳为表达形态的，顾客仍然不具有自我决定的权利。反观体验经济，体验经济的运行首先想到的就是顾客，顾客需要什么产品，由顾客自行决定，企业所做的工作就是按照顾客的需求进行生产与经营，这个过程也是企业与顾客的互动过程。

2. 体验经济的特征

体验经济产生于市场经济的大背景下，但与工业经济、服务经济的特性相比，这是一种更加完备的经济形态。体验经济具有以下主要特征：

（1）体验经济以满足顾客的个性需求为出发点

在体验经济条件下，企业的经济运行首先考虑的是顾客的个性需求，企业在提供体验的运行思路、程序与方法时，必须保证给顾客更大的想象、愿望与自我修正的空间。企业主张的是顾客个性的张扬，并竭尽全力保证顾客的个性需求得到全面的满足。

（2）体验经济着力为顾客提供定制化服务

定制化服务是按照顾客的要求，提供适合其需求的，同时也是顾客满意的服务。定制化服务带给顾客的是个性化的感受，结果没有两个人能够得到完全相同的体验。因此，这是一种量身打造、有供有需的活动过程。定制化的结果不会出现生产过剩，也不会出现需求不足，最终保证不会出现需求抱怨，进而保证经济运行的平衡与稳定。定制化服务所产生的体验效应是带给顾客美好的感觉、永久的记忆和值得回味的经历。

（3）体验经济遵循的原则是"以顾客为核心"

企业在体验经济运行中扮演着策划者的角色，发挥着为顾客提供"舞台"的作用，真正在舞台上表演的是顾客。顾客去体验所需物品的设计工作、定价工作并直接使用与享用。这说明顾客是体验经济的主体。顾客对企业的经济运行工作参与度越高，对企业的产品与服务信任度越高，对企业品牌的认同度也就越高，企业品牌价值的实现程度也就会越高。

（4）体验经济使经济运行更加开放、健康、有活力

体验经济的发展促使企业不断提高自身的开放程度，使企业在社会公众的关注与监督之下开展各项经济活动，这为拥有优质品牌的企业提供了更大的发展空间与更多的发展机会，形成了市场的召唤与吸引机制。对于那些拥有不良品质品牌的企业，体验经济发挥着矫正其思想与行为，约束其经济运行的作用。至于那些拥有劣质品牌的企业，最终会在顾客的抵制声中退出市场。因此，体验经济的运行具有更为积极的功效，它可以保证企业建立良性的运行机制，完善运行程序，满足更广阔的市场需求。

15.1.2 体验营销

1. 体验消费

体验经济是服务经济与工业经济的有机融合，是时代发展的必然结果，它包含体验生产和体验营销两大区段。随着科技的不断进步与人们需求的逐渐升级，顾客的选择越来越多，要求必然也会越来越高，这就迫使商家在营销方式上必须跟上形势的变化。

"体验"是一个动词概念，是消费行为，指顾客"以身体之，以心验之"，经历某种新奇刺激的消费项目或活动，或者亲身去消费、感受某种新奇刺激的商品、服务或环境。

"体验"又是一个名词概念，是消费结果，指顾客对各种新奇刺激的消费项目或活动的亲身经历，或是对新奇刺激的商品、服务或环境的亲身感受，以及由于这些亲身的消费经历和消费感受，顾客在头脑意识中产生和获得的印象深刻的、难以忘怀的，既感性又超感性、既理性又非理性的主观心理感受和情感反应。例如，在大海边上"当一回渔民"的有趣而难忘的体验：同当地的渔民吃、住在一起，开着渔船，下海拖网；夜晚躺在甲板上，感受渔民口琴吹出的低沉、悠扬的歌曲，抬头就是漫天星光等。

体验消费，是指在一定的社会经济条件下，在特定的消费环境中，顾客为了获得某种新奇刺激、深刻难忘的消费体验，亲身参与体验某个新奇刺激的消费项目或活动，或者亲身体验、感受某种新奇刺激的商品或服务的新型消费方式。作为一种新型的消费方法，体验消费的主体是寻求消费体验的顾客，体验消费的对象是新奇刺激的体验式商品、体验式服务、体验式消费项目或活动，体验消费的环境是新奇刺激的体验式消费环境，体验消费的范围是居民消费领域和消费过程中的体验。

随着社会生产力的不断提高、人们日渐富裕及物质方面得到较好的满足，顾客对体验表现出越来越强、越来越多的需求，愿意去尝试各种新鲜、刺激、独特和令人难忘的精力与感受。人们对体验的重视不仅表现在对各种休闲娱乐活动的兴趣和热情上，也表现在日常选购产品和服务时感性化的倾向上。顾客在做出购买决策时，不仅依据产品或服务给他们带来的功能利益，更重视购买和消费产品或服务的过程中所获得的符合自己心理需求和兴趣偏好的特定感受，这就是体验。

2. 体验营销的定义与特征

针对顾客上述的消费倾向和消费心理，体验营销应运而生。体验营销以向顾客营销有价值的体验为主旨，力图通过满足顾客的体验需要达到吸引和保留顾客、获取利润的目的。体验营销不是把体验当作一种无形的、可有可无的东西，而是将其作为一种真实的经济提供物，作为一种有别于产品和服务的价值载体。

（1）体验营销的定义

目前，体验营销的定义大致有以下几种：

①体验营销是一种新的思考方式。这一观点认为，体验营销是指经营者站在顾客的角度去体验顾客的购买理念、购买程序和购买的原动力，即从顾客的感官、情感、思考、行动和关联五个方面重新设计和定义营销的思考方式。该观点打破了传统的"经纪人"假设，认为顾客购买时是理性和感性兼具的，其理论基础更接近现实；不足之处在于没

有考虑目标顾客的选择，忽视了企业自身价值的增加，而且比较抽象，可操作性不强。

②体验营销是一种营销方式。这一观点认为，体验营销是企业通过采取让目标顾客观摩、聆听、尝试、使用等方式使目标顾客体验产品或服务，以便顾客感知产品或服务的品质和性能，促使顾客认知、偏好并购买这种产品（或服务），并最终创造满意交换，实现双方目标的一种营销方式。这种观点强调了对目标顾客的选择和细分，对不同类型的顾客提供不同方式、不同水平的体验。显然这还不是本质意义上的体验营销，例如商家免费派送赠品让顾客试用等，其实严格来说，这里的"体验"应该算是一种推销产品的手段。

③体验营销是一种管理思想。这一观点认为，体验营销是对应于顾客行为流程的营销策略的整合与一体化管理，它试图激活顾客所有的感官及理性，使营销者更加贴近顾客，以此博得顾客对于体验营销者行为认同的一种更为系统的营销整合管理体系，是营销效果实现环节的一种操作性策略思想。

④体验营销是一种增进盈利能力的商业模式。这一观点认为，体验营销从实践层面出发，涉及企业战略管理和运营管理两个层面。

其实，无论是哪种关于体验营销的定义，都说明企业不仅重视商品本身的使用价值，更重视商品所延伸的内涵，只有这样才能更好地增加顾客价值（顾客价值就是顾客期望从某一特定产品或服务中获得的一组利益，包括经济的、功能的、心理的利益），促进产品销售。

（2）体验营销的特征

当今时代是物质极大丰富的时代，人们对价格不再那么敏感，产品或服务所带来的心理上的利益将占据越来越重要的位置。这说明精神需求将逐步超越物质需求成为人们的主导性需求，以满足人们的体验需求为目标的体验经济将逐步取代现行的服务经济。从体验营销的内涵中可以看出它所具有的明显的特征。

①顾客需求。企业从顾客的真正需要出发，依据顾客所接受的方式、所需要的产品进行各方面的沟通。从过去的"拉"转变为"推"，提高了企业的主动性。

②顾客沟通。企业要满足顾客的需要，尤其是个性的需要，就要建立与顾客的双向沟通，尽可能地收集顾客的信息，并及时反映在顾客所需购买的商品上，这样才能有效推动顾客产生购买行为。

③顾客满足。在现代社会中，人们已经不满足于单纯地购买产品，更看重购买产品的过程中所获得的满足。因此，企业在提高产品本身的使用价值时，更应该开展各种沟通活动，增强顾客体验，使顾客得到物质上和精神上的双重满足。

综上所述，体验营销是以满足顾客的体验需求为目标，以服务产品为舞台，以有形产品为载体，以顾客沟通为手段，生产经营高质量的体验产品的一切活动。

15.1.3 体验营销中的顾客参与

提升顾客体验是企业促进顾客参与的重要目的，而适度的顾客参与又是提升顾客体验的有效方式。在服务经济时代，顾客体验不仅是体验员工所带来的服务，更需要顾客参与其中，共同完成服务创造和服务传递。许多企业开始注重如何通过促进顾客参与，在为企业带来经济效益的同时，提升顾客体验和顾客对服务的感知价值。

（1）定义顾客角色

促进顾客参与的第一步是确定顾客参与的角色、顾客参与的目的，以及以哪种方式进行顾客参与。

①自助型参与。在许多情形下，企业会通过顾客的主动参与来提高顾客的参与水平。在这种情况下，顾客成为一种生产资源，完成一些在此之前由员工或其他人完成的服务工作。例如，宜家的自助式购物，不仅提高了企业的生产力，也提升了顾客的体验价值、服务质量和顾客满意度。

②价值型参与。可以鼓励顾客帮助其他正在接受服务的人，为服务企业提供价值。这样的方式通常出现在教育类服务中。在完成这类角色时，顾客再次与服务企业共同实现了生产功能，提高了顾客满意度和保留率。扮演促进者对于顾客也有非常积极的影响，并有助于提升顾客的忠诚度。

③传播型参与。在一些情况下，顾客通过推荐、评价、口碑传播等方式进行顾客参与。顾客的传播恰恰是最有效、最能够为企业带来直接效益的。例如，许多顾客在企业的鼓励下，将自身对服务的评价上传到网站或社交媒体中。一方面，顾客可以通过主动成为关键意见领袖而获取企业提供的更多福利；另一方面，企业也可以利用顾客来为自己进行服务和品牌推广。

（2）促进顾客参与

明确顾客角色后，企业就可以通过传达期望吸引合适的顾客，教育和培训顾客以及奖励顾客等方式促进顾客参与。

①吸引合适的顾客。企业在教育和培训顾客之前，首先必须吸引合适的顾客担任服务传递过程中的角色。服务企业应在其广告、人员推销和其他企业信息资料中清楚地描述期望的顾客角色和相应的责任。顾客通过预知他们的角色及在服务过程中对他们的要求，可以选择是否进入这种服务关系。为吸引能够完成其角色的顾客，企业必须清楚地描述期望的顾客参与水平。

②教育和培训顾客。为使顾客有效地完成他们的角色，企业需要教育和培训顾客。通过这一过程的适应，顾客会理解服务组织的价值观，培养特定情形下完成角色所必需的能力，并获得与员工及其他顾客互动的绩效和知识。顾客教育计划可以采取多种形式，如上门推广活动，提供印刷品，服务环境中的直接提示或标识，向员工或其他顾客学习等。如果无法有效对顾客进行组织和培训，那么顾客的不当行为可能给其他顾客、员工或企业带来消极影响。

③奖励顾客。如果顾客因为有效地完成自己的角色而得到回报，他们将更喜欢自己的角色并积极参与。回报顾客的方式有效提高了顾客对服务传递过程的控制程度，使顾客节约时间、节约金钱和获得精神回报。例如，使用自动柜员机自行完成银行服务的顾客，会得到便携性的回报；医疗保健服务中有效完成自己角色的患者，将获得更为健康或更快康复的回报；在网上预订机票，乘客能得到相应的票价折扣或者一部分现金奖励。企业需要意识到，并不是所有顾客都需要同一类型的奖励，一些顾客可能重视获得更多

的权利和时间节省，而另一些顾客可能重视金钱的回报，还有一些顾客可能追求对服务结果的更大范围的个人控制。

15.2 服务接触与服务体验三元组合

15.2.1 服务接触前阶段

本节将讨论服务感知的构建模块——服务接触。顾客正是在服务接触时建立其服务质量感知的。理解顾客行为背后的原因是市场营销中非常重要的内容。企业需要了解顾客在购买、使用服务时如何作出决策，有哪些因素决定了顾客在实际的消费过程中、消费完成以后的满意程度。如果企业没有很好地理解以上内容，就无法创造、传递服务，也就无法拥有重复购买的满意顾客。

1. 服务接触

如果从顾客的角度来看，服务使其产生最鲜明的印象就发生在服务接触，即顾客与服务企业接触时。比如说，旅客在一家酒店所经历的服务接触包括登记住宿、由服务人员引导至房间、在餐厅就餐、要求提供叫醒服务以及结账等。你可以把这些真实瞬间连接起来想象成一个服务接触序列，顾客正是在这些接触的过程中获得了对企业服务质量的独立印象，而且每次的接触都会对顾客的整体满意度和再次进行交易的可能性产生影响。因此，从组织的角度来看，每一次的服务接触也提供了证明其作为合格服务提供者的潜力和提高顾客忠诚度的机会。一系列的服务接触也可以联系起来形成一个整体的顾客体验。在酒店的例子中，所有的个人服务接触将连接在一起。

2. 接触的重要性

虽然说服务接触序列比较靠前的几级特别重要，但是在决定顾客满意度和忠诚度方面，任何阶段的接触都是很重要的。顾客和企业的第一次接触会使该顾客留下对企业的第一印象。在这种第一次接触情形下，顾客往往没有其他依据来评价该组织，与该企业代表的初始电话联系或面对面接触会对顾客关于服务质量的看法产生非常重要的影响。在一位顾客打电话寻求家用电器维修服务的时候，如果受到服务代表的粗鲁对待、很长时间无人接听电话或者被告知最快要两周才有可能派出维修人员上门服务，他很可能挂断电话，另寻其他服务企业。如果第一次接触就把顾客赶走，即使该企业维修服务的技术质量首屈一指，它也根本没有机会证明这一点。

即使顾客与企业已有过多次接触，每一次接触对于在顾客心目中建立企业的完整形象也起着重要作用。在今天的技术媒介世界中，这些服务接触可以通过网站和其他基于互联网的渠道在线进行，也可以与顾客会面或通过电话进行。许多积极的经历积累起来会树立起高质量的整体形象，而许多负面接触则会产生相反的效果。例如，顾客可能与为餐厅和咖啡厅提供食品服务的供应商的客户经理或处理该业务的销售人员进行了一系列积极的接触。这些接触可能通过多个渠道进行，包括通过企业网站、电子邮件等在线联系，通过电话联系或直接会面。紧随其后，顾客还可以跟实际搭建这些食品服务设施的运营人员进行积极的接触。然而，即使有了这些积极的接触，如果有一些负面经历，也会导致顾客对服务企业整体质量产生一种混合的印象。这种服务体验的变化可能导致顾客对服务企业的质量产生疑问，并且不确定未来可以期望得到什么样的服务。每一次和代表食品服务提供商的不同人员和部门的服务接触，会增加或减损其与服务提供商维持长久关系的潜力。

从逻辑上说，在建立关系方面，并不是所有的接触都同等重要。对每一个组织来说，都有一些特定的接触是实现顾客满意的关键。在医院服务情境中，对病人的研究表明，就病人满意度而言，与护理人员的接触要比与膳食人员或收费人员的接触重要得多。相对于令人愉快的服务接触，服务质量还会受到时间、频率、负面程度或失败的服务接触等事件类型的影响。

除了这些关键的接触外，还有一些重点的服务接触，就像谚语所说的"一颗老鼠屎，坏掉一锅汤"一样，不管过去发生过多少次或什么类型的接触，此类接触都会毁掉之前所有的努力并把顾客赶走。这些接触可能与一些非常重要的事件相联系（如没能在最后截止期限之前发送出一台重要的设备）。同样，重要的积极接触可能令顾客对企业一生忠诚。

3. 服务接触的种类

顾客与服务企业相联系的任何时刻都会发生服务接触。服务接触分为三大类：远程接触，以科技为媒介的接触和面对面接触。在与服务企业相联系时，顾客可能经历这三类接触之一或者三者的组合。

首先，接触可以不是人与人的直接接触（远程接触，remote encounter），如当顾客使用银行的自动柜员机（ATM）系统时，或使用企业网点的自动贩卖机时，或通过电话自动按键订购邮购服务时。远程接触也发生在企业通过常规邮件或电子邮件给顾客邮寄账单或其他类型的交流信息时。在远程接触中，虽然没有直接的人与人之间的接触，但是对于企业来说，每一次接触都是增强或树立顾客对企业服务质量感知的机会。在远程接触中，服务相关的实物证据以及技术过程和系统的质量成为顾客判断质量的基本依据。零售采购、航空订票、维修和故障排除以及包装和运输追踪，这些只是通过互联网提供服务的几个例子。所有这些服务接触都可以看作远程接触。

其次，在许多组织中，终端顾客和企业之间最常见的接触类型是通过电话、即时短信、实时聊天或其他基于技术可以实时与人沟通的平台。几乎所有的公司（无论是制造业还是服务行业），都在一定程度上依赖电话接触来实现顾客服务、常规调查或接受订单等功能。电话接触中对质量的判断与远程接触中不同，因为在互动中存在着较大的变异性。接听电话的预期、雇员的知识、处理顾客问题的速度和效率成为在这些接触中判断质量的重要标准。对于实时电子邮件或文本交流或实时聊天的接触，不能依赖交流时人的声音来提供线索，交流时实际词语的选择和沟通的语气将决定顾客对服务质量的感知。

最后，对于雇员和顾客直接接触（面对面接触，face-to-face encounter）。对于小型企业，以诊所为例，面对面接触发生在病人与接待人员、护士、医生、检验室人员、餐饮服务人员、药房工作人员以及其他人员之间。而对于大型企业，在企业对企业的业务中，面对面接触发生在企业顾客与销售人员、送货人员、维修代表和专业顾问之间。确定并理解面对面接触中的服务质量问题是所有接触类型中最复杂的。语言和非言语行为是服务质量的重要决定因素，有形的暗示如员工着装和其他服务标志（如设备、信息手册和有形设备）也是重要的决定因素。在面对面接触中，顾客也通过自己在互动中的行为，参与服务并影响最终的服务质量。

15.2.2 服务接触阶段

顾客在做出购买决策之后，就进入了服务经历的核心阶段——服务接触阶段。顾客在这个阶段会与服务企业发生一系列的接触。可以通过几个模型来更好地理解服务接触阶段的顾客行为。服务接触的"关键时刻"表明对接触点进行有效管理的重要性。第二个模型是接触度服务模型，有助于更好地理解服务接触点的本质和不同程度。第三个模型是服务生产模型，主要关注构成顾客服务经历和服务体验的各种服务互动。

1. 构成服务接触的一系列"关键时刻"

理查德·诺曼借用斗牛比赛中的"关键时刻"来比喻企业与顾客之间接触点的重要性，他认为，顾客在关键时刻对服务质量进行感知，服务提供者和顾客在这个时刻发生接触。服务提供者拥有的技能、动力、工具与顾客的期望、行为共同创造了服务传递过程。

在斗牛比赛中，公牛和斗牛士的生命都时刻处于危险之中，这些危险时刻在服务背景中就是关键时刻，顾客和企业之间的关系会在这些关键的触发点上岌岌可危。

斯堪的纳维亚航空公司（SAS）前执行总裁简·卡尔森在将 SAS 从以运营为导向的企业转变为顾客导向型航空公司的过程中，借用关键时刻作为企业的控制点。卡尔森这样描述 SAS：SAS 每年会与顾客发生多达 5000 万次的服务接触，每次接触的时间要持续 15 秒钟。这 5000 万个"关键时刻"将最终决定 SAS 的成败。在这些"关键时刻"，我们必须向顾客证明，SAS 是他们的最佳选择。[①]

每个服务企业都会面临与 SAS 同样的挑战，即如何确定、管理与顾客接触的"关键时刻"。

2. 服务的接触特性

在服务过程中，顾客会与服务系统有不同程度的接触。有的服务接触时间短暂，只包括几个步骤。例如，顾客呼叫顾客服务中心、使用应用程序。而有些服务接触需要很长的时间跨度，包括不同复杂程度的互动。例如，游览主题公园可能会需要一整天的时间。服务分为三种不同层面的互动——顾客与服务人员之间的互动、顾客与有形服务要素之间的互动，顾客与这两者之间的互动。虽然顾客与企业之间的接触程度具有一定的范围，但是对于企业来说，仍有必要区分什么是高接触度服务、什么是低接触度服务，并分别进行管理。例如，虽然传统的零售银行服务、个人电话银行服务和网上银行服务分别位于不同的区域，但是它们提供的银行基础服务是一样的，如转账服务。

---

① 约亨·沃茨，克里斯托弗·洛夫洛克.服务营销[M]. 北京：中国人民大学出版社，2018.

高接触度服务。在高接触度服务中，整个服务传递过程包括企业和顾客之间的大量互动。当顾客进入服务传递的场所时，就相当于步入了一座"服务工厂"——而这种情况在制造业中很少见到。从这个角度看，医院就是一家"医疗保健工厂"，餐厅则是一家"食物服务工厂"。由于这些服务业关注的对象是"人"，而非没有生命的物体，所以这些服务业面临的挑战就是如何从服务环境、与服务人员互动的角度为顾客创造引人入胜的体验。在服务传递的过程中，顾客会接触到许多服务组织的有形线索，例如，服务场所内外部的装饰、设施装备、服务人员的外表和行为，甚至还包括其他顾客的行为。服务接触的速度甚至会对顾客满意度产生影响。

低接触度服务。与高接触度服务相反方向的是低接触度服务。在低接触度服务中，顾客与服务组织之间几乎不存在直接的、物理上的有形接触，即使有的话也是很少的。取而代之的是，顾客与服务组织可以通过电子媒介或其他传递渠道进行远距离接触。例如，顾客可以通过邮件、电话和网络处理保险和银行转账业务，或者通过网络购买信息化服务（例如，从 iTunes 购买歌曲，将电子书下载到 Kindle 阅读），而不是亲自到实体企业去购买。实际上，许多高度、中度接触的服务都在向低接触度服务转化。因为在顾客消费选择中，便利性的权重越来越大，所以这种转化趋势日益显著。

3. 服务生产系统

服务生产系统指顾客与服务环境、服务员工，以及在服务接触过程中出现在服务现场的其他顾客进行的互动。在此过程中，每个互动都有可能创造价值（例如，舒适的环境，友好、胜任的员工，以及其他有趣的顾客），或者损害价值（例如，电影院里挡住你视线的顾客）。企业必须对所有互动进行有效管理，以确保顾客可以获得他们需要的服务体验。

15.2.3 服务接触后阶段

服务消费的最后阶段是服务接触后阶段，包括顾客对服务实际体验在态度上和行为上的反馈。重要的顾客反馈包括：顾客满意、服务质量感知、重复购买、顾客忠诚。接下来依次探讨这些概念。

顾客满意。在服务消费的服务接触后阶段，顾客对自己实际体验到的服务表现进行评价，并且与顾客先前的期望进行比较。

服务体验。服务体验是什么呢？由于服务是无形的，因此相比有形产品，服务的体验感很难衡量。此外，顾客经常要经历服务生产的过程，因此有必要对服务传递的过程与服务的产出（或者是服务结果）加以区分。卓越的服务体验是指持续满足或者超越顾客期望的高标准服务绩效。一些案例显示，即使服务失败是有形的，企业也很难对服务体验进行管理。然而，提高服务体验并保持高水平的服务体验对于企业来说是非常重要的，因为好的服务体验是一些重要顾客行为的关键驱动因素，包括口碑传播、顾客推荐、重复购买、顾客忠诚。

顾客忠诚。顾客忠诚是顾客在长期内持续惠顾某个企业，特别是不光顾其他企业，并且将企业的产品推荐给朋友和同事的意愿。顾客忠诚不局限于行为层面，还延伸至偏好、嗜好，以及未来的行为意向。顾客忠诚的对立面是顾客流失。顾客流失是指顾客不再考虑该企业的产品，转而成为其他企业的忠诚顾客。上升的顾客流失率不仅说明企业的产品质量出了问题（或者竞争对手为顾客提供了更大的价值），而且是企业利润下降的重要指标。大顾客是不会一夜之间消失的，他们往往会逐步减少购买量，将部分业务转向其他企业来表达与日俱增的不满。

15.2.4　服务接触三元组合

1. 服务接触三元组合概述

服务的特点之一就是服务生产过程中顾客的积极参与，每个真实瞬间都涉及服务提供者和顾客的互动，各自都在服务组织提供的环境中扮演一个角色。服务接触三元组合表明了服务者、顾客、服务组织在服务接触中的关系以及三者之间的冲突。

2. 服务接触三元组合失衡分析及影响因素

在服务接触三元组合中，三者可以通过沟通合作而使三方受益，而现实接触中，往往三者中某一个占统治地位，从而导致结构失衡。当服务组织主导时，为了实现组织的效率，比如追求成本领先的企业就会将服务规程严格的标准化，员工的自主性降低，顾客定制化服务减少，如麦当劳等企业。因为追求效率，故而提供可供选择的服务就比较有限。员工主导型的三元组合结构中，员工拥有很大的自主权，服务企业采用分权的组织结构，对员工进行授权，员工可以根据实际情况采取即时的措施，尤其是在发生突发事件时，这样的结构使员工具有很高的满意度和归属感，顾客也能够感到速度。而在以顾客为主导的结构中，顾客往往会采取自我服务的形式。完全的定制服务中，员工和服务企业完全以顾客为导向，积极发现顾客的需求，并不断开发出满足顾客需求的服务，使顾客得到优质服务。

在服务接触三元组合中，服务组织为服务接触提供了一个环境，服务员和顾客的互动受到组织文化和物质环境的影响，所以在分析企业的特征时，我们需要把握企业文化和物质环境，通过对企业环境和文化的分析，来分析组织在三元组合结构中所起的作用。为了使员工理解企业的文化和经营理念，为顾客提供规范和超常的服务，需要对员工进行严格的挑选和培训。而对于企业服务的顾客，员工应该关注顾客的期望和态度，因为顾客的态度和期望直接影响顾客的满意度，同时还应该重视顾客在服务生产过程中的合作生产者的角色，顾客影响着服务的结果，所以应该积极回应顾客的要求，把握顾客的情绪，使得每一个服务接触点都得到顾客的认可。

针对新兴业态中的顾客体验旅程变化，尤其是顾客对于"不确定性"的偏好，希伯特（Siebert）及其合作者基于大量的顾客访谈提出了"黏性顾客体验旅程模型"（sticky journey model）。在该模型中，顾客服务体验分为首次服务周期、后续服务周期和行将结束周期。同时，该模型还生动地描述了顾客在各个周期所呈现出的不同状态，进而为企业针对各个不同阶段提出了相应的管理建议。其中，在后续服务周期阶段，企业应当刺激顾客发生重复购买行为；在首次服务周期阶段，"快速导入"应当是该阶段的重点工作。只有在顾客进入到"参与递进螺旋"之后，才有可能更好地实现"变现"目标。这也解释了为什么许多互联网新兴企业在创业伊始往往存在着巨额亏损，它们往往需要依靠巨大的前期投入来建立起较大的用户社群、有效实现顾客挽留，随后才能进行流量的"变现"。

15.3　服务体验的管理策略

15.3.1　服务体验管理

1. 服务体验管理的概念

在体验经济中，随着顾客面对的企业所提供产品服务的同质化、规模化，顾客需求会随之变得越来越挑剔。面对不断提高的顾客需求，如何通过满足顾客需求实现企业价值的提升，成了如今企业关注的重点，服务体验管理应运而生。

伯德·施密特认为，服务体验管理是对顾客整体的产品体验的战略性管理过程——从如何得知、如何消费到如何联系厂商。顾客体验的本质是由一系列的情感交互组成的，企业可以通过跟踪检测顾客与其交互过程中各个接触点的动态变化而对组织结构进行调整。

服务体验管理的基本思想为：以提高顾客整体体验为出发点，注重顾客的每一次接触，通过协调整合售前、售中、售后各个阶段和各个接触渠道，有目的、无缝隙地为顾客传递良性信息，创造匹配品牌承诺的正面感觉，以实现良性互动，从而创造差异化的顾客体验，强化顾客感知价值，最终达到吸引顾客并不断提高顾客保持率，进而达到增加企业收入与资产价值的目的。

2. 服务体验管理的实施路径

服务体验是以顾客的自身情况为基础，由企业的行为所激发的情绪和感受。因此服务体验的产生首先源于顾客的需求。服务体验包括了售前、售中、售后各个阶段，企业应当能够识别出顾客的需求，并了解服务体验的实现情况。因此，识别服务体验是顾客体验管理的先决条件，企业的努力是实现服务体验管理的核心，建立企业与顾客牢固的情感联系是顾客服务体验管理的目标。

具体来说，企业要站在顾客的角度来看待问题才能够准确识别出顾客的需求；通过换位思考重新审视企业与顾客在交互过程中的所有接触点，思考在这些接触点上顾客的期望是什么；通过访谈或市场调查等方式来了解企业是否满足了顾客的需求，企业所获得的这些信息都可以用来指导下一步对顾客接触点的结合管理，以及顾客体验的创造和传递；通过观察顾客的重复购买行为和分析其他反馈信息来验证企业的努力是否获得了预期的回报；如果没有获得预期的回报，就表明企业需要增强与顾客之间的情感联系来获得更加忠诚的顾客群体。遵循上述路径，企业有望在长期经营战略的框架内实现对顾客体验的管理，并使之为经营战略目标的实现而服务。

3. 服务体验管理的框架

在实践中，从战略定位到产品的设计开发与服务流程的制定，从顾客接触点的布置到服务的提供，无不蕴含着提升顾客体验的思想。企业要实施顾客体验管理，必然要掌握与此相关的策略，并构建实施顾客体验管理的完整框架。

服务体验管理是一个涉及企业全面变革的系统工程，既要保证顾客体验的识别能够站在一定的高度，对顾客的需求有一个准确的把握，同时还要考虑创造和完善体验的现实要求。基于以上考虑，以顾客生命周期理论为基础，以吸引顾客、发展顾客和保留顾客三个不同阶段顾客体验的识别、创造和完善为核心，可以建立企业实施顾客体验管理的框架。

该框架主要包括以下几个部分：①分析顾客的体验世界，对顾客生命周期各个阶段的体验需求进行识别；②顾客体验影响因素的分析；③顾客体验的设计与传递；④对顾客体验管理实施效果的测评。

对顾客生命周期的划分是整个顾客体验管理的切入点。顾客与企业交互的深度不同，对企业的了解和接纳的程度也就不同，为此付出的精力和情感的多少也会有所差异，这就导致顾客对企业的要求处于不断升级的状态。只有明确了顾客在生命周期管理中所处的阶段，才能准确识别出顾客的需求。顾客体验需求的识别搭建了洞察顾客内心世界与传递最佳顾客体验的桥梁，为设计和传递顾客体验奠定了基础。顾客体验的设计与传递，是顾客体验管理的核心内容。通过控制产品、流程、环境、品牌、员工等影响顾客体验的因素，区分企业与顾客交互的不同阶段，企业可以为顾客创造和传递符合其需求的特定体验。

该框架从吸引顾客、发展顾客和保留顾客等阶段分别考虑了顾客的体验需求，从而确保了对顾客需求的准确识别，而考虑创造体验的相关因素使得框架的可操作性更强，对体验创造后绩效评估的考虑使得顾客体验管理体系更为完善。顾客体验是一个多元化的需求体系，企业运营及顾客关系的维持也是动态的，因此顾客体验管理框架可以展示企业管理顾客体验，提升与顾客情感联系的整体蓝图。

15.3.2 从顾客体验到服务营销

虽然顾客参与有助于企业提升顾客体验，但是企业要想做到从提升顾客体验到服务营销，还有很长的路要走。要做好服务营销，企业需要在不断为顾客提供优质服务的同时，不断将新的体验成分融入服务之中，并在此基础上形成体验的价值链，以实现价值的获取。企业以服务创新提升顾客体验，再提升到实现服务营销，还需要考虑以下操作步骤和注意事项。

（一）操作步骤

1. 有效识别并认识目标顾客

识别目标顾客就是要针对目标顾客提供购前体验，明确顾客范围，降低成本，同时还要对目标顾客进行细分，对不同类型的顾客提供不同方式、不同水平的体验。在运作方法上要注意信息由内而外传递的拓展性。

认识目标顾客需要深入了解目标顾客的特点与需求，知道他们在担心什么、顾虑什么。企业必须通过市场调查来获取有关信息，并对信息进行筛选、分析，真正了解顾客的需求与顾虑，以便有针对性地提供相应的体验手段来满足顾客的需求，打消顾客的顾虑。

2. 确定体验参数，为顾客提供体验

要确定产品的卖点在哪里，让顾客体验并进行评价。例如理发，可以把后面的头发剪得是否整齐，发型与脸型是否相符等作为体验的参数，这样顾客体验后，就容易从这几个方面对产品（或服务）的好坏形成一个判断。同时，企业还要清楚顾客的利益点和顾虑点是什么，以决定在体验营销过程中重点展示哪些部分。

3. 让目标顾客亲身体验

在这一步骤，企业应该预先准备好让顾客体验的产品或设计好让顾客体验的服务，并准备好便于联系目标顾客的渠道，以便目标顾客进行体验活动。

4. 进行评价与控制

企业在实行体验营销后，还要对前期的运作进行评价。评价要从以下几方面入手：效果如何，顾客是否满意，是否让顾客的风险得到了提前释放，风险释放后是否转移到了企业自身、转移了多少、企业能否承受，等等。通过这些方面的审查和判断，企业可以了解前期的执行情况，然后重新修正运作的方式与流程，以便进入下一轮运作。

（二）注意事项

1. 精心设计体验

企业着力塑造的顾客体验应当是经过精心设计与规划的，即企业要提供的顾客体验对顾客必须是有价值且与众不同的，也就是说，体验必须具有可预测性和稳定性。此外，在设计顾客体验时，企业还要关注每个细节，尽量避免疏漏。

2. 量身定制企业的产品和服务

大规模定制可以将产品和服务模块化，从而更有效地满足顾客的特殊需求，提供质优价廉、个性化的产品。此外，电子邮件、网站、在线服务、电话、传真等通信手段亦使企业可以迅速了解顾客的需求和偏好，为定制化产品和服务创造了条件。

3. 在服务中融入更多的体验成分

科学技术的发展使得产品同质化越来越严重，服务更易被模仿。因此，在服务中适当增加体验成分可以更好地突出个性化和差异化，更好地吸引顾客。

4. 注重顾客心理需求分析和产品心理属性的开发

当人们的物质生活水平达到一定程度以后，其心理方面的需求就会成为其购买、消费行为的主要影响因素。因此，企业营销应重视顾客心理需求的分析和研究，挖掘有价值的营销机会。为此，企业必须加强产品心理属性的开发，重视产品的品位、形象、个性、感性等方面的塑造，营造出与目标顾客心理需求相一致的心理属性。

本章小结

　　服务体验管理是全新的服务理念，它区别于传统的"教唆式"服务，转而实行顾客参与产品的体验，以便企业能通过直接与顾客接触而改善和提升产品质量。融合顾客体验内容后，人们会更多地从顾客的角度出发（而不是从公司所能够提供的产品和服务的角度出发），在真正理解顾客更高层次的需求的基础上，围绕产品（或服务）将带给顾客什么样的感觉、什么样的情感联系，以及产品或服务将如何帮助顾客等多种体验来进行，是对顾客各种体验的全面考虑。服务体验管理正在成为一种主流管理方式和竞争能力，服务体验管理将成为保留顾客的关键因素，还能使顾客关系最优化、顾客价值最大化，更好地向企业最有价值的顾客提供个性化和差异化的购买体验。

核心概念

　　体验经济：企业以服务为中心，以商品为素材，为顾客创造出值得回忆的感觉。

　　体验消费：指在一定的社会经济条件下，在特定的消费环境中，顾客为了获得某种新奇刺激、深刻难忘的消费体验，亲身参与体验某个新奇刺激的消费项目或活动，或者亲身体验、感受某种新奇刺激的商品或服务的新型消费方式。

　　服务接触：顾客直接与一项服务的相互作用。

　　服务体验：让顾客对产品或公司全面体验的过程，它以提高顾客的整体体验为出发点，注重与顾客的每一次接触，通过协调、整合售前、售中和售后等各个阶段，各种顾客接触点，或接触渠道，有目的地、无缝隙地为顾客传递目标信息，创造匹配品牌承诺的正面感觉，以实现良性互动，进而创造差异化的顾客感知价值，实现顾客的忠诚。

复习思考题

　　1. 简述体验营销的含义与类型。

　　2. 请解释服务接触的重要性并概括服务接触的种类有哪些。

　　3. 服务体验管理的操作步骤有哪些？

本章案例

北京环球度假区的体验管理

思考题：

1. 环球影城的服务体验管理有何特点？你对环球影城的服务体验管理有何评价？

2. 你认为环球影城的服务该如何满足顾客的需求呢？

即测即练

参考文献

[1] 笔记侠，万字案例 | 蔚来，一家用户企业，到底有没有未来？[EB/OL]. [2020-07-13]. https://baijiahao.baidu.com/s?id=1671177189413207324&wfr=spider&for=pc

[2] [美]阿尔文·托夫勒. 未来的冲击[M]. 蔡伸章，译. 北京：中信出版社，2006.

[3] [美]阿尔文·托夫勒.第三次浪潮[M]. 黄明坚，译. 北京：中信出版社，2006.

[4] [美]B. 约瑟夫·派恩，詹姆斯·H. 吉尔摩. 体验经济[M]. 夏业良等，译. 北京：机械工业出版社，2008.

[5] 张恩碧. 体验消费论纲[M]. 成都：西南财经大学出版社，2010.

[6] [美]约亨·沃茨，克里斯托弗·洛夫洛克. 服务营销[M]. 北京：中国人民大学出版社，2018.

[7] 王永贵编著. 服务营销[M]. 北京：清华大学出版社，2019.

[8] 王永贵编著. 客户关系管理. 精要版[M]. 北京：高等教育部出版社，2018.

[9] 王永贵，马双编著. 客户关系管理. 第二版[M]. 北京：清华大学出版社，2021.

[10] 王永贵，姚山季编著. 消费者行为学. 第二版[M]. 北京：高等教育出版社，2021.

[11] SIEBERT,A., GOPALDAS,A., LINDRIDGE,A., AND SIMO，C., Customer Experience Journeys: Loyalty Loops Versus Involvement Spirals[J]. Journal of Marketing, Vol. 84, 2020(4): 45-66.

[12] WANG, YONGGUI, et al. Marketing innovations during a global crisis: A study of China firms' response to COVID-19[J]. Journal of Business Research, 2020(116): 214-220.

[13] MARTIN, KELLY D. et al. Data Privacy in Retail[J]. Journal of Retailing, 2020, 96(4): 474-489.

[14] WANG, YONGGUI, et al. Project customization and the supplier revenue–cost dilemmas: the critical roles of supplier–customer coordination[J]. Journal of Marketing, 2017, 81(1): 136-153.

[15] 渥太闲，易水文旅一份体验报告：亲历北京环球影城内测，竟然发现……[EB/OL]. [2021-08-31]. https://new.qq.com/rain/a/20210831A04R5V00

第六篇

创新服务价值

第 16 章

数字服务营销

本章学习目标

1. 了解什么是数字经济并对数字经济形成全面而清晰的认知;
2. 了解数字服务营销的内涵和要素;
3. 掌握数字服务营销的过程及方法;
4. 理解人工智能以及人工智能营销概念。

引导案例

随手记升级服务，做老百姓的私人CFO

随手集团是中国领先的财务金融科技企业，旗下拥有随手记、卡牛信用管家、随管家等旗舰品牌，累计下载用户超过 3 亿人。自 2010 年创立以来，随手集团通过提供手机记账、账单管理等个人财务工具服务，成为天然的在线金融流量聚集地和场景入口，并在随后衍生出互联网投资、信用卡信息服务、信用贷款介绍等业务版图，合作伙伴包括大型银行、持牌消费金融机构、知名金融科技企业等上百家。

然而，在数字经济的时代，随手集团面临着许多服务营销方面的困境。困境主要有以下几点:①官方公众号众多，分管收账、记账等不同业务，跨账号登录效率低;②顾客分属不同业务线，集中管理的难度大;③公司看重顾客服务质量，需要通过高效便捷的方式监控并优化业务服务及运营模式。面临以上痛点，随手集团进行了数字化升级并运用了企点智慧顾客运营平台。企点平台实施了将公司下属三个公众号授权绑定至企点后台进行统一管理，设置不同接待组承接不同的咨询业务;通过顾客画像数据，分析特定客群属性;关注员工接待数据，如接待总量、满意度等措施。企点平台帮助随手快速在各个渠道接入客服，节省了公司在这方面的技术投入成本，使用后，周接待量相比之前提升 5 倍，顾客满意度达到 95%。

资料来源：随手记升级服务，做老百姓的私人 CFO[EB/OL]. [2019-11-06]. https://qidian.qq.com/customercase/ssj001.html

16.1 拥抱数字经济时代

16.1.1 数字经济时代的浪潮

随着信息技术的迅猛发展，数字经济愈发成熟，"人工智能""大数据""5G"等数字技术基础设施越来越广泛地被运用到人们的日常生活中，消费产品及服务的种类不断丰富，数字化逐步占据了企业经营以及战略的核心地位。数字经济时代的浪潮已然来临。

数字经济最早于 1995 年由唐·塔普斯科特（Don Tapscott）提出，它被视为互联网经济或信息经济的代名词，是信息经济的另一种称谓，是一种互联网经济。随着技术的不断发展，数字经济的内涵不断扩大。G20（二十国集团）杭州峰会发布的《二十国集团数字经济发展与合作倡议》中对数字经济下的定义如下：以使用数字化的知识和信息作为关键生产要素，以现代信息网络作为重要载体，以信息通信技术的有效使用作为效率提升和经济结构优化的重要推动力的一系列经济活动。[①]

数字经济的重要载体是互联网。在我国，互联网、移动互联网的普及度日益提高，各类 App、小程序不断被推出，手机、网络成了人们生活中必不可少的伙伴。据中国互联网协会发布的《中国互联网发展报告（2021）》显示，截至 2021 年，中国移动互联网活跃用户规模达到 10.37 亿人，网络普及率达 71.6%，移动互联网用户超过 16 亿人，基本达到全覆盖程度，中国成为全球最为庞大的数字社会。

数字经济的基底是数字。目前一人一天约产生 10G 的数据，海量的数据既成了连接人们日常生活的纽带，也给企业带来了经济发展的机遇。2020 年中国数字经济规模达到 39.2 万亿元，占 GDP 比重为 38.6%，同比增长 9.7%，数字经济持续蓬勃发展。阿里巴巴集团发布的数据显示：2020 年"双 11"狂欢交易额达 5000 亿元，同比 2019 年"双 11"上涨 26%，2020 年"双 11"期间，474 个品牌交易额过亿，105 个产业成交额超 1 亿元，210 万个线下小店参与了活动。这些数字背后隐藏着数字化所带来的巨大经济效益，消费互联网的数字化展现了强大的影响力。与此同时，组织的数字化也全面展开。目前，钉钉上有超过 4 亿名用户，1700 万家组织，其产业链上已聚集了超过 20 万名开发者，为不同组织开发了数十万个企业应用程序。企业在未来的发展中必然会走向数字化、智能化。

数字经济这一新兴经济发展形态的内涵可总结为以下四点：

（1）数字产业化。以信息通信产业为主，为数字经济发展提供技术、产品、服务和解决方案等。

（2）产业数字化。指传统产业应用数字技术所带来的生产效率的提升，这为数字经济的发展打下了坚实的基础。

（3）数字化治理。指数字技术在治理以及公共服务方面的应用，是推进国家治理体系和治理能力现代化的重要组成部分。

---

① Lee JY.Don tapscotte and art caston. paradigm shift[J]. Yonsei Business Review, 1996.

（4）数据价值化。包括数据采集、数据标注、数据流转等数字经济发展的重要因素。

16.1.2 数字经济对服务营销的影响

数字经济不仅对人们的日常生活产生了影响，同时也对企业的服务营销产生了重大的影响。服务具备无形性、差异性、不可分割性、不可储藏性四大属性。服务的四大属性对传统的服务营销造成了诸多困境。

伴随着数字经济时代的来临，移动互联网的普及度大大提高，信息技术不断进步，服务营销的方式变得更加多元化，服务营销的困境得到了有效的解决。

（1）在工业经济时代，服务的无形性会使得顾客难以对服务进行有效的评价，顾客需要耗费大量的时间去收集服务信息，同时服务提供商也难以评估服务质量来进行服务改进。因此，在服务营销时便出现了向顾客沟通、展示的困难，同时服务的定价缺乏有效的依据。随着数字经济时代的来临，服务提供商可依据移动互联网建立后端数据收集中心来收集顾客对于服务的评价。顾客可以通过例如大众点评、美团、小红书等平台来快速获取服务信息。服务双方对于服务信息的掌握程度都大大提升。服务提供商可利用服务评价数据，运用数字化工具来处理数据，进而制定服务营销定价策略，同时也能够通过与顾客进行沟通来改进服务质量。

（2）在工业经济时代，服务的差异性会使得服务的品牌难以有效树立，针对服务进行的广告营销也会因其差异性难以产生理想的效果。在数字经济时代，具备客观性以及标准性的移动互联网 App 的出现能够确保服务的标准性及客观性，同时服务机器人的应用可以避免由于人为因素造成的服务差异。例如，碧桂园设立了无人餐厅，菜品的制作、传菜过程全部由机器人来完成，最大限度地保证了服务的标准化。

（3）在工业经济时代，服务的不可分割性会令服务受到地理以及时间因素的限制，服务效率低下。置身于数字经济时代，顾客可通过互联网来与服务提供商进行互动，服务提供商可依据互动数据来制定服务营销策略，提供个性化服务，使得服务营销跨越了空间的限制。例如，阿里巴巴的无人酒店采取个性化酒店服务，根据顾客以往的居住习惯，进行酒店灯光、室温等环境调解来最大化满足顾客的需求。

（4）在工业经济时代，服务的不可储藏性会对服务的管理及规划产生限制，服务提供商无法根据服务需求灵活调整服务策略，同时服务的不可储藏性也造成了服务等候这个服务营销的难题。在数字经济时代，服务供应商可以通过网络预约服务来有效改善服务等候这一问题，同时服务提供商可以通过数字化工具对服务资源进行有效调配。例如，海底捞、小龙坎等餐饮公司采取网上订号、提供等候时间预测来改善服务等候问题。

16.1.3 数字服务营销的内涵

数字经济时代的来临使得服务营销的模式发生了巨大的改变，企业可以对用户触媒习惯、广告投放反馈等数据进行收集、监测与分析。数据获取成了企业战略的重要目标，通过数据的获取，企业可以构建用户画像，精准定位目标顾客，并且依此展开服务营销策略。同时通过数据的分析，企业可以掌握顾客的需求以及需求转变的趋势，进而在战略层面处于领先地位。数字经济时代的到来使得服务营销数字化,数字服务营销随之诞生。数字化营销是指传统行业利用数字化的媒体、工具和目标人群进行互动,向目标人群推广服务信息,从而激发目标人群的购买兴趣,并将购买兴趣转化为购买行为的过程。

数字服务营销有以下内涵:

（1）数字服务营销的目的是为了提高顾客的满意度及忠诚度。数字服务营销究其本质为利用数字化的工具来辅助企业更好地去挖掘顾客的服务需求,并通过与顾客进行有效交互,更好地去满足顾客的服务需求,进而提升顾客的满意度及忠诚度。

（2）数字服务营销打破了传统服务营销的局限性。服务营销数字化能够解决传统服务营销的困境,使得服务展开更加便利,服务质量得到有效的保障,更好地去迎合顾客的需求。

（3）数字服务营销需要借助互联网、大数据、人工智能、区块链等数字信息技术。通过数字化,企业可以有效开展优质服务的策划、用户画像的描绘、企业形象宣传等服务营销行为。

16.1.4　数字服务营销的重要性

置身于数字经济时代,数据是企业决策不可或缺的部分。利用大量的数据,可以清楚地了解到数字化经济时代人们的行为和关注点。同时,传统的媒体渠道诸如报纸、电视其影响力在逐步弱化,数字化营销成为企业营销战略的重心,营销推广形式日益多元化,企业之间的营销竞争也日益激烈,传统的服务营销模式已然落后。社交群、自媒体、信息化会员系统等数字化渠道能够更好地满足顾客的需求,提高顾客的满意度,数字服务营销开展迫在眉睫（见表 16-1）。

表 16-1　传统服务营销与数字服务营销的区别

传统服务营销	数字服务营销
广告投入量大,效果难以预测	精准定位目标人群,优化迭代
顾客样本小,信息量较为缺乏	绘制用户画像,全方位洞察用户属性
品牌传播和销售推广割裂	全链路数据相通,品效一致
营销效果难以评估	营销效果可被数字化并进行评估
营销手段主要受时间、空间的限制	营销手段多元化,突破了空间的限制

资料来源：肖利华. 数智驱动新增长[M]. 北京：电子工业出版社,2021.

互联网具备单向、去中心化等特性,这一特点改变了传播形态,导致企业与顾客之间的信息严重不对称,企业占领产品信息的制高点。移动互联网兴起之后,信息的不对称被削弱,顾客获取信息的渠道增加及服务的可选择性增加。企业与顾客消费模式颠倒了,顾客掌握了消费的主动权,企业需要去创造吸引顾客的服务。面临互联网所形成的传播形态的改变,信息获取渠道的多元化,企业必须要进行有效的营销战略改变,展开服务营销数字化,才能更好地了解到顾客的需求,提高顾客转换率与满意度。

16.2　服务营销的数字化转型之旅

16.2.1　数字服务营销工具

数字服务营销主要的服务媒介为互联网、电子通信技术、数字交互式媒体，因此，相较于传统的服务营销，其信息化水平极高。数字服务营销的实现需要依赖两大基础设施：

①通信网络基础设施：包含 5G、物联网、移动互联网。

②新技术基础设施：人工智能、云计算、区块链。

运用这些基础设施可以衍生出不同功能的服务应用工具。

1. 形象展示工具

主要依托企业的官网、自媒体、社区媒体等途径来实现展示企业的形象以及提供服务的信息来与消费者建立联系。具体工具如表 16-2 所示。

表 16-2　数字服务营销形象展示工具

名　　称	功　　能
社区媒体	通过社区媒体，消费者可以在其中与服务提供商进行信息的交互，同时消费者之间也可以进行信息交互
Web 浏览	通过网站建立起与消费者沟通的媒介，通过网站让消费者了解到相关服务概况
自媒体	通过自媒体可以建立会员信息中心，来维护企业与顾客之间的关系。同时自媒体也起到刺激消费者消费的作用

资料来源：许晖，服务营销：第二版[M]. 北京：中国人民大学出版社，2021.

2. 技术运用工具

为提高服务资源的利用率，更好地展开数字服务营销活动，主要借助人工智能、算法等技术。具体工具如表 16-3 所示。

表 16-3　数字服务营销技术运用工具

名　　称	功　　能
智能机器	利用人工智能技术所生成的智能机器能够为用户提供高质量的服务，提高数字服务营销的效率，同时其能够辅助营销人员制定服务营销策略
智能推荐系统	依据算法以及大数据可以开发出智能推荐系统，依靠智能推荐系统，企业可以将个性化服务高效地推荐给目标顾客

资料来源：作者根据互联网资料整理。

16.2.2　数字服务营销战略

由于服务的顾客具备多样化的个性以及差异化的需求，针对不同目标顾客，企业应当采取不同的营销策略，以满足顾客的需求，进而提升顾客对于服务的满意度以及自身的品牌形象。一般而言，数字服务营销战略分为差异化数字服务营销战略和整合性数字服务营销战略。

1. 差异化数字服务营销战略

差异化数字服务营销战略，即通过集中企业的内外部资源，利用数字化工具和高效率的信息收集与数字分析能力，在构建用户画像、充分了解顾客属性及需求的前提下，实施一系列针对目标顾客提供个性化服务的策略。在工业经济时代，企业占据消费的主导权，以低成本为导向提供低成本、单一化的服务，而这种营销战略在如今以顾客为主导的数字经济时代已然被淘汰。在数字经济时代，信息获取渠道增多，顾客在语言、文化背景、消费水平、意识形态等方面存在很大差异。消费者可选择性强，企业只有在充分了解顾客的需求的前提下，创新出具备竞争力的个性化服务才能赢得消费者市场。

差异化数字服务营销战略重点在于利用数字化工具来创造出差异化的服务，其聚焦点为如何创造出同时具备竞争力及个性化的服务。不同顾客具备不同的需求，所以实施差异化数字服务营销战略首先需要进行市场细分、目标市场选择以及市场定位，找出自己所定位的目标市场来提供满足该类市场顾客的个性化服务，进而建立品牌的差异化，树立品牌形象。

实施差异化数字服务营销战略需要注意在差异化过程中把握好度，在目标市场细分中需要衡量企业资源投入以及收益。目标市场过大会导致企业资源过于分散，管理成本以及营销成本大大增加，目标市场过小会导致资源浪费。所以企业在实施该战略时需要综合衡量目标市场以及自身资源的优劣势，给目标市场的顾客提供优质的服务，形成自身独特的竞争优势。

2. 整合性数字服务营销战略

整合性数字服务营销战略是指对一系列数字营销工具和策略组合的系统化结合，根据环境的变化进行动态调整和修正，从而在服务过程中实现顾客与企业的双赢，它适用于顾客对于服务创新参与度高，对于服务要求高的服务产业。整合性数字服务营销战略是建立在互联网普及的基础上。互联网使得服务突破了时间及地域的限制，顾客不仅是营销活动的对象，也可以是整个营销活动的积极参与者。网络信息传递的丰富性和及时性，使得顾客参与产品的设计开发成为可能，顾客更愿意积极主动地参与到整个服务过程中。

广告、报纸、路牌等传统服务营销渠道的信息传递是单向的，企业无法通过其达到预定的营销效果，同时顾客也缺乏与企业沟通的渠道来反馈服务效果。而移动互联网的双向性使得信息传递变成双向。随着数字经济时代的来临，企业可以将营销活动的各个要素数字化，例如品牌价值、渠道价值，营销效果能够有效评估。在整合性数字服务营销中，企业可以依据 4C 理论——顾客（customer）、沟通（communication）、便利（convenience）、成本（cost）展开服务，即以顾客为中心，综合服务营销价值以及成本，与顾客共同创造有价值的服务。同时，在为顾客提供服务的过程中要注意沟通进而改善服务。而在 4C 理论下，企业容易被动适应顾客的需求，在服务中缺少了主动性和对顾客的引导，导致服务成本居高不下。考虑到企业的长远发展，企业需要与顾客建立长期牢固的关系，于是 4R 理论运而生，4R 理论是以创建顾客忠诚为最高目标，是对 7P 理论和 4C 理论的发展和完善。4R 指关联（relevance）、反应（reaction）、关系（relationship）和回报（reward）。整合性数字服务营销策略综合了 7P、4C、4R 理论，契合企业与顾客的要求，系统整合了一系列营销要素组合，能够对企业形象起到正导向的作用。

16.2.3　数字服务营销步骤

开展数字服务营销需要经历三大步骤：首先，需要将企业的服务数字化、卡券化、虚拟化，如常见的优惠券、代金券等，降低制作成本。其次，制定数字化营销战略并渗透到顾客购买决策的每一步中。最后，通过数字化营销平台分析数据，获得顾客购买行为轨迹，获取顾客反馈信息，优化营销战略。

服务营销的数字化主要有以下方法：

（1）接入数据源信息系统化。企业有包括订单、商品、会员、购买记录等大量的数据，需要针对数据进行预处理，在此方面需要借助强有力的采集数据中台，阿里巴巴的云系统为此提供了有效的解决方法。目前行之有效的一体化数据采集方式是通过 SDK 集成、API 对接等方式，快速对接渠道数据、顾客数据、订单数据，实现数据快速集成。

（2）构建用户画像。在此阶段，企业在收集到顾客相关数据的基础上，对数据进行挖掘与分析。顾客的数据存在割裂性，同一顾客在不同渠道平台上可能生成不同的数据。需要对这类数据进行预处理，以唯一识别（one-ID）定位顾客，连接顾客的不同渠道触点，整合跨渠道的顾客数据，汇总生成形象的顾客标签。

（3）个性化营销推送。依据顾客标签通过微信公众号、微博、App、网站等多元触点进行服务营销活动。系统根据"if…then…"的策略逻辑快速搭建定点准投的营销流程，在策略执行过程中会随着顾客画像、订单、客群等属性的变化及时调优，预判触达效果，不断激活顾客来提高顾客转化率。

16.3　数字服务营销的新伙伴"人工智能"

随着人类信息技术的迅猛发展，数字服务营销的形式愈发多元化，人工智能这项技术的发展为数字服务营销的突破创造了重要的机遇。在当今时代，利用人工智能可以对营销数据进行分析并为企业提供相应的建议。企业可以根据建议，进而开展数字化服务营销。越来越多的企业已经依据人工智能展开营销战略布局，人工智能已被视为企业营销获取竞争优势的重要手段。

16.3.1　人工智能定义及其内涵

随着计算机技术的发展，信息技术水平极速进步，人工智能慢慢走进了人们的生活。在日常生活中人工智能随处可见，如居家时候的扫地机器人、海底捞之类的传菜机器人、KTV 场所的服务机器人等。随着大数据、深度学习的应用，人工智能的功能也愈发丰富，其计算力也大幅度提升。2016 年人工智能阿尔法围棋（AlphaGo）战胜围棋世界冠军李世石引起了世人的广泛关注，人工智能成了 2016 年互联网十大关键热词之一。随后 AlphaGo2.0 在乌镇围棋对弈上战胜了人类当时排名世界第一的围棋选手柯洁，人工智能大大震惊了世界，人工智能的算法已远远超过人类。那么人工智能究竟是什么呢？

人工智能是计算机科学的一个分支，它企图了解智能的实质，并生产出一种新的能以人类智能相似的方式做出反应的智能机器，该领域的研究包括机器人、语言识别、图像识别、自然语言处理和专家系统等。人工智能可以对人的意识、思维的信息过程进行模拟，它能模拟人脑，甚至在某些方面超过人脑。目前，人工智能在诸如机器人、经济政治决策、控制系统、仿真系统中得到诸多应用。20 世纪 70 年代以来，人工智能被称为世界三大尖端技术之一（空间技术、能源技术、人工智能），也被认为是 21 世纪三大尖端技术（基因工程、纳米科学、人工智能）之一。

人工智能最早源于 20 世纪 60 年代，在该时期，以麦卡赛、明斯基、申农等为首的科学家们举办了达特茅斯会议，在会议上共同研究和探讨用机器模拟智能的一系列有关问题。在会议上科学家们首次提出了人工智能这一术语，标志着"人工智能"这一新兴学科正式兴起。1958—1980 年由于计算机技术的限制，人工智能发展缓慢。1980 年以后世界各地的企业采用了一种被称为"专家系统"的人工智能程序，知识表达系统成为主流人工智能研究的焦点，各国也加大了对人工智能研究的经费投入。随后经过 30 多年的发展，人工智能这门学科开始迅猛发展，演变为包含计算机科学、生物学、心理学、神经科学、数学等多门学科交叉的前沿学科。

人工智能是一个可以展示人类智慧（HI）的各式各样的机械，与其他信息技术不同，它是可以被学习、适应以及连接的，所以人工智能具备学习性、适应性、连接性三大特性。

（1）学习性。人工智能可以通过各种输入（如大数据和机器学习）学习而自我改进。学习意味着人工智能可以根据所学到的东西来采取行动和适应。学习得越深，人工智能就越能表现出人类的思维和感觉能力。例如，随着时间的推移，人工智能 AlphaGo 不断学习世界上各种棋谱以及围棋思路，利用深度学习算法不断完善自我，最终其围棋水平超过人类职业围棋的顶尖水平。

（2）适应性。人工智能具备自我学习的能力意味着其具备适应性，人工智能可以通过神经网络、大数据进行自我深度学习进而适应人类的需求。例如，人工智能助理 Alexa 能够不断学习顾客的需求，其算法可以适应顾客的个人需求，以更好地服务顾客。

（3）连接性。人工智能很少是独立的机器，即便是家里的吸尘机器人也可以绘制顾客的房屋平面图，并可以连接到亚马逊的 Echo 和 Alexa，通过共享楼层地图信息来实现语音控制。连接可以是机器到机器、机器到顾客，或者机器到员工。当扫地机器人 Roomba 连接到亚马逊、苹果或谷歌时，这是一种机器到机器的连接情况。当 Roomba 接受你的命令并清理你的卧室时，它是机器与顾客的连接。当 Roomba 将您的楼层信息发送给 iRobot（制造商）时，它是机器与员工的连接。人工智能的连通性表现为物联网，即机器、人类和物体都连接在一起，数据流进行广泛共享，从而促进学习。

16.3.2　多元人工智能及在服务中的应用

随着人工智能技术的不断发展，形成了多元人工智能论。多元人工智能论即根据人工智能的智能化水平以及其工作任务的不同将其划分为机器、思维、情感三大类型（见图 16-1）。

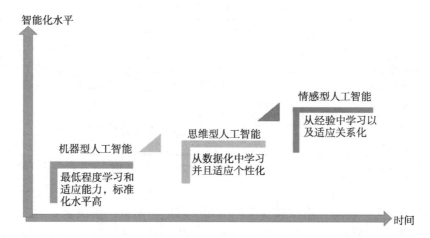

图 16-1 多元人工智能图

资料来源：HOLLEBEEK L, SPROTT D, BRADY M, et al. Engaged to a robot? The role of AI in service [J]. Journal of Service Research, 2021, 24(1): 30-41.

（1）机器型人工智能。机械型人工智能通常只具备最低程度的学习和适应能力。它的设计目标是最大化效率和最小化可变性。机器型人工智能通常被应用在简单、标准化、重复和日常任务中，当顾客对于服务的需求一致且潜在顾客价值较低时可以采取机器型人工智能进行服务。机器型人工智能一般应用在快餐订购和配送、自助服务、预算服务和日常问题的顾客服务中。阿里巴巴采取机器型人工智能来对无人酒店实现智能清洁就是其具体应用。

（2）思维型人工智能。思维型人工智能能够从数据中学习和适应，它具备分析性，比较直观。思维型人工智能的设计目的在于探索顾客的多样性，以识别有意义的模式（即数据挖掘、文本挖掘）。思维型人工智能应用到决策当中具备科学性，能够最大限度地提高决策的正确性。思维型人工智能是服务个性化的理想选择，特别是当有大量的顾客数据可用且问题明确时。当我们预测哪些新服务将吸引顾客的时候，可以应用思维型人工智能。亚马逊的产品推荐和淘宝的个性化产品推荐就是思维型人工智能的应用。

（3）情感型人工智能。情感型人工智能能够从经验中学习和适应，经验被定义为顾客的个人数据。这种层次的人工智能拥有大部分机器型和思维型人工智能的能力。情感型人工智能是服务关系的理想选择，其定义为个性化，它提供的服务能够有效提高顾客的满意度以及忠诚度。情感型人工智能目前有低端和高端两大类别。低端的情感型人工智能常应用于与顾客进行聊天，使用自然语言与顾客进行信息交互，对于顾客的情绪变化分析能力较差。高端的情感型人工智能能够有效识别顾客的情绪变化并根据情绪变化与顾客进行有效的交互。高端的情感型人工智能需要有同理心和理解顾客的心理的能力，而不只是作为一个顾客联系界面。情感型人工智能目前还处于发展阶段，其具体应用在服务上需要时间，比较典型的相关题材作品有奥斯卡获奖电影《她》。

三大人工智能的异质性导致其在服务过程中所能起到的功能也不同（见表16-4）。

表 16-4　人工智能在服务中的应用

	人工智能水平/HI		
	机器型人工智能	思维型人工智能	情感型人工智能
服务任务	机械化的服务任务主要由机器人工智能来执行	思维化服务任务主要由思维型人工智能和人共同完成	情感化服务任务应该主要由人类来完成，情感型人工智能起到辅助作用
服务性质	交易性服务	实用性服务	享乐性服务
服务策略	成本导向	质量导向	关系导向
服务流程	交付服务	创造服务	互动服务

资料来源：Huang M H, Rust R T. Engaged to a robot? The role of AI in service[J]. Journal of Service Research, 2020, 24(11): 109467052090226.

针对机器型人工智能，由于其适应能力和学习能力最低，所以其完成的服务的性质属于交易性服务。例如，给顾客送餐、为顾客炒菜以及完成一些对于分析能力以及情绪感觉能力需求较少的交易性服务。机器型人工智能完成服务的导向为成本导向，追求成本的最低化。

思维型人工智能完成的任务为需要人类与机械共同努力所完成的实用性服务。例如，针对数据进行分析，进而辅助营销人员做出服务营销的决策。思维型人工智能为顾客提供工具性、功能性、非感官性的服务，其追求的导向是质量导向，力求为顾客提供个性化的服务，提升顾客的满意度以及忠诚度。思维型人工智能提供的服务大多数是创造性的服务，是基于数据进行逻辑性以及规律性的分析，可以为服务营销决策提供辅助性的建议。

情感型人工智能完成的任务更多是享乐性服务。享乐性服务更注重与顾客的互动以及对于顾客心理情绪的把控，把控住顾客的心理情绪使得顾客在内心上得到满足，诸如心理咨询、沟通解决顾客抱怨。情感型人工智能的服务策略以关系为导向，主要目的在于与顾客进行交互并维持关系。情感型人工智能的人类智慧参与度最高，智能化水平最高，适合完成需要主要由人类智慧完成的服务任务。

16.4　"人工智能+HI"共创智慧决策

16.4.1　人工智能营销

人工智能的发展为营销的发展提供了新的机遇及方向，利用人工智能可以将营销"智能化"。随着人工智能技术的不断完善，其越来越多的被应用在企业的营销过程之中，利用人工智能可以对营销数据进行分析并且依据数据为企业营销决策提供建议。目前越来越多的企业开始依靠人工智能展开战略布局。例如，媒体公司 Source Media 以自然语言理解和机器学习为技术种类来开发高度定制的内容策略；阿里巴巴通过人工智能系统"鲁班"制作投放千人千面的海报；科大讯飞智能广告平台引入语音识别技术，引导用户参与语音互动，并根据语音信息提取用户的生物特征以推送合适的商品信息，快速拉近品牌与用户的关系。营销逐渐与人工智能相结合形成了全新的营销模式——"人工智能营销"。人工智能营销在目前而言是一个全新的领域，对其的定义学界尚未形成统一的认知。目前较为认可的定义如下：人工智能营销是以大数据和人工智能为基础，智能分析和预测营销活动中隐藏的模式和发展趋势，提升企业营销的效率和效果，最终实现企业与顾客之间价值共创的营销模式。[①]

人工智能营销主要有以下三点内容。

（1）人工智能营销的基础：大数据和人工智能

大数据和人工智能是人工智能营销的基础。人工智能营销首先需要对数据进行分析，此阶段需要大量的数据，数据是人工智能营销的底层逻辑。在数字经济时代，人们的出行记录、购买记录、点击记录、评论记录等大量记录以图片、文字、视频等各种形式产生，形成了具备大规模、多样性特点的营销大数据，这些大数据是人工智能学习以及分析的基础。

人工智能是人工智能营销的支柱。人工智能营销是依靠人工智能进行的营销模式。人工智能的关键技术可以从输入、分析、输出三个阶段进行梳理。输入阶段主要包括计算机视觉、语音识别、自然语言理解等技术。这类技术通过获取、识别各类外部输入的信息，将复杂的外部数据转化为机器可理解的形式。分析阶段主要涉及机器学习技术，包括许多智能算法。机器学习技术不仅能够从数据中学习复杂的内容，提取隐含的知识，还可以从自身的流程中学习，不断用新的概念或事实扩展存储的知识，从而做出智能决策或预测。输出阶段主要包括自然语言的生成、图像生成等。

（2）人工智能营销的特征：智能

人工智能营销是应用人工智能来形成的营销模式，人工智能所具备的智能特性传导给了人工智能营销。

首先，相较于传统的营销模式，人工智能营销对于数据的处理以及分析更加智能，其采用先进的深度学习技术能够快速高效的处理分析大规模、多样化的营销数据集。从数据中学习并表现出灵活的应变能力，不断自我优化并实时预测发展趋势。

其次，西蒙的有效理性决策模型表明人的决策并非完全是理性决策，由于受到个人因素以及认知和决策经验不足的影响，人往往做出的决策不一定是最优决策。人工智能营销之中做出决策的双方为人工智能和营销人员，人工智能可以将大数据中的信息转化为制定营销战略和战术所需的知识，可以起到辅助营销人员进行营销决策的作用，并且能够优化决策，做出较优的决策。

最后，在执行阶段，多元人工智能（机器型人工智能、思维型人工智能、情感型人工智能）的出现为任务的执行提供了智能化。相较于营销人员进行任务执行，机器型人工智能对于任务执行更加标准化，思维型人工智能能够有效分析出解决问题的关键因素进而解决问题，情感型人工智能能够有效识别出用户的情感变化从而采取最优的方案去提供服务。

---

① 朱国玮，高文丽，刘佳惠，李思帆，陆金凤. 人工智能营销：研究述评与展望[J]. 外国经济与管理，2021，43(7): 86-96.

（3）人工智能营销的目标：价值共创

人工智能可以快速有效地分析处理数据并且基于数据进行优化学习，输出具备价值的营销数据，基于营销数据，营销人员能够及时有效地洞察和预测顾客的需求，监测与评估营销效果，提高营销的精准度和灵活性，促进企业与顾客的互动交流。在这一过程中，企业能够有效提高营销效率，降低营销的成本，并且能够基于与顾客交换的数据为顾客提供个性化的服务，与顾客实现价值共创。

16.4.2　人工智能在营销实践中的作用

在介绍完人工智能营销的内涵之后，本小节主要介绍人工智能在营销实践中的具体运用。运用人工智能营销，企业能够实现价值互创，实现营销效率的提升及决策的优化，那么人工智能是如何具体运用到企业营销的主要环节呢？

就目前针对人工智能的研究而言，人工智能的作用主要体现在用户洞察、内容管理、交互投放和监测评估四个营销实践环节。

1. 基于人工智能的用户洞察

以往营销人员进行营销调研时，往往采取市场调研的方法来获取用户相关的行为数据，建立用户画像。以往的方式多侧重于关注和分析直接相关的用户行为数据，而缺乏对多元数据的整合以及顾客行为背后所蕴含的情感等内容的分析，数据较为单一。人工智能营销能够实现对顾客的立体洞察。一方面，人工智能可以分析更多样化的信息，如利用计算机视觉和机器学习等来衡量店铺中购物者的情绪；另一方面，人工智能可以分析数据来源及其关联性。人工智能不仅可以分析用户购买及点击数据，还可以分析诸如社交平台上用户生成内容等多种数据来源，来整合形成包含用户的偏好、需求、性格等全面的用户画像。此外，人工智能还可以利用预测模型来预测潜在高价值顾客，为企业制定营销战略提供基础。

2. 基于人工智能的内容管理

在以往诸如广告文案、图片等内容都由相关管理人员进行人工处理以及分类和存储，内容的制作由人力完成，对于时间以及人力资源造成了大量的浪费，且广告创意的形成极为有限，而人工智能可以帮助企业实现智能化的内容管理。人工智能实现智能化的内容管理主要从两个方面来体现。一方面，针对大量的用户生成内容以及数据，人工智能能够快速提取关键数据，提升效率，如应用图像识别和机器学习等技术，可以对大量素材执行自动化识别、聚合、提取、标记。另一方面，人工智能可以智能化创作内容，提高内容产出。人工智能能够通过神经网络进行学习，通过大量的素材输入进行创意突破，突破了人类创意有限的限制。

3. 基于人工智能的交互投放

企业在为顾客提供服务时，需同时做到解决顾客的问题以及为顾客提供所需产品和服务的信息，这对营销人员来说是一个巨大的挑战。在实际服务过程中，营销人员很难保证接待和处理问题的及时性，导致顾客互动体验不佳。利用人工智能能够有效解决相关问题。

首先人工智能可以扮演智能客服的角色，能够及时答复顾客存在的疑惑以及通过分析自然语言去理解顾客的产品咨询或售后服务等方面的问题和需求，及时提供有针对性的解决方案。人工智能客服能够有效缓解人工客服的压力，提高顾客的满意度。

此外，人工智能可以有效评估不同的投放方案，实现智能投放。人工智能具备强大的数据分析和计算处理能力，能够通过算法来确定顾客的特征和需求，判断顾客最可能购买或点击广告的时刻与内容，并比较上万种广告投放方案，快速判断出最佳方案。同时，人工智能通过实时分析数据，不断评估和调整方案，自动完成广告媒介的购买和投放。

4. 基于人工智能的监测评估

传统营销采用的数据分析技术，数据统计周期长，分析结果具有一定的滞后性，且难以发现数据背后隐藏的问题。人工智能能够快速评估监测效果，精准把握营销的效果。人工智能和大数据的结合，能够帮助企业进行实时监测评估。如利用数据挖掘和机器学习等技术，企业可以改变传统营销活动的"后测"方式，实现对数据的实时监测和反馈，且基于反馈结果企业可以快速进行应对。

另外，借助人工智能可以进行异常监测，有效识别不适当或虚假的信息。如基于数据的物理属性和网络属性、顾客的异常行为等信息，对虚假信息进行追踪和智能化处理，帮助企业得到更加真实的监测数据。

16.4.3 人工智能在服务营销中的应用

人工智能在营销过程中发挥了至关重要的作用，改进了营销效率，实现了与顾客共创价值，那么人工智能在服务营销中的应用是如何的呢？接下来主要以营销调研、营销战略、营销行动三阶段服务营销框架来介绍多元人工智能在其中的应用。

首先需要了解什么是服务营销的三大框架。服务营销三大框架于1986年由德明初步提出，德明的模型将营销行动分为计划、检查、行动三大步骤，德明的模型忽略了战略的重要性，随着时间的推移，该模型被完善为营销研究—营销策略—营销行动三大框架。

营销研究，即营销人员通过调研去了解市场、企业、竞争对手和顾客的信息。营销策略即STP策略，包括目标市场细分（segmentation）、选择目标市场（targeting）、市场定位（positioning）三大步骤。营销行动则指具体的营销行为。接下来将进一步阐述多元人工智能在服务营销三大框架中是如何发挥作用的。

1. 营销调研

如表16-5所示，在营销调研阶段，机器型人工智能可以用于数据收集，思维型人工智能用于市场分析，情感型人工智能用于理解顾客。

机器型人工智能可以自动化收集有关市场、环境、公司、竞争对手和顾客的数据。在数字连接的世界中，市场数据可以很容易地跟踪和监测。数据感知、跟踪和收集是常规的、重复的任务，可以通过机器型人工智能实现自动化。思维型人工智能可以用来识别新市场中定义良好的市场或外部的竞争对手，并且可以找出自身服务的竞争优势。情感型人工智能可以用来了解现有和潜在的顾客需求。市场分析和理解顾客的主要区别在

表 16-5　人工智能服务营销的战略框架

人工智能战略决策	机器型人工智能	思维型人工智能	情感型人工智能
营销调研	数据收集	市场分析	理解顾客
	持续自动化的感知、跟踪、收集和处理市场和顾客数据	运用市场分析去识别竞争者以及自身的竞争优势	使用情感数据来分析顾客，了解现有及潜在顾客的需求和需要
营销策略（STP）	市场细分	目标市场选择	市场定位
	使用机械型人工智能识别新的顾客偏好模式	使用思维型人工智能推荐最佳目标细分市场	利用情感型人工智能去发掘能与顾客产生情感共鸣的市场定位
营销行动	标准化	个性化	关系化

资料来源：Huang M H, Rust R T. A strategic framework for artificial intelligence in marketing[J]. Journal of the Academy of Marketing Science，2021，49.

于，后者更多涉及关于顾客情绪、感觉、偏好和态度的情感数据。

2. 营销策略

在营销策略阶段，营销人员可以利用人工智能进行三个战略决策：市场细分、目标市场选择和市场定位。

在市场细分阶段，机器型人工智能在其中发挥主要作用，它能够通过数据分析有效识别顾客的偏好，生成用户画像，进而为营销人员进行市场细分提供依据。思维型人工智能主要在目标市场选择中发挥作用。在选择目标市场的过程中，思维型人工智能能够依据企业自身的资源来对市场进行匹配，同时综合目标市场存在的竞争水平，来选择最佳目标市场进行匹配。在市场定位方面，情感型人工智能相较其他类型的人工智能更能胜任。市场定位的目的在于给顾客留下自身服务的印象，进而树立起品牌形象，在此过程涉及与顾客进行情感交流，情感型人工智能可以通过分析顾客情感数据来定位自身服务的价值，走进顾客的内心进而提升顾客的满意度。

3. 营销行动

在营销行动阶段，营销人员可以使用机器型人工智能进行服务标准化、使用思维型人工智能进行服务个性化、使用情感型人工智能进行服务关系化。

机器型人工智能可以使企业从服务标准化中获益。在实际营销过程中，由于营销人员个人经验以及能力的限制，很难为顾客提供标准化的服务，而机器型人工智能能够有效解决这个问题。例如，碧桂园采取机器型人工智能来传送菜以及制作菜品，这样能够最大限度地提供标准化服务。

思维型人工智能可以使企业从服务个性化中获益，利用思维型人工智能能为顾客提供个性化的服务。例如，利用思维型人工智能进行营销分析，可以预测服务的市场趋势，继而迎合目标顾客的偏好。再如，利用思维型人工智能进行大数据分析，可以为服务开发提供信息，以快速适应顾客的需求趋势和偏好的变化。

情感型人工智能可以使企业从服务关系化中获益。例如，会话 AI 可以被训练为具有品牌个性的机器，在诸如微博、微信公众号以及社交论坛上与顾客进行关系交换，成为顾客关系管理中的一环。情感型人工智能还可以根据观众的情绪推荐电视节目。

本章小结

本章围绕数字服务营销展开。首先，阐述了数字经济的内涵以及其对于服务营销的影响。数字经济是一种信息经济的代名词，其载体为互联网，以数据为基础，其对服务营销的影响主要体现在改善工业经济时代所造成的服务营销的困境。其次，本章对数字服务营销内涵进行阐述。数字服务营销本质上是"服务营销+数字化"的结合，即用现代化的数字化工具来开展服务营销活动。再次，对如何开展服务营销数字化进行介绍。最后，介绍服务营销的新发展，以及人工智能技术的发展对于服务营销的影响。人工智能营销理论主要将人工智能划分为机械、思维、情感三大类。三大人工智能依据其特性不同，能够提供不同性质的服务，并且分别在营销调研、营销决策、营销行动三大服务营销框架中扮演了不同的角色。

核心概念

数字经济：使用数字化的知识和信息作为关键生产要素，以现代信息网络作为重要载体，以信息通信技术的有效使用作为效率提升和经济结构优化的重要推动力的一系列经济活动。

数字服务营销：利用数字化的媒体、营销工具，通过大数据构建用户的画像，分析顾客潜在的属性及行为特征，进而锁定用户的服务需求，以满足顾客服务需求的营销模式。

多元人工智能：依据人工智能的适应能力以及学习能力的不同来对人工智能进行分类，其主要包含机器型人工智能、思维型人工智能、情感型人工智能三大类型。

人工智能营销：以大数据和人工智能为基础，智能分析和预测营销活动中隐藏的模式和发展趋势，提升企业营销的效率和效果，最终实现企业与顾客之间价值共创的营销模式。

复习思考题

1. 数字经济时代是什么？其对服务营销在哪些方面产生了影响？
2. 数字服务营销的内涵以及其运用了哪些技术？
3. 什么是人工智能营销，其内涵是什么？
4. 简述多元人工智能，并举例论证其对于服务的影响。

本章案例

阿里巴巴"菲住布渴酒店"智能人工酒店

思考题：

1. "菲住布渴酒店"主要运用了哪些数字服务营销的手段？

2. "菲住布渴酒店"主要采取了哪些多元人工智能？其起到的主要作用是什么？

即测即练

参考文献

[1] 随手记升级服务，做老百姓的私人 CFO[EB]. [2019-11-06]. https: //qidian.qq.com/customercase/ssj001.html

[2] JAE-YOUNG, LEE. Don tapscotte and art caston, paradigm shift[J]. Yonsei Business Review, 1996.

[3] 肖利华. 数智驱动新增长[M]. 北京：电子工业出版社，2021.

[4] 数字化营销，教你利用大数据制定更精准的营销策略[EB]. [2021-07-19]. https: //page.om.qq.com/page/O2jaSCy8n5xAlnSqlNet72PA0

[5] 许晖，服务营销：第二版[M]. 北京：中国人民大学出版社，2021.

[6] PASCHEN J, KIETZMANN J, KIETZMANN T C. Artificial intelligence (AI) and its implications for market knowledge in B2B marketing[J]. Journal of Business & Industrial Marketing，2019, 34(7): 1410-1419.

[7] HOLLEBEEK L, SPROTT D, BRADY M, et al. Engaged to a robot? The role of AI in service[J]. Journal of Service Research, 2021, 24(1): 30-41.

[8] 朱国玮，等. 人工智能营销：研究述评与展望[J]. 外国经济与管理，2021, 43(7): 86-96.

[9] 阿里未来酒店"菲住布渴"正式开业：超智能的 AI 酒店[EB/OL][2018-12-20]. http: //news.yesky.com/274/1575366274.shtml

第 17 章

服务营销道德

本章学习目标

1. 理解伦理及服务营销伦理的相关概念；
2. 掌握服务营销伦理的特点；
3. 认识服务营销伦理的基本内容；
4. 掌握企业服务营销伦理的内外部影响因素；
5. 了解服务营销伦理的建设路径。

引入案例

"全棉时代"卸妆湿巾——无下限的道德试探

2021 年 1 月全棉时代陷入舆论漩涡。先是因为广告宣传涉嫌侮辱女性而被质疑价值观有问题，后又因道歉信写成"广告稿"而被质疑态度傲慢。全棉时代怎么了？

事情的起因，源于全棉时代的一条涉嫌侮辱女性的视频广告。在该视频中，一名年轻女子在夜间行走时遭尾随，当尾随者靠近时，女子拿出全棉时代湿巾卸妆，立即变成一副男性面孔吓跑跟踪者。该视频起初在抖音上发布，随后在全网传播。视频发布后，全棉时代被推上风口浪尖。让广大网友难以接受的是，视频中对女性的侮辱，以及其所传递的"受害者有罪论"的价值观。"尾随女性是犯罪，为什么可以用来当广告创意？"类似言论出现在全棉时代的官方微博的评论中。

全棉时代的官微评论区更是被攻陷。一些网友表示："这个广告的创意价值是避雷，永不再买。"《中国妇女报》评论称："该视频美化犯罪者、丑化受害者，充满了偏见、恶意、无敌。女人是消费者，不是消费品，侮辱女性的'创意'视频遭到舆论指责，是必然的。被冒犯的广大女性消费者会用脚投票，不会为侮辱性'创意'买单。"

迫于舆论压力，全棉时代在 2021 年 1 月 8 日发布道歉声明。

那么使用这种涉嫌犯罪行为作为视频创意，是否合适？律师表示，以尾随女性为视频创意并不违法，但有损公序良俗。单纯就该视频中的行为而言，该行为是因为视频而先行策划安排好的行为，并不会构成刑事犯罪。但是该创意行为，明显不符合社会主义精神文明建设。

资料来源：王倩. 全棉时代："无底线营销"错在哪儿了?[J]. 商学院，2021(Z1): 104-106.

17.1　道德及服务营销道德

17.1.1　道德

在中国古代，"道"和"德"这两个概念比较广泛。"道"的最初含义是指事物运动变化的规划或规律，后引申为应该遵循的原则、规律或规范等。"德"的含义偏重于主观方面，表示对"道"的认识，指一个人在处理和他人的关系时，一方面能够"以善念存诸心中，使身心互得其益"；另一方面，又能够"以善德施之他人，使众人得其益"。也就是，"德，外得于人，内得于已也"。道德二字联用，始自春秋时期，发展至今，道德是指由社会经济关系所决定的，有善恶标准的，依靠社会舆论、传统习惯和内心信念所维系的，调整人与人之间以及人与自然之间关系的原则规范、心理意识和行为活动的总和。

随着企业伦理的兴起，道德和战略的结合日趋紧密。美国著名战略管理专家弗雷德.R.戴维指出，"好的商业道德是好的战略管理的前提"，"保证企业人员做作出良好道德行业主要靠企业的战略制定者"，"所有的战略制定、实施和评价决策都有其道德方面的结果"。约翰·爱克斯指出："道德和竞争力是不可分享的。"从专家的论述中可以看出，道德和战略的结合并不是追逐潮流的随意附和，而是外部环境变化的必然产物。随着信息社会的到来，人们对生活质量的追求、竞争的加剧、人力资源和企业信誉在管理中地位的提升等，是企业面临的关键环境因素，决定了战略要获得持久的竞争优势，必须重视道德。

17.1.2　服务营销道德

在许多行业，企业之间的竞争越来越多地表现为服务竞争，而服务营销则是应对竞争的最有效的战略工具。不少企业致力于加强服务营销管理，努力向顾客提供包括各种服务在内的组合产品。随着服务业的迅猛发展，服务竞争逐渐成为企业市场竞争的焦点，服务的价值正变得越来越重要，通过开展服务营销来提高企业的竞争力成为企业所面临的重大挑战，然而，在这其中，企业也应面临服务营销所带来的伦理道德问题。

1. 服务营销道德的含义

服务营销道德是服务营销过程中调整企业内部和企业相互之间，企业与国家社会之间相互关系的行为规范，其实质就是社会对服务营销活动的规范性约束。服务营销道德包括狭义和广义两个方面，狭义的服务营销道德主要指对顾客负责任的伦理营销，做到诚信经营，对顾客真诚无欺、信守诺言。比如提供高质量的产品，广告宣传合规，良好的售后服务，良好的顾客体验等。广义的服务营销道德包括建立一个良好的营销生态圈，其中包括对顾客负责，与同业者公平竞争和诚信经营，对上下游产业链负责以及倡导诚信守法的社会文化等。总之，服务营销道德要求企业的营销活动不仅要以市场为导向，而且要符合道德要求，在考虑顾客现实需要的同时，还要兼顾他们的潜在需求和长远利益，不仅要满足顾客的利益，还要满足其他利益相关者的利益。

2. 服务营销道德的特点

实践表明，企业自觉践行诚信经营之道，以商品的质量赢得消费者的信任，以周到、热情的服务博得顾客的满意，就会用自己的真心和热心换得消费者的信心，用真诚赢得信誉和获得效益。服务营销道德的特点包括以下四个方面：

①服务营销道德既是战略营销体系的一部分，也是企业文化的一个组成部分。

②服务营销道德最基本的准则是用法律来规范，如广告法中的伦理条款和反暴利法等都属于这一类型。随着市场经济法制体系的完善，涉及伦理营销的法规会逐步完整。

③不同社会的服务营销道德标准不一。比如在一些国家，性广告被严格禁止，另一些国家则对该类型广告有不同程度的许可。

④服务营销道德和非服务营销道德之间在很多情况下很难划分，利与义在服务营销活动中经常相悖。比如，促销中常用的"扬长避短"手法是不是非伦理行为，健康的竞争与"大鱼吃小鱼"之间的界线怎么划定等。

17.2　企业服务营销道德的内容及问题分析

17.2.1　服务营销道德的内容

1. 服务营销道德是企业营销的根本之道

服务营销蕴含着丰富的道德思想，如一些"以顾客为中心""顾客至上"的经营原则，既是服务营销的服务原则，也是服务营销的道德原则。服务营销的主旨就是要保证消费者利益的满足，而顾客购买商品所追求的利益，不但包括服务产品的实际效用，也包括服务产品的延伸利益。企业要博得顾客的青睐，占领市场，就不能仅在产品的质量、式样和价格上下功夫，还必须要增加顾客的附加利益。在市场竞争中，质量和价格上的竞争是有限的，而服务上的竞争则是无限的。因此，在市场服务营销伦理观念支配下的企业，不仅要重视商品或劳务对顾客物质利益的基本满足，也要重视对顾客精神上和心理上价值的满足。

2. 企业服务主体及其道德关系

企业服务主体就是商品销售的组织者，包括制造商和中间商。他们组成了企业的销售链。在这条销售链中，他们所从事的经济活动都是围绕商品销售而展开的，具有商业道德的共同特点。但作为一个经济实体，他们在销售商品，为顾客服务的过程当中，又要考虑自己的利益，这样在实现利益的过程中又要对这些主体进行协调，从而在各个服务主体之间形成各种道德关系。

（1）制造商与中间代理商的信任与忠诚的道德关系

制造商在经济活动中是一个特殊的经营者，一方面，作为生产者，它的经营行为要遵循一定的生产道德要求；另一方面，作为商业营销的组织者，进行商品销售时，又要遵循一定的销售道德规范。代理商的权力来源及收入来源都依靠制造商，代理商执行的是制造商的意志，代表的是制造商的行为，这就决定了代理商要忠实地行使其权力，维护双方的利益。从制造商方来看，代理商是自己的替身，行使的是自己的权力，维持的是自己的利益，这就应该相信代理商并支持代理商，这样便在制造商和代理商之间形成了信任和忠诚的道德关系。

（2）制造商与中间经销商的合作互利道德关系

制造商与经销商的关系是建立在各自利益基础上的，这个"利"，一方面是远利，一方面是近利，企业不仅要关心眼前利益能否实现，还要考虑将来长远的利益。而经销商通常只看重近期利益，针对经销商的这一特性，要使生产商与经销商紧密联系起来。实现企业长远的发展战略目标，就要求企业在满足经销商需求的前提下，实现自己的经营目标，最终形成双赢的局面。企业与经销商发展伙伴关系时，要充分认识经销商的需求，满足经销商的需求是实现制造商与经销商利益双赢的重要途径。但是，并不是要求制造商一味地迁就经销商，而是必须在不损害企业整体利益和长远利益的基础上满足经销商。制造商满足经销商，使其与自己形成联盟，以使自己获得持续和稳定的收益。因此，经销商在得到制造商的帮助下也要考虑制造商的利益，给制造商以支持，以最终形成双赢的局面。

（3）中间商之间的竞争道德关系

在销售过程中，各中间商既要争取与制造商合作，以获得优质畅销的货物来源，又要使出招数招揽顾客，以扩大销售业绩。这一过程主要通过各级中间商的竞争来实现。因此，竞争构成了市场经济的灵魂，坚持公平合理、严守契约合同、讲究诚实守信、经常性的反省等都应是中间商在拓展业务时要遵循的竞争道德。

3. 企业服务营销环节及其道德关系

与针对营销主体的道德要求不同，服务营销各环节的道德要求主要是协调服务主体与顾客之间的利益关系。

（1）市场细分与目标顾客

服务营销的"顾客至上"经营原则，在企业经济活动中贯彻的首要表现是市场细分和确定目标顾客。服务营销要求企业在了解顾客需求的基础上，生产和销售适销对路的服务产品，不能漫无目的地把自己的产品推向市场。企业唯有找到了合适的目标顾客，才能根据他们的需求、愿望及购买力，设计、生产、定价，推广他们所需要的产品。

（2）产品整体概念

产品整体概念是指能提供市场、用于满足人们某种欲望和需要的所有事物，包括服务本身、场所、组织、思想、主意等。具言之，产品的整体概念有三个层面的内容，即核心产品、形式产品和扩大产品。

随着生产的自动化和消费者权益意识的强化，企业要想博得顾客的青睐，占领市场，就不能仅在产品的质量、式样和价格上下功夫，还必须要增加消费的附加利益。质量和价格上的竞争是有限的，而服务上的竞争则是无限的。因此，在服务营销观念支配下的

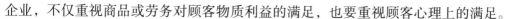

企业，不仅重视商品或劳务对顾客物质利益的满足，也要重视顾客心理上的满足。

（3）公平的定价道德

企业对商品定价时，应当遵守公平的道德要求。给商品定价，实质上就是如何通过价格来实现利润和实现多少利润的问题。一个理性的企业追求的是长期的利益，而非一锤子的买卖，因而反对一些非道德定价。非道德定价包括价格垄断、价格欺诈、暴利行为和畸形降价等情况。

（4）健康的促销道德

企业不仅要对商品制定一个公平合理的价格，而且要通过不同的途径和办法让顾客了解和接受，那么，企业在促销活动中的道德主要是真实健康与诚实不欺。

企业进行广告促销时所承担的道德义务首先便是宣传的真实性和可靠性。真实可靠的道德标准要求顾客在宣传商品时不夸大、不缩小，不故弄玄虚，不哗众取宠，而是实事求是地向顾客介绍商品的有关信息。违背这一原则的行为，便是散布虚假广告，是不道德的行为。

17.2.2 服务营销道德问题存在的原因

企业服务营销道德问题的存在，究其原因，既有企业自身的主观因素，也与我国经济转型时期服务营销环境特点有关。

1. 个别企业片面追求利润最大化，不重视道德伦理建设，未树立符合市场经济要求的诚信观

企业经营以诚为本，以利润为标，义利兼顾。在市场经济环境不够成熟的初期阶段，个别企业存在过度的短期行为和投机行为。一些人误认为市场经济就是"道德沦丧""尔虞我诈"，没有意识到市场经济的实质是信用经济，是建立在以诚信为核心的道德基础上的。一部分企业见利忘义，置商业伦理道德于不顾，抛弃了诚信经商的传统，不择手段地追求利润，致使企业营销活动中出现了种种损害消费者利益的欺诈行为。

2. 信息不对称，导致个别企业营销道德缺失

现代科学技术的飞速发展，使得顾客的许多潜在需求不是以自己为中心主动提出来的，顾客往往被动接受着信息，这从客观上加大了顾客搜寻产品、评价产品的信息成本，一般的顾客很难去理解或评判高科技产品的质量与信息。在拥有信息方面，顾客是非专业的弱势群体，而企业掌握着主动权且信息充分，使其可以利用这方面的优势从事损害顾客利益的活动。

3. 相应法制法规尚不完善，企业违法成本低

企业是理性的经济行为主体，在外部约束乏力的情况下，出于内在逐利动机，往往会利用机会主义行为来实现其经济目的。由于我国目前的法律法规尚不够完善，对没有营销道德的企业监督和处罚力度小，执法不严，客观上纵容了企业的不道德行为。当企业不讲诚信、获得的收益大于成本，即违法成本过低，企业服务营销不道德的现象自然就难以避免。

17.3　服务营销道德的影响因素分析

17.3.1　影响企业服务营销道德的外部因素

1. 市场环境

市场环境与市场制度以及市场的发展程度有关，可以体现在市场经济的发展水平上。同时，只有结合市场需求的变化，不断调整，才能改善市场环境。因此，要完善我国的市场环境，就要注重市场经济制度的建设和维护，并树立公平公正的交易原则。

2. 政府与法制

政府部门对于企业的违法经营和其他相关违规行为采用什么样的立法态度和调控措施，是影响企业服务营销伦理的重要内容。各地方人民政府要进一步完善相关法律法规，不断健全组织管理机构，进一步规范企业的经营行为。若是法律法规不健全，部门执法不严格，就会给企业违法行为的发生提供了可乘之机。

3. 社会整体道德水平

社会的道德水平是社会大众对企业在进行服务营销过程中一些行为的评判标准，企业必须严格按照这些标准来要求自己。当企业的服务营销道德标准远远低于其他社会伦理道德标准时，就有可能直接引起广大顾客的反感和不满，舆论的谴责、政府干预，会对企业形成强烈的社会伦理道德压力。

4. 压力集团

消费者协会既可以保障顾客的权益，杜绝企业的非伦理服务营销行为，还可以对正确的伦理服务营销行为有促进作用，这就是一个压力较高的集团。社会媒体对企业的非伦理服务营销行为进行公开披露，使其受到大众和舆论的谴责，同时政府和相关部门加强监督和约束，使企业自觉遵守相关的伦理和规范。

17.3.2　影响企业服务营销道德水平的内部因素

1. 企业核心管理层的道德伦理

在企业进行营销活动的决策过程中，其核心管理人员的个人道德和伦理意识起着重要的作用。核心管理人员的伦理观念会与其经营战略规划相结合，当企业的核心管理人员具备足够的社会责任心以及正确的道德伦理观念时，就会在制定企业发展战略和做相关决策的过程中，充分考虑企业的利益情况以及社会和大众的利益。如果企业的核心管理人员仅考虑自身的利益和经济目标，一味地追求企业自身利益的最大化，则会忽略甚至损害大众和社会的利益。

2. 企业文化

企业文化也是企业服务营销伦理的一个重要组成部分。企业文化是企业在长期的生产和经营过程中一步一步发展起来的，也是支撑企业不断发展和进步的动力。企业文化包括很多内容，如企业的价值观、生产和经营目标、经营体系以及其他有关于企业管理的伦理道德。

3. 企业道德行为准则

企业制定的行为准则是企业伦理道德内容的具体表现，其对于企业中部分员工的言论和行为会产生很大的影响。对于服务营销经验不足的员工来说，如果他受到的理论灌输是要做有利于顾客的事，不损害大众的利益，那么他就会在之后的服务营销活动中遵循营销伦理。

4. 企业员工素质

企业员工素质的高低对企业营销伦理有着深刻而直接的影响。企业服务营销人员的素质主要表现在文化水平、业务能力和思想品格素质等方面。

17.4 道德型服务营销战略建设

17.4.1 服务营销战略管理中融入道德的必然性

1988年2月，由美国著名企业参与的"企业圆桌会议"发布了一项报告《公司伦理：企业的首要资产》，强调"公司伦理是企业生存与赢利战略的关键"。"康克斯（CAUX）圆桌会议"所制定的"康克斯商务原则"中提到："如果没有道德，稳定的商业关系对国际社会的支撑将是不可能的。"两次会议都认为企业伦理在商业决策中有着重大价值。由此可见，注重伦理道德，已成为国际企业界的一种共识，把伦理作为企业经营战略中的一个关键性因素，是现代经营发展的一种必然趋势。

1. 融入道德的服务营销战略能使顾客满意

彼得·德鲁克指出："企业的目的只有一种适当的定义：创造顾客。"[①]企业竞争实际上就是争夺顾客，赢得了顾客也就赢得了竞争。而要赢得顾客，必须使顾客满意，顾客满意是服务营销战略获得竞争优势的重要途径。服务营销战略管理中融入道德的必要性之一就是：融入道德的服务营销战略通过使顾客满意来创造竞争优势。

曾任惠普公司总裁的约翰·汤指出："最大限度地扩大股东财富一直是我们追求的目标之一。确实，利润是我们行动的基础——它是衡量我们贡献大小的尺度，是依靠自身财力持续增长的一种方式；但是利润本身绝不是我们追求的最终目标。我们的最终目标是获得成功：成功与否只能由顾客来判断，而且只能通过做一些自己可引以为豪的事情来实现。其实，利润和成功的关系是相辅相成的。如果我们真正令顾客满意，那么我们一定能获得利润。"[②]

如何才能做到使顾客真正满意？首先，不应该有针对顾客的不道德服务营销行为，

---

① [美]彼得·德鲁克. 管理——任务、责任、实践[M]. 孙耀君，译. 北京：中国社会科学出版社，1987.

② [美]詹姆斯·柯林斯，杰里·波拉斯. 企业不败[M]. 刘国远，译. 北京：新华出版社，1996.

如假冒伪劣、质次价高、虚假宣传、短斤缺两、漫天要价等。其次，为顾客提供既符合社会利益，又符合顾客根本利益的产品或服务。仅为了赚取利润，不加区分地满足消费者任何需要的做法，并不能使顾客真正的满意。再次，顾客日益注重企业的社会责任感。当质量、服务、价格相同时，顾客往往会购买在履行社会责任方面声誉最佳的企业的产品。例如，在 2021 年郑州"百年一遇"的洪灾中，国产运动品牌——鸿星尔克，为郑州捐赠 5 000 万元的物资，随着这件事被越来越多人知道，鸿星尔克一时也是受到了前所未有的关注。在很多国民的印象中，鸿星尔克都是一家"快要倒闭的企业"。早在 2011 年的时候，就传出了鸿星尔克市值仅余 2.9 亿元，甚至陷入被迫停牌状态的消息。然而，就是鸿星尔克这家在大家印象中快要破产的企业，此次却直接大手笔拿出了 5 000 万元支援郑州。对于自身的善举，事后鸿星尔克没有进行任何宣传，在被媒体报道之后，许多顾客开始自发为鸿星尔克宣传，并且以购买产品的方式来表达对鸿星尔克的支持和认可。短短一两天时间里，鸿星尔克四个直播间的总销售额，已经暴涨至 2.06 亿元，同比涨幅高达 52 倍。

消除不道德服务营销行为，注重企业的社会责任，提供既符合社会利益又符合顾客根本利益的产品或服务，正是营销道德所倡导的。

2. 顾客满意创造竞争优势

倘若把一批有问题的产品通过虚假宣传卖给了顾客，得到的销售收入是实实在在的，似乎不道德的服务营销获利了。然而，潜在的损失却很大。首先，顾客因感受到了欺骗而不愿再购买该服务企业的产品，损失一个顾客所损失的利润就相当于这个顾客的终身价值。其次，乔·吉拉德的"250 定律"告诉我们，每一位顾客身后，大体有 250 位亲朋好友。如果你赢得了一位顾客的好感，就意味着赢得了 250 位顾客的好感；如果你得罪了一位顾客，也就意味着得罪了 250 位顾客。最后，从事不道德营销的服务企业，在顾客满意度低的情况下，要想获得利润，必须千方百计"争取"新顾客。据福龙公司评估的结果显示：吸引一个新顾客的成本是维护一个满意的老顾客成本的 5 倍；如果计算盈利率，新顾客与丧失一个顾客相差 15 倍。[①]因此，吸引新顾客相对于保持现有顾客来讲，成本要高得多，利润的损失加上成本的提高，必将导致企业的竞争优势逐渐丧失。

相反，在融入道德的营销战略的指导下，企业尊重顾客、真正为顾客着想，使顾客高度满意，则会获得高度满意的顾客。高度满意的顾客对企业来讲意味着：第一，更长久地忠诚于企业；第二，购买更多的该企业的新产品和提高购买产品的等级；第三，为企业和企业产品说好话；第四，忽视竞争品牌和广告，并对价格不敏感；第五，向企业提出产品或服务体验建议；第六，由于交易惯例化服务成本较低。总之，顾客满意度高，一方面，会使得重复购买率高、口碑效应好，企业潜在利润大，另一方面，相对于吸引新顾客，通过保持老顾客降低了服务成本。潜在利润空间加上成本的降低将为企业带来持久的竞争优势。

---

① [美]菲利普·科特勒. 营销管理：分析、计划、执行和控制[M]. 梅汝，梅清豪、张桁，译. 上海：上海人民出版社，1999.

3. 企业与利益相关者双赢

融入服务营销道德的营销战略之所以能使企业和利益相关者双赢，在于遵守营销道德可以降低交易费用、创造合作效益，这也是营销战略中融入服务营销道德的必要性之一。

服务营销道德在降低交易费用中的作用主要表现在：第一，通过建立一套行为准则和伦理约束机制，降低了人们在经济交往中的不确定性和复杂性，从而减少每次去处理相互关系时获取信息、进行选择的成本；第二，可以有效调节人们在交换过程中的利益冲突，减少交易谈判费用和合约执行、监督的成本，以及违约的风险成本；第三，可以服务于其他制度安排，降低有关政策、法律的实施成本。

综上所述，融入服务营销道德的营销战略通过降低交易费用、创造合作效益，使企业和利益相关者双赢，最终使服务营销战略获得持久的竞争优势。

17.4.2 开发道德型服务营销战略的步骤

企业的中心任务是为社会提供产品和服务，道德型服务营销战略管理把道德责任渗透在企业履行这一中心任务的全过程中。开发道德型服务营销战略有五个步骤：道德型服务营销环境分析、道德型营销战略目标、道德型服务营销战略方案的制定、道德型服务营销战略方案的实施和道德型服务营销战略控制。

1. 道德型服务营销战略环境分析

道德型营销战略环境分析主要是分析宏微观环境的伦理道德方面，即企业在宏微观环境各个方面所承担的道德责任以及环境因素对道德形成的促进和制约力。企业要把道德价值融入服务营销活动中，真正从道德的角度审视企业目标及在此指导下的服务营销战略，而不是只靠经济制度的外在约束。

（1）宏观环境分析

①经济环境。我国经济繁荣发展，企业需要认清：不择手段牟取利润的企业无论其一时何等繁荣，终会因为内外环境的恶化而走向失败；相反，履行道德义务、遵守道德规范、拒绝不道德营销的企业，即使会使企业遭受短期利益的损失，但从长远看，道德的号召力，必将为企业带来美好的获利前景。

②社会文化环境。如何针对各国文化中服务营销道德的差异性制定服务营销战略，要求战略制定者充分考虑各国的社会文化环境以及在它影响下的服务道德准则，当两个或多个准则发生冲突时，在尊重对方服务营销道德准则的基础上，结合我方服务营销道德准则制定优先次序，并据之决定应尊重哪个准则，坚决反对钻服务营销道德准则的空子来逃避应当承担的责任。

③科学技术环境。当今社会，科学技术迅速发展，以计算机为核心的信息技术正从诸多方面影响着企业服务营销活动。信息技术在服务营销领域越来越成为不可缺少的工具，通过采用高新技术成果，收集和处理服务营销的各类信息，确定目标细分市场，建立顾客数据库，针对每位顾客的特点开展服务营销活动，从而极大地提高了服务营销效果。与此同时，信息隐私权、信息所有权、信息使用权等问题已成为社会普遍关心的服务营销道德问题。道德型服务营销战略要求在数据收集、交换、管理、分类等过程中，

遵守服务营销道德规范，不能借技术发展带来的机会，大行无德之事。

④自然环境。在约二百年的时间内，工业生产方式对自然界造成的破坏，已使环境污染和生态危机成为威胁人类生存的全球性问题。就一个国家来说，环境问题主要根源于一些企业只顾自身的经济利益而忽视对环境可能产生的影响，道德型服务营销战略的制定，要求企业从产品的设计到回收利用都要充分考虑对自然环境的影响。

⑤法律环境。在法律环境的影响下，具体到道德型服务营销战略的制定，注意做到以下几点：首先，法律并不能真正代表社会成员共同的价值判断，也不一定会对管理决策及管理行为产生引导作用。因此，决策者在制定道德型营销战略时不能抱着"合法就行"的态度，而要追求更高的道德标准，即符合服务营销道德规范。其次，法律代表着对社会行为进行管理的最低标准，超越这个最低标准的行为只能是出于企业的积极主动性，而不能是出于法律的力量，因此，企业应积极主动地将服务营销道德贯彻于企业的所有活动中。最后，法律要求一般滞后于社会道德标准，因此，道德型营销战略在制定和实施过程中应高标准、严要求，不应钻法律的空子。

（2）微观环境分析

在微观环境分析中，主要考虑企业对顾客、员工、股东、供应商、竞争者、政府等利益相关者所承担的责任。

①对顾客：深入调查并千方百计地满足、引导、创造顾客的需求，在此基础上提供高质量产品，保证价格合理、广告真实、交货及时，提供良好、周到的售后服务。

②对员工：公平的就业、上岗、调动、晋升机会，安全、卫生的劳动环境与条件，必要的文化、娱乐活动，公平的受教育、职业培训机会，公平的报酬等。

③对股东：提高投资报酬率，降低资金使用风险。

④对供应商：互惠互利，恪守信誉，严格执行合同，付款及时。

⑤对政府：执行国家的法令、法规，照章纳税，支持政府建设。

以上对宏微观环境的分析，指出了企业对宏观环境、微观利益相关者所应承担的基本责任和要求，对企业制定道德型服务营销战略提供了实际指导。同时，道德型服务营销战略鼓励企业承担更多的和更高层次的社会责任。

2. 道德型服务营销战略目标

为了使道德性在服务营销战略中得以体现，必须审视服务营销目标的道德性，拥有道德型的服务营销目标是制定道德型服务营销战略的前提和保证。下面讨论道德型服务营销战略目标的制定原则和作用。

（1）道德型服务营销战略目标的制定原则

①利润最优化原则。利润最优化原则要求企业的服务营销战略目标在合乎道德的前提和基础上追求利润最大化。乔治·英格兰在1967年时曾说："管理者们认为组织效率、高生产率、利润最大化是最重要的目标。"[①]1983年，在施密特和波斯纳进行的一次调查中，被调查者认为高效能、公司的好名誉和高涨的士气是三个最重要的组织目标，紧随

---

① GEORGE W. ENGLAND. Personal value systems of american managers[J]. Academy of Management Journal, 1967, 10: 53-68.

其后的是良好的组织领导、高效率的生产率，而利润最大化的位置移到了最后。[①]从上述实证研究及不同时期的调查结果可以看出，简单地将利润最大化作为企业最重要的目标早已不适应时代的要求，企业和社会青睐的是拥有好名誉、高涨士气和在此基础上产生高效能的企业，而要拥有好名誉和高涨的士气，首先必须使企业的营销战略目标合乎道德，并将它作为利润最大化的前提和基础。

②充分考虑利益相关者的利益原则。不同的服务营销战略是基于不同的伦理道德标准的，充分考虑利益相关者的利益原则，要求企业通过满足利益相关者的利益来谋求企业的长期生存与发展。道德型的服务营销战略目标鼓励企业在制定服务营销战略时充分考虑利益相关者的利益，当然，这里的充分考虑并不是所有利益相关者都同等重要，企业应根据具体情况确定优先次序。同时，在考虑利益相关者的利益时，除考虑短期经济效果外，更重要的应该考虑长远的经济效益，比如商誉、顾客满意度、员工忠诚度等。

（2）道德型服务营销战略目标的作用

①导向作用。服务营销活动要取得成功，需要内外部的通力合作，可事实上，潜在的冲突总是存在的，道德型服务营销战略目标不仅要适用于个别部门、个别人，还要适用于所有部门、所有员工，且远大目标考虑到了利益者的正当利益，明确了企业处理与利益相关者关系的基本原则，这样既能统一全体员工的思想，又能获得融洽的外部关系。

②激励作用。托马斯·J. 彼得斯和小罗伯特·H. 沃特曼指出："事实上，人们对生活意义的需要太强烈，大多数人只要他们的组织能使他们感到工作的意义，就宁愿把相当大程度的自由交给组织。"[②]当一个组织能够向其成员清楚地提示生活于这个组织中的价值和意义时，人们的工作潜能就会得到惊人的释放。道德型服务营销战略目标的重要作用就在于向员工提示了生存于企业中的意义和价值，通过满足人的精神需求来起到激励作用。

③培育作用。道德型服务营销战略目标能够造就和培育正直的领导者和真正的企业家。在一个具有崇高目标的企业中，由这种崇高目标和高尚追求所形成的群体中，会使企业的领导者形成一种庄严的使命感，企业的领导者会用这种崇高的目标和追求自觉规范自己的行为。内外部的信任、合作有利于取得良好的业绩，也使利益相关者受益。反过来，这种积极的效果也会进一步强化领导者对道德型服务营销战略目标的认识，增强使命感，激发正直的行为，促进信任和合作。由此，就可能形成良性循环。

3. 道德型服务营销战略方案的制定

（1）影响道德型服务营销战略方案制定的因素

影响道德型服务营销战略方案制定的因素很多，其中影响最大的有两项因素：企业文化和领导者的道德素质。

①企业文化。有研究表明：使企业在道德方面出色有两个必要条件，其中之一就是有道德的企业文化。具体来说，企业文化对道德型服务营销战略的制定的影响表现在以

---

① WARREN H. SCHMIDT, BARRY Z. Posner. Managerial values in perspective: an AMA survey report[R]. New York: American Management Association, 1983.

② THOMAS J. PETERS, ROBERT H. WATERMAN, Jr. In search of excel: lessons from america's best run companies[M]. New York: Warner Book, 1982.

下方面：一是制约着服务营销战略决策的动机。二是规范着企业服务营销战略决策的内容。另外，企业文化的凝聚功能有利于道德型营销战略方案的实施。实践证明，单靠发号施令，很难实现企业道德型服务营销战略，还必须靠正确的企业文化及企业精神来激发广大员工的积极性和创造性。优秀的企业文化成为凝聚企业员工的"粘合剂"，促进了道德型服务营销战略的实施。

②领导者的道德素质。领导者的道德素质是影响道德型服务营销战略决策的决定性因素。具有良好道德素质的领导者或最高管理层能鼓励决策者制定道德型服务营销战略，阻碍不道德服务营销战略的制定，反之亦然。

领导者的道德素质通过以下两种方式对道德型服务营销战略的制定和实施产生影响：一方面是最高领导者通过其经营理念影响服务营销战略的制定，正确的经营理论以合乎道德、充分考虑利益相关者的利益作为赚取利润的前提，这种正确的经营理念会融入企业服务营销战略及在它指导下的服务营销策略的制定和实施中，从而保证服务营销活动的道德性；另一方面，最高领导者通过其权威和感召力向企业广大员工尤其是服务营销战略的决策者传播其价值观和理念，进而影响道德型服务营销战略的制定和实施。当企业最高管理者拥有较高的道德素质，而且为广大员工尤其是服务营销战略的决策者所认同和接受时，他会对道德型服务营销战略决策产生积极作用。反之，会产生消极作用，使服务营销战略违背道德原则。有研究表明，行为榜样是决定道德水平的重要因素，而最高领导者往往被视作行为的榜样。

（2）道德型服务营销战略方案评价——决策树模型

决策树模型是从决策制定过程的角度对决策的道德性进行评价的一种模型，其目的在于指导服务营销人员做出道德性决策，从而为服务营销战略管理的道德性提供保障（见图 17-1）。

对管理问题的认识激发决策者去寻求解决途径，首先要制定备选方案，备选方案的组成反映了决策者的个人价值以及组织文化和利益相关者的影响。组织政策会对决策者考虑哪些备选方案有显著的影响，能有效鼓励伦理道德行为，将不合伦理道德的备选方案排除在方案组之外。相反，无效的政策或出发点低的政策会诱导方案组将不合伦理道德的备选方案包括在内。除了政策，鼓励道德行为并且处罚不道德行为的结构会阻碍不合伦理道德的决策进入方案组。

准备多个备选方案后，接下来要评估每一个备选方案。评估标准包括经济标准、技术标准、伦理标准等。由于伦理问题是关于某个备选方案在道德上的是非问题，而且它关乎企业的生死存亡，因此，从长远利益考虑，应该将伦理标准作为首要考虑和重点讨论的标准。

伦理评估包括两个环节：利益相关者分析和伦理评价。在利益相关者分析中，先收集信息，包括受影响的利益相关者和备选方案可能对各利益相关者产生的潜在的正面影响和负面影响。不同的问题或是同一问题的不同备选方案影响到的利益相关者和对不同利益相关者的影响程度会有所不同。需要指出的是，这里的利益相关者包括宏观和微观两个方面，对这两方面的论述可见前面的道德型服务营销战略环境分析。找出了受影响的利益相关者之后，紧接着需要对各利益相关者的利益进行权衡。

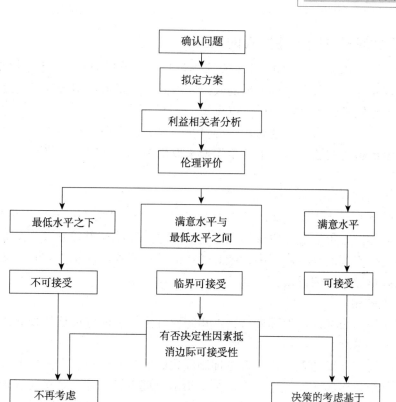

图 17-1　决策树模型

　　伦理评价是决策者在对利益相关者进行客观分析之后，依据个人道德标准及组织特性对决策的伦理道德方面所做出的评价。经过伦理评价之后，决策者对备选方案的伦理道德水平有了明确的认识。可能出现的三种结果是：处于最低水平以下，满意水平与最低水平之间，满意水平之上。这三种结果分别与道德方面的三个层次相对应：不可接受、临界可接受、可接受。很显然，处于最低水平以下为不可接受的，此备选方案不再考虑；处于满意水平之上的为可接受的，该备选方案能否被采纳取决于决策的其他方面，比如技术、经济等方面。比较难解决的是处于最低水平与满意水平之间的临界可接受的备选方案，如果有一些超越伦理因素的特定因素，那么临界可接受的备选方案可以成为一个可接受的备选方案，否则，它就是一个不可接受的备选方案。

　　决策树模型在探讨如何对决策进行道德评价方面，具有以下几个特点：

　　①它不是对服务营销活动的道德性进行事后评价，而是从决策的起点开始分析，直到服务营销人员做出符合伦理道德的决策；

　　②对备选方案的伦理道德评估分为利益相关者分析和伦理评价两个环节，不仅充分考虑到了备选方案影响到的各利益相关者的利益，而且考虑到了决策者的个人道德标准及组织特性；

　　③从决策制定过程的角度，提出了制定道德型服务营销战略应把握的几个方面。

4. 道德型服务营销战略方案的实施

再完美的服务营销战略，如果不能在实施过程中有效贯彻实施，也不过是一纸空文，很难起到提高企业服务营销道德水平的效果。因此，对于道德型服务营销战略的实施，应像制定道德型服务营销战略一样予以重视。

服务营销道德仅作为一种观念、一种自我约束，很难保证每位员工在服务营销战略实施过程中考虑道德问题，从以下几个领域采取措施、加强管理，将会取得事半功倍的效果。

（1）服务营销道德规范

服务营销道德规范体现企业的核心价值观，但它作为指导服务营销人员行为的准则，又不同于企业的核心价值观，主要体现在它的注重操作性和管理方面。注重操作性要求在服务营销道德规范的每项内容中，既有道德问题的原则体现总体方向，又有标准化的运行程序用以指导具体的行动。

（2）组织结构

从组织结构上明确设置伦理委员会，指定伦理主管，能保证道德型服务营销战略贯彻实施，具有持续性、全局性和有效性。

根据哈罗德·孔茨的观点，实现伦理制度化的关键是任命一个由内部和外界理事组成的伦理委员会。当然，设置伦理委员会，指定伦理主管，并不是对所有企业都可行，尤其是对小企业而言不是很现实，但关键的是，无论是正式还是非正式，无论是兼职还是专职，总应有具体人负责处理关于伦理道德方面的问题。

（3）招聘、培训和奖惩

从人员招聘、培训与奖惩领域加强服务营销道德管理，可以有效控制道德型服务营销战略实施过程中员工的行为。首先，招聘原则中应包括对每一个潜在员工道德价值观的评价。其次，对所有职能部门的员工培训计划中都应包含服务营销道德教育。戴维·J.弗里切认为，一个企业中，政策的形式并不重要，但需要有效，因此，政策必须要让组织里的所有成员都明白。要做到这一点，培训是良好的途径，被证明有效的培训方式之一是列举公司目前存在和以往员工碰到的道德困境，让组织内所有成员就如何解决道德困境充分发表意见。最后，奖惩不仅要基于最终结果，即数量目标的完成情况，还要基于实现目标的方式。也就是说，员工目标中应包含维持良好的道德风气，员工绩效中也应包含道德绩效，并和福利待遇挂钩。不恰当的奖惩政策是引起不道德行为的重要原因之一。要对因道德原因无法完成利润或其他目标的员工不进行处罚，对在维护公司价值观方面做出突出贡献的员工进行嘉奖。

5. 道德型服务营销战略控制

（1）服务营销道德审计

企业的成功和不断满足顾客与其他利益相关者，是与采用和执行高标准的营销道德紧密结合在一起的。世界上令人羡慕的企业都遵守为人民服务的准则，而不只是为了他们自己。服务营销道德审计功能主要体现在以下方面：

①可用来评价企业究竟是否真正实行了道德型服务营销战略；

②通过服务营销道德审计,可及时发现道德型服务营销战略实施过程中存在的问题;

③服务营销道德审计可为下一轮更高水平的道德型服务营销战略的制定提供基础。

服务营销审计可以从环境、服务营销战略、服务营销策略等方面入手,总之,道德型服务营销战略若结合定期的道德审计,将大大提高执行的效果。

（2）服务营销道德的危机处理

在道德型服务营销战略实施过程中,要求每位员工尤其是高层管理人员保持高度警惕。同时,对有关道德的疑问和指责必须进行彻底调查。一般来说,面对服务营销道德危机的处理办法可以考虑两种,其一是"来者不惧",想方设法与反面报道针锋相对,利用可能的法律手段做最有力的辩护;其二是认清问题,不惜代价对消费者做出补偿。两种处理措施都要付出高昂的代价,但第一种行为的主要代价是企业的声誉、经济生命以及对顾客的损害;第二种行为对企业利润会有直接影响,不过可能会挽救企业的声誉,日后这种声誉有机会转化为利润。

17.4.3　服务人员的道德伦理建设

1. 树立正确的个人价值观

人生价值观是形成人生态度的导航灯。人生态度是指人对自己一生所持有的评价和行为倾向,它既是指导人生活动的一种心理定向和动力,更是人们对人生的基本看法。人生价值观也是展开人生实践的导航灯。人生实践是为实现人生目标而不断追求和奋斗的过程。

只有树立正确的人生价值观,才能形成积极向上的人生态度。在服务营销领域,服务人员必须持有如下的基本价值观:以义生利的获利观,以仁待客的顾客观,以人为本的管理观,服务顾客的销售观,尊重平等的竞争观。

2. 加强道德文化的学习

常言道:"活到老,学到老。"人生就是一个不断学习的过程,通过不断学习来突破自我,把学习当成一种生活态度,这样才能在学习中感受到快乐。同时,加强企业的道德文化学习也同样能使员工在工作中找到快乐与自信。

一个企业真正有价值、有魅力、能够流传下来的东西,不只是产品,更有它的道德文化。优秀企业的道德文化能够为员工确立一种群体心理定势的指导意识,建立共同的文化氛围,树立共同的价值观。企业的道德文化体系的核心是正确处理效益目标与责任目标,物质文明和精神文明的关系。加强道德文化的学习,可以起到引导的作用（如可以形成确定的价值目标）,可以起到约束的作用（如成文的或约定俗成的厂规厂风对每个员工的思想、行为都起很大的约束）,也能起来凝聚的作用（如用共同的价值观和共同的信念使整个企业上下团结）,还能对员工有潜移默化的作用（如使之自然融合到群体的统一的价值观中）。

3. 提升企业员工的道德素养

现代新媒体的快速发展使得服务营销的道德问题不只关乎企业整体,任何一个内部员工的行为举止都可能影响企业整体的道德形象。即使有完善的伦理规章制度，有先进的伦理领先战略和深厚的道德文化氛围，如果企业员工的道德素质低下，那么很大程度上会导致企业所做的道德建设失败，企业整体依旧处于较低的伦理水平上。

企业要获得较好的口碑，谋求长远发展，除了提升员工的业务水平以外，也必须着重提升员工的道德素养。一方面，要培育有道德的领导者。企业的管理层是企业的领导核心，他们的经营理念和榜样作用都对企业内部的发展有着十分重要的影响。他们在企业的各个方面发挥着重要的作用，尤其是在伦理方面更为突出，一个讲道德的领导者会在工作中主动遵守道德规范，不自觉地营造道德氛围，自身更是成为遵守服务营销道德的榜样，通过言传身教，会让其手下的员工以润物无声的方式被同化，树立正确的道德观，也成为遵守伦理章程的一员。另一方面，加强对普通员工的道德教育。首先，要向员工传递企业伦理经营的理念，确保每个员工知晓并认同；其次，组织内部定期进行伦理培训，包括宣讲会、交流会、分享会等，充分发挥道德的教育功能；最后，建立内部监督制度，除了上级领导对下属的监督，更要鼓励员工之间的互相监督，可以开展团队建设并在道德制度调控下达成共识，有助于员工遇事做出正确的道德判断和选择。

本章小结

本章主要讨论了伦理的含义及我国古代伦理的精粹思想，并讲解了服务营销伦理的基本内涵，由此理解了"顾客至上"的经营原则，其既是服务营销的原则，也是服务营销的伦理原则。同时，重点讨论了影响企业服务营销伦理的内外部诸多因素。企业服务营销伦理建设是一项复杂的系统性工程，社会及企业必须齐抓共建，共同努力。只有这样，企业的服务营销伦理建设才能取得良好的成效。

核心概念

服务营销道德：是指服务营销过程中调整企业内部和企业之间、企业与国家社会之间相互关系的行为规范，其实质就是企业违背市场和社会所容纳而对其服务营销活动的规范性约束。

服务道德营销：狭义的服务营销道德主要指对顾客负责任的伦理营销，做到诚信经营，对顾客真诚无欺、信守诺言。广义的服务营销道德包括建立一个良好的营销生态圈，其中包括对顾客负责，与同业者公平竞争和诚信经营，对上下游产业链负责、以及倡导诚信守法的社会文化等。

企业文化：是指企业在生产经营实践中逐步形成的、为整体团队所认同并遵守的价值观、经营理念和企业精神，以及在此基础上形成的行为规范的总称。

复习思考题

1. 影响道德型服务营销战略方案制定的因素有哪些？它们都有哪些作用？
2. 如何有效建设服务人员的道德伦理？

3. 影响企业服务营销道德的因素有哪些？具体表现是什么？

本章案例

高考生用小猿搜题 App 作弊事件的伦理问题

思考题：

1. 小猿搜题企业的核心价值观是什么？小猿搜题后台实时可以看到用户上传的问题，是否存在窥探用户隐私的情况？

2. 从服务营销道德的角度出发，你认为应该如何处理此事件？

即测即练

参考文献

[1] 王永贵. 市场营销辞典[M]. 北京：化学工业出版社，2009.

[2] [美]格伦·厄本. 顾客利益代言——顾客权力时代的利润蓝图[M]. 王永贵，冯慧，译. 北京：中国人民大学出版社，2009.

[3] [美]彼得·德鲁克. 管理：使命、责任与实务（责任篇）[M]. 王永贵，译. 北京：机械工业出版社，2006.

[4] [美]菲利普·科特勒，凯文·莱恩·凯勒. 营销管理（全球版第 14 版）[M]. 王永贵，等，译. 北京：中国人民大学出版社，2012.

[5] 彭艳君. 试论服务企业营销道德[J]. 生产力研究，2007(02): 129-131.

[6] 张永秀. 新媒体时代涉法新闻侵犯隐私权研究[D]. 上海：华东政法大学，2019.

[7] 童茜. 新媒体赋权下个人隐私泄露成因及规避探析——以"埃航浙江女大学生遇难"事件在新浪微博平台上的呈现为例[J]. 新闻研究导刊，2020(01): 93-94.

[8] 郭国庆. 营销伦理[M]. 北京：中国人民大学出版社，2012.

[9] TOTI JEAN-FRANÇOIS, DIALLO MBAYE FALL, HUMAN-RAMIREZ RICHARD. Ethical sensitivity in consumers' decision-making: The mediating and moderating role of internal locus of control[J]. Journal of Business Research, 2021, 131.

[10] FERRELL O.C., FERRELL LINDA. New directions for marketing ethics and social responsibility research[J]. Journal of Marketing Theory and Practice, 2021, 29(1).

[11] MARTIN, KELLY D. Data privacy in retail[J]. Journal of Retailing, 2020, 96(4): 474-489.

教师服务

感谢您选用清华大学出版社的教材！为了更好地服务教学，我们为授课教师提供本书的教学辅助资源，以及本学科重点教材信息。请您扫码获取。

≫ 教辅获取

本书教辅资源，授课教师扫码获取

≫ 样书赠送

市场营销类重点教材，教师扫码获取样书

 清华大学出版社

E-mail: tupfuwu@163.com
电话：010-83470332 / 83470142
地址：北京市海淀区双清路学研大厦 B 座 509

网址：https://www.tup.com.cn/
传真：8610-83470107
邮编：100084

中国高等院校市场学研究会官方推荐教材
新时代营销学新形态教材书目

书 名	主 编	书 名	主 编
市场营销学	符国群	促销基础	贺和平 朱翊敏
市场营销学（简明版）	符国群	营销实战模拟	孔 锐
消费者行为学	彭泗清	营销策划	费鸿萍
市场研究	景奉杰 曾伏娥	营销工程	沈俏蔚
国际市场营销	孙国辉	大数据营销	李 季
服务营销	王永贵	商业数据分析	姚 凯
组织营销	侯丽敏	旅游市场营销	白长虹
网络营销	龚艳萍	金融市场营销	王 毅
战略品牌管理	何佳讯	农产品市场营销	袁胜军 肖 艳
产品创新与管理	黄 静	医药市场营销学	官翠玲
定价策略	柯 丹	体育市场营销学	肖淑红
整合营销沟通	牛全保	电信市场营销学	吕 亮
营销渠道管理	张 闯	新媒体营销	戴 鑫
品牌管理	王海忠	绿色营销	王建明
零售管理	蒋青云	创业营销	金晓彤
销售管理	李先国	珠宝营销管理	郭 锐
客户关系管理	马宝龙		